## 主编简介

**王习明** 男，1964年11月生，湖北荆门人。博士、博士生导师、教授、国家百千万人才和有突出贡献中青年专家、国务院特贴专家，海南省首届杰出人才，海南师范大学马克思主义学院院长。出版学术专著7部，主持并完成国家社科基金项目、教育部社科研究项目各1项和省社科规划项目6项，主持在研国家社科基金重点项目1项、省级课题2项，发表论文100多篇，获省部级一、二、三等奖各2项。

本书的出版得到了中共海南省委宣传部与海南师范大学共建马克思主义理论学科专项经费、海南省A类学科——马克思主义理论建设经费、海南省重点马克思主义学院建设经费的支持。

当代人文经典书库

# 思想政治理论课教学体系建设成果集

王习明◎主编

光明日报出版社

图书在版编目（CIP）数据

思想政治理论课教学体系建设成果集 / 王习明主编.
－－北京：光明日报出版社，2017.11

ISBN 978－7－5194－3596－7

Ⅰ.①思… Ⅱ.①王… Ⅲ.①高等学校—思想政治教
育—教学研究—中国 Ⅳ.①G641

中国版本图书馆 CIP 数据核字（2017）第 272573 号

# 思想政治理论课教学体系建设成果集
SIXIANG ZHENGZHI LILUNKE JIAOXUE TIXI JIANSHE CHENGGUOJI

主　　编：王习明

责任编辑：曹美娜　朱　然　　　　　　责任校对：赵鸣鸣
封面设计：中联学林　　　　　　　　　责任印制：曹　净

出版发行：光明日报出版社
地　　址：北京市西城区永安路 106 号，100050
电　　话：010－67078251（咨询），67078870（发行），67019571（邮购）
传　　真：010－67078227，67078255
网　　址：http://book.gmw.cn
E － mail：caomeina@ gmw.cn
法律顾问：北京德恒律师事务所龚柳方律师

印　　刷：三河市华东印刷有限公司
装　　订：三河市华东印刷有限公司
本书如有破损、缺页、装订错误，请与本社联系调换

开　　本：710×1000　1/16
字　　数：431 千字　　　　　　　　　印　张：24
版　　次：2018 年 1 月第 1 版　　　　　印　次：2018 年 1 月第 1 次印刷
书　　号：ISBN 978－7－5194－3596－7
定　　价：88.00 元

# 序

习近平同志指出,高校思想政治工作关系高校培养什么样的人,如何培养人以及为谁培养人这个根本问题。要坚持把立德树人作为中心环节,把思想政治工作贯穿教育教学全过程,实现全程育人、全方位育人,努力开创我国高等教育事业发展新局面。做好高校思想政治工作,要因事而化、因时而进、因势而新。要遵循思想政治工作规律,遵循教书育人规律,遵循学生成长规律,不断提高工作能力和水平。要用好课堂教学这个主渠道,思想政治理论课要坚持在改进中加强,提升思想政治教育亲和力和针对性,满足学生成长发展需求和期待。①

《关于加强和改进新形势下高校思想政治工作的意见》明确要求:进一步办好高校思想政治理论课,充分发挥思想政治理论课的主渠道作用,深入实施高校思想政治理论课建设体系创新计划,完善教材体系,提高教师素质,创新教学方法,增强教学的吸引力、说服力、感染力。②

要在高校思想政治工作中充分发挥思想政治理论课的主渠道作用,必须实施思想政治理论课建设体系创新计划。马克思主义学院作为思想政治理论课教学部门和马克思主义理论研究机构,在实施思想政治理论课建设体系创新计划时,必须坚持理论与实际相结合,注重发挥实践环节的育人功能,创新推动实践教学;必须坚持教师讲授与学生参与相结合,注重师生教学互动,充分调动学生学习的主动性积极性;必须坚持课堂教学与日常教育相结合,积极拓展思想理论教育渠道,创新发挥第二课堂的教育作用。笔者所在的海南师范大学马克思主义学院在实施思想政治理论课建设体系创新计划的过程中进行了系列探索。

首先是合理地安排课程进度和分配学分课时,落实社会实践教学学分和课时。中宣部、教育部《〈关于进一步加强和改进高等学校思想政治理论课的意见〉

---

① 习近平:《把思想政治工作贯穿教育教学全过程》,《人民日报》2016年12月9日第1版。
② 《中共中央国务院印发关于加强和改进新形势下高校思想政治工作的意见》,《人民日报》2017年02月28日01版。

实施方案》(教社政〔2005〕9号)明确规定:本科4门思想政治理论课必修课——马克思主义基本原理(后来改为"马克思主义基本原理概论",简称"原理"),毛泽东思想、邓小平理论和"三个代表"重要思想概论(后来改为"毛泽东思想和中国特色社会主义理论体系概论",简称"概论"),中国近现代史纲要(简称"纲要"),思想道德修养与法律基础(简称"基础")的学分分别为3学分、6学分、2学分、3学分。但没有规定具体的课时,也没有规定每门课的开课学期。多数大学在实践中是每个学分按16个教学时数(不含考试或考核)计算。由于基础课程涉及新生入学教育,通常在大一上学期开设;由于概论课讲授的是马克思主义中国化的最新理论成果,且教学内容随时更新,多数高校安排在大二开设。中宣部、教育部《关于进一步加强高等学校思想政治理论课教师队伍建设的意见》(教社科〔2008〕5号)要求,分别从本、专科思想政治理论课的学分中划出2学分、1学分开展实践教学,但没有明确指出从哪门课中划出2学分。实践中,多数本科高校是从概论课中划出2学分。我校也是从概论课程的6学分中划出2个学分进行实践教学,并设立了分别为1学分的两门思想政治理论课社会实践课程——志愿服务和国情认识,这两门课的教学时数分别为16课时。为了加强对这两门社会实践课程的管理,让所有的学生都参与,并与理论课的学习相结合,从2016年秋季开始,志愿服务课程纳入大一上学期开设的基础课程,国情认识纳入大二开设的概论课程。志愿服务课程的学习要求:必须参加两个学时的志愿服务培训,完成20小时以上的志愿服务(一般在寒假完成),提供10次以上的志愿服务记录和1000字以上的志愿服务总结,参加班集体的志愿服务交流(通常在大一下学期开学第一周进行)。国情认识课程的学习要求:学习国情调研的基本理论和方法,利用访谈和问卷的形式到农村、城市或企事业单位进行不少于40小时的社会调查并有不少于5000字的调查记录(通常在寒暑假回家或三下乡进行),提供2000字以上的国情认识总结,在班集体展示自己的调研成果。教师在指导社会实践教学课程时,要根据课程的性质和学生的实际精心设计实践教学方案,认真组织培训和交流,仔细批阅学生的记录和总结,并挑选优秀者进行编辑。

其次是改革教学方法和创新教学艺术,激发学生学习的主动性。2015年以后招收的大学本科生都是网络"原住民",他们的生活和学习都离不开网络,思想政治理论课教学改革也要充分发挥网络的作用。利用在线教学资源试行"互联网+慕课+翻转课堂"的教学改革,是思想政治理论课借助信息技术进行教学改革的途径之一。利用在线教学资源,可让学生看到全国最优质的思想政治理论课,开阔学生的眼界;也可将每个知识点转化成微课,挂到网络教学平台上,便于学生通过手机利用零星时间学习。但思想政治理论课的重点不是传授知识,而是要进行世界观、人生观、价值观教育和理想信念教育，而且要内化于心、外化于行。因此，在线课代替不了面授课，而且思想政治理论课应以面授课为主。但在学生能够通过网络学习知识点的前提下，面授课不应再以传授知识为主，而应以专题教学的形式，集中讲授学生容易困惑或在线学习无法解决的问题，而且在讲授时要允许学生质疑，通过面对面交流，让学生真信；还应组织专题讨论，让学生在辩论中明确是非，坚定自信。当然，教师除了在课堂上与学生面对面交流外，还应利用微信群、QQ 群，进行网络互动。我们要求每位教师都要按教学班建立微信群或 QQ 群，通过群解疑答难，并在群上引导学生对热点问题进行讨论。为了满足当代大学生希望表现、表演的意愿和提高他们利用自媒体的综合能力，也为了培养他们的团队协调能力和从日常生活发现思想政治教育资源的能力，我们要求学生组成微电影制作组，自编自演自制微电影，先在班集体展示并由学生和老师进行点评，优秀者经修改后在全校展示并给予奖励。

最后是注重在学习的过程中培养学生的知、情、意、行。大学生思想政治教育的核心是理想信念教育。① 理想信念作为一种特殊的人类精神，主宰人的心灵世界，制约人的价值取向和行为选择，它是人的世界观、人生观和价值观的集中体现，对于个人优秀品德的培育，对于国家民族的繁荣富强，具有方向指引和动力支撑的重要作用。② 大学生理想信念教育的最终目标是引导大学生中的先进分子确立马克思主义信仰，自觉做共产主义远大理想和中国特色社会主义共同理想的坚定信仰者、忠实实践者，在全面建成小康社会、实现中华民族伟大复兴中国梦的历史进程中充分发挥先锋模范作用。③ 马克思主义信仰是科学的信仰、现实的信仰、崇高的信仰、践行的信仰的统一，对大学生进行马克思主义信仰教育，必须引导大学生学习马克思主义立场、观点、方法，以奠定坚实理论功底和提供科学思维方式；学习中国革命历史和中国特色社会主义所取得的伟大成就，以提供宏大的历史视野和深沉的时代情怀；学习马克思主义的终极理想和人文关怀，以造就一种自觉追求和自强不息的奋斗精神；投身实践，以提供实践锻炼和自觉践行的平台。④ 新时期加强高校青年学生马克思主义信仰教育必须遵循事物发展的客观

---

① 中共中央、国务院：《关于进一步加强和改进大学生思想政治教育的意见》（中发〔2004〕16号）。

② 吴潜涛：《正确理解理想信念的科学含义》，《教学与研究》2011 年 4 期。

③ 习近平：《在庆祝中国共产党成立 95 周年大会上的讲话》，《人民日报》2016 年 07 月 02 日 02 版。

④ 靳玉军、陈亮：《大学生马克思主义信仰教育的方法论思考》，《西南大学学报（社会科学版）》2010 年第 3 期。

规律,掌握科学的方法和手段:解决思想问题与解决实际问题相结合,理论教育与自主学习相结合,先进性要求与广泛性要求相结合,个人理想与共同理想教育相结合,科学性与现实性相结合。① 为了充分发挥思想政治理论课在培养马克思主义信仰过程中的主渠道作用,我们改革了思想政治理论课课程成绩计算方法,将过程管理纳入课程成绩计算之中。如基础课程成绩计算方法:线上学习占20%,包括完成教学计划要求的每章节学习时数、章测试、线上见面课、期末考试和参与线上讨论,依据MOOC在线平台自动记录并得出学生的最终线上学习成绩;课堂学习(含专题讲授、专题讨论或期末考查)占30%;自主学习(含课外阅读文献和个人社会体验)和创新学习(含校园内的集体调研和微电影制作)占30%;志愿服务实践20%。

　　本书主要收录了文史法类12班和13班在2016年秋季学习基础课程(含寒假的志愿服务课程)的优秀作业(含课堂讨论精彩发言),这些作业经过了多次修改,教师也做了点评。基础课是大学生的第一门思想政治理论课,主要是对学生进行理想信念教育、爱国主义教育、道德规范教育和法治意识教育,帮助学生树立正确的人生观、道德观和法治观。理想信念教育的目的,是要引导学生自觉将个人的理想融入中国人民的共同理想之中,将自己的人生意义建立在为中国梦的实现做贡献的基础上。因此,我要求学生写村庄史、家史,其目的是引导学生从家乡和家庭的变化感受祖国发展的成果,增强对中国特色社会主义的自信;要求学生观看具有励志作用的电影《居里夫人》和电视连续剧《恰同学少年》并写观后感,主要是激励他们从小树立远大理想;要求学生仔细阅读并反复体会马克思《青年在选择职业时的考虑》和习近平《在同各界优秀青年代表座谈时的讲话》,就是要学生明白为何要树立远大理想,何为远大理想。培养爱国主义精神应从热爱家乡和热爱身边人开始,要热爱家乡就要首先了解家乡的美景与良俗,要热爱身边人就要善于发现他们的美德。因此,我要求学生撰写介绍家乡、家人或同学的社会体验报告,引导他们通过调查和描写来发现日常生活中能感动自己(给自己正能量)的细节。提高思想道德修养应学习中国传统的修身养性方法,既注意从书本中吸取营养,又要在日常的学习、工作、生活中加强修养,因此,我既要求学生课外阅读经典著作,又要求学生积极参与志愿服务和团队活动。

　　本书包括七个部分:课堂讨论篇收录了五个专题讨论的部分学生发言和教师总结要点,其主题词是"明辨是非、崇德修身、择善固守";社会体验篇收录了部分学生从日常生活中发现能提高思想道德修养和法律素质的题材作业,包括描写家

---

　　① 赵连文:《青年学生马克思主义信仰教育的方法与途径分析》,《学习论坛》2013年第2期。

乡、介绍家人、记叙个人成长经历和参加第一次大学生运动会的感想等,体现了
"感悟生活、吸取能量、培养美德"的主题;课外阅读篇收录的是比较优秀的读后
感、观后感,其意图是"对话经典、开阔视野、提升人格";校园调研篇收录了三篇调
查问卷分析报告,意在"直面现实、发现问题、探索对策";微电影篇收录了四个比
较优秀的微电影剧本,目的是"再现矛盾、演绎人生、砥砺品格";志愿服务篇收录
了九篇志愿服务记录与总结,突出了"服务他人、提升自我、和谐社会"的宗旨;评
价与报道篇收录了部分学生在期末考查时的答卷和我所指导的研究生所写的关
于微电影展评的报道,旨在倾听学生的建议,进一步改进教学。相对而言,社会体
验篇和课外阅读篇重在个人自主学习感悟,旨在引导学生通过"慎独""格物致
知"等传统的德育方法来发现日常生活的德育资源,培养健全的人格和高尚的品
德;校园调研篇和微电影篇重在团队的协作与方法的创新,旨在通过团队活动和
利用科学方法来培养学生的团结合作能力和创新精神。

　　出版本书,是为了如实记录我校思想政治理论课教育教学改革的过程①,为
进一步拓展思想政治理论课教育渠道、丰富思想政治理论课的教学方法、提高学
生学习思想政治理论课的主动性提供案例。希望本书的出版能起抛砖引玉的作
用,能引出更多更好的思想政治理论课教学体系建设成果。

　　在本书的修改、编辑过程中,马克思主义学院的本科生陈冬利、李雪、游贤梅、
段雨和研究生曾玲、邱素云、白惠东做了大量工作。本书的出版得到了中共海南
省委宣传部与海南师范大学共建马克思主义学科基地项目经费、海南省高等学校
共建马克思主义学院经费和海南省 A 类学科马克思主义理论学科建设经费资助。
中联华文(北京)社科图书咨询中心给予了大力支持。在此一并致谢!

① 之前公开出版的反映我校思想政治理论课教育教学改革进程的成果有三部:《思想政治
理论课教学质量提高探索》(王习明、王增智等著,被收入教育部思想政治工作司编的《高
校德育成果文库》,2015 年 3 月由中国文史出版社出版)、《本科生思想政治理论课教育渠
道拓展探索》(王习明编著,光明日报出版社 2016 年 1 月出版)和《志愿服务课程:思想政
治理论课实践教学探索》(王习明主编,中共中央党校出版社 2017 年 3 月出版)。

# 目　录
## CONTENTS

课外阅读——对话经典、开阔视野、提升人格

## 校园调研——直面现实、发现问题、探索对策

## 微电影——再现矛盾、演绎人生、砥砺品格

# 01

## 课堂讨论

——明辨是非、崇德修身、择善固守

# 选择爱你的人还是你爱的人？

**温小英**

爱情是一个永恒的话题,在面对选择爱你的人还是你爱的人这个问题上,很多人可能觉得难以做出决定。然而我觉得在对待这个问题上应该视情况而定。在还没有结婚前,我觉得每个人都应该要勇敢地去爱一次,去选择一个自己爱的人。因为只有和自己喜欢的人在一起,你才会觉得快乐,你才会愿意去付出,你才会努力地想让自己变得更好并让对方喜欢上你。而且很多事情只有和自己喜欢的人一起做才会有意义。当然,如果你为他付出了很多而他却熟视无睹,或者在这段恋情中你觉得身心疲惫,而到最后你爱的人还是没爱上你,那么我觉得就该考虑放弃他了,而不是妄想和他走入婚姻的殿堂(当然,如果你非要坚持选择你爱的人,那么你就得做好他可能给不了你想要的东西的准备,因为人是你自己选的,所以这路要你自己走)。婚姻是一辈子的事,只有选对了人,你才会觉得幸福。因此,如果是想结婚,那么我建议大家,尤其是女生,还是选择爱你的人比较好,并且要选择一个有责任、有能力、真心待你好的人。因为爱你的人,他会想着对你好、会呵护、关心你,会努力地想让你过得好、让你觉得幸福,不会轻易让你受到伤害。而且人这一辈子,能有多少人会想着一直陪伴你、爱你? 只有真正爱你的那个人才会心甘情愿这么做。其次,我觉得女生都是比较感性的,在和爱你的人相处中,女生会因对方的付出而感动,久而久之,也会比较容易生情。但男生有时候太理智了,不会那么容易因对方的付出而感动甚至是心动,所以我觉得若是男生还是选择你爱的人比较好,并且为此让自己变得更有实力和优秀。当然,如果是两情相悦更好!

**潘湘宇**

爱情,从来不是随随便便的,一段爱情的开始应该是经过慎重考虑的。两情相悦一定是最好的开始,但并不是所有人都是梁山伯与祝英台,我们往往要在我爱的人和爱我的人里选一个。我的选择是我爱的人。

我认为爱情是快乐的、幸福的，无论是追求爱情还是已经得到爱情的过程，都应该是享受的。所以，我们应该选择一个"我爱的人"。当自己喜欢的人在心中的时候，自己是开心的，不管是默默喜欢还是去做一些努力争取得到的爱情，都是一样开心的；如果我们能和自己爱的人在一起，那更是一个好的结局。但选择"爱你的人"就不一样，因为她（他）不是自己想要的人。在这样的爱情里，我们付出，就是做违心的事，自己是不快乐的；而我们不付出，对方就会失望，这样的爱情是难受的、勉强的。

所以，为了爱情的幸福，"我爱的人"才是更好的选择。

最后我想说的是，理性的爱情才会有幸福的结果，"我爱的人"值不值得爱是应该要理性思考的。可能过一段时间，会发现爱他只是一时冲动，又或者，发现做再多努力其实都只是白费。既然这样的话那就放弃或者放在心里吧，不要让爱情变成一种折磨。

### 卢皓宇

选择你爱的人还是爱你的人，这是一个困扰了很多人的问题。但在我看来，这个问题的答案实际上很明确，只要你懂得如何去经营一场爱情。

如果选择你爱的人，但那个人不爱你，即使付出再多也没有用；如果选择爱你的人，但你不爱她（他），那么即使在一起也不会幸福的。但是，爱情不是一时的，而是在两个人长期了解中产生的。所以说，遇到你爱的人，不妨追一追；遇到爱你的人，不妨耐着性子和她（他）相处一段时间。或许爱情的种子，就会在这一过程中发芽。

当然，也要学会放弃不适合的爱情。如果我喜欢的人不喜欢我，我宁愿放手；爱我的人我不爱，我宁愿背着负心汉的骂名。但是总有一天，她（他）们都会感谢我当年的离开，因为她（他）们找到了自己的幸福。

最后，试着尝试一下爱情吧，毕竟，我们需要它。

### 阮爱岚

世界是很残酷的，社会是很现实的，你要知道你最终想要的是什么。选择的结果，终归是看自己以后想要什么样的生活。

人总是在想追寻刺激的同时，使自己处于一个安全的地位，这就是纠结的地方。

如果想体验生活，那么就去找个你爱的人，拼了命地爱过一个人才算活过。

如果想结婚过日子,能让你安心就够了。婚姻是需要两个人努力的,是两个人一起成长过一辈子的。

有人说:"如果你强大,就去爱自己爱的人;不够强大,就接受爱你的人。"确实是这样的,爱上一个不爱自己的人是很痛苦的。如果承受不了这些痛苦,那就走吧,去找一个爱你的人,或许会更合适。但有个问题是如果没经历过这种痛苦,应该是不会知道被爱的幸福的。

也有人说:"男人要选你爱的,女人要选爱你的!"这其实跟上一条的观点是一样的,就是看你够不够强大。一般来说,男人内心是比女人内心更强大的。当然不排除男人跟女人黄金年龄段的不同,男人占有着天然的优势,而女人则恰恰在这方面处于弱势。

当然那些都是极端的情况,最好的情况就是相爱了;再次的情况就是培养的相爱了;最后,如果不相爱,那就宁可都不爱。婚姻中的两个人,应该是平等的,不平等的婚姻是不会长久的。

**史英姿**

我认为,这应该分恋爱和结婚两个时期来讲。

在恋爱时期,我认为要选择我爱的人。或许从表面上来看,选择我爱的人仅仅是付出和承受痛苦,其实不然。当对方不爱我时,我便会思考他为什么不爱我,是我不够优秀还是其他原因。这样,我就会努力地完善自我。也许最终还是不能得到他的爱,但我可以使自己变得更优秀。最重要的是不会给人生留下遗憾,因为我遵循了自己的内心,勇敢地选择了我爱的人。即使结果不尽如人意,但是我却不会后悔。

结婚和恋爱是两码事,恋爱时我可以毫无顾忌地选择我爱的人,但是到了该结婚的时候就要慎重考虑了。首先,我要努力使我爱的人爱上我,这样既遵循了自己的意愿,又能使自己收获幸福。但是,如果我努力了很久,付出了许多,却依旧被拒绝,那就应该放弃,去选择爱我的人。因为婚姻是一辈子的事,选择一个不爱我的人是不会收获幸福的。相反,选择一个爱我的人,他会用心呵护我、关心我。这样,不仅我不会受到伤害,而且婚姻会更加长久,随着时间的磨合,也许我也会收获满满的幸福。

总之,恋爱时期一定要选择我爱的人,到了该结婚的时候,先选择我爱的人,如果最终还是失败,就要选择爱我的人,保护自己,使婚姻更加长久、幸福。

### 林泳岚

落花有意,流水无情,世界上总是存在着许多不完美,存在着鱼和熊掌不可兼得的纠结。当没有两情相悦时,当面临选择爱你的人还是你爱的人时,我的答案是选择爱你的人。

有句话说,不求回报地爱一个人是伟大的神,享受被爱的是幸福的人。然而大多数的我们只不过是一个平凡、简单,追求小幸福的人而已。恋爱是一种双方相互吸引的短暂的激情。选择你爱的人,我们在追求的过程中,就有了动力,在一个阶段会使自己变得更好,那种付出不求回报的过程是很幸福,但我们能对所爱之人坚持多久,伟大多久,这都是一种未知。默默地付出和牺牲,对方也许会被自己的爱感动,也许会对自己不理不睬,忽冷忽热,我们无法确定对方的心思,一切的未知都会让我们焦虑不安,身心俱疲。

然而选择一个爱你的人,也许在一起没有轰轰烈烈的爱情,但对方的爱会让你拥有一种安全感,细水长流般的感情也是一种幸福。

婚姻是一种建立在爱情之上,接受并包容对方一切的长期责任,它不同于恋爱,但婚姻必须建立在相濡以沫的美德上,选择爱我的人,获得婚姻的可能性更大。选择爱我的人从而改变自己比选择我爱的人从而改变别人容易得多。这是一种主动的选择,给自己机会在享受被爱中改变自己,与其在我爱的人面前苦苦支撑自己的卑微,不如放手去成全,成全不只是别人的潇洒与冒险,还有自己的碧海蓝天。

爱情源于生活,它从生活中来,最终会回到生活中去,恋爱时可以追求你爱的人,勇敢一些,努力让你爱的人爱上你。但如果追求无果,在结婚的时候,应该选择爱你的人,这样不仅会让你的人生幸福,而且婚姻也会更加长久、幸福。

### 王丽飞

什么是爱情? 其实我也不是很确定,可能是两个人的一见钟情,也可能是两个人的日久生情。不管是什么,我觉得爱情在任何时候都是美好而神圣的。如果在爱情世界里两个人能相互倾情相爱,那么这就是一段值得被祝福的美好时光。但是生命中总会存在缺憾,当让你在爱情中选择一个你爱的人或者爱你的人的时候,我想我会选择爱我的人。

但是,如果在爱情世界里,我先遇到我爱的人,我想我会鼓足勇气勇敢地追求一次。如果我为他付出了许多,而他却毫无感觉、爱答不理,我便会果断地拉开两个人的距离,让彼此不会觉得有太多的心理负担与纠缠。曾听过这么一句话:爱一个人不是拥有他,而是希望他过得开心与幸福。我觉得这句话说得挺有文艺气息的,但不可否认的是它确实是一个不错的爱情观。

爱情源于生活中的点点滴滴,它从生活中来,最终还是要回归到生活中的。我觉得在爱情里,考虑更多的是一个可以与自己过一辈子的人。也许在刚开始的时候,我不会爱上我不爱的人。但是,也许有一天我会慢慢发现他的真诚与美好,会不知不觉地习惯他在身边以及他带给我的一种独有的安全感。我认为最后能走在一起的人也是一种缘分,爱情不仅仅是刚开始的相互喜欢,也是在相爱之后的相互理解与包容。

### 王倩

所谓爱情,是人与人之间强烈的依恋、亲近、向往,以及无私专一并且无所不尽的情感,还有对未来生活的向往。

具体问题具体分析。爱情涉及双方的具体情况,比如爱的程度,家境,对方是否有恋人,对方的恋爱观、性格,以及自己的性格、恋爱观,还有双方父母家庭的态度等。

从实际来看,爱你的人会在生活中无时无刻不在挂念你,会对你好,会无微不至地关怀你,会让你觉得温暖、觉得感动。在两个人的恋爱过程中,你会是一个享受恋爱、享受温暖的人,并且拥有着爱的主动权;但相对而言,你爱的人则不具备以上优势。他可能会对你不冷不热,他可能会我行我素,在你需要的时候可能不会守在你身边。在享受着你爱他的过程中,当他不喜欢了,他随时都可以和你分开,到时候无法忘怀的是你,受伤的是你,难过的是你,留下烙印的还是你。对比而言,恋爱还是应该选择爱你的人。客观来说,不对等的感情,其实是难以延续下去的。

张小娴说:"你遇上一个人,你爱他多一点,那么,你始终会失去他。

然后,你遇上另一个,他爱你多一点,那么,你早晚会离开他。

直到一天,你遇到一个人,你们彼此相爱

终于你明白,所有的寻觅,也有一个过程。

从前在天涯,而今在咫尺。"①

因此参悟这道选择题,并不难。无论是爱你的还是你爱的,是主动还是被动,这都只是起步时的方向问题,想要爱情长久,你必须平衡另外一个方向。选了爱你的,你就得学会去爱他;选了你爱的,你就得教会他爱你。无论一开始你选哪一

---

① 选自微信热门阅读精选:"听张小娴说". http://www. vikilife/18595;html.

个,想进入长久的恋爱关系,所要经历的关卡是一样的,并没有差别。

## 宋新月

选择一个你爱的人,还是爱你的人?这是爱情世界里的终极选择题。很多人都向自己提出这个问题,也用这个问题去考别人。归根结底,这是一个是爱人幸福,还是被爱幸福的问题。爱人和被爱,我们都需要,或许每个人需要的比例不同,但都缺一不可。因为爱人和被爱是鸡与蛋的关系,你爱了别人,别人才觉得你值得爱;你被别人爱了,才发现别人也需要你爱……去爱人,是向别人证明"我很重要";被爱,是向自己证明"我很重要",这两个"重要"组成了我们活着的重量。无论你选爱你的,还是你爱的,你都要付出爱,也都要获得爱,两个方向都能走通,这段爱才能成功。无论你选哪个,都不能再一个人做游戏了,不能只考虑自己的需要了,付出或是收获,都要接纳对方、考虑对方——这才是保证爱情长久的关键。每个人都会本能地追求"爱人"和"被爱"的平衡,所以我们其实都有可能爱上起初不爱的人——毕竟两个人的爱情,不可能同时,哪怕只差一秒,都是有先有后,有快热有慢热的。

因此,你不爱的人,不能证明以后你不会爱上他。而不爱你的人,也不能证明以后他不会爱上你。能不能幸福,并不取决于你选了谁,而取决于你是否坚持了选择。

## 谭暄

我爱的人恰好也爱我,是多么令人开心的事情。然而命运往往难以两全,你第一眼就动心的人并没有被你吸引,而对你倾心的人你却觉得欠了那份感觉。年轻气盛的时候,觉得一定要找自己喜欢的人,就算会苦一点凄惨一点,但至少有那个人在,生命就有光亮,生活就有盼头。

而在爱情里,真的伤痕累累过后,只想给自己披上铠甲,再也不要受一点委屈。而喜欢你的那个人为你准备了宽厚的肩膀,只等做你疲惫时的港湾。你为什么非要为心里那一口气跟自己的幸福过不去呢。

其实谁说的都有道理。

但是爱情这种事情,它本来就没有任何道理。我们可以选择一个稳定的依靠,也可以奔着自己喜欢的人,不撞南墙不回头。

只要自己心甘情愿。

但是,选择后者的人,必然有一个前提是"你喜欢的人不喜欢你,但他愿意妥协跟你在一起"。也就是说,他选择的是"跟喜欢自己的人在一起"。

可是很多人并不明白，以为自己写了一千首诗，淋了几场大雨，为她生死相思就是可歌可泣的爱情。但是往往这样的死缠烂打总是让心里的那个人不堪其扰。我不爱你，你做的一切想要跟我在一起的努力，就都是错的。

爱情受理想原则支配，婚姻受现实原则支配。爱情本身拥有一种盲目的力量，会使人不顾一切地追求心目中的偶像。所以，当一个人考虑是否要与不太爱自己的或自己不太爱的人结婚时，她(他)已经在受现实原则支配了。理想原则追求的是幸福(事实上未必能追求到)，现实原则要求避免可预见的不幸(结果往往也就不会太不幸)。

爱和被爱同是人的情感需要，悲剧在于两者常常发生错位，爱上了不爱己者，爱己者又非己所爱之人。人在爱时都太容易在乎被爱，视为权利，在被爱时又都太容易看清被爱，受之当然。

如果反过来，有爱心而不求回报，对被爱之人珍惜却不计较，人就爱得有尊严，活得有气度了。

### 易艳兰

在我们生活的世界里，有一种每个人都渴望拥有的东西，那便是爱情。什么是爱情？说不清道不明，或许这是一种感觉，是人们精神上的一种追求，是我们对生活的一种美好向往。自中国古代以来，便出现了诸多男女主人公追求爱情的美丽故事，例如七仙女愿放弃一切，只为下凡与自己心爱的董永相守；金岳霖为了追求自己所爱的林徽因而终身不娶。这些故事或真或假，但都反映了人们对美好爱情的向往和追求。

但是，在爱情的世界里，爱始终有爱与被爱的不同。在生活中，选择一个爱我的人还是我爱的人，难倒了无数的男男女女。而在我看来，我更愿意选择一个我爱的人。

首先，我认为在婚恋当中，爱情一直都不是一个人的事，那些"我爱你，与你何干"的说法太过绝对。虽然我选择的是我爱的人，但我的爱是建立在双方共同的基础上，我要的不是轰轰烈烈的爱情，而是一起厮守到老。当遇到我爱的人，我会勇敢地追求。但如果你对我的爱一直无动于衷，那就说明我们不适合一起携手同行，那么我就会放弃。"强扭的瓜不甜"，你不爱我，我也不会勉强我们两个绑在一起，与其勉强凑成一对在以后的日子里相互折磨，还不如潇洒地放手保留对爱情的美好留念。因为爱情、婚姻都不是儿戏，恋爱不是为了玩玩，婚姻更容不得开玩笑。两个男女的结合是两个家庭的事，也许到最后两个人之间已经没有当初的爱情，但却有了一起生活的感情，那是在爱情与亲情之外的一种感情。

其次,在我看来,生活不只眼前的爱情,还有"诗和远方"。人的一生说长不长,说短也不短。我们活在这世上有太多牵挂的东西,我们的亲人、我们的朋友,还有那曾经帮助过自己的陌生人,他们都值得我们去珍惜。我们不能为了那所谓的爱情便自己把自己折磨得不成人样,甚至是得不到自己想要的那个他便感觉人生无望走上天台。其实,世间美好的东西很多,没有了爱情,你还有很多,只不过需要你放宽眼界去眺望。再者说,如果你为了那个他付出了那么多他仍然无动于衷的话,那他便不值得你爱。

一千个人有一千种爱情观。总而言之,我的爱情观便是"我将于茫茫人海中访我唯一灵魂之伴侣,得之我幸,不得我命!"

教师总结:针对这个话题,同学们都有自己的见解,都表达了对美好爱情的向往。从讨论中看出,大家的恋爱观都是基本正确的。无论是选择你爱的人还是爱你的人,在爱情面前,你们都拥有属于自己的权利和义务。我鼓励大家勇敢追求自己的爱或者是勇敢接受别人对自己的爱。但大家要明白,无论你们做出怎样的选择,都不能仅考虑自己的感受,都必须让对方幸福;幸福的婚姻是建立在双方都爱对方的基础上。大家还要明白,人的感情是会变化的,你现在爱他(她)并不意味着你会将来还会爱他(她),你现在不接受他(她)的爱并不意味着将来不会接受。要收获爱情,必须要付出,如果对方感受到你的真爱并且你足够优秀能让对方幸福,对方也许会最终选择接受你的爱。

# 大学生是否应该做兼职工作？

**梁月**

我认为在大学期间做兼职，弊大于利。

对于经过高考洗礼的我们来说，兼职是一件很新鲜的事情，充满期待又让人望而生畏。在大学期间做兼职一定程度上或许可以让我们更好地认识自己，缓解家庭压力，增加个人阅历。但是，我认为大学期间做兼职是弊大于利的。理由如下。

1. 在大学期间我们的身份仍然是学生，我们的主要任务是学习。我们应该有自己的目标与规划，为毕业找到心仪的工作提前打下良好的基础。

2. 在大学期间能做的兼职屈指可数。例如家教、发传单、服务员等一些临时性工作。可能你并不能学到什么技能，而且就我们校区来说能做到的兼职更是少之又少。如果去市区做兼职，每次的往返时间就需要三个小时左右，而且路费、饭费更是一个大问题。或许你兼职的钱还不够饭费、路费。所以缓解家庭经济压力的目的也很难达到。

3. 大学期间学习大于阅历。在未来的应聘工作中，工作单位更看重你的专业知识、专业技能、综合素质，而不是你的兼职经历。因此把大学期间的兼职经历当作必要的应聘阅历是不合适的。

4. 兼职只能是一种社会实践、社会体验，不是常态。

因此，我认为在大学期间做兼职是弊大于利的。我们可以通过努力学习，争取奖学金，在学习上多做出一些成绩。此外，还可以参加学校的集体活动锻炼自己，为未来铺上一个好的道路。

**刘军**

大学生在不影响学业的情况下是可以进行适当的兼职的，毕竟它可以让大学生提高自己的能力，适应社会。而且兼职后大学生会感受到赚钱的不容易，体谅父母的辛苦，改掉一些懒惰依赖的坏习惯，珍惜手中来自父母的血汗钱。

但是大学生一定要区分什么兼职才是适合的。如果是端盘子、站台等兼职，对大学生意义不大，且工资也不高。师范类的学生可以去当家教，去图书馆兼职，这样才更有意义。另外兼职时一定要注意自己的安全和兼职的可靠性，不要被一些不法分子和传销组织利用。最后一定要处理好学习和兼职的时间分配问题，不能用兼职为借口来冷落学习。

**麦永怀**

刚刚步入大学，多多少少都会感觉有些迷茫，许多人都会选择兼职体验生活。对于大学生兼职我是赞同的，但是个人认为兼职应该找一些可以锻炼自己，可以学到东西，有利于自己成长的兼职，而不是盲目的兼职。我们应该清楚目前我们还是学生，学习才是我们最主要的任务，我们不只是为了钱而兼职，更主要是为了学习到更多东西而兼职。

图书馆就是我们选择兼职的一份好工作，因为文化可以潜移默化地影响人。当我们经常待在一个学习氛围很浓厚的环境时，我们就会不自觉地爱上学习，我们就可以在图书馆中博览群书。还有一个就是当家教，我们读的是师范类专业，家教就是我们锻炼自己最好的机会了。我们应该知道实践可以让我们学习到更多东西。

现在谈谈我的经历吧，到大学没有多久我就找到了一份兼职，帮助别人报名，电脑操作，在空闲的时间中可以学习。在那段时间里我都会带上一本书去看，那也是我学习效率最高的时候。所以我认为大学生一定找一份有利于自己的兼职，而不是为了钱而兼职。

**何中华**

我认为在保证安全和不违背道德底线的情况下，大学生应该兼职。

首先，任何工作都有其存在的意义。所以说，工作没有贵贱，没有价值高低，只要你能从兼职工作中学习到东西，那么这份兼职就有意义。

其次，现今社会中，许多大学生都面临失业的问题，但很多问题出在大学生不了解社会需要。通过兼职体验不同职业的辛苦，我们会从中发现许多就业的机会。

最后，我认为，兼职给我最大的体会是学会换位思考。我就以一次发传单经历为例，路上行人行色匆匆，当你鼓起勇气伸出手时，有的人即使十分着急也会说声谢谢；有的人虽然不会看传单的内容，但也会收起，然后扔掉。我觉得，这就是社会上的温暖，这也让我每次看到那些曾跟我一样工作的人，我都会下意识地微笑，然后说声谢谢。一个不经意的谢谢，跟你爱心捐赠东西一样的温暖，那么我们何不从身边做起！

所以,我认为大学生应该兼职。

### 方小凤

对于大学生是否应该兼职的这个讨论,其实没人说真正地反对的,只是说我们应该要有更好的选择。

大学,是我们学习最好的时光。如果你喜欢你的专业,你可以去深入了解;如果你不喜欢你的专业,你也可以去学习你喜欢的知识,做你自己真正喜欢的事情;就算都没有,你还可以加入社团,结识朋友;或者随便看一点小说,读一点名著,书能带你进入另一个奇妙的世界。

就拿我举个例子。我很喜欢画画,所以加入了我们学院的宣传部。在那里我认识了一群很有意思的小伙伴,我们一起贴板,一起画画,一起讨论……乐此不疲。

我会在寝室里自己画画,每次画完之后,就会特别开心,特别有成就感,因为我在干自己喜欢的事情呀。

我喜欢做手工,加入了手工社。每到周末都会和一群不太相熟的朋友一起做手工,彼此聊上几句,大家都很高兴。

我认为,做一天兼职,得到十几块钱不紧要,怕的是一天的光阴就这样失去了。兼职不仅仅是因为钱,更是为了思考。鞭策自己大学四年不要虚度,要为了自己的未来好好努力,好好负责。

所以,不在于你做了什么,而在于你经历了什么,思考了什么,学会了什么。兼职,点到为止,出去干几次就好,不要让身体的疲惫占领了自己。我们要多多用脑子思考思考,大学兼职不是最重要的。

总而言之,多做一些自己喜欢做的事情吧。自是年少,却韶华倾负,再无少年时。

### 李宛亭

首先我的观点是大学生应当兼职。我之所以赞同同学们的兼职主要有以下四个原因:①增强责任意识;②培养人际意识;③促进实践与理论相结合;④改变我们对于金钱的看法。

一、尽管我们现在生活的主要范围是学校,但是我们结束学业之后终将踏入社会,而在这两个生活圈中我们同样会面临的问题之一便有竞争与合作。通过兼职,可以培养起责任意识。这里的责任意识既包括对店家商家的负责,也包括我们对自己负责,既然选择了兼职,那么就要承担起相应的责任。进入社会之后,在鱼龙混杂的社会之中,我们要不断地进行竞争与合作才能更好地生存。新社会需要人才,更需要有担当的人才。因此,大学生兼职有利于树立责任意识。

二、兼职过程中往往不总是那样顺心顺意,而为了做好自己的本职工作,我们必须要克服困难。也许你会遇到对你极其有礼貌的人,也许你会遇到斤斤计较的人……但不论你遇到怎样的人你都要上前与之交流,在这个过程中我认为我们可以慢慢学习与不同的人沟通交流的技巧,学会洞察人性,并且从不同的人身上吸取精华用以完善自己。因此,大学生兼职有利于培养人际意识。

三、纸上得来终觉浅,绝知此事要躬行。在学校读来的终究只是一些别人的经历、别人的看法,我把它归为理论;而兼职作为一种实际行动,我把它称作实践。我们都知道实践是检验真理的唯一标准,那么在兼职这一实践之中我认为我们可以更好地消化读来的理论,并且在其基础上发展创新,达到在实践中创新理论的效果。因此,大学生兼职有利于更好地了解生活,消化知识。

四、百分之九十的学生目前的花销都来自父母,这就造成了一定程度上我们对金钱认知的不清楚,容易导致一些懒惰和攀比心理的产生。而兼职在我看来,可以有效地控制这种心理的产生。兼职也就是赚钱,通过兼职我们能体会到钱的来之不易,从而体会父母的辛苦。兼职之中的困难也可磨炼我们的意志。因此,大学生兼职有利于我们改变对金钱的看法。

我赞成大学生兼职,但是我们一定要注意选择!①确保兼职的可靠性:杜绝网上的投钱兼职,要时刻保持清醒的头脑,不能盲目相信网上的宣传。②合理安排自己的作息时间:不能因为兼职而扰乱了自己的学习计划,更不能影响自己的睡眠,要时刻记住身体才是革命的本钱。③选择安全的工作环境:如学校图书馆,这样既可以学习和陶冶情操,又可以满足自己兼职需要的地方。

以上就是我对大学生应不应当兼职的全部看法。

教师总结:同学们的讨论很热烈。通过讨论,大家达成了一定的共识。我认为主要共识有如下几点。①大学生可以兼职,但不能影响学习。因为大学生的主要任务是增长知识,提高能力和培养品德,也就是说,学习是大学生的主业。②大学生在校期间兼职的主要目的不应是增加收入,而应是增加社会经验,提高自己的实践能力。大学生不能只为赚钱而兼职,应该选择不影响学习且能促进知识巩固和能力培养的职业。③大学生要明白做兼职存在一定风险性,要具备较高的安全意识和自我保护意识与能力。不要选择有损于自己的身体或有害于自己名声的职业,更不能为了赚钱而违背法律和道德底线。

# 友情、恋情、爱情、亲情

**程萍萍**

学生时代,有两样东西很美好,那便是友情和恋情。那么,该如何区分它们呢?

在我看来,可以从以下三方面区分:

1. 友情是建立在理解的基础上,能看得清对方的优缺点;而恋情则是建立在感情的基础上,所谓"情人眼里出西施",恋情会产生光环效应,觉得对方什么都好;

2. 友情是开放的,只要投得来,都可以做朋友;而恋情就不一样了,它是关闭的,具有排他性;

3. 一段很好的友情往往让人有充足感;而恋情,特别是正在热恋中的情侣,往往具有欠缺感。

**饶佳妹**

有一句俗语来区别友情和爱情:友情里一个人加一个人就等于两个世界,爱情里一个人加一个人只等于一个世界。我认为区别两者的关键就在于谈话内容和谈话时的距离。例如你们之间真的是友情的话,当对方告诉你他(她)有了自己的"另一半"时,你应该会很开心;相反,如若是爱情,那么那时的心情则会非常酸涩、伤心。如果你们之间的关系是友情,那你在他(她)身边的时候是感到100%轻松自在的。即使你刚刚从重感冒中康复,说话声音就像哮喘老人一样,你也不怕被他(她)看到;相反,如若你们之间是爱情,那么你则会非常注重你在他(她)面前的形象。友情是广泛的,只要志同道合就可以成为朋友;而爱情则具有强烈的专一性、排他性。但是,友情和爱情并非相距万里,友情为双方提供了解的机会,如果双方感情融洽,互相有吸引力,继而发展为爱情,这是完全可能的。友情是爱情的基础,但友情不一定发展为爱情,友情一旦踏上爱情之路,就只能单向发展,爱情从来不回归友情。因此,我们要慎重对待两者。

友情和爱情都是一种责任,每个人都应该用心扮演好自己的角色,用负责任的态度来看待两者之间的关系。

### 彭国婷

在人生的道路上,若有朋友陪着你走,你的青春或许会有更多的色彩。朋友会在你伤心难过的时候安慰你,会在你开心的时候陪你一起笑,也会在你需要帮助的时候伸出援手。这之间有一种情,叫作友情。那么,我们需要怎么对待友情呢?

其实,我们要付出真心,真心地对待你身边的每一个朋友。只有你付出真心,才有可能得到朋友的真心。和朋友之间真心的交往,可以增加彼此的信任。此外,与朋友相处多些宽容,学会包容朋友,不要什么都斤斤计较,斤斤计较容易产生矛盾。再者,当朋友帮助、关心我们之后,我们要学会对朋友说声谢谢。我们自己也要多关心、多帮助朋友,朋友之间也需要感恩。不要太过于依赖朋友,每个人都会累,友情也需要双方的付出来维持。朋友之间也需要聆听,学会聆听朋友的心声,心与心的互动,增加彼此的交流。一生中拥有那么几个好朋友,是很幸福的。我们要喜欢朋友,爱朋友,且行且珍惜,真心实意地对待友情,让友谊长存。


教师总结:刚才同学们结合自己的经历都对"亲情、友情、恋情、爱情"这一话题谈了自己看法,都认为这四种感情虽然有区别但都是值得珍视的。由于多数同学没有谈过恋爱或者不愿向外人谈论自己的恋情,因此,刚才谈得最多的是亲情,特别是父母对自己的爱,有的同学在谈论时还激动得流下了眼泪,这说明他们有感恩之心。①这四种感情都值得珍视,它是人生幸福的标志。珍视它们,就要维护它们,通过自己的付出而不让它们受到损害。在大学期间,经常给父母打电话,不违背父母对你的良好希望,尽可能通过自己的勤奋学习和刻苦锻炼来实现父母望子成龙的愿望,就是对亲情的最好维护;时刻为朋友的长远发展着想,帮助朋友成长成才,就是维护友情的最好途径;尽可能让恋人幸福,对爱情忠贞不渝,就是对恋情和爱情的坚守。②四种感情可以相互转化,但不要错把友情当恋情。异性之间的友情有时可以发展为恋情;双方都恋着对方的恋情大多会发展成爱情;长久的爱情会转化成亲情(如相互依恋几十年的夫妇)并产生亲情(如生子女)。但是,大学生最容易犯的情感错误是将异性之间的友情当成恋情或爱情,它可能伤害同学之间的纯真友情。防止这一错误的方法是,不要自作多情,不要轻易对你的异性朋友表白爱情,在没有确定恋爱关系之前都要看成普通的异性朋友。

# 大学生应该如何处理课堂学习与团队活动的关系？

**赵娟**

我们进入大学,对大学有着各种各样的好奇心。在大学里,有着无尽的知识宝藏,同样也有着丰富多彩的社团活动。但是我们学生就有疑问了,大学里活动太多,我们把心思和时间都花在了学校或院里举办的活动中,导致没有时间完成我们的学业。那么,大学生的学习和团队工作,到底孰轻孰重?

每个人在大学期间的生活就像是一架天平,左边是社会实践,右边是学习。在既充实又有趣的大学生活里,那就一定要把天平端平。学生社团的创办目的是满足大学生对校园生活多元化的需求。只要同学们做到以下三点,大学生参加团队活动和课堂学习是可以互不干扰的。

第一,合理安排时间。大学里,很多时间是自己完全可以自主安排的,只有合理的安排,才不会出现顾此失彼的现象。

第二,找到合适自己的方法。只有正确合适的学习、工作方法,才能保证学业和任务的完成质量。

第三,专心致志。不管做什么事情,都应该集中精力,这样才能提高办事效率。同学们应该根据自身情况,全面把握团队活动和学习任务之间的变化,合理规划自己的时间和精力,这样才能达到"鱼"与"熊掌"兼得的境界。

**王凯悦**

活动与学习是紧密相连的,两者的共存需要时间的合理安排,但我不认为两者之间存在冲突。我们平常自由时间比较多,掌握时间的合理分配是必要的。课堂学习紧跟老师的思路,认真听讲思考,把一些精髓部分吸收。课下总结思考,有自己的见解,利用一些碎片时间看书,利用空闲时间完成作业。学习最重要的是效率。第二点是找到自己学习的方法和感觉,专心投入。

如果活动特别多,比如团日活动、志愿活动、讲座等。我认为这些活动如果我们能专心投入,合理安排时间,就能够学到课堂上学不到的东西,提高自身,锻炼自己。反向思维,如果活动不多,学习时间就会多吗? 在更多的时间里学习一样的内容,反而没有效率,还不如参加活动,丰富自身的经历。

像分蛋糕一样,让学习的时间多一点。如果按比例分配时间,把平常玩手机的时间缩短,就不存在活动多占用学习时间的问题。只要有效率和方法,两者并不冲突。

### 张晓椰

当我们千辛万苦地考上一所自己理想的大学时,我们对大学生活是特别期待的。可是当我们满怀期待地进入大学时,我们就会发现大学生活似乎跟我们想的有点不一样。

进入大学,特别是作为一名大一新生。我们会慢慢地发现,除了课程以外,还有很多很多的课外活动。这就让刚进入大学的我们有点猝不及防,就会产生一个问题,如何处理课堂学习和团队活动的关系。

首先,作为一名学生,学习是我们最基本的事情,是我们最根本的任务,我们应该把学习放在第一位。但是仔细观察会发现,很多同学在抱怨活动太多影响学习的同时,却仍然在课堂上不听老师的讲课而低头玩手机。所以,我觉得在课堂上,我们应该认真听讲,而不是低头玩手机。因为很多重要的知识点都是老师在课堂上讲的内容。在课后,只要认真地加以复习,便不会影响我们的学习。对于团队活动,其实它是必不可少的。特别是对于我们大一新生来说,这是增加我们交流,培养感情最好的时候。适当的团队活动能放松我们的心情,增加我们与同学之间的感情。所以我觉得,我们应该在上课的时候认真听讲,在团队活动的时候开心地参加。活动虽多,但是它也在一定的合理量之间。只要我们课堂认真听讲,课后加以复习,活动是很难影响学习的。我们可以把学习和活动同时做好。

教师总结:刚才大家发表的意见虽不完全相同,但有一些共识。这就是要根据自己的作息时间和学校的课程表合理安排时间,尽可能使两者不相互冲突。不论是课堂学习还是团队活动都要找到适合自己的方法,都要专心致志,尽可能提高效率。课堂上认真听老师讲课,认真学习,课下认真愉快地参加活动。大学生参加团队活动是必要的,是培养自己的协调能力和组织能力的最好途径;但课堂学习是大学生获得知识和提高能力的主渠道,团队活动的时间不能过长,不能代替课堂学习,课堂学习的时间要保证。

# 大学生应如何当干部才能在品德修养上进步？

**林如芳**

说起当班干部,我的感触和收获是很大的。去年我读预科的时候当了一年的班长,刚开始的时候工作量多又加上不适应,所以感到特别累。有的时候要忙到半夜才能睡觉,开展班会和团日活动或者举办班级晚会的时候,要做一系列的工作,策划和文本的制作,那段时间真的忙到晕头转向的。有些同学还特别不理解我的工作,不愿意配合,对此我感到非常烦心。面对学校下达的任务和学生方面的问题双重的压力,一点经验都没有的我,很多地方做得很不好,有时候真的觉得撑不下去了,甚至还控制不住自己的脾气,情绪横生,但静下来想想:这是我的选择,也是我必须要做的,凡事总会有解决的办法,加油!再加上爸爸的鼓励我更加坚定我的选择。

常常遇到的问题就是同学的不理解和一些异议,这也是首要问题。我的做法就是从学习生活中深入了解每个同学的性格和处事方式,这样可以在出现问题的时候根据不同的同学做出不同的协调方式。当时我们的班级中总有那么几位同学很有个性,之前是非常苦恼的,但之后用了这个方法还是非常有效的,顺利地把他们的问题解决了,之后我们的班级关系就一片和谐。

经过了一段时间的磨炼,我终于适应了,和同学们相处的关系也稳定了,做什么工作也变得得心应手了。

以下是我认为学生干部应该具备的四个方面。

1. 具有责任心。从小学到现在我都不落于学生干部的选举,所以也一直在培养责任心,自我认为自身的责任心还是挺强的。责任就是担当,班长是班级的老大,是班级的领头羊,所以责任心必须具备,否则这个班级就是一盘散沙。关于责任心用字面表达不能阐述得很清楚,关键是做。

2. 具有耐心,不把情绪带到工作上和带给同学。面对同学一些无厘头的埋怨或者一些他自己可以思考的问题非要问班长,这时耐心就派上用场了,班长要耐心解释,解答问题。还有有些同学做事总是很拖沓,所以需要耐心地提醒等。

3. 具有奉献的精神。比如发书先把干净、好的书本给同学,脏的留给自己,宁愿自己少要,也不要同学们少有。

4. 具有公平公正的心。就比如有什么活动有什么好处,都要明确清楚地通知到每一个同学,做到公平竞争,大家都有竞争的资格,不能因为与某某关系好就给某某留后门,这样是绝对不允许的。

5. 还应该真心对待同学,真心为同学做事。

当学生干部虽然很累,每天每星期要开会,接收和传达老师的各种通知,落实各种事情,但是这样的生活让我觉得很充实,很有意义。付出与收获往往是成正比的,付出得越多收获得就越多,看看我这一年收获了什么?

1. 责任心的增强;

2. 变得更加有耐心了;

3. 学会了不把私人的情绪带到工作中去;

4. 组织能力的提高和协调方式的提高、改变或者调整,积累处理事情的经验;

5. 拥有认识了解全班同学的机会,同时让他们认识了我,收获了友谊;

6. 给了我为同学们做事的机会,真心对待每一个同学;

7. 能力上、人格上得到了同学和老师的认可。

如今我那个班级的同学都被分到各个专业各个班去了,有的同学现在还会发消息向我诉说:好怀念你给我们当班长的时候,什么消息都能通知到位,什么事情都能落实到位,我们不用担心太多,你都帮我们解决。真的很感谢他们的信任!


**黄志敏**

首先,我们得先了解干部一词的含义,它是指担任一定的领导工作或管理工作的人员。既然是领导或管理人员,那么这就必定涉及了另一个较深层次的概念"制度"。我认为作为学生干部必须谨记的一点:你可以不拥护制度、怀疑制度,寻找机会改良制度,但底线是不能破坏制度阳奉阴违。因为制度是一切运行的机制,当运行机制被破坏时,那么一切必将会乱套,而当你想挽回时必将事倍功半。

作为学生会自律部的一员,日常查课难免碰上抓到"熟人"逃课的尴尬事件,这时人情和制度产生了冲突,我总会在苦笑中放下人情,维护制度。不是"拿着鸡毛当令箭",而是马院太小,熟人太多。当你一次因为人情破坏制度时,那么这将会以蝴蝶效应般扩散,很多熟人便将制度不当回事,让你一次又一次不得不再次破例,从而扩散至其他和你关系不是很好的同学,他们会说,凭什么谁谁谁可以迟到旷课,凭什么我不行?顿时让你哑口无言。最后,制度腐烂了,集体松懈懒散了,管理层也失去了公信力。这应该是"子路赎人"故事的反面典型了。

所以我认为学生干部应从对制度的遵循、对自我的约束和自身的自律着手,这样才能在品德上有质的飞跃。而一位"好好先生",经常"帮助"同学的干部,即使收获了同学间的一些美好而暂时的赞美,当真正集体利益和个人利益发生冲突时,隐藏的矛盾必如定时炸弹般爆炸,失去公信的管理层面对一片混乱的集体也只能束手无策了。

教师总结:大学生应如何当干部才能在品德修养上进步? 针对这个话题,不同的同学有不同的看法,但多数同学是从大学生当班干部应具备的自身素质和做好自身工作促进品德修养进步的方法这两个方面来谈的。这两个方面是关键点,说明同学们抓住了重点。作为一名大学生干部,要想在品德修养上取得进步,首先要提升自己的素质和能力,在各方面都要起带头示范作用,这样才能胜任工作并在班集体里具备公信力;其次要有服务意识和奉献精神,要多为班集体着想,在名利面前多为同学着想。

# 02

## 社会体验

——感悟生活、吸取能量、培养美德

# 我的家——恩施屯堡乡林家湾

彭丽

    每个人从小到大心中都会有一个秘密花园,它会时不时出现在你的脑海里,勾起你无限美好的回忆。它可能是你和爱人经常约会的公园,又或是小时候爸妈经常带你去的游乐场。而我心中的那个秘密花园是我那小小的村庄——林家湾。

    我叫彭丽,来自湖北恩施屯堡乡林家湾。说起林家湾,除了屯堡乡本土的人几乎没人知道它的存在,它隶属于恩施市屯堡乡车坝村。2002年林家湾、选驻村、车坝、军寨、龙溪河几个自然村合并成车坝村,现在恩施属于国家级贫困县,车坝更是恩施的重点贫困村。林家湾就像是被恩施遗忘的可怜孩子一样,坐落在一条小山沟内,四周被大山环绕,从外面几乎看不到它的面容。这么多年来林家湾的人一直兢兢业业,心中期望的就是摆脱"贫困"的称号。

    林家湾交通极为不便,它距离屯堡集镇大约8公里,距离恩施市区约20公里。林家湾只有一条土公路连接屯堡集镇,平常都是当地的人开面包车接送村民上街,一次大约30分钟。如果还想进市区,到屯堡之后还要搭一个半小时的班车才可以到达。

    现如今的车坝村大约1488户人家,我们林家湾大约占了300户,而且几乎每家都是两个孩子。我们的房屋呈点状分布,大多都是几个亲兄弟或同姓的人组成一个大屋场,所以一个屋场至少有4个孩子。

    以前的房子都是石头做的墙,瓦片搭的房顶,现在大多变成钢筋水泥筑成的大楼房,非常干净整洁。以前分田的时候每家分到三四亩田,分来的田地村民大多用来种玉米、马铃薯、洋芋和水稻。一般家庭会把三分之二的田用来种水稻,剩下的就用来种玉米。这样一年下来村民可以收水稻一到两千斤,玉米差不多一千斤。但因为地处山区,村民种田投入的人力和物力太多,几乎挣不到钱。"在家种田一年不如出去打工一月",这是我们那儿村民经常埋怨的一句话。由于大量的村民选择外出打工,因而导致许多田地被荒废,只有极少的田还被耕种。现在水稻是几乎没人种了,只有玉米、马铃薯和洋芋还能看到一点点,而且这些也只是种了来喂猪,增加经济收入。

如今我们村的经济收入都是靠男人外出打工,而女人在家养猪,种茶。一般男人们都选择到广州、河北、山西、河南这些地方打工,主要是到建筑工地当工人或者挖煤。一般情况下,掌握技术的人会在工地上当"大工",三四百块钱一天,一年差不多可以带七八万元回家。而不会技术的小工一天差不多挣一百多块,最多也只有两百五十块,于是他们一年只能带三四万元回家。在工地上工作受天气影响很大,如果遇上雨水比较多的季节,他们可能停工一两个月,这是他们最害怕的。这就好像渔夫打鱼没有渔网一样,没有活他们就没法养活家里的一大家子人。一年下来家人往往聚少离多,孩子们只能在过年的时候才能看见自己的父亲。但是没有办法,只有这样,家里的生活才能勉强维持下来。

我们村庄教育资源十分匮乏,人均受教育程度非常低,除了我们这一代之外,村民只有一小部分读过初中、高中,其余大部分都只读过小学或是文盲。其实以前村里有一个林家湾小学(现已改建成茗馨茶叶专业合作社),但是非常小,而且破烂不堪,整个学校只有一个老师,三个年级(学前班、一年级、二年级),上课都是三个年级一起上。虽然学校条件艰苦,现在也只剩一堵破旧的围墙,但它毕竟教会了许多村民识字,这份记忆是怎么也忘不了的。(见图1)

在外人的眼里,我们村庄往往是和贫困挂钩的。但在我们的眼中,除了贫困,我们也有自己独特的美。

每个地方都有自己的保护神,我们林家湾也有自己的镇湾之神——鹰嘴崖(见图2)。顾名思义,这个名字就是根据这座山头的形状来取的。前几年有人在它的山脚下发现了鱼的化石,我猜想大概几百万年前我们这儿是一条河流,鹰嘴崖可能就是河流消失之后经过地壳运动形成的。林家湾四周群山环绕,从外面几乎看不到它,但鹰嘴崖却独树一帜。它像对外面的世界充满了好奇的孩子,把头伸得好高,高得让人们从外面一眼就能认出它。因为鹰嘴崖是林家湾最显眼的标志,它便成了我们那儿的代名词。

鹰嘴崖长满了沙树和刺丛,人如果上山会很困难,但也正是因为如此,它的植被依然茂盛没被人为破坏。每天早上,整个林家湾还被浓雾笼罩。而它却独得太阳女神眷顾,早早地就被阳光包围,散发着金色的光芒。当山顶的浓雾慢慢消散,阳光踏着消散的雾罩翩翩起舞,这给了鹰嘴崖一种朦胧的神秘感。

如果终年没人靠近的话,我们的镇湾之神可是会很寂寞的,所以它千方百计地吸引孩子们和它玩。它给我们在悬崖边提供了两个大石板。大自然的鬼斧神工,令两个大石板就像是人工雕刻的一样。平滑如玉、没有一丝杂草,就和城市的公园一样精致。每当我们站上大石板,向下俯视,整个林家湾尽收眼底,一种"会当凌绝顶,一览众山小"的快感油然而生。因为在悬崖边,大人们一般会限制我们去那里,但小时候的我们就是喜欢去冒险,每次把牛牵到草地上后我们就会悄悄跑上去在上面打滚、烧洋芋。甚至有几个男孩子还爬到悬崖边的沙树上来显示他们的勇敢,惹得我们这些女生一阵尖叫和佩服。

虽然那一座座大山阻碍了它与外界的联系,但也让人们拥有了朴素惬意的生活。

早晨五六点,整片村庄还被薄雾笼罩着,灰蒙蒙的。村庄就像刚出生的小孩一样,对未知的世界充满了好奇。"咕咕咕……"伴随着村中的第一声鸡鸣,大人们都陆陆续续起了床,经过简单的洗漱便拿上锄头、镰刀上了坡。有时人们在路上遇见便会停下来唠嗑,等他们忘乎所以地聊完天才发现,太阳不知什么时候已经偷偷跑出了地平线。他们尴尬一笑,心里想着今天又要赶工了。"噔噔……"孩子们的美梦就这样被大人们的锄地声打破了,他们睁开蒙眬的双眼走出房间,才发现太阳已经升得老高。看到一群调皮的孩子起来了,鸟儿们便兴奋了。"吱吱吱吱……""布谷布谷……"各种清脆明亮的乐声齐发,既吵醒了树枝,也驱散了孩子们的睡意。这时年纪稍微大一点的孩子会叫上自己的弟弟妹妹开始做饭了。大家伙负责到田里摘菜、掌勺,小家伙就负责烧火。等到大人们大汗淋漓回到家的时候,桌上早已摆满了饭菜。看到儿女们为自己做的饭菜,大人们都会笑着对孩子们说"我家娃娃儿真棒",好像一大早所有的劳累都可以被孩子们的这一顿饭菜消除。

中午是村庄最安静的时刻了,太阳肆无忌惮地释放它的光和热。而这时候便成了大人们偷闲的最佳时刻,他们会趁这时候好好睡个午觉,为下午的劳作养精蓄锐。而这时孩子们可不高兴了,因为他们必须做家庭作业。

但到了下午孩子们便兴奋得不得了。等大人们吃完饭上坡后,各家的孩子便会把自家的牛牵到小溪旁的草地上。那一片终年绿油油的草地也成了那一片孩子的"窝点",一到草地,孩子们便忘了自家的牛,个个像脱了缰的野马。在草地上挤油渣,抱团滚,跳皮筋。甚至像我们这样调皮的,会到小溪里抓螃蟹烧了吃,时常还把牛屎戳起来向别人砸去。一整个下午,整片村庄便被孩子们的魔性笑声充满了。看着我们一群脱缰的野马,大人们也无可奈何,任凭孩子们瞎闹。等到六七点钟,黑幕渐渐降临,孩子们的笑声渐渐消失,村庄便陷入了一片静谧。

这个村庄有一块特别明显的胎记——一条横穿整个村庄的泥泞公路(见图3)。没有它之前,村里的人到集镇上就只有一条小路,车不能进到村里,人们种的粮食也卖不出去。于是全村的人决定自己修一条公路。我仍清晰地记得那一年我六岁,妈妈刚怀上了弟弟。一大早,我就听到爸妈争吵的声音。"你刚怀孕,去掺和这事儿搞莫子啊""这条路本来就说好全村的人一起修,别人家出了几个人,我要是不去我以后都不好意思在这条路上走",最终爸爸还是没能劝住妈妈,一大早,爸妈便拿着锄头、草筐出门了。

当然像这种全村人出动的热闹时刻怎么能少了我们这群皮孩子呢。父母一出门,我们就立即跟在她们屁股后边,一到施工现场就突然跳出来给他们一个"惊喜",父母们是又气又感觉好笑。"你们这群小背时的,硬是怎么说都不听,在这儿就听话,莫乱跑哈。"我们连忙点头,可还没过一分钟,我们便把父母的叮嘱抛开了。顿时一大群"猴子"出现并扰乱现场秩序,扰得大人们不得安宁。结果那个死鱼脸的村长板着脸开始教训我们,领导出面,我们才乖乖待下来看着大人们开工。

男人们负责挖土,女人们就负责搬土。因为天气炎热,大人们的汗水就没停过,一颗颗豆大的汗珠从他们的脸砸向地面,好像在连汗水也痛恨这崎岖地形、酷暑天气。不一会儿大人们的衣服就全湿透了,但没有人停下休息。他们说:"别人都在干活你停下来休息,像话吗?"在他们的心里,这条路能把粮食运出去,村里人就有了生存之道,这就是他们坚定的信念。他们不顾酷暑和劳累就是为了完成这一个目标。一天一天,一月一月,他们靠自家的锄头掘,草筐装,用汗水铸造了我们村的"丝绸之路"。

我清楚地记得,公路修好的那一天,全村人欢呼雀跃,男人们还拿到了村长发的纸烟。妈妈破天荒地给我们炖了一锅排骨,这让我们开心得不得了。在餐桌上,爸爸拿起一杯酒说:"以后我们家的米可以拿到街上去卖了。"当时爸爸的嘴角是扬起的,可不知为什么,我发现他的眼眶是湿润的。爸爸随后长叹了一声,这一声长叹至今还深深印在我的脑海里,也在指引着我向前进。我明白那是爸爸忆起了曾经,十一岁便失去了父亲的爸爸,从小过着饥寒交迫的生活,有时甚至几天都吃不了一顿饱饭,冬天时被冻得瑟瑟发抖。"如今的生活越变越好,要学会珍惜现在的生活啊。"这是爸爸对我说的。如今十多年过去了,那条土公路依然没有铺水泥。每次一下雨,路上就全是黄泥水,到处坑坑洼洼的。一见到这样的公路,许多人会觉得厌恶。但我特别喜欢在这条公路上行走,因为它是一种记忆、一种希望。凝结在这条公路里的是全村人的一种责任、团结、奋斗的力量。我希望她永远是那样的淳朴、自强不息。

关于我村庄的人,有一个人让我印象特别深刻。他从小生下来就双目失明,因为是家中的老二,人们都管他叫老二。从小他的父母就离开了他,有三个兄弟,由于几兄弟都没读过书,他们一家从小的生活就特别苦。等到几兄弟长大有了老婆孩子,他们就嫌他不会做事是个累赘,便与他分了家,从此再也没过问过他的生活。分家之后,村子里就有了许多关于他那三兄弟的闲言碎语,村里的人都在背后骂他们几个没良心。可是法律并没有规定公民有赡养自己兄弟姐妹的义务，所以无论村里的人怎么说，还是改变不了他只能自力更生的事实。在我的印象里，他始终顶着一头蓬松、乱糟糟的头发，散发着恶臭，好像从来没洗过澡一样。他瘦得就像皮包骨一般，整张脸颧骨特别突出，两只眼睛没有眼珠而且向内凹陷，显得非常可怕。一年四季，就只穿两套洗得掉色的中山装。每次从他家路过都会发现他的房屋是紧闭的，偶尔看到他也只是下午快黑的时候。他总是独来独往，拄着一根拐杖在他门前的小路上徘徊。小时候，我们这群孩子会时常跑去逗他。我们会故意接近他，然后大叫一声把他吓一跳，现在想想，当时的行为是多么残忍。但在我心里，他一直是一个谜团，神秘而且遥远。但那一次之后，我发现我慢慢了解他了。

那是一个炎热的下午，太阳无情地烘烤大地，把人们弄得暴躁不安。我刚放学走在街上，就发现一个熟悉的背影。还是顶着那蓬松的头发，一手拄着拐杖，一手不停地擦汗。他走的每一步都是那么小心翼翼，可尽管这样，他还是会走到车的前面。有些司机嫌他太碍事，对他破口大骂。当时我也不知道哪来的勇气，竟然跑上去顶撞那个司机。"你没长眼啊，没看见他不是故意的吗？"一说完这句话我就后悔了。那个司机瞪着我，感觉要把我吃了。我连忙拉着他逃出了这个是非之地。我问他怎么一个人到街上来了，他说家里的米没了，已经挨了两天饿了。听到这话，顿时我感觉心里酸酸的。从村里走到街上正常人都要两个小时，更何况是他呢？我觉得很敬佩他，他到底是怎么一个人摸索到街上的，我至今也不知道。之后我帮他买了米，给他找了一辆车送他回了家。那是我第一次看见他的家。当他打开那一扇破旧的大门时我惊呆了。小小的一间屋子，没有一点光线，阴郁得让人害怕。没有做饭的灶，更没有厕所，床竟然只是一个木板上铺的一个草席。我转过头看见他憔悴的面容，心中泛起无限的涟漪……从小丧失父母，一个人在这"可怕"的屋子里住了几十年。几十年来，几乎没人进过他的家，更没有多少人和他说话。每个月的生活费只有政府补贴的50元。那一瞬间，不管是同情还是尊重，我的眼泪流下来了。那一刻，我好像明白了他那佝偻的背上所承担的——贫困、孤独、无助，这些都是我们正常人无法忍受的。但在这个六十多岁的残疾老人身上，我看见了山一般的坚毅。在我离开时，他从口袋里掏出一个雪饼塞给我，他说："好娃儿，你以后肯定能上大学，好好读书啊！"他的声音有些哽咽，我看着他湿润的眼眶，竟一句话也说不出来。

回家的路上，我想了许多。一个再坚强的老人也需要关心，即使那个关心很微小，他也会很感动。我们是不是要给这些老人多投注一些目光呢？至少不要让他们活得那样孤单。我为我自己感到骄傲，因为我的一个小举动温暖了一个孤独老人的心。好在如今国家有了精准扶贫政策,他成了五保户。每个月有政府补贴的300多元,村里还给他盖了一座房子。虽然钱不太多,但也足够解决他的温饱和穿衣了。不管怎么样,如今他身上的担子算是轻一点了,但我想他内心是无尽的空虚。

2012年12月李克强总理来视察了屯堡乡,在进村的过程中他发现我们那儿存在着许多问题。随后他就在乡政府召开了乡村干部座谈会,会上讨论了加强农村基础设施建设和发展特色产业的建议。从那儿之后乡政府给我们村下发了一些资金,于是我们村做出了大力发展旅游业和茶业的决定。因为村上边原来有一个国家级森林公园,村里想借助它促进旅游业的发展,今年准备把那条公路打造为旅游路线,建立便捷的交通,从而带动经济发展。由于考虑到村里男人们都外出打工,老人、女人、孩子留守家中的情况,村委会创新集体所有制形式,找私营主承包茶园,这样村里大量的荒废土地都得到了利用。老人、女人、孩子可以到茶园中摘茶叶卖给私营主增加家庭收入。这样一般一个妇女一年将近可以挣5000多元,而且我们那儿的孩子从小就被父母带着干活。

自从有茶叶可以摘了之后,摘茶叶便成了我们那儿孩子的第二职业。每到下午放学他们都会到茶田里摘茶,像我弟弟这样十一二岁的,他们一般把茶摘了之后自己卖掉存着作为自己在学校的生活费。我弟弟一年可以挣到600多元,可以半个学期不向妈妈要生活费了,这也给我妈妈减轻了许多负担。当然年纪小些的孩子不可能挣到多少,那他们就只能把自己摘的茶叶给大人,然后大人给他们每天买一些零食作为奖励,即使这样他们也很高兴。经过几年的发展,如今我的村庄发生了很大的变化,大多数人家都住上了楼房,孩子们也能享受到一个很好的教育。我相信,未来我的那一片小村庄会有更大的发展。(见图4)

那一片村庄,让我留恋的不仅仅是它的美景,更是那儿的人和事带给我的感动和思考。这么多年过去了,村庄发生了许多变化,唯有那份纯真永远不会变,而那份纯真带给我的感动也会伴我一起走过以后的人生道路。

已经离开你几个月了,你好吗?我的家乡。

我想说,我好想你。

图1　林家湾小学残垣

图2　鹰嘴崖

图3　以前的乡村公路

图4　现在的楼房

　　点评:文章结构清晰,主旨鲜明,语言生动形象。作者用朴实无华的辞藻描述了家乡人民的生活和家乡的变化,其中村民一天的生活、一起修的公路、双目失明的老人都让人潸然泪下,让人不禁憧憬淳朴、自由自在的乡村生活,敬佩他们仅用锄头和草筐修出来的泥泞之路,也为那样艰苦生活的老人感到悲凉。在文中可以感受到作者对家乡浓厚的热爱之情。

# 广安市观阁镇码头村是
# 生我养我的地方

陈娜娜

我叫陈娜娜,来自四川广安,是一位地地道道的四川妹子和农村姑娘。生活在偏远的农村并没有让我觉得很卑微,因为我有一个和谐的大家庭,过着快乐的生活。正是这样的一个和谐与平凡的环境,让我感受到平凡的生活也充满着如此多的乐趣。也正是这些简朴的环境和淳朴的人们,让我感受到了什么叫作真正的生活。

我的村庄在广安市前锋区观阁镇码头村。码头村位于观阁镇的西北方向,与石船村和念口村接壤,离渠江大概 5 里路,离集市有 8 里路。因此,上街很不方便,有一个多小时的路程,交通工具以摩托和面包车为主。随着时间的推移,现在又兴起了电瓶车和电三轮。村子里的人世代以种植稻谷为生,辅助作物有大豆、花生、高粱、玉米、油菜。但这些作物种植量少,一般只够自足。有些贫困的家庭会把多余的作物拿到集市上去换钱以贴补家用。由于土地质量差,且人均地又少,再加上有许多土地都已经荒废。近两年收成不好,市场价格也低,村民们的收入便更少了,只够家用。

村庄虽然很偏僻,也不富裕,但在渠江的滋补下,村民们过着简单而幸福快乐的生活。平常,村子里没有多少人,大多是老人和小孩。因为在农村都形成了一个观念:宁愿在外面做清洁工也不愿意在家做农活。他们认为,在家又累又不能挣多少钱,所以青年人都出去打工挣钱,留下小孩在老家由老人们带。村庄虽小,但是却能感受到在城市里面无论怎样也感受不到的美。

小小的村庄容纳了上百人,几十户人家聚在一起。四方院子被一丛丛竹林环绕着,犹如一个婴儿,静静地在母亲的怀里安然熟睡。那一座座老房子静静地屹立在蓝天下,青色的瓦片在阳光的沐浴中发出阵阵清香。而在院子周围,是村民们劳作的地方——广阔的耕地。有旱地,也有水田、堰塘。旱地一般用来种植玉米、油菜、大豆、花生,还有平时吃的一些蔬菜;水田都用来种植水稻;堰塘有两个,有一个承包给人家养鱼,另外一个堰塘已经荒了,长满了水草,所以人们都把鸭子赶到那里面去养殖。在我们这里,由于受到天气的限制,作物都是一年一收。村子里的人们凭借作物和养的鸡鸭,一年大概能收入七八千块钱。

每天早晨,当太阳才露出一丝光,鸟儿还在熟睡,家家户户的烟囱早已升起袅袅炊烟,在微风的吹拂下,四处飘散,犹如一幅朦胧的画。逐渐地,天空慢慢放亮,鸡鸭早已忍不住寂寞,"咯咯咯""嘎嘎嘎"叫个不停。不知是哪家的孩子也耐不住,咕噜一声下了床,撑着竹竿,飞快地把鸭子赶下水去了。早饭过后,家家户户的大人都背着篓、扛着锄干活去了。只剩下小孩和老人,小孩三五成群聚在一起玩游戏,老人则三五个聚一起闲聊,或是抽几支烟,谈谈今年的收成……

夕阳西下,长满青草的田间路上,老农抽着旱烟,提着镰刀回家。影子被落日拉得好长好长,似乎比这六月的时光还长。小屋里,在暗黄的灯光下,桌上摆放着美味的乡间佳肴。劳累了一天的人们,在这一时刻和家人相聚谈笑,或许这是他们最满足的时刻。一阵喧嚣后,村庄又归于平静,像一位熟睡的老人,似乎可以听到他均匀的心跳以及平静的呼吸。夜很黑,但是有月光的亲昵。天空中星星闪烁着光芒,守望着这一片宁静……

独特的丘陵地形使得我们祖辈都以种田为生,靠劳力养活家人。热情的夏天,是我们解放的季节,也是村庄最繁忙的季节。穿过村庄来到一望无际的田野,这是一望无际的稻田。眼前是金色的稻穗,颗粒饱满,沉甸甸的,把稻秆压弯了腰,怎么也挺不起来。远远望去,整个稻田就像是一张美丽的黄色地毯。一阵风吹过,稻穗被风吹得左右摇摆,就像是金色大海中的波浪,一波又一波……仔细一看,稻田里还有另外突出的景色,那就是农民伯伯。他们戴着草帽,一弯一起,不停地割着稻谷。为了减轻家人的重活,我也来到了田间帮忙割稻子。原来如此美丽的金色碧浪中也隐藏着神秘"杀手",稍微不注意就会被稻草割流血。才一会儿,我就快忍受不住稻草对我的侵袭。手臂和腿不知道被稻草割伤了多少次,在烈日炎炎下,豆大的汗珠不时地从额头上滚落下来。渗湿了衣服,滴在伤口上,一阵阵剧疼。这时,我多么想扔下镰刀,躲到阴凉的树下,享受一会儿微风的抚摸。农民伯伯有的年纪已经很大,腿脚也不方便,有的甚至还在忍受着病痛的折磨,他们依然在炙热的太阳底下劳作。想到这里,我还有什么理由停下来呢? 再苦再累,咬咬牙,挺过去就好了。握着手里的镰刀,好像更带劲儿了,努力地割稻穗,汗珠落在手上、地上、稻穗上……这时才真正地体会到什么叫作"一粒粮食一滴汗"。

六月的天像是孩子的小情绪,说变就变。突然,天空像打翻了的墨汁瓶,黑沉沉的一片,乌云飞速地翻滚着,随后,天空越压越低。远处的雷鸣夹杂着闪电,暴风雨就要来了。这时,农民伯伯纷纷变了脸色,想起了家中晾晒的稻谷,一旦淋了雨,谷子就会发霉,一年的收成就要泡汤了。于是他们打起十足的精神,飞奔回家抢收自家院里的谷子,有的人扫地,有的人往屋里运谷子。上百斤的谷子扛在肩上,咬着牙,唱着号,一袋一袋地往屋里扛,整张脸累得通红。"哗啦啦"雨滴落下,在地面上溅起朵朵水花,他们依然不放弃,淋着雨也要把谷子收完……一阵忙碌之后,雨停了,人们的脸上绽放出了笑容,那么纯朴,那么满足。或许,这就是他们的愿望——保护自己的收成。因为这是他们赖以生存的东西。

繁忙劳累并没有让村民们觉得乏味,他们总是以自己的智慧,用最简单的方式寻找快乐、享受生活。在农村,几乎房子周围都有空地。在春天,村民们会除掉空地上的杂草,种上几株花草,再编上几个篱笆,种几株牵牛花,圈在空地边缘,就形成了一个小型花园。我也不例外,我总喜欢在我家花园里种上几株玫瑰、芙蓉、桂花。没事的时候为它们除草、施肥、浇水。终于有一天,它们都开出了娇艳欲滴的花骨朵。这时候,搬一把凉椅,拿一本喜欢的书,在微风的吹拂下,静静地享受着美好的生活。又或许,在自家的院子里种上几棵果树——梨子、桃子、柚子、橘子……春天,各种花竞相开放,还带着淡淡花香和青草泥土的气息。秋天,果实累累。劳作了一天的人们收工时走到院子旁边顺手摘一个果实,擦了擦,满满地咬上一口,果实的香甜洗刷了一天的劳累,留下的就只有满足感和幸福感。

村庄虽小,却蕴含着丰富的文化内涵。各种传统习俗,让我们了解了老一辈的美好愿景。最有影响力的就是春节了,在我们这里,就是大年和小年,小年在腊月二十三,这一天,家家户户都会清扫房屋,这象征着清除家里的晦气。大年三十这天,家家户户都挂灯笼,贴春联。中午的时候还要呼唤祖先回家团圆,然后一家人才坐到桌上高兴地吃团圆饭……除了春节,中秋节也别有风味。到了中秋这一天,传说起得越早,代表着这年丰收越好。所以家家户户都早起,把泡好的糯米捞起来,放入蒸笼里面蒸。待熟后就放入一个石头容器里面用木棒捣黏,直到所有糯米都黏在一块儿,就完成了。这就是传说中的"打糍粑",由于要消耗大量体力,所以这种工作一般由村里面的男丁做。做好后,就可以开吃了,不需要买调料,只需自家炒熟的花生和瓜子捣碎后,加点白糖,撒在糍粑上,就可以吃上香甜可口的糍粑。还有清明扫墓踏青,端午包粽子,用百草熬水洗澡……这些习俗无不凝聚着我们祖祖辈辈给我们留下的财富,值得我们一辈一辈地传承下来。

邻里的叔叔阿姨和爷爷奶奶们都非常热情,每次到他们家,他们总是乐呵呵地出门相迎,连忙搬凳子、上茶,留我在他们家吃饭。虽是粗茶淡饭,但里面却融入了乡村人民的热情与淳朴。我总喜欢跟他们讲讲学校的趣事,当然,有时候也会为他们的小孩辅导作业,帮他们照看小孩。由于村里面大学生比较少,他们总以我引以为豪。每次遇见我,都会说:"你真是命好,要好好努力,以后咱村的人沾你的光。"简单的话语，却成了我失望时不断努力的动力，心里总会默默地念叨：
"我会拼搏到感动自己，努力到无能为力。相信自己可以做得更好！"小小的村庄，
让我们有了互帮互助的习惯。哪家的鸡鸭不见了，全村的人帮忙找；哪家的老人
祝生请客，女人们摘菜煮饭，男人们搬桌弄椅。虽没有五星级酒店的豪华，但每个
人脸上都洋溢着笑容。哪家小孩生病了，邻居都帮忙叫车联系医生，帮忙料理家
务……这一件件小事，把我们村民的心都连在了一起。还记得离开家的那一天，
邻居们都送我，为我提包，还嘱咐我要好好学习……这些亲切的话语，至今还在我
耳边响起。当我踏上车的那一刻，我都不敢看他们，怕不争气的眼泪往下掉，更怕
还没有离开，就开始想念……

随着时间的推移，时代的发展，村子里也发生了巨大的变化。水泥路通向了
每个院子，因此，村民们也配备了电瓶车，上街赶集也方便了好多。大多村民家里
都建起了二层小洋楼。村子里大多数年轻人都去广州打工去了，只留下老人和小
孩。院子里的人也越来越少，有的在镇上买房，有的搬到公路边。虽然老房子已
经快要坍塌，院子里满是杂草，但还是抽空出来去打扫。无论怎么样，村民们仍然
互帮互爱，在平凡的劳作中守候着他们的家园。因为，那是他们的根所在，是他们
的命脉。

这就是我拥有的平凡生活，接触的朴实的人们。这里的一花一草和每个人都
值得我用一生的时间去记忆。如果说大城市的灯红酒绿让我们学会过快节奏的
生活，赶上时代的潮流。那么这乡间的朴素与静谧则让我产生了浓厚的故土情
怀，凝聚了我对这片故土的热爱。平凡的生活让我感受到生命的奥妙在于辛勤劳
作。最自然的环境和纯朴的风情则孕育了我不怕吃苦的精神。在这一片寂静的
故土，有我至亲的人，我的乡里乡亲。虽然他们没有接受过良好的教育，或许根本
不知道外面的世界是什么模样，但是最朴实的他们却教会了我如何对待生活，让
我学会了辛勤劳作，无私奉献。也让我体会到了生活的来之不易，从那次劳作之
后，我学会了节约。最重要的是，我明白了真正的生活不是每天和朋友一起花天
酒地，追逐名牌，过着追逐物质的生活。而是和家人和睦相处，和邻里互帮互助。

曾经做梦的时候都想要上大学的时候远离家乡，而如今，当我孤身一人在远
方时，总是会想起我那亲爱的家乡、那个让我成长的地方。想看看它那清纯的景
色，听听河流潺潺的声音，还有那淳朴的邻居。多想亲切地问一句：你们还好吗？

点评：该文清新自然，语句优美，情感真挚。作者用朴实无华的话语
描述了她的家乡广安市观阁镇码头村，通过码头村静谧的环境、劳作的
人民、纯朴的乡里乡亲、门前的花圃，将自己对乡村的依恋和热爱生动形

象地描绘了出来,使码头村清晰地呈现在读者的脑海中,让其思乡之情跃然纸上。难能可贵的是作者在乡村人民的生活中受到启发和熏陶,明白了珍惜,找到了正确的生活态度。

# 露从今夜白,月是故乡明

张义杰

故乡是一棵没有年轮的树,永不老去。故乡的歌是一支清远的笛,总在月明风清的晚上响起……

我的故乡是四川省中江县的一个大村庄——照壁村。说到这里,我要先夸夸令我自豪的中江县。中江县西邻成都,北依绵阳,南靠遂宁,是一座有百万人口的千年古都。这里山川竞秀,气候温和,四季分明。说到这座城市,最令我自豪的就是这里是"双百人物"特级英雄黄继光的故乡,这种"不怕牺牲,敢于胜利"的精神是这城市的精神支柱。因为汶川大地震后得到中央政府的重视,这个贫困县发展越来越快,一时之间向前进步了几十年。除了是英雄故乡以外,它还被称为"小三苏"——苏意简、苏舜钦、苏舜元的故乡。美食中江挂面、雨花石、AAAA 级景区芍药谷等都名扬在外。

从中江县城南站出发,沿着通往成都的唐巴公路行驶大约五公里处,有一个面积 27 平方公里的小镇,名为南山镇,这里有一条乡村公路名为新拱桥公路。这条公路起止点都在唐巴公路,只不过这条公路绕了好大一圈,几乎连接了南山镇所有的村庄。从镇上的入口进去,会发现公路两旁都是树木,团团将公路围住,整条林荫道宛若一个山洞,或一条水管。但沿着公路行驶大约一公里后,就会豁然开朗,迎面就会看见一个大约有几十户人家的小村庄,倒是别有一番陶渊明笔下《桃花源记》的滋味:"初极狭,才通人。复行数十步,豁然开朗。"这便是我的家乡——照壁村,意为太阳庇护的村庄。

这是一个背对小山、面向田野、视角开阔的村庄,占地面积达到约 3000 亩。户数也达到了 500 户左右,户数虽多,但除去外出打工的大部分年轻人外,待在农村的大概只有 300 人,而且 70% 都是老人。因为农民基本上都是老人,年轻人基本上都去浙江、成都等地打工。虽然说每年也能够挣到两万左右,但一年却只回家两三次,只剩下一些空巢老人和小孩在家,这也反映出了一些现状,实在令人有些心酸。因为大多数都是老人,所以卖一些粮食和自家养殖的鸡鸭等家畜就是每家每户主要的经济来源。虽然以前经济水平很低,但随着一条条乡村水泥公路的修建畅通以及一些优惠政策的落实和政府对农村发展的重视,一些年轻人从外地回来,一些河塘被承包了起来养鱼,山坡土地也用来养鸡养猪种菜等,这使得这个村庄已经逐渐地发展起来。

我的家乡属丘陵地形,所以并没有高山,只有海拔六七十米的山坡,我们叫"梁子"。挨着村庄最近的小山叫它"白梁子",是因为土壤是沙土,长不了大树,只能长低矮的小草,看起来光秃秃的。草里有野兔、野鸡、野鸭等。儿时最喜欢的就是叫上几个小伙伴去围追堵截它们,几十个伙伴追着一只野兔满山跑是常有的事。因为这里草多,所以大家都乐意在这儿放牛。牛很温驯,坐在牛背上放牛既方便又好玩。

小山与村庄之间是树林和竹林,中间有很多空地,我们叫"坪子"。软软的草,加上周围被树笼罩着,风吹雨打都不怕,村里孩子都在这里玩。在春天,密密麻麻的树长满枝丫,春意盎然,刚冒出头的小花散发出一股股清清的香气。满天的鸟儿各自唱着各的旋律,加上这里又有天然形成的小滑板,完全形成了一个天然的"游乐场"。儿时就特别喜欢和伙伴们一起,带上几条大蛇皮口袋,铺在草上,然后大家爬树,玩滑板,捉迷藏,追逐打闹。

在秋天时就喜欢在这里搭起火架烤肉吃。父母是不允许我们在外面玩火的,伙伴们就背着父母拿上打火机。然后偷偷用小刀将家里的香肠、腊肉割一些,而且还不能被发现,可见割肉技艺之高超!然后用一根铁丝将肉挂上,在火上烧,过程中会不停地滴油。当肉变得蜡黄的时候,就可以吃了。咬上一口,嘴上舌头上同时沾满油汁,色香味俱全,非常美味。我们不仅烧肉,也烧麦芒,当麦子成熟时,随便找一块麦田,抽上几根麦芒,在火上稍微烧一烧,放在手上一搓,一吹,就是金黄黄的麦粒,光看着就垂涎欲滴。不光这些,烧红薯,烧玉米,烧蚂蚱,烧竹笋虫,做竹筒饭……既好吃,又好玩。

再往山下走,就是小村庄了,因为这里大多数人都姓张,所以这里又叫"张家沟"。在这里,一条条乡间小路连通着所有的人家,其中有一条较大的泥路,泥路两旁都是高大的白杨树。在秋天,风一吹,满树的叶子哗哗地飞落下来。伙伴们就喜欢在这种情景下迎风奔跑,追逐打闹,别有一番风味。在小的时候,这里的房屋都是用泥垒起来的,而且各家的房屋大多连在一起。虽然比不上如今的楼房坚硬漂亮,但也是趣味良多,它不仅冬暖夏凉,而且各家的小孩可以随意穿梭玩耍,倒是增加了不少乐趣。因为泥墙上有许多小洞,夏天总是有蜜蜂钻进去。这时我们就喜欢用一个瓶子堵在洞口,等蜜蜂出来时,自然就进了瓶子,然后看着它在瓶里"盘旋翱翔"。有时也捉墙缝中的壁虎、房檐上的蝙蝠甚至洞中的老鼠,拿一条细绳子，绑住它们的脚，拉着他们，任它们飞、跑，也实在是一种乐趣。家乡的人也非常和谐，最明显的标志就是，每一次吃饭，大家都会端着一大碗饭，到处串门、闲聊。到收获时节，这种和谐氛围则表现得更明显。

家家户户的房屋修在小山脚，放眼就是一大片田野，方方正正、整整齐齐，水稻、油菜等都种在这里，只是如今荒地越来越多了。因为人少地多，人均地也能达到一亩左右，收获也都还不错。比如稻谷亩产量可达 1200～1500 斤，玉米可达 800 斤左右，油菜 400～500 斤，小麦亩产量也有将近 600 斤。虽然收获还行，但是一人年收入也只能挣得 2000 元左右。还得除去在种子、肥料及税款上的花费，这就难怪年轻人要外出打工了。种庄稼根本很难养活一家人啊！要不是近年来国家废除双提款及对种地者有些补贴，只怕是要荒废更多的土地。

在春天，这一片土地格外漂亮。一大片菜花地，中间又加上零星的白色李花、梨花，红色的樱花点缀，可谓是别有一番意境。夏秋两季，则是农忙的季节。不管是收获油菜、"苞谷"还是收获稻谷，全村人都会行动，一起合作。收油菜时，"连盖"一盖接着一盖，在田野中形成了一套独特的节奏音乐。收完稻谷后，就会把秸秆捆成一把一把的，竖着放在田里，这倒是方便了小伙伴们捉迷藏！

大概在田野的中央，有一个"堰塘"。三米左右深，周围有较宽的"田埂"，有许多野花野草，容易引来各种蝴蝶及小虫，所以小孩也特别喜欢在这儿玩。就个人而言，我非常喜欢在里面钓鱼。小时候，用一根竹竿，一根做鞋的线，加上用鸡毛做的浮漂和用针做的鱼钩，就能做成一根鱼竿。再挖上几条蚯蚓，就可以去钓鱼了。这里虽没人养鱼，鱼都是野生的，但鱼却非常多。我从来没学过钓鱼，只要把钓鱼线一放下去，马上提起来，就有鱼。一般是鲫鱼。而如果要谈起鱼的大小，这就有点好笑了，大的，有手心这么大的，但是很少；小的，多数鱼只有两三厘米宽。但无妨，我要的不是鱼，而是钓上鱼后的那种快乐和满足的感觉。这种感觉是自己永远享受不完，也是别人享受不到的，既爽又奇妙！由于"堰塘"比较浅而且有时夏天雨天间隔比较长，稻谷又需大量的水，所以基本上三年就得干一次。这一次干涸，可是捉鱼的好时机啊！抽水机在"堰塘"里不停地抽水，水位会不停地下降。这时不论男女老少，有的拿着桶，有的拿着盆，有的拿着渔网，有的拿着鱼笼，有的什么都没拿，都站在"田埂"上"跃跃欲试"。就等着水再浅一些时俯冲而下。过程中，也是乐趣不断。很多几岁的孩童在湖中间抓鱼，一个没抓到，反而扑倒在淤泥中，弄得让人哈哈大笑。一回，李大伯看见了一条大鱼，却没网住，大家都聚成一圈，一看见水波，就一拥而上，结果都没抓着，弄得人仰马翻。徒手抓鱼的，更是没办法，鱼太滑了，就算抓在手上都会跑掉。所以我总结出来一点：不能用太大力气去抓鱼，要轻轻将它捧起来，然后使劲往岸上一扔，那样它就无法跑掉了。记得有一次,洋子似乎抓到了什么东西,从水里一拿出来,原来是一条蛇。他往天空一扔,"啊——"大叫一声,大家扔掉手中的鱼,都往岸上跑。等到了岸上,才发现鞋子都跑掉了!

再往外面走,就有一大片池塘,都种着莲藕。夏天,时常有一大群人密密麻麻地围在这里,堵得水泄不通,干什么呢?都拿着一条细的木棒,都在钓虾呢!等主人一看见,就会拿着木棍将他们撵走,他们一看见主人出来,就会以最快的速度"逃跑",所以这样大的阵仗是持续不到半个小时的。除了钓虾以外,在一些浅水区域,一些人也去捉虾,虾并不是那么好捉的,常常要付出血的代价。首先要去找洞穴,洞穴外面有淤泥的一般就是虾洞,但也有可能是黄鳝的洞穴哦。打洞的黄鳝一般是怀孕中的母黄鳝,很凶的!去摸的话一定会被咬。

龙虾也不是好惹的,我就有亲身经历。当我捉虾时,首先,我的手会慢慢地往虾洞里面延伸,洞穴较浅,所以用不了多少时间就会碰到虾钳。这时就是体现技巧的时候了,一定要从洞周围慢慢地抓住两个虾钳再往上拉!如果只抓住一个钳的话要赶快松手,再来一次,如果不幸被夹住的话(我常是那个不幸的人),不要动!千万不要动!等一会儿,钳松了,就赶快把手拿出来。在这其中也是能感受到一种成功的喜悦的。

我也喜欢去"偷"莲米。即使水有一定的深度,水底地势复杂,很多坑坑洼洼。但对于我和小伙伴们来说,完全不把它当回事。水底哪里高,哪里低,哪里水草多,哪里淤泥厚,都一清二楚,了如指掌,得到莲米是一件完全不费力的事。莲米多数用来直接吃,味道清香,口感和花生差不多。还有一些则用来煮稀饭,或者用来泡水喝,清香淡雅。

不光家乡的环境独特美丽,家乡的风俗也是别具一格。我最喜欢的除了春节外,家乡的清明节其实也是一个好玩的节日。我们家乡祭祖不在清明节那天,家族有专门的一天用来祭祖,我们叫那天为"做会"。时间大概在菜花初开时节,且一般是在星期天。那天并不是某一家人的事,是整个镇张姓家族的事,就算是远在外地的人也会在那天回来。这就是自己喜欢它的原因,因为那天人很多,可以和很多家族伙伴一起玩耍。

一大早,就有人拿着鸡、豆腐赶往现场。这是我们那儿的一个习俗,如果哪家人出生了一个小孩儿,是男孩儿的话,就得自己亲手挑上一只大公鸡,献去祭祖;如果是女孩儿的话,就得献上豆腐,以表示对祖先的尊敬与感激。那天6点左右,所有人都会开始行动。所有的家庭主妇、外姓是不能去祭祖的,只能去帮忙摘菜、切菜、借板凳、桌子、搞后勤。因为那天人很多,大概有几百人,都是姓张的。而男人也不会闲着,大家抬的抬、挑的挑、提的提,拿着各种仪式用品去祖先的墓。

到达后,大家都会很安静,然后就会有一个代表开始讲关于祖先的事,是为了能够让新一代的年轻人不忘本。"湖广填川的故事大家都知道,一开始只有四兄弟,就是因为有了他们,才有了我们现在这么多人,在你们面前的,就是我们这一个系的祖先,旁边是他的孙子,不是他的儿子,以前父亲和儿子是不能葬在一起的……"说完关于这墓的故事,就开始念祖训。"一忠朝廷,二孝父母,三敬长辈……"说完后,祭祖便开始了。大家齐动手,将几箩筐的冥币撕成一张一张的,先将最前面有两米的两根大蜡点燃,再将冥币点燃,顿时会燃起熊熊大火,然后每人拿着三根或九根香。"跪!"一声令下,"扑通"一声,都跪在墓前,各自许着各自的愿望,各自默念着各自的心声。

而这并没有结束,都起来后,继续出发,去祭其他去世的先人。先人那么多,所以这个过程非常漫长,也非常令人痛苦。要转好大一圈,等从另一条路转回去时,已经12点左右。这时桌子已经安置好,菜也已经上好,只需洗手后就开吃。下午,族人们就聊聊天、打打牌,小孩子们就满田野地乱跑、嬉戏,直到晚上这场活动才正式结束。

这是孩子们喜欢的一个节日,如果要说起孩子们害怕的一个节日的话,非中元节莫属。中元节又叫"鬼节",在我们那儿叫"七月半",因为这个节日大致在七月中旬,都说"七月半,鬼找伴"。父母说那天是阴间过年,有野鬼到处游荡,所以那天孩子们被迫不许出门,而且不能有额发,据说这样能驱鬼。中午会煮上一桌好饭菜,先将桌子上摆满碗筷,倒上酒,然后在屋里屋外烧上纸钱,意为先让鬼神吃一会儿。过一会儿后,我们才可以吃。在晚上,家家户户紧闭门窗。如果在小时候,不和父母在一块儿都睡不着觉。现在虽然是无神主义,但在那天晚上的氛围下,还是忍不住拉上窗帘。

村里最热闹的事,其实并非祭祖那天,最热闹的日子当仁不让的定是婚庆。我们那儿,婚庆要办三天,要把整个大队的人都请来,什么滴鸡血、抢红包、闹洞房、撑媒婆等风俗使气氛十分热闹。并且我们那三天早、中、晚饭都可以在主人家里吃饭,吃得最尽兴,而且很美味。婚宴的形式也很特别,可能是农村独有的特色。这里婚宴的菜肴主材有几个基本大件是不可少的——鸡、鸭、鱼、猪肉,所以主人家一般都会准备很多。要摆宴席,自家的厨房就不够用了,必须搭一个露天"厨房"才能大展手脚。由于菜太多,通常都会架块木板或者拼几张桌子,充当厨房操作台。而且菜必须分门别类地摆放好,开席的时候直接端上来。虽然乡村的酒席不如酒店的菜式精美,但是有不一样的风味!大人们忙里忙外,孩子们开心打闹,热情的脸庞伴着祝福的话语裹着浓浓乡村泥土的芳香。

从小生活在农村的我,这里的一切一切给我留下了太多美好的记忆。但从初中、高中再到大学，一天又一天，一年又一年，光阴似箭，日月如梭。平房、楼房不停地被修建起来，土房一座座被推倒。如今自己也已经长大，又在远离家乡的地方上大学。那些记忆、那些回忆，永远存留在了大脑深处，尚且还不知，时间会不会将它们永远抹去。老人们一个个去世，新人不断出生。村庄里不知什么时候，全是老人和幼童，年轻人渐渐地都进了大城市；我的那些童年小伙伴们，如今也各奔东西，不知去向。今年高考后，终于有空，便去山里、田野里到处看了看。"滑板"、树木都没变，但不知何时起，山里长满了杂草、杂树，连进出都不行；"堰塘"还是原来那样清澈，只是如今已没有去抢着捉鱼的人；藕塘的坑坑洼洼还在，可是到这里来钓虾、捉虾的人，撵我们跑的人却不见人影。同来玩耍人何在，风景依稀似往年！时间虽不容人长存，但至少人心不改，而我仍然深沉地热爱着我的家乡！

年年岁岁花相似，岁岁年年人不同！光阴易逝，青春难买，昔事已去，不可重来，我们再也回不去了，因为我们的人生只有一次。既然是这样，那么我们又有什么理由不去珍惜利用这有限的生命，去干一些真正有意义、不枉此生的事呢！

莫等闲，白了少年头，空悲切！

点评：语言生动、流畅，思路清晰，叙述十分形象。作者通过描写堰塘、竹林、滑坡地等，突出了对儿时乐趣的怀念之情和对照壁村的喜爱之情。作者也通过家乡的变化体会到了时间的飞逝，希望更加珍惜时光，有一个不悔的青春。就算时光荏苒，记忆中的事物在不断地变化着，人也在相聚中别离，但是那份真挚的情和欢乐的时光却成了回忆中的宝藏。

# 我的爸爸

李成梦

我常常在想：如果父亲从小陪着我的话，我会变成什么样？会不会变得骄纵放任，抑或学习成绩更好？有人说这世界上有两个一模一样的人，另一个她正过着你想象中的生活，那她是不是爸妈常伴在身边？是不是活得肆意无忧？是不是被父亲严厉的管教而烦闷不已？如果是，我好想变成那个她。

我家在湖北省，又距离河南省很近的一个小村庄，有每隔一天的赶集，有三月的庙会。人们自给自足又能上街将粮食换成钱买所需要的东西，不算富裕却也不算贫穷，但却没法负担起孩子从小学到大学的费用。爷爷奶奶更是地地道道的农民，深知种粮食的重要，但他无法阻止爸爸外出打工。他们也知道这十几亩田地无法支撑起这个家，将他送出去打工也非爷爷所愿，但也无法阻止爷爷心疼父亲。

爷爷常对我说，父亲是在我一岁多的时候，离家到千里之外的广东省打工的，他还说爸爸很辛苦，等我长大了以后一定要孝顺父亲。从前懵懂无知，不懂很辛苦到底是有多辛苦。在看到别人家的小孩有父母接送时，听到某某说爸妈又给买了新衣服时，闻到别人的爸爸送来的排骨汤味时，心里除了羡慕，竟还有几分对父亲的不满。现在想想，自己真是太过分了，尽管那几分不满是来自对父亲的想念。

父亲离家万里也是生活的无奈。在当时那个偏远贫穷的农村，只靠着那一亩三分地他要如何供养起这个上有老下有小的家庭呢？如果可以，哪个父亲愿意缺席女儿的成长？我想，独自在外的那三年，他的内心肯定是煎熬的。

后来，在我四岁的时候母亲去了父亲身边，将我交给爷爷奶奶照顾，他也是不放心的吧！那时的他肯定像很多在外的父亲一样担心着他的女儿每天是否吃饱穿暖？有没有生病或者被欺负吧！可他是一家之主，父亲只有抑制住内心想回家的冲动，日复一日地重复着辛劳的工作，几十年如一日地奋斗着。大概在我十一岁放暑假时到父亲那里。当我看到间还没学校宿舍大的租房时，看到厨房和卫生间都没有隔断时，感觉到那小屋的阴暗狭小时，我很震惊！因为农村有大大的院子，我从未见到过那么小的房子！一时眼泪湿润了眼眶。那段时间，看见父亲每天下班回来一身汗水混杂着水泥灰,累得躺在床上一动不动。我却除了给他捶捶背,做做家务,好好学习,其他什么也做不了。

在那之后,我再没埋怨过父亲,脑海里满满都是他的辛苦。我每天好好学习,好好生活,打电话从来报喜不报忧,就连我曾被狗咬得哭背过气都未曾向父亲哭诉。

大概又过了两三年,我们家发生了一件大事,父亲偶然被检查出患了先天性心脏病。随后开始住院做手术,这件事占据了我整个初二暑假。在父亲住院做手术期间大人不让去,我没去看过父亲,每天奶奶都会哭,我却没有掉过一滴泪,因为我从未想过父亲会离我而去。后来父亲回来了,那时候母亲还在广东。我就每天睡在父亲身边,扶他起身,给他缠绷带,洗衣服。有时父亲也会让我趴在他胸口听他心脏上装的小机械像时针一样嘀嘀嗒嗒地响着,父亲说哪天它不响了他就死了。我心里觉得害怕,即使那样我也没哭过。直至后来,我小爹大年三十晚上喝醉酒,讲起他在父亲上手术台的前一晚给父亲打的电话,我才真的感觉到害怕惊慌。原来分别曾离我那么近,鼻子一酸,眼泪就掉了下来。小爹说当时父亲抱着那几万块的手术费和他说:我万一要下不来手术台,小梦和她姐姐怎么办?小爹说当时父亲有些哽咽。小爹安慰说肯定会没事的,大不了我就是多两个女儿,我就算砸锅卖铁也要供她俩上完大学。在面临死亡时,他心里想的全是我和姐姐。但他从未对我和姐姐说过,父亲的爱,永远是浓烈但不善表达的。

这样的父亲让我懂得了如何去爱,不求回报的付出,愿意用自己微薄的力量给我撑起一片蓝天,这个男人这辈子最幸福的事大概就是和妈妈一起看着姐姐和我长大成才吧。有这样一个伟大的父亲,我一直幸福着。

父亲出生的时代不好,吃不饱,穿不暖,小学都未曾上完,可他却总想着把最好的给我。每次打电话必定先问我钱够不够用,其次是学习。他不像农村里封建的父母,认为女孩子终究是别人家的。他非常重视我和姐姐的学习,他常说女孩子只有读好书将来才能走出农村,找个好工作、好婆家,过上好日子。所以姐姐从五岁时便一直住在姥姥家,但这并未影响我和姐姐的感情。因为姥爷是位老师,我也是在姐姐离开的那年出生的,但我一直和奶奶爷爷生活在一起。不过我当时也有在爸爸的坚持下转过学,到姥爷所在的学校上学。后来因为和姥爷不熟悉,心里惧怕经常哭闹,在两星期后又回到之前的学校。

我在姥爷家住了一段时间,我获益匪浅:第一篇日记,第一支钢笔,学会认钟表。在那里我确实学会了很多,父亲的决定无疑是正确的。虽然爷爷能写一手漂亮的字,知道学习的重要,但爷爷毕竟是一个五大三粗的农民。父亲却想让我们受到更系统的教育,自律不贪玩,受到管教,才做出这些决定的吧!在我高三那年,每次和父亲打电话最后收尾一定是"好好学习,天天向上",父亲说这是我们家的口号。每每想到这心里都充满了力量。尽管没考到一本,父亲有些失望,但在选学校和专业时还用生疏的电脑技术帮我考察着,询问周围的朋友。他既想让我自己选择,又希望我的未来能一帆风顺,还不愿意强加给我压力,那些天他肯定比我还纠结煎熬。这就是我的父亲,从不溺爱我,但也未打过我,小学未毕业,却经常和我讲些道理,知道学习的重要性。

父亲对奶奶特别孝顺,在外打工的这些年,每次回来都会给奶奶买很多东西,快离开家时给奶奶爷爷留五六百块钱。很多次喝醉酒和奶奶说话就像个未长大的孩子般,述说着心里的委屈或荣耀,转头又严厉地对我们这群孩子说以后要对奶奶好。有时他就像是在自言自语一样,偶尔在外喝醉酒打电话也总是哽咽地叫一声妈,说想回家。打工的生活太过艰辛枯燥,妈妈的病,我和姐姐的学费及生活费,赡养老人,种种原因都不得不使他在外拼搏。父亲的孝顺也在不知不觉中感染着我,对每一位长辈我都会尊敬。

父亲就是这样在一点一滴的生活小事上潜移默化地塑造着我的人生观、世界观、价值观。父亲教会了我面对生活的逆境要坚强,敢于面对不幸,要时刻学习,孝顺长辈,勤俭节约,独立自主等,都是我人生中最宝贵的财富。尽管这些年父亲不在我身边,但我却感觉他一直都在身边陪伴着我长大成人。

现在随着我慢慢长大,本该因成长脱离父亲而高兴,却没想到对父亲更加亲近依赖,好想让父亲陪我长大、变老。这种难以言说的感情终将愈演愈烈。对于农村的小孩,从来都不好意思用语言表达感情,不过,等我毕业一定给父亲一份满意的答卷,再附加上这篇《父亲》。

唯愿时光慢些,不要让你再变老了,我愿用我一切换你细水长流。爸爸,我爱你!

点评:主题鲜明,重点突出,语言纯朴却很感人。文章通过描写父亲在外辛苦打工以及后来父亲生病住院、孝敬老人、疼爱孩子等日常生活小事表现了父亲的伟大。而作者虽有过埋怨,却在成长中懂得了父亲的无奈与爱。朴实的话语书写了最令人感动的乐章,在不经意间眼眶便充盈着泪水,游子在外思家之情油然而生。并且作者在父亲的一言一行中学到了人生哲理,树立了正确的价值观,从中表现出父女间亲密无间的亲情。

# 平原升起的金星

史英姿

我叫史英姿,1998 年 7 月 13 日出生在河北唐山的一个小村庄(前胡村)里。从我记事以来,家乡的小村庄就成了我心底永恒的记忆。

先来说说我的家乡——唐山。唐山面积约 13472 平方公里,隶属于河北省,位于华北平原的冀东平原上,是万里长城脚下的一座英雄的城市。四十年前,那场震惊世界的大地震造成了巨大的灾难,但令人没想到的是,唐山并没有因此而倒下。唐山人从废墟中爬起来,忍受巨大伤痛将亲人掩埋,他们挺起脊梁,在四十年的时间里,用公而忘私、患难与共、百折不挠、勇往直前的抗震精神筑起了一座顽强的"钢铁"唐山;用钢铁带动了经济的发展,使唐山成为冀东平原上的一颗璀璨的明珠。

但随着经济的发展,环境污染也越来越严重。钢铁的大量燃烧,导致空气中的尘埃、二氧化硫不断增加。尤其是冬季雾霾天出现的时候,空气中充斥着大量的 PM2.5,空气能见度极低,影响交通安全,严重危害人的身体健康。因此,面对这一现象,唐山市政府乃至河北省政府都在积极地寻求解决问题的办法。他们大规模地限制钢铁排放数量,加强对企业的监管排查,决定要逐步改变重工业的经济发展模式,向着旅游产业发展。虽然过程艰难、阻力较大,但他们却一直朝着这个目标努力,并且已经取得了一定的成果。例如,2016 年,唐山成为中国第一个举办世园会的城市,吸引了海内外众多人士。身为唐山的一员,我感到无比的骄傲。对于家乡的巨大变化,我感到无比的自豪。

身处其中,我无法不受他们的感染。每当遇到挫折时,我便会想起唐山的转型过程,想起唐山取得的初步成就,这样我就有了无限的动力。这使我在困难面前变得更加坚强勇敢,使我自己不断成长。因此我想说:我爱唐山,我爱我的家乡!

接下来就说说我的村庄吧。我的村庄名叫前胡村,位于河北省唐山市迁安市杨店子镇。整个村庄位于东北方位,经济地位不是很高。村民大多从事农业,只有一些年轻人从事二、三产业。相对于农业来说，二、三产业盈利更多，所以村民的主要收入还是来自二、三产业。村庄的外围构成一个正方形，里面的各户人家又围成几个长方形，排列十分整齐划一。村庄面积大约6平方公里，能容纳五六百个村民。其中年轻人比重较大，并且大多属于上班族，还有一小部分选择到河北省内的其他城市打工，平均一个月可以挣到五六千块钱。村庄的经济发展主要依靠那些从事二、三产业的村民，他们挣钱使家庭富裕，然后带动整个村庄的发展。当然，村庄的发展也少不了镇政府的帮助。在政府的积极努力下，我们村已经修建了多条马路，道路状况得到极大改善，交通方式也更加多样。例如，从我们村到市中心可乘公交、出租，也可以开汽车，并且时间都在20分钟左右，既方便又快捷。交通条件的改善，使村民和外界的联系更加密切，村民的工作机会增加，因此带动了我们村庄的经济发展。

虽然上班族的数量较多，但是人均1.2亩，总共720亩的田地却没有因此而荒废。他们在空闲的时间，与家人一起在田地上劳作。每当到了春季就是他们最忙的时候。他们需要长时间在田地里犁地、播种，然后等待秋季的丰收。因为地处温带，所以种植的作物大多为花生、玉米和大豆。花生的亩产量是400～500斤，玉米的亩产量最多，大约为1000斤，大豆的亩产量为600～700斤。这些作物最佳的收获季节就是中秋节前后。那时的玉米会发出黄灿灿的光芒，花生和大豆也发了疯似的步入了交易市场。这就意味着村民的努力得到了回报，这时，他们会开怀大笑，将满满的喜悦互相传递。无须任何的语言，他们的快乐就是这么简单，这么纯粹。

我的村庄地处冀东平原，周围没有高山环绕，地势低平，气候适宜，土壤肥沃，因此孕育了独具特色的乡村板栗。村庄里有一大片的栗子树，小时候奶奶经常带着我去树林里，教我用竹竿打栗子，看到一颗又一颗的栗子被我收获，心里别提多高兴了。板栗的成熟率极高，一棵树就能结上百个。除去自家吃的，村民会把剩下的板栗拿到市场上去卖，既不浪费又能赚些小钱。

村庄里面有一个较大的鱼池，里面有很多人工养殖的鱼。每年的夏季是钓鱼的旺季，平均一人可以钓20多条。那时许多对钓鱼感兴趣的村民就会在这里相聚，大家相约进行钓鱼比赛，钓得最多的人就会收获别人的喝彩，并且可以和别人交换，获得体积最大的鱼。值得一提的是，爸爸经常取得比赛的胜利，而我因此经常吃到最大的鱼，对于爱吃鱼的我来说，这是一件极大的乐事。

村庄四季分明，一年都有漂亮的景色。春天，万物生长，杨树柳树吐出嫩芽，迎春花悄然开放，将乡村点缀得十分美丽。夏天，柳絮纷飞，营造一种朦胧美，村庄里的池塘里荷花竞相开放，村里的小孩子就开始了剥莲藕、吃莲藕的工作。每到这时我就会加入他们的行列,细细品味莲藕的美味。秋冬季节,北方就有点冷了。进入冬季之后,村庄开始被白雪覆盖,大家也没有什么活动,但是每当大雪过后,村民就会集体清扫街道,保护车辆和行人的安全。我想,这也是一种美丽的景色。

接下来就说说我们可爱的村民。我们的村民都是有爱的村民,他们会在别人有困难时积极伸出援手,向别人传递温暖。这一点,我感触颇深。

记得在高一的那年寒假,大年初一那天,家乡下了一场大雪,道路上、楼梯上都十分光滑,我一不留神就从3米高的楼梯上摔了下去。之后父母赶紧把我送去了医院。医生给我拍了片子,告诉我骨头有了裂缝,轻微骨折,需要减少走动,在家里一直趴着静养,等待骨头复合。我们就拿着开出的一堆药回到了家中静养。之后家里的亲戚都听说了这件事,纷纷赶来看望我。但令我没想到的是,村里的好多叔叔阿姨也都拿着东西来看望我,热心询问我恢复得怎么样。还告诉我要耐心养身体,不要急着走路而使身体状况更加严重。当时的我无法行走,每天困在房间里,吃饭、去卫生间都需要父母帮忙,那种糟糕的心情恐怕只有亲身经历的人才能体会吧。在那样的情况下,看到叔叔阿姨来看望我、关心我,我百感交集,除了说句谢谢,我再也找不到其他词语来表达我当时的感动。

我们之间没有任何的血缘关系,我们只是共同生活在一个村庄里面的成员罢了,但是他们却在我遭遇困难、心情低落时,像亲人一样安慰我、帮助我,这是一种怎样的情感啊。是他们让我明白了关爱和帮助从来没有地域和血缘的限制,只要人与人真心交往,每个人都是你的亲人。

我们的村庄是一个有爱的村庄,它没有华丽的装饰,但它却拥有一群传递爱心的可爱的村民。记得村里的一些年轻人长期在外上班,所以导致许多的老年人经常独自待在家中,除了孤独还有寂寞。因此,我们村主任组织了关爱老人、传递温暖的活动。村民积极响应,而我受之鼓舞,也加入了他们的行列。在那段时间里,我们为老年人洗衣服、做饭、打扫房间、讲笑话,使他们露出灿烂的笑容。看到他们高兴,自己也感觉十分幸福,可能,这就是予人玫瑰,手有余香吧。说到这里,我要感谢我的村庄,感谢可爱的村民,是他们不断地教会我关爱他人的重要性,让我懂得爱的意义。也是他们使我的品质不断得到提升,在传递社会正能量的道路上又前进了一步。

这就是我小小的村庄,没有什么特殊的地方,但是却很吸引人。它是华北平原上升起的一颗金星,照亮我们前行的路。生活在这样的村庄,我觉得很幸福,很满足。希望我的村庄会更加美好,希望乡村的明天可以像阳光那样灿烂如初、光彩夺目。

美丽的小村庄,我爱你!

点评:主题新颖,景物描写引人入胜。语言简洁明快,却蕴含着浓烈的情感。作者通过描写唐山的历史事迹引出自豪之情,用十分细腻的言语描写出了对家乡——前胡村的景色,使家乡的景观跃然纸上。通过村庄的经济发展、四季景色、钓鱼比赛以及乡亲之间的关爱,写出了自己对村庄的热爱之情,并且在这些事件中塑造了作者乐于助人、以诚待人等优良的品格。

# 烟笼寒水月笼家

## 杨贵花

十九年了，这是我第一次离家那么远。或许曾经的我曾自卑地觉得贵州六盘水是一个贫穷落后的地方，这样的想法曾给了我不小的压力。可是当我真正来到这里，我心中的自卑却被心中对家的思恋一点一点地占据。

一声梧叶一声秋，一点芭蕉一点愁，三更归梦三更后。

台风来临时，我曾在入睡前听到呼呼的风声，心中倒是不曾害怕，只是想到或许现在的家中父母、弟弟正在电视前享受着晚饭后的丝丝温情。此时的我面对着呼啸着的狂风，而他们或许会在月光下聊着一天的经历。风声一点一点入耳，而脑海中的家乡慢慢清晰，是谁在他乡梦回那远在千里的家。

神思飞，见小城。

我的家乡位于贵州省六盘水市月照乡东部，距市中心仅18公里。以前那里只有那一条破旧的公路，在我小学的时候那条路还没有用沥青铺好。而现在由于月照机场的修建，我们这里开始修建高速公路了。这些高速公路的修建将这里闭塞的交通改善了不少。

我们全村总面积6.6公里，辖6个村民组524户1635人，现有劳动力685人。我们全村的老年人、孩子与青壮年的比例分别为30%、30%和40%，由此可见这里的人口比例其实还算合适的。其实不管现在的家乡如何发展，但它的发展依旧是滞后的。在这里没有什么人来投资，也没有什么可以发展的特色产业，因为山地的限制，连农业也没有什么可以发展的优势。而主要种植的是玉米和土豆，至于经济效益是人均一年最多1000元的收入。现在很多人都没有种土地了，很多人都是去往浙江、山东等地打工，而由于大多人都没有文化，他们只能进入像服装厂这样的以手工作业为主的工厂，而每年大多能挣5000元到8000元钱。而选择在这里建厂的，大多是建洗煤厂、搅拌厂等污染较大的厂。而因为现实条件的影响这些厂大多都走向了破产的道路。而现在落后的事实却成就了家乡的另一种风情。

小城故事多，友人携手共进退。

高考是一个残酷的战场，但是当我立于战场时我却从未退却，因为我有一群"二货"相伴且共同进退。高中的学校是一个封闭式学校，学校的名字是六盘水市第一实验中学，但是人们都习惯叫他矿中。我们学校是贵州省省级示范性普通高级中学（二类），也是在我们市里排名前三的学校。在学校里我最熟悉的就是寝室里的人了。他们都是很可爱的人，他们会在你生病不肯吃药时边骂你边为你把水和药端到你的面前，那样的关怀既温馨又好笑。但就是他们陪着我从那个战场上走了下来，记得分开时我们只是笑着互相祝福和说好下一次见面。相比其他人的眼泪我们的笑是那样的温暖与长久，或许真正的朋友就是这样吧！他们会在与你分开时用行动告诉你：不要哭，他们相信你和他们会一直下去，因为有他们，小城故事永不逝去。

梦一转归校园，那学校，貌不改，人犹在。

我的高中学校虽然不是特别好，但也是市里排得上名的学校。记得在学校时我们总是抱怨这个学校怎么这么差，早知道我就不报了。尤其是看到那从我们进校门就说要修的田径场三年都没修好时，这样的抱怨从来就没有少过。记得我们总说我们学校的校服很丑，但是却不想当我们看到另外一个学校的"小黄人"校服后，我们就再也没有吐槽过校服了。还有当我们放假后又补课的时候，我们虽然总是抱怨但是却永远不会缺席。记得曾有教育机构在学校推荐一款学习APP，然而学校其实并不想让我们购买，但我们还是买了，最后学校与那个公司反复协商之后把钱退了一部分下来。这就是学校，一个不太好但是却为我们着想的学校。

那老师，春蚕细雨育英才。

我们的老师或许不是省级的特级老师，或许不是市里知名的教师，甚至在学校里他们都不是最好的，但他们却是最了解我们的。他们知道我们需要什么样的教学方法，他们知道我们最需要什么，他们知道我们最适合什么。我们班的班主任曾经是我们学校被认为是对学生特别严格及对管教学生特别有方法的人，他是一个说话严谨、做事周到的人，他总是穿着一身黑的正装，而且他走路时没有声音的。他最关心的是我们的学习，所以他总会在晚自习时悄悄地来抓没有认真学习的人，然后在第二天把这个人提出来背书。不过他把一些事也是交给班干部处理的，而对于班费他也是抱着不插手的态度。

我们看见他就像老鼠看见猫一样，但是很多其他班的学生却认为他是一个温柔的人。

我一直记得在学校最后一天晚自习时本来打算闹一闹的。但我们在上课时看见班主任后，我们乖乖地看了一个晚上的书，他就那样站着，不说话我们就乖乖地看书了。他可以在上课时把我们逗笑,也可以在我们恣意妄为时将我们拉回现实,他用他的政治课告诉我们什么应该做,什么不应该做。他曾说:既然在中国学习,享受了中国教育资源,那么你们就应该做好一个中国人。他总说他不喜欢出国之后就不回来的人,他说如果我们那样做了就不要说他曾经教过我们,因为他会不舒服。或许这番话有点过激,但是这就是他。我一直很喜欢他,也因为他让我爱上了思政。然而当我选了这门专业时,他却说这门专业不好就业。最后是因为我告诉他我想当老师,他才认可我的选择。这就是我的老师,威严却又关心你的老师。其他的科任老师也同样会将学习方法告诉我们。语文老师会在我们累的时候放歌、放电影;数学老师会因为我们的成绩开心;历史老师会在元宵节买糖给我们吃;英语老师会在端午节带我们一起去他们家包粽子;地理老师会告诉我们应该怎样在大学里多学一些东西。他们就这样在我的世界里路过但是却又留下最深的记忆。那些老师,无怨无悔育人才。

望家乡,独留一份相思情。

在农村,当一户人家家里有什么大事或是农忙时,村里面总是一起去那户人家帮忙。而每当这时村里的小孩是最开心的,因为他们可以聚在一起玩。而这个时候的村子里也就充满着欢声笑语。而且在那人不多又比较落后的小村庄里你总会听见人说我家里有某种菜,你们都去采来尝尝吧!也听到有人在叫从自己家门前经过的人到自己家吃饭,你会看见小孩给老人们打招呼的,老人们则是欣慰的一笑并且叫小孩去自己家吃饭的温馨情景。或许这是城市里难以看到的情景,但这却是我的家乡平凡却十分温馨的生活。

记得在腊月时家乡都有杀猪的传统,每当有人家杀猪时,这就是一个村的大事。男人们是杀猪的主力,女人们会用最新鲜的猪肉和地里的菜来做晚饭。而这个时候最开心的是小孩子,因为杀猪的人家会拿出一些猪肉来给小孩子们烤来吃。还有的人家会把土豆放在烧热水杀猪的柴火堆上烤。土豆的香甜、烤肉的美味是幼年时我认为最好吃的美味,而最令人难以忘怀的是全村人聚在一起的快乐。

过年在农村是一件大事,在除夕这天人们会把屋里屋外都打扫一遍,而在晚上吃饭时人们要先把最好的饭菜放在祠堂祭祀祖先,有狗的人家要先喂狗,这是要感谢狗一年的守护。而在吃过晚饭后会有家境较好的人家放烟花,而这个时候我和弟弟总是会趴在窗前看天上美丽的烟火,之后大人们就会相邀去串门,他们在那里聊天、打麻将,小孩子就到处跑。回家的时候大人一声吆喝,小孩就跑回来了。在农村过年时你会看到外出打工的游子回家的欢乐,你会看见乡亲之间不是互相拜年,而是直接拉着你到自己家吃饭的情景。或许这在城市并不多见但是这又是农村真实存在的感动,这就是我心中的家乡的过年,热闹却不喧哗。

近乡情更怯,思恋泪成双。

家人,是我来到这里后不太敢提起的一个词。说起家人我却并不打算伤感,而是想叙述那属于我的点点温情。记得小时候我总是和弟弟打架,关键是每次都是两败俱伤,而且哭得最惨的一定是我。现在想想那时候我和弟弟就是这样,整天打打闹闹的,用父母的话来说就是一点都不像亲生的姐弟。记得有一次我又和他打了一架,结果我被他咬了一口。然后我就哭得那叫一个撕心裂肺。而也是这一次我从小害怕的父亲把我抱在他的怀里默默安慰,弟弟也因此受到责罚。而现在或许是因为我们已经长大了,我和他都已经长大了。打架没有了,更多的就是在某一件事情上的争执,然而这样的家却比以前更加温馨快乐。记得我小时候在我们家是有门禁的,比如放学后一个半小时一定要回家,去朋友家一定要说清楚晚上回不回来。现在这样的规矩也还存在,但是我和弟弟却从未有一丝不满。

乡风淳朴,自正三观。

记得村子里有一个很德高望重的老者,在我的心里他是一个特别厉害的人,虽然他身材不高,但我却觉得他是一个很高大的人。他们家一共有六兄弟,他是最大的一个。有一次他们兄弟因为对老母的赡养问题吵了起来,打完之后他们就用最快的时间决定轮流抚养这个老人。有一天我问我的父亲为什么这个老者不直接自己抚养而是要每一个人都来抚养呢?父亲说你去问你大爷吧!我怀着一颗惴惴不安的心在大爷家问出这个问题时,大爷深深地看着我说:"花儿,你二爷他们也是你祖母的孩子,所以赡养她不能我一个人承担,每一个人都必须去赡养她,这样才能做到子女应该做的事。或许有人觉得这是我们的推脱,但是你不知道的是,当你的祖母在每一个孩子家都住过之后,她才能知道她的孩子已经长大了,有了最好的生活。花儿,你想过没有当你一个人去赡养父母的时候他们是不开心的,因为他们不知道他们的另一个孩子的生活。"听完这番话,我觉得他们才是真正的孝顺吧!这样的赡养或许对他们、对祖母都是最好的吧。我突然觉得孝不一定是自己一个人如何在艰苦生活中将父母好好赡养,而是如何让父母在晚年少一点担心多几分宽慰。

在村里也会有那么一些人爱占小便宜,你有时候会听到两个长辈一个在山脚一个在山腰上互相骂。而过些天他们又是关系很好的样子,而不是老死不相往来。一开始我看到这样的情景会觉得有点疑惑,后来母亲说哪有人与人之间不会吵的,关键是吵完之后要怎样做。妈妈告诉我和人在一起相处不是一味地忍让就可以了,忍让只会压抑自己,所以我们要做的是宽容和表达。

我的父母他们没有多少文化,但他们却教会了我什么是礼貌,什么是相处之道。我的家乡虽然穷,但它却教会了我什么是乡土之情。

天将明,梦已醒,何时我才能再回到家乡,看那夏日的青山绿水,看那冬日的晶莹雪花;何时我才能再看一次凉都盛事,品家乡美食? 何时我才能再见朋友,再在一起喝茶聊天? 又要在何时我才能真正陪父母看天上云卷云舒? 现在只愿家乡的一切永世安好。

泪写不成书,只寄得相思一会。

点评:文章结构清晰,用词严谨,主旨一目了然。作者用诗意的题目引出其思乡之情,并且通过回忆高中好友在一起的点点滴滴,表达了自己与好友物非人依旧。还有那无论怎样都依旧爱护着学生的老师和学校,尽管有争闹却感情深厚的家人和乡里乡亲们。家乡有我们最亲爱的人,因此在作者的描述中我们深刻地感受到作者浓厚的思乡之情。家乡和家人的优良品质塑造了我们的人格。

# 影响我一生的人

王雪静

  对于漫长而又崎岖的人生旅途,总会有一些人当你前行之路的照明灯,时刻让你校准人生之旅的航标,不再对前进的方向产生迷茫之感。是怎样的人那么无私地给予帮助呢? 我想,那应该是伟大的亲人吧!

  我,一个再平凡不过的普通女孩,虽为平凡人,却有不平凡的志向。那就是当一名人类灵魂的工程师——教师。我认为大学是一个很神奇的地方,可以施展才华,实现自己的梦想。经历过高中三年的洗礼,我如愿进入理想大学——海南师范大学。

  未褪去青涩稚气的我进入大学,开始了期许已久的大学校园生活。第一次离开父母身边,独自生活,体会到了困难、挫折,自己去面对的感伤,什么事情都需要自己动手去做,真正体会到离开父母后的独立生活……这些教会了我独立。即使对于我来说是这般的辛酸,但是想起家人、想起妈妈,这一切都不算什么。家人就是我前行的动力,妈妈是给予我力量的天使。我要努力学着去做最好的自己,学会去成长。

  我是一名地道的海南人,居住于海南省澄迈县中兴镇大园村。我的村庄位于距离交通道路比较远的地方,以前进入我们村庄,仅仅靠一条狭窄的小道进入。最近这些年,由于国家政策的扶持,道路的修建,进入我们村庄也比以前方便了。

  以前由于地形、土壤原因,主要是以种植橡胶为主。那时候的收入主要来源于割橡胶、收胶水。生活水平还好,很多人都建上了楼房。近些年,由于其他国家的橡胶产业争先涌入市场,海南橡胶产的胶水的价格特别低。所以这里的经济生活水平比以前差多了,年轻人为了更好地生活都出去务工挣钱了,留下来的都是一些老人和孩子。

  我认为我的家乡,是一个美丽的地方。对于我来说,回忆特别多。从小就与最天然的景象相依,绿茵茵的草地、清澈的小溪、低矮稠密的丛树、低矮的瓦房。曾经鸟语花香的地方,我儿时的玩乐天堂。在我的脑海中,这些美丽的景象仍然历历在目。随着时间的逝去,社会的发展,生活水平的提高,我的家乡如今已发生了翻天覆地的变化,现代城镇化的建设,低矮的瓦房已被一幢幢楼房替代。曾经的玩乐天堂不复存在,曾经的美丽田园景已一去不复返。这是时间、发展所带给这个村庄的。虽然这些改变有很多益处(提高生活质量、出行便利),但我还是希望可以有些曾经美好的田园景象存在。不过这仅此希望而已,那些曾经的美好只能成为回忆。每每想起就有些莫名的感伤……

我拥有一个温暖的六口之家,日子过得简单快乐。我的爷爷奶奶是地地道道的农民,他们勤劳能干,善解人意,忠厚老实。虽然条件限制,祖辈们没有钱送他们上学,他们没能接受学校教育,但他们是非分明,懂得承担责任,乐于助人。大眼睛,高鼻梁,戴着一副老花眼镜,面容褶皱,让人看起来像老一辈有文化的先生。这是别人对我爷爷的描述,但其实我的爷爷不是有文化的先生,而是位能干的木匠。一块块不规则的木头经过爷爷的精心雕刻,都会变成一件件精美的艺术品。在爷爷心中,呆板的木头就是宝贝。我的奶奶拥有一张平和的面容,但性格却十分急躁……经常容易着急,不管因为什么事。所以她拥有一个称号,叫"着急奶奶"。

我的父母都是普通工人,以前主要是帮附近造房子的人家做一些砌砖、和水泥等零杂工作。他们都是等人来雇佣的,没有稳定的工作,有人叫才能有工干。所以没有稳定的收入,有时一个月收入会达到 1500 元,有时一个月就 900 元。日子过得紧巴巴的。但是他们仍然在努力地工作,以此支持我和弟弟的学业生活。由于在农村工作工资太低,不够支持我们家庭支出和我们学业需要的费用。为了生计,在我小学毕业后,父母就出来到城市(海口)寻求工作,主要是在工地干工。我也顺利考入县城的一所重点中学,爷爷奶奶就留在村里生活。

随着时间的推移,我们慢慢长大了,父母也挣钱买了房子,在 2013 年我们搬进了新房子,也把爷爷奶奶接到我们身边生活。我们终于可以好好地去孝顺爷爷奶奶,弥补那些年的亏欠(没能在进城工作的时候把他们接到身边生活),让他们享受儿女、孙子和孙女在身边的天伦之乐。

从我记事起,我觉得妈妈是位无所不能的"女强人",面对生活的窘境,她比我爸爸更具备处理这种窘境的能力。妈妈中等身材,拥有一双炯炯有神的小眼睛,我们总能从她的眼神中得到暖意,得到一份力量。她皮肤红润,相貌普通,待人特别友善,只要邻居们需要帮忙,妈妈总会尽自己最大的努力去帮助邻居。虽然她没有接受过学校教育,但是她的脑袋中存在一个知识库,常常出口成章,讲起道理一堆堆,那是她自学的结果。她常常以身践行,教给我跟弟弟关于做人的道理。爸爸身材比较瘦小,拥有一头乌黑的鬓发和一双有神的小眼睛,或许是由于生活压力,他的面容好似带着一份沧桑感。看起来,比他实际年龄老了许多。他的脾气平和,不管别人怎么说,他都微笑,几乎不会生气。或许是他读的书多了,想开得多,脾气也没了。爸爸高中毕业,因落榜没有选择继续学习,而是出来工作以维持家庭生计。爸爸脾气平和,妈妈比较强势有想法,所以妈妈就当仁不让地成为我们家最具代表性的发言人了。

我的外婆生了五个孩子,妈妈排行老三。由于外公外婆能力有限,没法让她像其他人一样去接受学校的教育,但她没有任何抱怨,反而以一种乐观心态去面对。她经常去向有学识的长辈们请教学习,通过这样的途径,妈妈不仅收获了很多的知识硕果,而且还特别享受这种学习乐趣。妈妈这种求知精神潜移默化地感染了我,让我在幼时就有了好好学习知识的信念。选择师范专业,也是受她的影响。她希望我可以奉献自己的学识,当人类灵魂的工程师,让更多人可以感受到知识带给我们的快乐与享受。我们无法选择自己的出身,但是我们可以创造属于自己的未来,知识改变命运。

记得在初三毕业后的那个暑假的某天,我看家里堆放以前的旧课本太多了,而且我即将上高中,这些旧书也用不着。恰逢有人来收购,我就偷偷把它们卖了。妈妈那晚工作回来,发现书箱少了很多,便匆忙跑到我的房间询问我,我应道:"什么事,这么着急?"我抬头第一次看到母亲严肃的面容,不知道如何作答。"你知道你做了什么事,干吗把好好的书卖了,不管有用还是没用,还可以翻看,难道你毕业了,这些书就没有用处了吗?"我无言以对,妈妈默默地走出了我的房间……

晚餐时间到了,淡淡月色下,妈妈正在为我盛饭。院子里的沙沙声和地上点点斑斑的黑影,构成了一幅有声有色的画卷。我还在对傍晚的事忧愁,这一些都未逃脱母亲敏锐的眼睛。她默默地送饭给我,却什么话也不说,缓过神来的我正好与母亲目光相遇,慈祥中的目光使我的心翼猛然打开。刚才的忧愁烟消云散,此时我已然满眼泪痕……我知道那是妈妈对知识的看重,不希望我采用这样的方式去对待可贵的书本知识。知识没有新旧之分,只有可取与不可取之别。我应该要学会去珍惜可贵的知识,不能因为过时而丢弃,因为很多新知识是从旧知识演化而来。

感动不止于一瞬间,记得八岁生日那天,妈妈送给我一个当时最流行的儿童手表当生日礼物,那个手表,对于我来说是十分珍贵的,因为这份礼物充满了妈妈的爱。记得那时曾跟妈妈去饰品店里看到过这个手表,我特别想要,便哭闹着叫妈妈买。当时的家里经济条件不好,没那么多可用的钱,买一个这样的手表是一份奢求。妈妈便拒绝了我这个无理的请求,硬拉着我走出了那个店。妈妈知道我特别喜欢,但无能为力。生日那天我收到妈妈赠送的这个礼物,我在开心之余追问起妈妈它的来源。妈妈一开始不愿意说,只是说"别问那么多了,你很喜欢,所以妈妈买了送你"。"可是妈妈你不是说,你没有能力去买这个手表吗?"……追问到最后,妈妈终于说出了实情,那是妈妈干了几份临时工挣来的。听到这,眼泪不自觉地就流了下来……我亲爱的妈妈,感谢您为我付出的一切,当时的我心里就暗暗立誓一定要好好努力读书,改变自己的命运,让家人过上很好的生活。那个手表对我的意义非凡,这个儿童手表是无价的。至今我还保留着它,保留着妈妈这份深沉的爱。

都说女儿是妈妈的"贴心小棉袄",在我看来,妈妈才是我的"贴心小棉袄"。妈妈总是在我最需要的时候出现,我的一举一动都逃不过妈妈的眼睛,我的伤心、快乐,妈妈都能体会到。记得高三那一年,我由于面临高考,压力十分大,妈妈为此去询问医生。通过心理疏导和食疗来帮助我减压。那段时间妈妈一直陪在我身边,悉心照顾我,不管她自己多累,还是用微笑面对每一天。让我看到一位开心的妈妈,以此方式感染我,努力减压轻松备战高考,做开心的自己。这就是伟大的母爱呀!感染着我,也启迪着我。学会感恩,学会去爱身边的人。

母亲的言行值得我去领悟、去践行。她用她的行动诠释了什么叫作爱与善。记得在一个寒冷的冬天,妈妈带着我和弟弟去逛街。看到了一位老人在人行道的椅子上独坐着,手脚冷得直哆嗦,衣薄单凉。妈妈紧忙上前问:"你好,请问这么冷的天你怎么坐这儿呀?"那位老人轻声无力地应道:"我要吃东西,我要回家。"说话言语混乱……妈妈顿悟了,老人可能痴呆症犯了。妈妈立即带着我们去附近一家衣服售卖店给那位老人买了一件厚外套,然后走进一家饭店打包一份热饭菜送去给老人,并拨打110电话,让警察叔叔送他回家。在送走老爷爷后,在妈妈的脸上仿佛看到几分暖暖的满足感,或许这就是奉献爱之后的快乐。从那时候起,在公交车上,每次看到有老人上来,我都会主动让座。在过马路时,也会主动上前帮助需要帮忙前行的老人。虽然现在有很多老人讹诈事件发生,但我不怕,因为爱与善可以感化人,正义常在,大爱常存。这是妈妈教导我的。

妈妈虽然没有接受过正式的学校教育,但是她的行动已经践行了在学校中应该学习的传统美德。妈妈每次都会因没有让我们接受更好的学习教育,享受更好的学习环境而内疚。其实,您的教导,您的践行已经是给我们上过最好的一课了。我们不需要那些表面的富足,我从您身上学习到的心理富足才是最珍贵的,这些,是用金钱也购置不来的。您给我们做的表率,已值得我们用一辈子去体会。金钱不是万能的,表面的富足不是真正的富足,内心的富足才是真的富足,心灵美才是真的美。您教导的道理,用行动诠释的道德,已经富足了我们的内心。

前些日子,跟妈妈坐下闲谈时,突然发现妈妈的眼角边多了几条皱纹,出现了几根白头发。瞬间心中百感交集……不由得想起《父亲》中的某些歌词:时光时光慢些吧,不要再让你变老了,我愿用我一切,换你岁月长留。我的妈妈,我希望你能容颜永存。但这是不可能的,女儿已经长大了,女儿会努力去践行您的教导,会努力学习,以后成为一个对社会有用的人。

成吉思汗曾经说过:"世上只有一个最好的女人,便是我的母亲。"其实我也这么觉得,我的母亲很平凡,但在我的心中,她非常伟大,她以身践行,传承给我们传统美德。妈妈的人格启迪和培育着我的良知,也永远温暖着我的心。她对我一生品格的培养产生很重要的影响。她跟别人一样,整天勤勤恳恳地工作着,认认真真地做善事。或许世上有很多优秀的母亲,但在我的心中,我觉得我的妈妈是最优秀的。亲爱的妈妈,谢谢您的言行教导,影响我的一生。

点评:文章主旨明确,结构清晰,用词准确。作者以影响她一生的人为主题,向我们讲述了一个平凡而又伟大的母亲。有人说世界上最伟大的人就是母亲,她带给我们生命,教会我们人生哲理,给了我们感情依靠。作者的母亲也是如此,母亲用她的行为教诲孩子,让作者学会感恩,珍惜身边的人,认真地对待每一件事。或许父母没有给我们充足的物质,但是他们却竭尽所能为我们付出所有。

# 唯有乡愁不曾闲（那山那水那家人）

张晓椰

席慕蓉曾经写过一首关于乡愁的诗——《乡愁》。

诗中这样写道：

"故乡的歌是一支清远的笛

总在有月亮的晚上响起

故乡的面貌却是一种模糊的怅惘

仿佛雾里的挥手别离

别离后

乡愁是一棵没有年轮的树

永不老去。"

我虽不能说是在离家千里的地方读书。但乡愁没有距离之分，此时的我也在思念我的家乡。

我叫张晓椰，出生在一个偏僻但不失美丽的小农场——海南省屯昌县晨星农场。它创建于 1958 年，至今为止也是一个有着几十年历史的地方了。它位于屯昌县的西北部，距离县城 19 公里。土地肥沃，山清水秀。农场东西横距 9.8 公里，南北纵长 9.7 公里。总面积 91831 亩，总人口 8727 人。

农场经济发展状况良好。自改革开放以来，我们农场因地制宜，调整生产结构。多种经济迅速发展，使人们在脱贫的同时也逐步向全面小康的方向发展。并且随着精准扶贫、精准脱贫的政策发展，贫困人口也在不断减少。人们的收入也能整体保持在一年两三万元的水平。全场地势高低起伏不平，道路婉转崎岖。但是随着农场的发展，现如今农场的道路也基本都是水泥路。水泥路覆盖率高达90%。道路畅通无阻。

农场的发展空间比较狭小，大部分年轻人都选择出去闯荡。已经在农场奋斗过半辈子的中青年人便留在这里。因此也形成了以中青年人为主，年轻人和小孩为辅，以及部分在农场养老的老年人的人口格局。而且我们农场的所在地，也是当年琼崖纵队的革命根据地之一,有着光荣的革命传统。也正是有着这样的一段历史,在它的熏陶下,身为晨星人的我,也养成了对党的事业忠心耿耿的高尚情操和坚忍不拔的革命精神。

对海南来说,我所在的地方真的是小的可以用弹丸之地来形容。用我自己的话来形容我们农场,"就是一个缺了口的小圆"。但那又如何,在我的心里,它依然是一个人杰地灵的好地方。

我喜欢我们农场的名字——"晨星"。它象征着朝阳,迎接着太阳。而我则在"晨星"的沐浴下,健康成长。

诗云:"露从今夜白,月是故乡明。"而我对家乡也同样是这样的感受。在我来大学的前一天拍了我家的夜空。那时天还刚刚蒙蒙亮,而月亮却不想回去休息,依然挂在空中。此时便形成了天上一个月亮,地上一个"月亮"的美景。

在我们那儿,房屋主要分为三种。一种是街道上的商铺房,都是楼房;一种是农村自家盖的房,以前盖的是瓦房;再一种是国家分配的房子。而我家的房子是国家分配的,我们的邻居也是十几年的老邻居了。大家经常在一起聊天。每当吃过晚饭后,大家也都会聚在一起谈天说地。夕阳西下,余晖洒在每个人的脸庞,每个人脸上都挂着一种叫幸福的笑容。而我最喜欢的则是一家有好吃的,便会拿出来一起分享。印象最深的是小时候跟邻居家的一个大姐姐去河里捉螃蟹,回来后大家便一起做螃蟹。大家又都不约而同地你家出锅、我家拿油,小孩洗蟹、大人点火,大家其乐融融。这样的感觉是现在小区居民楼里所无法体会的。虽然我们住不起高楼大厦,但是我们的感情、我们的快乐却是住在钢筋水泥森林里的人很难有的。而也正是这样的经历让我也成为了一个乐观向上、乐于助人、学会分享以及友善待人的人。现在我的耳边还能响起邻居那爱吃饺子的爷爷奶奶剁肉时的声音,邻居小朋友的打闹声以及阿姨的训斥声,爸妈斗嘴时用的乡音。以前觉得嘈杂,然而现在却觉得那么悦耳。因为我发现,那是家的声音……

农场的生活没有大城市的快节奏,一切都那么舒缓。最喜欢每天早晨起来就伸起一个懒腰,呼吸着最清新的空气,耳边传来阵阵银铃般的鸟叫。这是我在海口都很难感受到的。

记忆中的河流,还是那么清澈,人们还是那么勤劳。人们的劳动工具也由铁犁牛耕变成了现代化的机械,但人们的勤劳度没有减少。这样让我看到了中国的发展,祖国在一天天变得强大。而这更让我坚信祖国会在中国共产党的带领下变得更好,而我能做的则是努力学习科学文化知识。犹记得小时候的我与一群小伙伴在这儿嬉戏打闹,还想再吃一次与邻居姐姐一起抓的螃蟹。而我也明白了什么叫作"不做异乡人,不知故土亲"。

现在回头去看我接受启蒙教育的地方，还是那么美丽。我们那儿虽然小，但对于教育的重视度还是很高的。而我的小学在我心中是最美丽的。站在门口，校道两旁的龙舟花绽放得十分红火。映入眼帘的便是一个标志性建筑。上面写着邓小平爷爷的话"教育要面向现代化，面向世界，面向未来"。耳边也传来阵阵朗朗的读书声，校园一角的竹林也依然挺拔。

在这里，我学会的不仅仅是知识，而更多的是如何做人。在我的印象中，三年级的英语老师是对我影响最深的老师。在上三年级时，因为种种原因，家里很困难。但好在是九年义务教育，有次学校让买一套资料，但价钱对于当时的我家来说是多么大的一个天文数字。在向父母提出时，他们虽然嘴上说着买，但我还是能明显地感受到他们脸上的愁容。但我的英语老师知道后，她二话不说，便提出她帮我出钱买这套资料。这一下把我给吓呆了，天哪！也许那套资料对她来说没什么，但是对于当时的我来说是多么珍贵。虽然我再三推辞，但她还是依然买了那套资料给我。她说："我知道你特别需要这份资料。但你不用担心，你只要好好学习就是了。你记住，知识是无价的！"这段话也给了我不小的震撼。至今，我仍然把那套资料保存得很好。而我也学会了在别人有困难的时候尽自己的力量去帮助别人。可能对我们是一件小事，但也许对别人来说是一次机会。通过这件事，我的思想也有了一定的提升。我很感谢那位英语老师。

在农场，当然要以农业生产为主题。且这里又是海南，所以在我们农场，很多人的经济收入来源都是靠橡胶生产。所以晨星农场是一个以种植橡胶为主的国营农业企业，肩负着为祖国现代化建设输送橡胶原料的重任。这就是人们经常说的割胶。

很多人以为割胶就是拿着胶刀，对着树木捅就行了。其实不然，这里面的学问可大了。它是割开橡胶树的外皮和韧皮，使胶乳流出来。方法如下：下刀：左手腕用力，右手食指稳定胶刀，刀向内倾斜插入树皮，然后轻快地向前挑出；行刀：拿稳刀后要准确地一刀接一刀地在树上割出四方皮；收刀：把手稍放低，同时右脚紧跟上半步，并稍转身，面对橡胶树，把刀向外刮出，整齐完成收刀。割胶刀法还分为阴刀和阳刀，阴刀是用胶刀从下往上割，用阴刀的刀法割出来的被称为阴线，阳刀是用胶刀从上往下割，用阳刀的刀法割出来的被称为阳线。割胶一定要是晚上才能割，因为白天太阳大，在阳光的照射下，胶水便很难流出。而且如果遇到下雨天气，割胶的时间就会延迟。因为下雨会使树木潮湿，如果在这样的情况下割，会导致胶水的流出量减少和胶水质量不好。

割胶需要很大的勇气，最重要的原因是它必须要凌晨两点左右起床去山上的树林里工作。这对于很多人来说是恐惧的。可是很多人为了生计，却又不得不走上这条道路。但是当你去收胶水时看到那一滴滴奶白色的胶水从树口里窜出来跳向胶杯时，心情相当愉悦，因为那是收获的喜悦。但是近几年橡胶价格的连年下跌，农场效益也有所减少。这让人们不得不为生存另寻出路。比如加重对副业的投资，种植水稻、槟榔、经济树木以及一些人会承包鱼塘养鱼等方式来增加自己的收入。而我也明白了生活的不易，只有好好学习文化知识，才能改变自己的命运。

有一句话是这么说的："民族风俗习惯是一个民族文化的重要组成部分，也是一个民族区别于其他民族的重要标志。"个人认为这句话也同样适用于形容一个地方的特产。一个地方的特产也是区别于其他地方的一个标志性物品。所以，在我们那同样也有着区别于其他地方的特产，白石头、水晶和黑猪。但是它们三者却有着不同的命运。首先是白石头，它的名字其实叫银岭山，坐落于我们农场八队。银岭山海拔约三百米，底宽顶尖，东有低山叫尖石岭，西有小峦，南北为坡地。附近有双冠岭和加宋岭。其向阳的一面全是裸石峭壁，由于富含锌、银等矿物质，石呈银色，故名银岭。每当旭日升起，在阳光的照射下，银光璀璨。在 20 世纪 80 年代有专家学者来考究过，银岭山是一种特殊玻璃的原材料，很有利用价值。但是由于当时技术的问题，它未得到开采。直到现在它仍然在那里屹立着，未得到利用。不过会有人因为它的颜色慕名而来。但是水晶和黑猪的命运就很好了。在海南国际欢乐节在屯昌举办后，水晶和黑猪就正式成为我们那儿的一个重要标志，只要一提到屯昌，就是水晶和黑猪。

在我们那儿，还广为流传着这样一个故事。而我本人也很有幸听到了亲身经历者的述说。故事的主人公是一群风华正茂的广东知青，他们响应祖国的号召，来到了海南，来到了屯昌，来到了我们农场。他们把自己的热血洒在了这片土地上，辛劳地开垦着这片土地。然而天有不测风云，在 1970 年 10 月 17 日的凌晨，我们农场的养猪连受到了强台风的袭击。由于该连建设在低洼处，而连续的暴雨又不停地冲刷着猪圈。不久又有山洪暴发，很快就淹没了整个营房。养猪连的很多人都是从各个连队调来的优秀知青，许多又都是女性，面对这次强台风，面对这个上天给她们的考验，她们没有退缩，她们没有害怕，而是奋勇向前。她们手挽着手，奋力抗争，与洪水拼搏了一个多小时。然而有时候人类在天灾人祸面前又是那么的渺小，且又都是女性。当时的风雨很大，水流又急。有 22 个人不幸被洪水冲走，这场台风一下子带去了 22 个人的生命。灾害是无情的，但是那 22 个优秀知青留下的故事却是有血有肉的。每每想到这个故事，我的眼睛里就不由自主地有泪水在打转。这个故事在我们那儿传了一代又一代。人们知道，人死不能复生。但是她们的故事、精神却永远活在人们心中。而我也被这个故事深深折服。

同时更在她们身上学到了许多不一样的东西。她们的勇敢、拼搏、奋力向前等，都是我们"晨星"人所不能忘却，所要学习的。

这就是我的家乡，晨星农场。它见证了我的成长，而我也看见了它的发展。希望它能像它的名字所寓意的那样，向着晨星，蓬勃发展……夜也深了，我的脑海里又闪过关于家乡的一幕幕场景，是那么美丽，那么让人无法忘却……

点评：文章主题鲜明，语言流畅，用词准确。作者描述了家乡的事物、人，流露出对家乡的思念和喜爱之情。家乡的人以及那些流传着的故事都在潜移默化地影响着我们的行为方式，塑造着晨星人民的美好品质，塑造着作者的"三观"。家乡的一幕幕，都不停地在我们脑海中交替出现。离家的游子总是会有思乡情结，怀念家乡的种种，尽管有忧伤有快乐，那都是记忆中最美好的回忆。

# 记忆中的香格里拉——山东东营仙河镇

徐凤欣

海南的天气依旧炎热得厉害,但此时的北国,我的家乡,想必已挂上了她初秋的帷幕,打上她那柔美的灯光了。戴叔伦曾云"若为化得身千亿,散上峰头望故乡"。年幼时尚不知事,只觉诗句朗朗上口便记在了心中。但当现在远离家乡再次背起时,却仿若与诗人有了共鸣。我时常幻想,我若是能够变换出成千上亿的身子来尽情地眺望家乡,眺望我梦中的"香格里拉",那该有多好!

春风又绿江南岸,明月何时照我还?

我叫徐凤欣,来自山东。我的家乡是隶属于山东省东营市河口区的一个小城镇,它有一个美丽的名字——仙河镇。其位于黄河以北,距入海口25公里,东临渤海,辖区面积657平方公里,海岸线长69.6公里。拥有浅海、滩涂面积20万亩,可耕良田16万亩,天然草场5万亩,苇场20万亩,柽柳林3万亩,国家级自然保护区6万亩。全镇总人口5.4万人。东营港高速公路横贯全镇,东营港作为国家一类开放口岸成为黄河三角洲地区连接东北与中原的交通要道。因此,仙河镇被列为东营市"五大卫星城"之一,是东营市对外开放的北部门户。

由于位于温带季风气候区,小城镇四季分明,春的生机勃勃、夏的绿意盎然、秋的硕果累累、冬的冷艳萧瑟应有尽有,准让你欣赏个够。又因靠近胜利油田,所以小镇是典型的现代石油矿区城镇。镇上有一个十分显著的特色——石油(也是我们最主要的收入来源)。在我们那里,采石油的机器处处可见,因机器在采油时总是一上一下运动,从远处看样子特别像人在磕头,所以我们也管它们叫"磕头机"。对于"磕头机",我对它又爱又恨,爱的是正是因为它们的兢兢业业,开采出了大量的石油,为国民经济建设做出了大量贡献。恨的是它们同样带来了地质破坏、空气污染等问题。不过随着国家的改革和对环境保护的越来越重视,我们那儿的环境正在逐渐地改善,如采取减少烧煤炭,运用先进节能机器采油等措施,就有效地减少了污染。我相信,在不久的将来,我的家乡环境将会越来越好。

天涯地角有穷时,只有相思无尽处。

我的家有七个相亲相爱的人。

我的父亲个子不高,黑黑壮壮的,是一名典型的"石油人",也有着石油人特有的"石油精神"——不怕苦不怕累的精神。就算是在最艰难的岁月里,我也没见爸爸说过一声苦、喊过一声累,因为身为男人,他是家里的顶梁柱,他知道他不可以倒下。他总是默默承受着。爸爸有一个爱好让我印象特别深刻——爱看书,而且他看书极杂,像是什么《论语》《资治通鉴》《永别了,武器》《百家讲坛》都成了他所珍爱的……为此,他专门买了一个放书的柜子,但因柜子不大,只能放一些最近买的书,而把其他的书放在地下室。我常常说:"人家的地下室放自行车、放杂物都放不满,咱家的光放书都快放满了!"现在想想,我说这话时虽然听着像吐槽,但语气却是自豪的。有时我也会对爸爸总是看书而不理解。因为在我看来,相比于玩电脑、刷手机,看书是一件多么无聊的事!但爸爸却不这么想,他总是对我说的一句话:"活到老,学到老。"也许正是因为年轻时的经历,爸爸是一个特别懂得知足以及对生活要求特别简单的人,而他这些行为也在深深影响着我。

我的妈妈热情开朗,有一双很漂亮的眼睛,因为那里面透着善良。她总是喜欢去帮助别人,哪怕素不相识。举一个简单的例子,上次爸爸住院,妈妈去陪床,隔壁床铺住的是一个生病的老爷爷,陪床的是他的妻子,年纪也不小了,有的时候拿东西不方便,而他们的儿女因为工作又不可能时时陪在他们身边,因此很多时候能帮的我妈妈就去帮忙。也许只是一些微不足道的小事,但却体现了一个人善良的本质,不是吗?

我的姥爷、姥姥有着山东人的性格特点"豪爽、仗义、说话不拐弯抹角",也正是这样的性格特点,让他们人缘特别好。我觉得他们老两口是十分热爱生活的人,姥姥每天早晨都要去后面的假山那儿溜一圈,而姥爷没事就和自己的好朋友们下下象棋,晚上在一块去跳跳广场舞,生活惬意而有规律。

爷爷奶奶是农村人,有着农村人的淳朴节俭。我尤其想说一下奶奶,因为爷爷是军人,常年不在家,照顾家里的重担绝大部分就落在了奶奶肩上。但奶奶从没有过一句怨言,她总是跟她的孩子(我的爸爸、姑姑、大爷)说:"你们的爸爸在保卫国家哩,咱可不能给他拖后腿!"她总是那样乐观坚强,仿佛无坚不摧的女战士。后来慢慢家里条件好一些了,爸爸妈妈想把爷爷奶奶接出来,爷爷奶奶却不舍得离开,他们说:"留在那里,就是留住了家里的根,挺好!"以前的时候爸爸妈妈工作忙,又要照顾我,加之爷爷奶奶家又不像姥爷姥姥家住得那样近,一般过年过节才能回去。但现在我渐渐长大了,爸爸妈妈也不像以前那么忙了,所以基本上每个月回爷爷奶奶家看望一次,爷爷奶奶脸上的笑容更多了。

芳菲歇去何须恨,夏木阴阴正可人。

　　我想，每个人心中都有一个地方，用来盛放家乡的美丽景色。它们或是岁月悠久的建筑桥梁，或是门前的缓缓流淌的小溪，甚至是一株花、一棵草。每当想起家乡，它们的样子便会在你的脑海里浮现，它们是家乡景色的缩影，是你心中的家乡景色之魂。我当然也不例外，甚至对我来说，家乡无一处不好，无一处不美。不必说五月的微风、十月的白雪，就连一声鸟啼、一朵花的开放，在我的眼里，也是美的。它们都是我记忆中的"香格里拉"。

　　蓬莱公园位于镇的北边。在我上初中之前，我们家就住在蓬莱公园旁边的小区，步行十分钟就可走到。因为住得近，加之儿时爱玩，几乎每个星期六、星期天都要去里面玩。公园里面植物繁多，但我能叫得上名字的却少之又少。它们的形状也是各有特色，但那绿却是一样的，给人一种生机勃勃、生命绽放的喜悦。深呼一口气，空气中依稀可嗅到淡淡的花香和泥土的芬芳。再往前走，就到了公园的堤岸，柳树依依，凉风习习，使人顿生惬意之情！公园，是所有人都可以休闲放松的地方！从做游戏的小孩到打太极的老人，每个人的脸上都洋溢着微笑，是那样的幸福快乐，也让我感受到了一种祥和的氛围。而里面最让我印象深刻的，就是"大浪淘沙"。犹记幼时每次去公园玩一定要妈妈和我上去坐，妈妈也没有一次不愿意，我当时一直以为妈妈也很爱玩。后来上了初中加之搬到了别的小区，也就渐渐不再去玩了。有一次和妈妈一起经过蓬莱公园，看到了"大浪淘沙"，妈妈跟我说我小时候特别喜欢玩，每次去一定要玩。我说："您也很爱玩啊！"妈妈却摇了摇头，告诉我说："其实她每次上去都不敢看下面，觉得恶心。"但是因为我爱玩，从没拒绝过一次。人常说母爱无私，母爱确实无私啊，每次只要一想起那次对话，我就觉得泪水在眼眶打转。

　　森林公园位于镇的东边。在上初中之后，我家由原来的小区搬到了现在的建设小区，小区的旁边就是森林公园。公园里有一个很大的荷花池，每到夏天傍晚，都能听到青蛙呱呱的叫声。而在我看来，荷花池最美的时候，莫过于荷花盛开的时候了。那个时候你若是去看，就会看见粉的、白的荷花争奇斗艳地开着，那样浓烈灿烂，仿佛要把一年一次的精彩绽放个够。你若是等到了傍晚时分，运气足够好的话，便可以看到彩霞，那又是另一番景色了。只见彩霞满天，染红了天边，映红了池面，点点红光在池面上闪耀，远远望去，天地一片红色。顺着荷花池往前走，就是各种各样的树，樱花树、梨树、桃树及还有很多我叫不上来名字的树、花花草草。记得今年梨树开花的时候和爸爸一起去森林公园玩，我站在梨花树不远的旁边看，一阵风吹来，梨花片片飘落形成梨花雨。那场景，真是只能用"一切尽在不言中"来形容了。再接着往前走，你会看到一个小亭子，那是专供游人休憩的地方。若要是走累了，便可上去坐一坐，看一看周围美丽的景色。

小区的后面就是神仙沟了,对于神仙沟的由来,还有一个美丽的传说。相传在神仙沟畔曾住过一位美丽的神女,只要向她许过愿的情侣都会得到她的祝福,拥有长长久久的爱情。因此很多情侣都会去神仙沟旁许愿,期待着自己有一份长长久久的爱情。

纤手搓来玉色匀,碧油煎出嫩黄深。

我心中的"香格里拉",有可爱的家人、美丽的景色,还有什么呢?当然是美食。东营的特色小吃太多了,利津水煎包、广饶大营烧饼、广饶肴驴肉、龙居丸子、史口羊肉汤、河口肴野兔、黄河刀鱼、孤岛鲜鱼汤、马场西瓜、大闸蟹……每一个都够写成一篇文章。这里,我想特别介绍一下利津水煎包,原因很简单,我喜欢吃。水煎包皆是圆柱形的,齐齐地立着,像一顶顶小型的厨师帽,皮表呈麦黄色。包子散发出一股子质朴的面味,浑厚的猪肉和辛辣的葱味。它具有鲁菜咸香的特点,一口咬下去,满口生香,真是让人想想都流口水啊。

我的家乡,我记忆中的香格里拉,你可知我是多么爱你!

点评:文章结构清晰,语言简洁。作者身在海口,却深深想念着家乡的种种。家人大概是我们一生中最难以割舍的,而远离家乡的游子则格外地思念家中的亲人,想依偎在父母怀里再撒一次娇,想再与旧人一起故地重游。作者着重描述家中敬爱的亲人、熟悉的景象还有那回不去的童年。也许只有游子才对家有着格外深刻的情感,也许只有游子才会对"每逢佳节倍思亲"这句话有着深刻的感触。

# 我心中的那一方热土——广东茂名旺罗村

祝文汇

我来自广东省茂名高州市的一个小村庄——旺罗村。它位于中国的东南部，北纬21度左右，属于亚热带地区，有着丰富的光热资源和水资源，因此我的家乡主要发展农业。种植业也可谓是我老家的一项支柱产业，因种植的水果种类繁多且十分可口。我的家乡享有"全国水果第一市""水果之乡"的美称，种植的热带水果有荔枝、龙眼、阳桃、黄皮、香蕉等（如图1）。村庄距离高州市市区23.5公里，至市区的交通方式大多数为私家车、摩托车或从高州市汽车总站发出的大巴车。市中心与乡下的氛围相比，市区更加热闹繁华。因此，即使要花上较长的时间才能到市区，也有许多人愿意出行。

我的村庄是一个单姓村，村里大多数人家都姓祝，因此我的村庄是一个有着亲密血缘的大家族。村庄辖11个村民小组，在册户数738户，人口3191人。全村面积8平方公里，耕地面积1253亩。旺罗村中大多数人家都在村里承包了耕地，种植水稻及水果蔬菜，养殖鸡、鸭、鹅、猪、牛等家禽牲畜，因此对市区和外省进行商品（水果、蔬菜、家禽）销售是村庄人家的主要收入来源。拥有着族谱的村庄渗透着自古至今流传下来的故事与文化，这使我热爱着村庄这股神秘并细细品味其中。

虽然我来自广东，但由于我的父母常年在天津做生意，所以6岁开始我就跟随父母到了天津。回到老家生活的时间少之又少，大概一年也就一次到两次，虽然距离老家的路程远了，但这更激发了我对"老家"这个词的渴望与理解。

作为一个长期生活在北方的南方人，感受最深的大概就是北方的雾霾。而在北方雾霾盛行的时候，家乡却是晴空万里，我恰恰也是最爱这一点。回到老家，我总是会早起去爬山，呼吸新鲜空气，当我慢悠悠地走在山间，听着鸟儿叽叽喳喳的叫声，微风轻轻吹过，是那样的安逸，仿佛放下了在城市里的喧嚣和压力，静静地感受田园生活，好不惬意。

记得每次踏上回老家的道路时，我的心情总是随着我在高速上看到老家的房子由小变大而越来越紧张和雀跃。走进乡间小路，鸡鸭在小路间散步。当我闻到老家特有的泥土的香味，看到熟悉的邻居脸上朴素亲和的微笑，听到他们说"回来啦"的问候时，我的心里总有一丝激动。不断感叹着又回到了那片朴实而又熟悉的土地，这是一种归属感，是我在天津所感受不到的归属感。

有许多人曾问我："你是喜欢待在老家还是待在天津?"我想说天津的生活固然丰富多彩，但其实我更喜欢回到乡下体会养鸡、种菜的田园生活。老家的房子一般都是打开大门，就是一个小院，我家也不例外。乡下的院中到处都是爷爷养的鸡鸭的身影，小院的一侧是奶奶的菜园，家里吃的每顿菜都是奶奶每天从菜园子里摘的，新鲜十足。这般自给自足的生活岂不快哉?

由于我长期在天津读书，回到老家生活的时间并不长，一年大概就一次，那便是春节。春节，是一年中村里最热闹的时候，各户人家外出打工的子女们都从城市赶回乡村陪伴家人过年。家里的老人们为了表达欢喜，又是宰鸡又是宰鸭，好似沉静了一年的小村庄一下子变得有生气了。乡下的风俗习惯比较多且又特殊，比如(农历十二月二十三日)祭灶节(图2)："灶王爷"，又叫敬"灶君"，所以也叫灶君节。这天习俗也叫"小年晚"。家家户户都备以果品、甜品，祭祀灶君，请灶君尝各种祭祀食品，供奉他吃足喝饱。人们用各色果品、甜品供奉"灶君"，主要是感谢他一年来对自己一家的关照，日子过得平安，生活过得富足，祈求灶君保佑来年丰衣足食。然后送其升天，让他上天界向玉皇述职："上天言好事，下界保平安。"以求来年合家平安。正月初一早上请回灶君，流行这种说法："腊月二十三日去，新春初一五更来。"请回灶君，让他在以后的日子里多多关照，虔诚之至，大有可感动神灵之观。祭祀灶君之后，人们便开始大搞厨房卫生。把所有的碗筷清洗、镬头清垢(镬底灰)、擦拭灶头、厨具等，把一切不干净的东西清除，如有新添置的厨房用具也一并放置整齐。搞完清洁卫生后，有的还煮糖粥来吃，寓意生活甜甜蜜蜜，日子过得比蜜甜。春节期间忌扫地，人们在除夕前搞完卫生后就要把扫把藏好，就是忌讳年初一这天会像平时那样习惯拿扫把扫地;初一初二禁扫地，也忌往外倒水、扫地，会把家里的钱财往外赶;初三起，才能扫地;办喜宴的红包问题，高州的大部分地区，办喜宴者对自己喜宴的支出是要负全责的。当事人对亲朋送来的封包，只是撕开个小角，表示已"心领"，就原封不动地退回给亲朋了，来赴宴的亲朋是一点负担也没有。

年初时，全家老小要上山拜神祭祖，来祈求今年的平安与幸福。拜神祭祖的路途十分遥远且行走艰难，挑着祭品的沉重扁担压在肩膀上，但这些并不影响大家为家人祈求平安的心。于是庙宇在美景的相伴下和孩子大人们的逗笑中不知不觉就到了。

年过完后，大概2月份老家的传统活动年例就要开始了。年例即每年每个村落里的每一家都要连续几天举行游神活动，并做丰盛的菜肴，邀请亲戚朋友甚至陌生人到家里吃饭，家里富裕的人家还会请龙狮队和戏班子到家中热闹一番。这是村里最盛大的活动之一，往来的人不断，因此客人是一波又一波，菜也是不停地上。那几天是一个村庄中最忙碌的时候，但即使再忙，村里人也会互帮互助，比如亲戚较少的人家会到亲戚较多的人家，帮忙洗菜、做饭，招呼朋友，虽然活动累且烦琐，但每个人都没有怨言，有的都是温暖和感动(图3、图4)。

很多人都说乡下的生活是最无趣的，我却不以为然，我认为老家最有意思的地方就是能够和泥土亲密接触。每次放假回乡我都会和亲戚们一起相约到田地里窑番薯(图5)。同行的叔叔告诉我，窑番薯就是先在地里挖一个坑，将一块块干泥垒起来，露出洞口，将番薯放进坑里，用火将泥烧到火红之后，拿铲子把泥敲碎，让番薯在泥里面焐几分钟便可以吃了。届时番薯不仅有着本身的味道还掺杂着泥土的芳香，令人垂涎欲滴……

在老家可以感受在城市中感受不到的闲适生活和最原始的活动，但这并不意味着它不与时代接轨。我的老家现在有着高高的楼房、水泥制的宽大的街道、修建好的水库……然而这些看似很平常的东西在几年前我的老家是没有的，我的老家位于大山之间，进出较困难。为响应党的十八大"建设美丽乡村"的号召以及出于对村庄的热爱，我们村庄有些人士自发地组织起来，一步步完善村庄的设备，为村庄的未来走向做出了详尽的规划，并投诸实践。在实践中村里发生了不少矛盾，为了扩建道路需要占用一些村民的土地；为了安插路灯需要将一些村民的树砍了；为了能够付诸实践需要向村民们集资……但这些矛盾后来均被村民们想要村庄变得更好的决心冲淡了，而我也被这种牺牲小我成就大我的精神感动了。经过多年的不懈努力和村民们的齐心协力，我们的村庄已经改变了原来贫穷落后的面貌，开始发展服务业和水果种植业。如今，我的家乡还在进一步改变建设中，对于家乡的改变，可能许多人认为不值一提。但正是在这一些小小的变化中，我学会了与他人和谐地相处，学会了感受自然享受自然，学会了要为家乡的未来奉献出自己的一份力量。也许这份力量不足以改变什么，但我相信大家共同的努力就一定会把家乡建设得更好。

农村生活虽然简单，但我依然爱它，爱它的田园生活、新鲜空气和那淳朴乡音；爱它的自然、朴素以及"秋水共长天一色"的壮景。

（图1：各色各样的水果）

（图2：祭灶节）

（图3：亲朋好友过大年）

（图4：亲朋好友过大年）

（图5：乡间美食——窑番薯）

点评：文章逻辑清晰，语言优美，思路清晰。作者描绘了自己的老家——旺罗村。虽然从很小便远离家乡和父母一起去了天津，但是他对家乡却有着浓厚的感情。那独特的乡土气息、叫起我们的鸡鸣，还有那古朴的乡村小屋和那隔壁奶奶的无公害蔬菜都是作者所怀念的。尽管家乡因为促进经济而发生了翻天覆地的变化，但是曾经美好的记忆依旧保存在我们心中。

# 儋州排浦镇瓜兰村是我的家乡

麦永怀

我生活在一个中国南方的小岛上,这里称中国的"马尔代夫"——海南岛。

海南省的市县并不多,我生活在儋州市排浦镇瓜兰村。在这里生活的人们并不富裕,人们主要的生活方式是以种植业为主,捕鱼业为辅。然而现在大量土地已被开发,海也已经被填了,所以村民现在大部分都靠外出打工,或者到开发区打工赚钱了。

说到儋州最让人引以为傲的应该就是苏东坡了。我相信大家对苏东坡应该有所了解,儋州就是苏东坡当年被流放的地方。

苏东坡被贬至儋耳县时,带来了许多优秀的文化,也教会了当地居民许多关于农业种植方面的知识,并且也承担起了教书育人的重任,他对当地人民的贡献是无法衡量的。因此,人们为了纪念他而建了东坡书院,现在也一直流传着他的事迹。在他离开的时候当地人对他充满了不舍和怀念,这就是当一个人为别人做出贡献、给予帮助的时候往往都是永远刻在人们心中。

儋州是一个集美丽与文化于一身的城市,是海南省土地面积最大的城市,是海南西部的交通、经济、通信和文化中心。而我最想要讲述的就是文化。儋州因为苏东坡在此谪居,讲学明道,使得儋州教化日兴。海内外名士接踵而来,从师东坡。儋州就在此时成为了全岛的文化中心,也培养了明宗尊师重教的传统。从此以后,儋州市人才辈出,名声远扬,苏东坡功不可没。

而在述说苏东坡时不禁让我想起了关于我儿时的那一段记忆,当时我经常往大伯家串门,听他给我们讲关于苏东坡的故事。大伯是当地村里面的一名语文老师,作为一名老师他也同样承担着教书育人的重任,引领着我们往更好的方向发展。在他空余的时间里他也有自己的兴趣爱好,就是练习书法,他就是我们村里面的一名书法家,每逢过年、婚嫁等需要写对联的,乡亲们都会邀请他去帮写一些。村里人重感情因此是不收费用的,大家都会记着。

每到逢年过节都会相互串门、祝福,端午节时带上自家包的粽子给大家品尝,伙食好一点了叫上邻居一起过来热热闹闹地吃上一顿饭,大家都在欢声笑语中度过。节日中的热闹不只是这些,在儋州还有一个国家非物质文化遗产——儋州调声和山歌对唱。有一首民歌是这么唱的:"儋州自古称歌海,三个多似百花开。"它仅流传于海南省儋州市一地并具有独特地域风格的传统民间,用儋州方言来演唱,可歌可舞。它的特点是以男女集体对唱的形式来表演,男女常以这种方式来"挑逗"异性,在节日时人们往往都会聚在一起来唱上几首烘托一下气氛。而此时在这里过节日绝对少不了一种美食——儋州米烂,每逢过年过节家家户户几乎都煮上一锅儋州米烂。

相信都有这样一个传统就是女儿回娘家看望父母。在这一天里,父母们都会上街去大采购,当然主要就是为了买做米烂的食材回家做给自己的女儿吃,女儿们则在这一天也好好地陪父母聊聊天,干干家务。一碗米烂已经串起我十几年来在节日里的所有记忆。在这里我们看到的是父慈子孝的中华民族传统美德。不管有多忙都会抽出一点时间来陪伴父母,跟他们聊聊天,这些比给他们金钱更加孝敬。老人所需要的就是这样可以在节日里跟子女们团聚在一起,这也是一碗米烂所带给我们的爱。它不仅仅是一种美食,在我的心中,它是一种彼此之间爱的连接,不管你身在何处,当你吃到的时候似乎回到了父母身边。

在这里的乡亲们也格外勤劳。人们不只是单纯地享受而已,劳作是人类生存下去的方式。不是有句话这样说:靠山吃山,靠海吃海。海南四处被大海包围,山清水秀,有丰富的自然资源。我们的小村庄就在海的旁边,因此在退潮时人们都会下海捕鱼,摸螺,抓虾,供日常的食物所需,剩下的拿到市场去卖。但是下海并没有想象中那么简单,有时人们是在深夜一两点时下海,一直到上午9点才回来;有时人们是顶着火辣的太阳下海。所以个个皮肤晒得黑黝黝的。

在这里乡亲们不只是仅靠这唯一的方式来过生活的。自家都有田地,在这里水稻为一年两熟至三熟。每到清明节前后以及七月份就是插秧的时候,六月份和十月份是收割的时间段,那时正好是最热的时候,但她们还是顶着大太阳在田里忙活着。而十二月份到二月份是砍甘蔗的时候,在这里一般干农活都是妇女为主,但是她们为了家庭从来没有抱怨。或许你们会问,男的呢?那么让我来告诉你,儋州的另一种生活。

一般男的都到外打工拼搏,出海捕鱼赚取更多的生活费用供小孩读书。对于自己的小孩,家长都是从不亏待而自己却省吃俭用,这是在他们的外表所没有流露出来的,而是默默地用行动来表达爱。这就是我的村民最淳朴的地方,也就是这些真情流露让我在生活中收获了爱与成长。

儋州反映了海南移民的特色,也展现了与东部与众不同的民族风情。在这里人们吃着"大锅饭",有什么好吃的菜都可以互相分享,看看彼此的厨艺如何,以及在水果成熟的时候都会叫上离自家比较近的乡亲过来一起分享。大家围在一起吃,有说有笑,这就是大家的感情。

在每一个地方生活都可以和谐相处,友善地对待别人,在这样的环境中我愉快地度过了 18 年的时光。随着时代的发展变化,乡村也发生了变化,村庄渐渐变得有点冷清,唯有听到鸟的叫声和家畜的叫声。在每个男人的打拼和女人的辅助下,一栋栋楼房也建了起来,乡村不断发展。儋州有着丰富的旅游资源,因而我的家乡附近已经被开发成了海花岛。海被填了,土地被征用了,但是这里的人并没有发生变化,即使没有土地种植,没有大海去捕鱼,但是这里的人并没有游手好闲,还是会到附近开发地寻找工作养家糊口。大家还是和以前一样和睦相处。这就是我的家乡经久不衰的特色风情。

在这里人们团结一致,共同解决困难,海南靠海,所以大家应该都知道这里经常发生台风以及洪涝。但是我们却不曾畏惧,我们仍会齐心协力对抗灾难。记得我和家乡一起经历最近的一次灾难是今年的八月份,面对这样的灾难我们已经习惯了。记得在台风之前,邻居跑过来叫我们去他家挤一挤,不然住在老房子太不安全了。当时我的心里真的特别感动,一股热流暖上心头。大风大雨过后每个人都出门清扫村庄里的树枝垃圾,男的出来一起扶回已经倒的树木。因为树木起到遮阳的关键作用,所以台风过后人们都会齐心协力地扶起已经倒下的树木。台风过后,最能体现人与人之间的感情,一起经历过灾难,共同解决困难,才会增加彼此之间的感情。我们都经历过许多灾难,培养了乡民之间的感情。我们小孩学会了勇敢面对困难,明白了集体的力量是无法忽略的。

在这里我们都得到过别人的帮助。还记得有一次台风后,我家的房子倒塌了,就是靠村民们每一个人的力量才将我家收拾好,我们有一个暂时住的地方。因此当台风再次来袭时,我和我的几个小伙伴组成一个小队伍去帮助村里的老人。他们的子女外出工作,家里就只有他们自己,他们老了,很多事情已经很难去完成了。当我们走进一个老奶奶家里时,她已经急得落下了眼泪,老人最舍不得的就是自己住的老房子,当时我们帮她整理好了一切。还有许多像老奶奶一样情况的老人,我们都会到他们家帮他们把进到家里的水扫出去,倒的东西扶起来,整理好他们的生活用品,损坏的东西就去找大一点的叔叔帮忙修理好。看到家变成这样,老人们心里其实是很着急的。因为这是他们世世代代的家,他们都已经在这里扎下了根。

而让我记忆最深的就是那个老奶奶说过的:要是没有你们,我这个老太婆该怎么办啊。当时我眼眶红了,强忍泪水,安抚了老奶奶的情绪,就继续去帮忙了。

　　这就是儋州的村民,他们很淳朴,很真实,可能你对他们的一点点好,他们就会挂念着你一辈子的好。我们都要传承中华民族的传统美德,互帮互助,关爱老人。

　　在这里是他们,是生活教会了我热情、友善地对待别人,学习中要有吃苦耐劳的精神,在生活中面对困难时需要我们团结一致等许多优良的品质。希望我能继续传承苏东坡的精神,让我的家人引以为傲。

　　点评:文章逻辑清晰,叙述生动形象。作者描写了苏东坡流放带来的贡献、爱书法的爷爷、各种美食美景和村民之间的互助,展现了瓜兰村风土人情。家乡的种种都在潜移默化地影响着我们的行为方式,作者也在那样美好的村里继承了传统美德,树立了正确的价值观。虽然离家不远,但是思乡之情不减;虽然家乡不再是曾经的模样,我们却爱它如初。

# 海南屯昌美鹤园村是我永不忘记的地方

林琪

家乡,这是一个思念的代名词;家乡,这是一个永远没有终点的梦;家乡,这是一个无比温馨的镜头。家乡存在于每个人的心灵最深处,没有人可以将其抹灭,即使是生命最后的归宿依然是那魂牵梦萦的故乡。每当有人问起我是哪里人的时候,我会说:"从小生活在海口,但是家乡在海南的一个小县城的村庄。"家乡的风土人情早已融入我的血脉,无论我去哪儿,都是我不可分割的一部分。而那个让我魂牵梦萦的家乡便是屯昌县南坤镇美鹤园村。

海南省屯昌县南坤镇美鹤园村,距离屯琼高速公路羊榕线出口仅四公里,交通便利、环境优美、民风淳朴,是海南省中部拥有独特竹景的自然古村落之一。农业规模较大的为橡胶种植,是橡胶生产地之一。它在屯昌县经济上占有重要地位,拥有几个重要国有农场。

四年前这还是没有通高速的小村庄,后来随着国家的重视与财政的投入,如今屯昌县连接到其他地方的高速公路日益增多。从海屯高速公路开通后,海口到屯昌只有 70 公里,另外还有在建高速公路琼中到屯昌段。屯昌县的国道主要为海榆中线和 G224 国道,海榆中线起于海口市南海大道,止于三亚市田独镇,G224 国道起点为海南海口,终点为海南三亚的国道。另外屯昌县还建设有省道 S303、S302 分别通往澄迈和琼海。还依稀记得高速公路开通那一年回家乡,姐姐问我:"你知道一个地区要想发展起来先需要发展什么吗?"迷茫的我摇了摇头,姐姐很自豪地说:"是交通,这样很多东西可以引进来。"那一刻的我不禁喜悦起来。当时心里默默想着:"等家乡建了更多美丽的地方,我要带我的朋友来这儿看看,将家乡的美好带给身边的每一个人。"

家乡是独一无二的地方。问起海南最多品种的树,人们往往想到的是那枝繁叶茂的椰子树,然而在我家乡却是四面翠竹环绕。这里竹林茂密,纵使你在烈日炎炎的大夏日来到这儿也会感到凉爽舒适。在农业种植为主的文明生态村下,编制竹制品也成了我们村民主要经济收入之一。常常是华发苍颜、行动不便的老人和留守儿童在家编制,为家庭提供一些小补贴。小时候的我总是爱与小伙伴们奔跑在乡间的泥土上,穿梭在一根根竹子间。

家乡是舌尖的缠绕。一方水土养一方人,虽然很少待在家乡,却每到中秋、端午节假日之时,父母便会托人从家乡带特产过来,母亲常在感叹家乡的食物还是最好吃的。说起家乡的特产,最有名的是那端午节的黑猪粽了,用屯昌黑猪肉蛋黄特制、粽叶清香,搭配糯米、黑猪肉、红泥咸鸭蛋黄、食用熟花生油和食用调料,用柊(粽)叶作为包裹物,经包馅、成形、煮制等工艺加工而成,口感甘、香、糯、韧。同时屯昌猪久负盛名,与临高乳猪、文昌猪并列为海南三大猪种的屯昌猪,有许多营养价值。生态黑猪明显高于外来猪种,肌肉中不饱和脂肪酸含量高,是生态黑猪肉鲜香味美的物质基础,特别是含硫氨基酸、胱氨酸含量较高,对人体有较高营养和保健作用,每次咬一口粽子就会有满满的幸福感。

家乡是家里人的牵挂。小时候每到寒暑假父母总将我安排给生活在家乡的外婆,正因如此我对家乡更多了一分依赖。外婆家门口有一个小凳子,每次外婆知道我要回来的消息就会一大早坐在门口等待,我下车看到她时总会大喊一声:"阿婆,我回来了。"然后会和我开心聊天回房间。日复一日,年复一年,纵使今天的她已经不在我身边,每年春节回家我仍会情不自禁地看看那小板凳,曾经有一个老人在上面愉悦等着家人回来又悲伤地望着家人去远方。家有一老,如有一宝。老人不是累赘,更不是一个沉甸甸的负担,而是一个丰富的宝藏,有空常回家看看,不要空留"树欲静而风不止,子欲养而亲不待"的悲哀。爱老,是中华民族的传统美德。一个不关爱老人的民族是个没有可积淀的民族,一个不关爱老人的国家是个没有可传承的国家。

家乡是亲邻间的互帮。在家乡的小村庄难免会有许多去远方打工的人,有的和我父母一样去了省会城市,也有的去了更远的大陆拼搏。每个人都为了生活去更发达的县城或城市,为家乡家人提供生活费和建起那一栋栋楼房。常常家中留下的只有那雪鬓霜鬟的老人。母亲曾多次让外婆搬到海口生活,但外婆怕给我们添麻烦,更是对家乡眷恋,迟迟不肯搬。而外婆家隔壁的裁缝阿姨毫无怨言承担起了帮我行动不便的外婆买菜的工作,一做便是几十年,风雨无阻。我未曾记过她的名字,只知道海南话的名字叫法。正是她让我明白了无私的爱,心里默默发誓将来的我有工资后也要给她、感谢她,去帮助更多需要帮助的人。

家乡是对门间的问候。外婆有一次生病来到市区看病,便暂时住在了我们家。在一次闲聊中,外婆突然问我:"为什么你们这儿的人都把门锁紧紧的?"我竟哑口无言,不知是外婆世面狭小还是我们的一些东西丢失了。的确,家乡的人们只要不是睡觉时间都会敞开大门,邻居之间常常会互窜聊天,嗑瓜子。每当我走在路上时,这些和蔼可亲的老人们总会主动和我打招呼并问我什么时候回来的,偶尔还会塞一些小零食给我,在家乡无论我走到哪里都感觉在家一样安全温暖。多一点信任,多一点关心,老话说:"远亲不如近邻。"让我们无论在小区还是在电梯里看到邻居多说一声"您好",人际关系并没有想象这么复杂,只要彼此简单的一句问候一句关心。

那是我未曾忘记的地方,我始终没有忘记过那片陪伴我童年时光的小村庄,每到春节我会回那儿,每次讲起方言,太多的情感深入我的骨髓,深深埋在我心里某一个角落。落叶归根,那终究是我和家人们落脚的港湾。

我爱我的家乡,我爱那淳朴和蔼的乡民,我爱那蓬勃发展的小村庄。

点评:文章情感丰富,叙述生动形象,主旨清晰。作者以其感人至深的笔触描绘出了对家乡——美鹤园村深沉的爱恋。都说中国人有着浓厚的乡土情怀,希望落叶归根,因此家乡便成了我们美好回忆的寄托处。家乡的人、家乡的事都是我们魂牵梦萦的地方。而那些嬉戏的竹林、舌尖的美味、邻居之间的问候还有家人的关爱与呵护便是让作者魂牵梦萦的美好记忆。

# 春风吹又生的原上草

古大潘

　　故乡是一个人的根之所在,背井离乡的人总会在不经意间想念自己的家乡,并渴望回到那片土地,感叹月是故乡明。现在的我在他乡求学,突然对故乡的那个小村庄有种莫名的感觉,是一种依靠与温暖,如暖阳溢满心间。现在让我带你们去感受一下我的那个如原上草的小村庄的风情。

　　我是一个地地道道的重庆梁平人,梁平位于重庆的东北部。我们的院子是梁平县聚奎镇大来村四组的一小部分,大来村是拥有一个2000人左右的大村,大多数是老年人与孩子在家,中年人以及年轻人在广州广东等沿海地区打工,主要是建筑工,进针织、鞋厂、电子厂等。我们村的布局大致按照姓氏来形成一个个单独的院子,而我们小小的院子叫作雷家院子。只有七家人,其中四家都是姓雷,并且是血缘很亲近的亲戚。而我家与伯伯家与另一家姓李的人家都是在很久以前从其他地方搬来的,大多数家里都是三世同堂。

　　我们院子里大多数是中年人在家种田、养牲畜。就近打工以及外地打工一直都是我们村主要的收入来源,大多在成都、重庆,更近的便是隔壁的镇与县城,而个体经营户与小作坊经营者只是少数。由于消费水平比较低,所以很多个体户的收益并不高。虽然农村改革让经济不断发展,但是村的经济发展得比较迟缓。

　　我们的小院子保留着许多节日传统,而端午节是让我记忆最深刻,也是每年都很期待的节日。我们的村庄被竹子包围着,家里的簸箕、扁担、晾衣竿等都是就地取材。千万不要以为我们是用竹叶包粽子,我们用的是笋壳,竹林捡笋壳,还能见到吃笋的小虫,这种小虫成了我们小孩的玩具之一。到了端午的前一天,我们要泡笋壳,泡糯米,摘竹叶等。绑粽子的绳是天然蔴做成的,奶奶辈已经很熟悉了,我看着邻居的爷爷坐在门口将蔴撕下,然后熟练地搓,不一会儿蔴绳就好了。

　　端午节包粽子时,全家围在一起包粽子,奶奶一定是主角,速度快,形状漂亮。我技术不好,每年奶奶都会手把手教我,看着一个粽子从我手中包好,奶奶总会很开心地笑。用土锅与竹叶、草灰煮出的粽子带有一种天然竹子的清新。整个院子里都充满着和谐的气氛,分享着彼此的粽子,这是一直很难忘的记忆。传统的继承,不仅仅是文化的沿袭,更是一种对家庭情感的沿袭。我们带着这份浓厚的感情一直成长,学会爱家,学会去爱这个给了我们希望与憧憬的社会。

在一天天逝去的岁月里,我与小伙伴不断长大,小村庄越变越漂亮,村里面的人的生活方式也变了。赏心悦目的荷花让人们心旷神怡,但更重要的是它还是一种收益可观的经济作物。荷花的栽种还不能机械化,到了莲子成熟时,就必须要工人下又冷又深的田里一朵一朵地采。但是它的价格较高,国家保护价为 11 元一斤,然后根据市场提高价格。

村民们喜欢饭后散散步、聊聊天。早上围着村绕一圈,傍晚再绕一圈,再花上一个小时在大门口聊聊天,看看新闻,聊聊附近发生的事还有田间的事。人们或站着,或倚在某处,或席地而坐。我在旁边看着他们发呆,每个人的笑都不一样,可是很多时候我都会有些莫名感伤。他们很多时候在谈论工作,比如随着国家要求,污染性企业必须关闭。那样村中的一些人就失去工作,因为年龄与技能限制无法找到工作。可他们总是一天带着笑,还是逗我们这群小孩,每天勤勤恳恳地做着应该做的事。

我还未经历他们那个时代的艰辛,我生活在温室里,可总有一天是要脱离他们的怀抱,会面临许许多多困难。然而在看到叔叔阿姨的处事态度后突然明白,再困难总会有解决的办法,要对未来充满希望,要带着笑好好生活,学会乐观、学会面对,才算真正的成长。当春风吹来,他们将有一个春意盎然的春天。

许多人都认为重庆作为四大火炉之一热是主要的天气。重庆人也有这样的感觉,除了热便是冷,但是我们的小村庄四季分明,这跟我们的村处于郊区有很大关系。而我感受到的一年四季的美却来自爸爸的小混杂花园,有花、果树、小菜畦。对花情有独钟的爸爸不仅给了我视觉的享受、味蕾的满足,也给了我一直追求的东西。农村人坚信读书能改变一个人的命运,总以为读书就是我们的全部,可是一味地把读书作为我们生活的全部的想法是片面的。爸爸对他的花园用尽心思,培肥、修枝、除草、搭架,看着园中的植物一天天生长,似乎看到了生命的蓬勃。这也是延伸出我们家的独属活动——除草活动,其实大多时候我是抗拒的,因为我总是挨骂,一脚踩了花苗,分不清谁是花谁是草。身边的亲戚聊天时,总喜欢聊我干的错事,比如家里的农具分不清,吹谷机反方向转动,有些菜应该留一部分继续生长等。这让我突然明白:明是非是读书的最普遍的目的,但如果脱离生活就让教育脱离了"用知识改造生活,让生活更有质量"的初衷。

小小的村庄有家长里短,有争吵的时候,更有团结一致做事的时候。我看着村庄周围的风景,天空飞过一群自由的鸟儿。田坎上年迈的老人看着自己的一群鸭子在田里快活地游着,风吹过来,带来一阵阵清香,阳光此时正好。有时看着一群已步入老年的爷爷奶奶,我会很惊讶,他们的体力,他们在自己的土地上辛勤地耕作着,似乎没有停歇。我问他们累吗,他们总说待在屋里没意思,种点菜大家吃得放心。

他们劳作也爱着劳作,能在劳作中找到乐趣。我们有手机、电脑,生活或许会在多媒体中找到了乐趣,可是这真是我们一辈子的追求吗? 难道不应该给自己一个理由去坚持属于自己的梦想吗? 一味地迷茫,只会让我们不知道真正需要什么,荒废了青春。

就在这个原上草似的小村庄里,所有人都淳朴地生活着,他们带给我的是希望与永不放弃,以及用真诚与团结对待他人的感动。清晨的一句句问候,让整个生活都生动起来,成为我记忆中最柔软的地方。

离离原上草,一岁一枯荣。野火烧不尽,春风吹又生。一年又一年,播撒希望,收获甘甜的果实,在飘雪的日子里静默,在来年奋起勃发。希望自己能够在村庄的怀抱中走向远方,为家乡的发展贡献自己的一份力量。

点评:本文结构清晰,语言流畅,内容充实。作者用朴实无华的辞藻描绘了家乡的位置概况、家乡独特的文化习俗、村民们的日常生活及其村庄的发展,从中我们可以看出作者对家乡强烈的自豪感和热爱。作者格物致知,通过村子里的人和事明白了一些宝贵的人生道理。并且生长在这样的乡村之中,作者感受到了邻里之间的爱,也树立了长大后要为家乡做贡献的远大志向。

# 我的老家在海南文昌宝峙村

## 梁月琼

都说家乡美是要在离它远去时才会真正明白,来到大学后,我才真正明白了这句话的意思。

我的老家在海南省文昌市会文镇宝峙村,临海而居,耕地面积相对较少,人们都以渔业和海水养殖业为主要经济来源。村子位于会文镇的东南方向,交通比较发达,都铺设了水泥路,人口较多,村子房屋部分集聚部分零散分布,分为四个大队,我老家属村子的三队。海岸线边多是养殖场,往内陆一点是村落,再往里就是分割得错落有致的鱼塘。人民安居乐业,日子倒也过得十分滋润惬意。

我们家有六口人,弟弟和我一样从小就为了接受更好的教育而去城镇上学居住,在村子里的时间其实并不多,但这并不能阻碍我们对家乡的热爱。

家里的几亩鱼塘是我小时候最喜欢去的地方,爷爷在天气好的时候会划着小船带我下河收网捕捞鱼虾、螃蟹,七十多岁的他,手脚因常年接触咸海水而被腐蚀开裂,每次看到都让我们这些做小辈的十分心疼,总劝他不要再去半夜捕鱼捞虾,可他固执地认为自己身体硬朗应该为家多做点事情。幼时我总是扛着一把小木凳,规规矩矩地坐在小船上,缠着爷爷给我讲故事,一边听爷爷徐徐道来,一边用手逗弄船上的鱼虾。那样惬意的生活,至今令我怀念。

往事如烟,却恍如昨天。爷爷最常说到的就是他的二哥,一位人生令人唏嘘的老人。爷爷小时候家里穷得揭不开锅,太爷爷就狠心让二儿子跟着闯南洋的船只去了越南打拼。离开家的那一年才十四岁,时光匆匆,一晃几十年,而再次回家之时,老父亲却已离世。爷爷总说太爷爷觉得最对不起的就是二哥,只是在当时那种年代里,谁人不是身不由己呢? 二爷爷后来回来过几次,爷爷总是特别开心。可惜岁月不饶人,前两年的时候,二爷爷在越南过世了。爷爷因为身体不便不能去送他最后一程,就让爸爸和大伯去越南探亲顺便带回下葬时的视频。我如今仍记得爷爷看视频时那无声的眼泪,写满了对哥哥的思念与不舍,这让我们后辈满怀心酸。所以爷爷总是教育我和弟弟,一定要珍惜和家人在一起的时光。这也间接影响了我的志愿，不舍得离开海南，上了大学还常常周末跑回家，哪怕只能在家待一个晚上，也甘之如饴。

外面的世界固然精彩，可我不会忘却，家才是我的最终的避风港湾。

曾经的我们家也是经济相对困难，不过靠着爷爷和爸爸那勤劳的双手，每天鱼塘村里镇上来回奔波，才让家里渐渐有了汽车、楼房。其实不仅是我们家，村子里的村民们都深知只有勤劳的双手才能创造美好生活的道理。村子临海，多数出海捕捞的人们每天下午四点多就要准备好衣服、食物出海，在渔船上吹着刺骨腥咸的海风，啃着早已凉透的干粮，直至深夜十二点才收船回家。第二天一大早又得赶紧带上新鲜的鱼虾去镇上海鲜市场叫卖，回家睡个午觉，晚上又要赶潮开始新一轮的劳作。我家没有进行出海捕捞作业，但就爷爷平时小打小闹几个小时，在河里捕捉的零碎的鱼虾蟹卖价都能轻松破百元，出海的人们一晚上怎么着也能赚个六七百元。而且一到节假日，价格还会翻倍往上涨。

作为家庭里的妇女们也不轻松，尽管家庭条件完全供得起去镇上买蔬菜，但是她们就是不愿闲下来。每天顶着烈日去村里分划的菜地上劳作，只愿能让家里人能吃得上新鲜的蔬菜和水果。奶奶一把年纪腿脚也不好，可就是不愿在家待着看电视享清福，不管儿孙们怎么劝阻，非要去菜地里种种花生、摘摘地瓜才甘心。

我们村子的人们生活条件相比其他村好很多，但财富并不是好吃懒做能拥有的。祖祖辈辈的风吹日晒，都是靠着那一双勤劳的手，才有了现在的腰包鼓起。看着劳动人们那因长期劳作而粗糙不已的手和晒得黝黑的皮肤，再看看那一栋栋楼房和街上越来越多的汽车，更使我坚信，只有勤劳才能创造出美好的生活。

海水养殖业给我们带来财富的同时，也给环境带来了负担。十几年来的海水养殖业不断给海洋造成污染。深埋在沙滩下的水管除了抽取干净的海水之外，还源源不断地向外排出废水，导致海水富营养化，鱼虾海螺等生物数量变少。不过人们也不是没有环保意识，为了可持续发展，政府也在积极与养殖户们协调进行环保排污工作。因为特殊的地理环境，偶尔会有海豚和鲸鱼这样的大型海洋生物搁浅，渔民们发现后，会为它们治疗后再送回海里。大家都默契地用善心保护着珍贵的鱼儿们。

早在几年前，村子末尾的一个养殖场老板就接受了政府的"任务"——保护海龟。在自己的养殖场里挖了一个特大的池子，里面养着十几二十只大海龟，有好些背上都可以坐得下一个人。有时候我会和弟弟一起去逛逛，虽然只能在岸边观看，但我们小孩子的心里却或多或少地埋下了只有爱护环境才能保护好这些生物的意识。人类向自然索取，也应懂得爱护它，这样才能使我们的家乡得到可持续的发展，才能让子孙后代见到多姿多彩的海洋生物以及干净美丽的海景。

村落临海,台风是每年都会光临的"老朋友",而台风除了给人们带来经济损失之外,其实也造就了我们友好互助的精神。每次有大台风,政府会提前发布台风预警,村里的干部们会动员村民们离开危房等地,以及提前修砍树枝……爷爷奶奶一看风开始变大,就赶紧组织老家村里的亲戚们来镇上的楼房躲台风,让爸爸回村里把老人小孩先带出来安顿好,再转头回村子里帮助村民们进行防风工作。台风过境,一片狼藉,地上满是积水和垃圾。但并不需要谁的号召,大人们便会开始清理倒下的树木和路牌,小孩们也不闲着,一起打扫路上的落叶和垃圾。村道上小巷里,一派其乐融融,没多久就恢复了干净整洁。遇上有积水现象的地方,大家二话不说就挽起裤脚蹚水救灾,哪家需要救济,大伙积极捐款捐粮……从记事起到如今,这样的景象在村里每年都会"上演"。

这些善良的人们,一直在用他们的实际行动教育着我。

村子的特色民俗也是十分趣意盎然。农历正月十五元宵节,镇上的人们都会回各自老家的村子里过节。在我们宝峙村,村长和干事们会提前挑选村中适龄的青年和女孩来担任抬灯的任务。到了元宵夜,他们抬着不算很重的精美花灯,形状有飞机、花篮、大鲤鱼……最前面的花灯上面写着"风调雨顺,国泰民安"字样,再跟着跳盅盘舞的民间艺人和伴乐团,一起穿梭在村子的主干道上,去往两个俗称"先祖庙"的小庙前演奏。艺人们穿着古装化着夸张的浓妆,手里各自拿着勺子、小碟,随着民乐而起舞欢唱,以祈祷庙神保佑村子太平安康。大伙还会自发地点香拜"公",许下心愿渴望成真。奶奶每到这个时候就会带上爸爸和我,虔诚地祭拜烧香,为家人求个平安健康。小时候的我特别不喜欢这些活动,但随着年龄的增长,突然就明白了老人的这一举措,其实满满的都是对我们的爱。所以现在的我,再没拒绝过参加这些活动,而是安静地跟着奶奶做完祭拜步骤再跟着送灯队伍游完村落。这一天,村里的老老少少都虔诚又积极地投入这场盛宴之中。

不知不觉间,传统的文化以它特有的魅力维系着邻里乡间的感情,让人们感受到了浓厚的幸福快乐。

故乡的人、故乡的情、故乡的海景都让我留恋。而令在外求学的游子们最想念的恐怕还是家里妈妈或奶奶的手艺。每当要回家之前,爸爸就会打电话问我想吃什么,好让奶奶能做出一大桌的吃食满足我的胃。螃蟹炒粉丝和椰子奶鸡汤是奶奶最拿手的两样,螃蟹大而肥。蟹膏的红和金黄色的粉丝以及翠绿的青葱一起炒,不用加太多调味品就已经轻松勾起了我的味蕾,趁热把蟹膏挖出蘸上辣椒酱油吃,简直让人停不下来。而椰子奶鸡汤是用自家的老椰子破壳,刨成椰丝挤出新鲜的椰子奶,再加上自家养的文昌鸡一起熬煮,出锅时汤汁表面是一层浅浅的鸡油。用勺子一翻,下面就是鲜美的奶黄色汤汁,趁热舀几勺拌在饭里,馋得我每次都能多吃一碗饭,不知不觉间就这么被奶奶的鸡汤养胖了。我非常庆幸自己大学留在海南,偶尔周末还能回家喝上一碗热乎乎的鸡汤。

虽然上了大学以后,不能常陪伴家人身边,但只要看到奶奶做的饭菜,就能感受到家人对我的爱。所以这些饱含爱与思念的食物才最能勾起我们的情感,成为一生难忘的味道。

杜甫曾言道"露从今夜白,月是故乡明"。长大的我们离故乡越来越远,但那些情怀那些爱,又岂是时间可以抹去的?是这个海滨小村教会了我为人处世之道,让我懂得什么是爱。留在海南,我从无怨悔,同时也希望这四年的大学生活能磨炼出一个更优秀的自己,能为家乡做微薄贡献的自己,方不负大海养育之恩。

点评:主题鲜明,结构清晰,语言朴实流畅,感情真挚。"露从今夜白,月是故乡明"这句杜甫所作的诗至今都是我们思乡情感的寄托,家是有物质支撑的小屋,作者家里需要出去捕鱼以此来维持生活;家是有爱的集体,不论是台风后还是每个离家的孩子,都是家人爱的牵挂;家是有味道的菜肴,每次最怀念的还是家人为自己做的一桌的美味;家是我们的怀念,它承载着我们浓厚的思乡情。

# 我的故乡在福建东山岛

孙锦煌

仰望着夜空,月华如水;

南归的鸿雁,声声的啼鸣;

思绪就可以,

回到魂牵梦萦的故乡。

——题记

我的故乡位于福建省最南端的东山岛上。北纬 23°47′的地理位置使得多年平均气温达 20.8℃,气候宜人。而我长大的地方就在这个岛的最北端的城垵村,这个小村庄总面积仅 7500 亩,其中耕地面积仅 1500 亩,山林面积和海域面积各占 2250 亩。全村有 431 户,共 1761 人,是一个农业种植与渔业养殖并举的农业村。

在以前,渔业养殖与捕鱼业以男性为主,家中女性为辅助。而农业种植则以女性为主要劳动力,种植以花生、芦笋、时蔬,水果以荔枝、龙眼、西瓜最为常见。而随着时代发展,这个小村庄也在着力发展工业经济,从而为人们的就业提供了多种选择。人们也不再只守着自己的一亩三分地,年轻人走出村庄外出打工,或进厂成为工人,而务农则变为以老人为主。小村庄如今也以其独特的地理位置成为全镇工业建设的重点。

记忆中小时候的村庄是被古城墙围在里面——它那饱经风霜的面容似乎在对人们诉说它的丰功伟绩。[备注:城垵古城是始建于明代洪武二十年(1387年),为花岗岩结构的抗倭古城,明太祖朱元璋派江夏侯周德兴至东南沿海筑城备倭,它与铜山古城、樟塘古城、陈城古城并称"明代铜山四大古城",共同肩负着铜山海防的安全重任]城墙有四个城门,从城门进去,与城门外面平直的柏油路形成鲜明对比的,是一条由长方形山石铺成凹凸不平的大路贯通直到另一个大城门。一踏入便感受到不一样的气息,坐落在路边的多是两层楼的旧房子,而我外婆家就在城墙边上。

小时候,父母由于工作忙,便把我送到了外婆家。外祖母、外公外婆与舅舅一家形成四世同堂,同时还有表姐、表妹也被送到外婆家,好不热闹。而我外婆家住的便是有四五十年历史的房子,从牌匾便能看出是于1985年重新修建,两层楼七个房间,所以能住到如今仍然坚固实用。这间上了年纪的房子,是我们几辈人成长的地方,对我们来说有着不可替代的意义。上中学后,虽然不再与外婆住在一起,但是逢年过节,我们会回到外婆家举行定期的家庭聚餐。这个房子有我们太多太多的回忆。

小时候的世界很小,好像城墙阻断了我们与外面世界的联系,但是我们同时又感觉被它保护着,生活在我们的"桃花源"里——海边捡贝壳、捡螃蟹、挖花蛤,一切显得那么有趣。没有娱乐设施,没有电子设备,但是坐在门前,吃着外公开的小卖部里的雪糕对我们来说却是最快乐的事情。而现在的大多数人最满足的事情却变成:手机在手,世界我有。

这个村庄的人民有着中国传统道德的助人为乐、雪中送炭、与人为乐的美好品质。小时候一到作物收成,外婆便让我们几个小孩送一些到附近家里没种植的人。我们也时常收到邻居家送来的各式蔬果,虽然数量不多,也没有价值连城,但却充满他们的心意。这让我们从小便懂得了与人为乐、乐于分享。而每年在清明前后村民们便开始种植花生。大人先把土地用工具推平整,再挖个小坑,小孩子手上提着小桶,里面装着花生,在坑上撒四五粒花生,再用脚丫把坑踩平整。而暑假就是收获的季节了,大人负责拔花生放在树荫下,小孩子拿着小椅子,坐在一堆花生旁边,把花生摘下来,之后就开始把花生晒在太阳下。路边的空地、自家门前、屋顶,只要有空地便有人家在晒花生。而夏季的天气总是变幻莫测,晴天霹雳也显得司空见惯,这时候只见大人小孩急急忙忙伞也不拿就冲出家门,手忙脚乱地收花生,而其他村民见状便会来帮忙,一切开始变得有条不紊。如果你要问为什么不看天气预报来决定晒不晒呢,村民们就是如此"勇于冒险",不放弃每一个机会。

而每年的芦笋种植也是一个大工程,通常全家出动。小时候,一到种植芦笋季节,小孩都会被叫去帮忙,大人小孩围在树下,这是一项没有技术含量的工作。小孩子拿着由矿泉水瓶剪成的简易漏斗舀土,装到筒形袋子里,立着放到旁边,再由大人插上芦笋苗。印象最为深刻的是,小时候有一次,烦琐的工作进行着,我们得知外祖父正从厦门回家里的路上,我们所有人放下手里的活,纷纷跑到路边翘首以盼。当车子过去的时候,我们一群小孩兴奋地在车子后面追着,想看看传说中的外祖父。

为什么我会印象如此深刻?我们会如此兴奋?因为这是我们第一次见外祖父。说到这里,我不得不说我的外祖父。东山岛解放前夕,国民党残部败退台湾前,疯狂地在东山抓壮丁。一夜之间抓走了4700余青壮年,使当时临近村庄铜钵村一夕变为"寡妇村",而我外祖父便是4700余名之一,直到1988年才与家里有了书信往来。外祖父于1998年回到厦门养病,并于2002年回家。当时一同抓去的人,在被国民党释放以后,在那边安家立业。而我祖父在那里独自闯荡,一点一滴积累出成就,而我的外祖母也等来了她的丈夫,不禁为我的外祖母庆幸!而外祖父的顽强拼搏、不放弃的精神也始终影响着我们。

时至今日,"寡妇村"展览馆的建立在提醒着人们过去发生的悲剧。同时也传播了以我外祖母为代表的"寡妇"对亲人忠贞不渝的爱情和执着的期待。以博大宽厚的胸怀包容一切,对祖国统一大业充满了坚定不移的信念,也仍然影响着新一代年轻人。

渐渐地人们开始感到变化,下雨的时候,雨中夹杂着灰尘,下完雨屋顶蒙上一层黑灰,海边的花蛤人们也不再去挖了。与此同时,旗滨也一直在拓展它的领域,人们开始寻求渠道反映这些事实——旗滨的发展对临近的村落的环境影响。去年暑假开始,老城里不再住人。房子全部被夷为平地,大多数人住进了新村的房子,少部分人住进赔偿的单元楼,剩下的人则住进安置房。而我外婆外公住进舅舅家的房子,而外婆邻居家的婆婆则随她儿子住进单元楼。暑假的时候我和外婆去看望她,这个小区的路灯很亮,基础设施也在慢慢改善,总体来说比之前的旧村情况好很多。但是这个婆婆说,她很怀念以前,晚上的时候在家门前和老朋友唠唠嗑,虽然灯不是很亮,但是很随性,累了就回家休息。现在对面也没有住邻居,老朋友也见不到几次,每天晚上只能在家里看看电视。这不禁让我感叹,在金钱得到满足之后,他们的精神是否也同样充裕呢?而同时不可否认的是,旗滨集团的到来显然解决了不少人的就业问题,促进了当地的经济发展,使当地基础设施越完善。然而环境问题呢?每当我看到那残存的两段城墙,不禁让我深思:这值得吗?

这个小村庄,有它美好的一面,也有发展中带来的问题,而它对我来说依然有着不可替代的归属感,依然使我魂牵梦萦。2016年11月,我在离家千里的海师,我在这里想你——城垵村。

点评:文章结构清晰,主旨明确。作者先简介了自己的家乡——城垵村,它有着令人感叹的历史。在这里生活的人们有着独特的回忆,那白发斑驳的爷爷、奶奶,那邻居间亲切的问候和关爱,还有那田地间一起劳作的身影……都是作者所怀念、所喜爱的乡村生活。尽管现在高楼大厦林立,灯红酒绿的生活充斥着,但是那些曾经依旧在心中不曾遗失。家乡影响着我们的行为方式,塑造着我们的品质,那是我们情感的寄托。

# 父母给我最真挚的爱

庞旭

十九年前，我出生在一个非常普通的农民家庭，家在一个很普通的小村子里。尽管我的家庭如此普通，在我眼里，却是独一无二的。

六岁之前，我都生活在我的故乡——贵州。贵州是一个地形崎岖的省。贵州山多，所以交通也不太便利，经济自然也就很难发展起来。六岁那年，我随着父母来到了广东惠州。那个年代的广东，主要是以发展工业为主。我所在的广东惠州是个沿海城市，又有珠江的支流东江穿过，地形以丘陵为主，相对于贵州来说就平坦了许多，交通也很便利。我随着父母在惠州生活、学习。父母养育我和弟弟非常不容易，家里的收入都是靠父母挣得。后来随着年龄的增长，我学会了帮着父母分担一些简单的家务。

自从去了惠州，父母便天天督促着我学习。他们不仅常常检查我的作业，还会给我制定一些小目标，若是达到了小目标，会有一系列的奖励。例如小学的时候，我看着音乐老师的电子琴弹得十分美妙，我既羡慕又崇拜。于是我回家之后便和我的妈妈说我想要一台电子琴，妈妈没有拒绝我，但是也没有立刻就答应我。而是给我制定一个小目标——考到班级第一名，达到了这个小目标妈妈就给我买电子琴。可是期末考试的时候我却没有考到第一名。想到得不到心爱的电子琴，心里难免有点沮丧。

有一天晚上爸妈出去了，等到爸妈回来的时候已经是我们平时该睡觉的时间了。可是今晚注定是个不眠夜，我做梦也没有想到，父母给我买了我梦寐以求的电子琴。当时只顾着高兴，现在想来，不免有些惭愧。对于我想要的东西，他们都会尽量满足我。我知道他们很辛苦很累，可是我却没有体谅他们的辛劳。

初中，原本学习成绩优秀的我却在初二慢慢变差。中考落榜，没有考上当地任何一所公立高中的我难免有些迷惘，父母也为我操碎了心。最后父母给了我三个选择，第一是重新读一年初三，第二是读中专，第三是去一所私立高中读书。我最后选择了去私立高中读书，可是私立高中的学费不是一般得贵。然而我的父母却没有埋怨我,为我的失败埋了单。若是能让我重新来过,我一定不会辜负父母对我的期望,考上一所理想的高中,可是这世上没有后悔药。

都说女儿是妈妈的贴心小棉袄,可是我觉得我的妈妈才是最贴心的呢!我一直在广东上学,从小学到了高一,从来没有离开过父母。可是高二这年,我却不得不离开我的父母了。我要回到家乡去念书了,可是父母必须待在广东工作。于是我与我的家庭分别了。这对于一个过分依赖家庭的小女孩来说,是多么不容易的一件事啊!可是我不得不去面对。刚回家乡的时候非常不适应,不管是语言还是老师的教学方式,最重要的是生活方式和以前完全不一样了。因为没有家人在身边,感觉无所适从,那样的生活不知道该怎么一个人去面对。

有时候会莫名其妙地想爸爸妈妈。我给妈妈打电话,听到妈妈的声音我就哭了,妈妈一直问我怎么了,我只是哽咽着说没事,就是想你了。妈妈后来一直以为我在学校遇到什么事了,就去向老师打听,还叫我表叔有空就去学校看看我。然后我表叔去学校看我了,他也一直问我是不是遇到什么事了,他说我妈妈打电话给他的时候也在哭。那时候我真是觉得特别对不起妈妈,让妈妈担心了。从那以后,再也不敢让妈妈知道我哭了。觉得自己真是个小孩子,是时候长大了呀。

在老家念了两年书,几乎每个周末我都会给爸妈打电话,但我却从来没问爸妈要过钱,因为他们总是会给我足够富余的生活费。而且妈妈还总是会给我买衣服,总是害怕我冷着了、饿着了。我也很想念和担心妈妈,所以一有空我就会打电话给妈妈。妈妈偶尔还会回到贵州来看我,那就是我在学校最开心的时间了。离开了家人独自生活两年之后的我已经学会了独立,不再过分依赖父母。

"越长大越孤单"这句话说得真是没错!随着年龄的增长,能陪在父母身边的时间也越来越少了。我想如果选择了做一名教师,那么以后在我的工作之余还能多抽时间来陪陪父母,真是极好的。

不求岁月停留,只愿父母安康。


点评:文章结构清晰,语言朴实,但是可以从朴实无华的言语中感受到作者与父母之间浓浓的亲情。父母总是保护着我们,让我们少受伤,可我们却总像个没有长大的孩子似的,会惹他们生气,让他们因为我们的事烦恼。我们已经长大,只愿用我们的一切,换父母岁月长留,让父母慢些变老。陪在父母身边的时间少了,但是我们依旧怀念在他们怀里撒娇的模样,怀念他们做的食物,只愿多些时间能够陪他们变老。

# 我的家乡在云南大理中江老街村

## 吴江艳

　　我来自云南省大理白族自治州鹤庆县龙开口镇中江老街村。家乡位于云南省中部、大理市北部,与丽江市接壤,交通便利,从家乡到县城只有一个小时的路程。目前整个镇面积有298平方公里,人口约2.6万人。我们村大概有160多户人家,800多口人,青壮年大多外出打工,因此人口多为中老年人和青少年。

　　家乡虽地处金沙江干热河谷地区,但海拔较高,正是有这种得天独厚的条件,使得热带及一些温带水果和作物都可以在家乡生长。常见的有甘蔗、龙眼、杧果、柑橘、香蕉等热带水果和苹果、梨等温带水果,作物有水稻、小麦、玉米等,也有红花、烤烟、马铃薯及大蒜等经济作物。虽然家乡水热条件都很好,但是地少人多,人均耕地面积少,好在近年来葱价逐年上涨,人们的经济收益日益上涨。

　　爷爷没去世前,我们家有六口人。分田是按照每家的人口数进行的,但是分田的人口只算爸爸、妈妈和奶奶。因为按照分田规则,爷爷是入赘,我和哥哥当时还小,不算在人口里,因此家里的田地加在一起还不到一亩。受当地的地形地势的影响,家乡的田几乎都是梯田形式,每家每户的田地还很散乱,一家人所有的田地都不会在一起。

　　小时候,跟着爸妈一起去田里干活的时候是最开心的时候,几个小伙伴在大人插秧时跟在大人身后捉泥鳅,一起在田间地头的水沟里玩泥巴,还跟着家人一起施肥、种豆、挖蒜……种的稻谷、大蒜、葱等作物都能卖出去的话,来年家里的日子就会更好过。以前的作物都是施的农家肥,很少使用化肥,但是随着经济的发展和社会的进步及各种害虫的出现,人们开始大量使用化肥和农药,对家乡的水体造成了极大的污染。现在去田间地头,随处可见各种农药瓶、化肥袋,对环境也造成了污染。

　　因地处金沙江边,每天都可以看到长江水,这是一件很美好的事情。生在金沙江边、长在金沙江边的我,从小与江水做伴。很小的时候,由于经济条件的限制,金沙江在家乡流经的地方是没有桥的,而很多人家的玉米地都是在江对面。

每次去玉米地劳作时,我跟哥哥都是每天早上早早起床,跟爸爸妈妈一起将午饭做好打包,然后带好工具去赶船,做完一天的劳动,又赶船回家。那时的我们是忙碌而快乐的,然而那样的日子却再也回不去。哥哥最喜欢的事就是在每个周末闲暇的下午,去江边钓鱼。而我作为哥哥的小跟屁虫,就跟着哥哥一块去钓鱼,每次最开心的事,就是回家吃到无污染的新鲜的野生鱼,在没有手机和电脑的年代,我们有我们自己的欢乐时光。

家乡经济的大发展是从 2008 年开始的,这一年,家乡发生了翻天覆地的变化。2008 年,华能集团在家乡投资建设水电站,大量外来人口及新鲜的事物开始进入家乡。项目从 2008 年到 2012 年,历时四年多,建成了龙开口水电站。龙开口水电站是金沙江中游河段水电规划"一库八级"开发的第六级水电站,上接金安桥水电站,下邻鲁地拉水电站。工程是以发电为主,兼顾灌溉、供水及防洪的一等大型水利水电工程。电站的修建让越来越多的人进入家乡,也拉动了家乡的经济发展;电站的修建还使家乡的交通更加便利,公路村村通,江上也架起了三座大桥。人们开始修建自家的房屋,让房屋作为铺面出租,一些酒店及商铺也大量出现。家乡的人们开始从各方面进行经济贸易,而不单纯地靠天地吃饭。大量年轻劳动力因为电站的开发有了发挥的地方,很多人也开始做起了生意,靠着勤劳的双手和不可多得的机遇,短短四年,家乡的人们大多都住上了洋房,有了自己的车。不可否认,修电站对家乡经济发展做的贡献是无可替代的,但是电站的修建对环境破坏却是不可修复的,修了电站,江水再也没有以前那样干净了;修了电站,库区的水变成了静止的,毫无生机;修了电站,铁桥上的噪声从未停止过……

随着经济的发展,社会一天天在进步。家乡也在各方面发生了不同的变化,但一些习俗是永不会改变的。一年中,春节永远是最重大的节日。在除夕,妈妈总是最忙碌的人,每年的除夕都是从中午就开始准备年夜饭,到了下午四点多,菜就会全都准备好了。吃饭前,总要先放鞭炮,每家每户都会争着先放头炮,因为先放的家庭就会显得家里的女主人是勤劳的。饭桌上,根据每家的家庭条件,各种饭菜的样式及东西都不一样,但每家少不了的东西就是鸡肉、鱼肉和之前自家制作的腊肉。吃完饭,一家人会一起聊天、吹牛,然后一起守岁,到十二点,烟花爆竹就会响彻云霄。大年初一,是去庙里祈福的日子,一家人一块去山上的庙里祈福,祈祷着来年家人平平安安,一家人和和美美。大年初二、初三都是妇女回娘家的日子,娘家会准备好饭菜,接女婿和女儿回家。以前家乡过年就过到正月十五,但近几年年味越来越淡,过年的时间也越来越短,最多就过到大年初五,然后等到正月十五时又过元宵节。从小到大,我一直都喜欢过年,不仅是因为有红包拿,最重要的是一大家子人都可以聚齐,和和美美的,是过年最快乐的事。

我们家可以算四代同堂,堂哥家的小孩今年八月份出生,奶奶今年84岁。回家和家人开开心心地坐在一起是最幸福的时刻。因为来到海南读书,假期才能回家,奶奶的身体是我最放心不下的,好在这是一个信息时代,可以跟家人通电话、视频。家乡是我们的根,对家乡及家人的思念是我们最深的情感。虽然我身在远方,但我依旧对家乡的人和事爱得深沉。

点评:文章主旨明了,思路清晰。作者向我们展示了他的家乡——中江老街村的发展以及变化。一个集团的发展可以带动一个地区的发展,一个华能集团为家乡的人民带来了许多的商机,虽然也少不了环境破坏的问题。那个记忆中的家乡有着贫苦,有着欢笑,无论快乐与悲伤,都是我们美好的回忆。随着经济发展,许多地方改变了自己原来的面貌,开始城市化,而我们也离家求学、工作,但是落叶归根,那思乡的情感唯有家乡可以寄放。

# 心中藏之,无日忘之
## ——我的家乡福建仙游西林村

谢凌帆

有些记忆,藏在脑海的最深处,随着时光的流逝,缓缓沉淀。那是种故乡的情怀,关于根的念想。

我与故乡的大多交集,多在幼年,但村庄里的一花一草,一砖一瓦,都在我的生命里刻下了深深的烙印。我在这里生活,在这里和同伴嬉闹欢笑,四年的时间,说长也长,说短也短,但这乡村教会了我许多,对儿时的我乃至今后都受益匪浅。因为父亲的工作变动,五岁的我随父母到县城生活,我们离开了熟悉的乡村,一切都是崭新且新鲜的。

我的家乡西林村坐落于仙游县钟山镇的西部地区,离镇中心 2.3 千米。通往村的盘山公路蜿蜒曲折,从航拍图上看,大抵呈现出蛇的形状。从镇上出发,约二十分钟的车程便可到达,通往山村的只有一条公路,一般只可开车进山,除此外再无捷径。但一路的颠簸会让进村的外乡人倍感疲惫。经过崎岖的盘山公路后,便进入了平原地带。

映入眼帘的便是一棵高大挺拔的大榕树。这是村里重点保护的大榕树,据说已有两百年的树龄,是村的标志性景物。每到夏季,大榕树的枝叶很茂盛,在阳光的投射下,地上满是斑驳的倒影,夏风轻拂,更是发出沙沙的响声,谱写出一曲自然的乐章。黄昏时,多有老人在榕树下乘凉,孩童们嬉戏打闹,村里的基础设施相对完善,超市、便利店等提供生活保障的店家随处可见,老年人活动的场所也有。随着改革开放,经济水平的不断提高,村民们的生活水平也有了稳步提升,由村通往镇上的路更是修缮了不少,更为方便快捷,周末时,村民们都会来镇上置办货物,场面好不热闹。

西林村不大,全村面积只有 7.4 平方公里,现有耕地 1845 亩,全村共有 675户,人口 2378 人,外来人口 64 人。人均耕地 2.73 亩,多数人家以种植水稻为主,农民人均可支配年收入达 1.5 万元。但这里的人们勤劳朴实,他们把饱满的热情投入到生产的活动中去，并没有故步自封于"日出而作，日落而息"的原始农耕状态，而是吸收外来的技术产业。近几年村里的经济发展迅速，吸引外资入驻更是成为乡镇经济发展的模范村。

当然经济的发展，需要"以农为本"和观光旅游业相结合。我的家乡有两个村民们引以为豪的地方，一为九鲤湖，二为麦斜岩，那是我儿时常去的地方，一山一水留下的是童年的烙印。

九鲤湖景区乃"福建三绝"之一。刚入景区，道路两旁有两片不是很大的农田，田里满是饱满的麦穗，地角溪边长满鸡尾草，往后生长着茂密的毛竹，有着世外桃源般的诗意，再往前走，山门突然矗立。在坦荡的山谷里，有楼台；水上有石桥，桥下堆满了大块的花岗岩。九鲤湖的水位不高，俯下身来，便可望见河床，河床上有形态各异的窟窿，有的状如锅灶，有的形如水缸，有的像盘子，有的似脚印，精美绝伦。这里是典型的岩溶地貌，那些大小不规则的洞，为古冰川遗迹。长达3千米的冰川峡谷是断裂的，借此形成褶皱，为九鲤飞瀑的形成做了铺垫。

儿时总会随着爷爷去湖边捕鱼，在枯水期时，窟窿洞里还会有小螃蟹。后因观光旅游业的发展，景区的保护，已不容当地人在此捕鱼了。关于九鲤湖，还有个有趣的故事，相传汉武帝时，安徽庐江有一何姓太守为淮南王刘安部下，何氏的九个儿子因反对其参与淮南王谋反，南逃至此隐居。他们炼丹济世，普度众生，丹成跨鲤升天成仙，九鲤湖因之得名。因九兄弟成仙比八仙早了一千多年，古人在湖边巨石上还留有"第一蓬莱"的题刻。因此这里的祈梦文化，也是闻名中外的，慕名前来的香客络绎不绝。再往山底下走，便是我们当地人说的飞瀑了，不过相对官方的说法叫"雷轰漈"。

九鲤湖有九漈瀑布，明代地理学家和旅行家徐霞客在其《游九鲤湖日记》中惊叹道："即匡庐三叠，雁荡龙湫，各以一长擅胜，未若此山微体皆具也。"（摘自《徐霞客游记》）意思是庐山的三叠泉、雁荡山的龙湫，都以各自的特色闻名，但都不如九鲤湖的瀑布复杂多变且集中。由此可见雷轰漈的奇特形态独具一格。若在雨季时来此，水流之盛，瀑布轰鸣，如擂鼓，如战吼，大有飞流直下三千尺的气派。在旱季时，水流散地落下，水花滴落在石头上，若离瀑布近些，甚至有冰冰凉凉的水汽拍打在脸上，好不清爽。这愈发勾起我对儿时的回忆，和三五个伙伴在当空的烈日下，穿个小裤衩，扑通一下跳到瀑布下的潭子里，一顿瞎扑腾后，"再旱的鸭子也会水了"。

儿时爷爷总会带我到一个宁静且破旧的小寺下，那里住个采药伯伯，闲暇之余，两人总会在不宽敞但明亮的洞里下棋。虽不明就里，我却总是不吵不闹地在一旁观看，或是蹲在一旁用枝叶捅着蚂蚁洞玩。也忘了多大的时候，和父亲谈及此事,才知道那是麦斜岩的仙人洞,又叫红军洞。1930 年 10 月,邓子恢领导的中国工农红军 108 团就在此成立,此洞做过团部会议室。现今洞的上方建有"麦斜之光"纪念亭,是莆田市爱国主义教育基地。可见,有"小武夷"之称的麦斜岩是个充满红色气息的地方。

西林村作为革命老区村,这里流传着不少红色事迹,也有着淳朴的老战士。隔壁家的李爷爷是位上了年纪的老人,老人常年着绿色军衣,军装很旧,还有破的补丁,可老人始终不愿脱去。儿时的我总是不懂事地去揪他的山羊胡,而他总是笑笑,装作打我的样子,却一面变戏法似的从兜里掏出煨好的花生给我吃,然后把我抱起,让我坐在他的腿上,给我讲那些革命事迹。虽早已记不清讲了什么,但老人嘴里模仿的"砰砰"的枪声,至今我还记忆犹新。老人总是孤零零地坐着,据说当年游击抗战时,老人作为通信员因忙于传达消息,家里唯一的孩子跌入水塘溺死了。老人的生活还算不错,作为革命老兵,受到村里人的爱戴,以及村部的补贴。直到我到县城的七八年后,老人安详地故去。

在县城的日子里,我时刻想念着我的家乡,那长满毛竹、麦田金黄的村庄,便成了我梦里的常客。记忆片段如同一帧帧电影场景浮光掠影地涌入脑海,与故乡的联系不再那么紧密,每逢过年才回家在不知不觉中成了一种既定的流程。每当看到爷爷奶奶两鬓旁新生的白发,那被岁月刻刀无情划过一轮又一轮的脸颊,握着他们那把一生的精力都奉献给土地的满是老茧的双手,我的心里很不是滋味。有些东西我们亏欠老人们及这块土地太多太多,年轻的一辈憋足劲想出去,离开这看似不发达且破旧的村庄,可又有几个人想着在这里燃尽汗与泪,脚踏实地地为乡村的发展贡献自己的力量。爷爷有点老年失聪,奶奶更是有长达二十多年的类风湿,二老的身体不是很好。爸爸多次想接他们到县城里来住,但都被婉拒了,家乡的根早已缠住了他们的心。生活在这里的纯朴人们永远不会割舍,不轻易忘却对土地的热爱。

2016 年,我成了一名海师学子,很荣幸受到了谢永华、谢永新两位先生的资助。或许 2000 元的助款不算多,却充分表现了两位先生热爱家乡、尊师重教的高尚品质,彰显了族人对在外求学的年青一代的殷切关怀,满载着浓浓乡情的美好凤愿。

陈洁仪有首歌唱道:"天冷我想回家,年少已经不再。"11 月,月均温 27 摄氏度,我在海南。这个中国唯一的热带海岛上,我依然想家,想念我的县城,想念我的故乡西林村,距离只会拉长想念。

西林村,我在热带想念你。

　　点评:文章结构清晰,主旨一目了然。作者向我们展示了他的家乡——西林村,在这里有他的美好回忆和快乐的童年。西林村里有那村门口的大榕树期盼着离家的孩子赶快归家,有九鲤湖的美景在为这里生活的人们默默的奉献,有麦斜岩曾经的革命经历,有那个淳朴的老战士守护的痕迹,还有那些金黄的麦田、可爱的家人……远离家乡完成学业的作者也在这离家千里之外的地方思念着家乡的美好和那亲爱的家人。

# 我的根在松嫩平原的宋战武屯

林晓刚

中国人自古讲究落叶归根,我的根就在我的老家,我的那个屯。

我的老家位于松嫩平原的黑龙江省绥化市北林区三河镇永德村宋战武屯。绥化市处于黑龙江中部,是一个交通重要枢纽,拥有百万人口的城市。三河镇处于东经 127°16′,北纬 47°00′,东依泥尔根河,南临呼兰河,西靠诺敏河,三河镇因此而得名。为什么叫作宋战武屯呢,因为在祖辈都是闯关东过来拾荒的,宋战武是当时的一个地主,我们屯子也就以他的名字命名了。到现在,那里也不富裕,勉强维持温饱,庄稼人以地为生,靠天吃饭。我们那里缺水,主要以种植玉米、土豆、大豆为主,但是收入较低,一年劳动到头一家的净收入也就只有 3000 元到 5000 元左右。

我就是在宋战武屯出生,并度过我的幼年时期。

屯子里家家经济条件各有不同,房子的质量也就不同了。经济条件好一点的就是砖房,外面贴上瓷砖的。差一点就是瓦房了,而我们家是最差的,四间 80 平方米的小土房,不同地域的房子特点不同,不同于河北地区的平房,东北农村的房子大多是中间横梁高,坐北朝南两侧落下的样式。这是因为东北雪大,不容易消融。全镇农村劳动力 8108 人,5964 户,耕地面积 8344 公顷。宋战武屯很小,总共三排房子,村子里也就容纳三四十口人。

在村里老年人和小孩占总人口四分之三,青壮人口大多都外出打工。屯子中家家户户都有点亲戚关系。爷爷奶奶住在最后一排。一个院子两间房子,西面的房子是父母年轻时的房子,东面自然是爷爷奶奶的老房子,院子门口从我出生起就有一个大杨树,据说是我爸爸小时候种的,很粗,家人邻居们饭后都会坐在自家树下闲聊。有人说,房子就是根。的确是这样,从我记事开始,我们家的老房子经历过数次装修,每一次,都是家人们的亲力亲为。就连我高考毕业后,老房子也来了次大翻修。我问爷爷:"房子都这么破了,还有修的必要吗?"爷爷大笑着说:"我自打年轻和你奶奶结婚就住在这里,有感情了。"房子前后都是自家的菜园子,种的也都是自己吃的蔬菜和水果，小时候在园子里一起和奶奶除草、翻地、劳作，体会到了劳动的辛苦和粮食的重要，从而养成我从来不浪费的习惯。

爷爷奶奶对我很好，很宠着我。经常就骑在爷爷的脖颈上，在屯子里面四处走。我小名叫"胖小"，因为我小时候太胖，屯里人就取笑我叫我胖小子，后来顺嘴了也就叫胖小了。每次骑在爷爷脖颈串门去，相亲们都会调侃我："胖小，一会儿把你爷脖子压断了。"上文说到，家家户户都沾亲带故，我也就养成了见到屯子里的每个人都叫点什么，"二大爷好，大姑好，姨奶好……"这些话也就长挂在嘴边，即使是长大之后的我，见了熟人也习惯打招呼。

要说最让我印象深刻的就是庄稼人的实在和勤劳。每家每户地里有事，或者在庄稼收获的季节，基本上全屯子的老少爷们能劳动的都会一起过来帮忙，就连每家的小孩子也会凑上热闹一起帮忙。然后晚上宴请屯子里来劳作的人，会一起喝酒吃饭，表示感谢。每到这个时候也就是我最开心的时候。

在我7岁时候，因为父母外出打工去了天津市静海县大邱庄，一年挣个两三万块钱。大邱庄曾经被誉为天下第一庄，大邱庄庄主禹作敏既是它成功的首推者，也是它没落的始作俑者，但他绝对是一个"伟人"，起码在大邱庄人们眼中是这样的。

在天津的这个小县城，对我一生的影响最大，并让我度过我的童年时代。

父母住的院子是一个大杂院，三排平房，家家都挨着，住着的都是工厂的职工。每天放学都会跑去和大院的小伙伴一起玩耍，大院的孩子足足有二三十个。每到吃饭的时间，孩子的母亲就会出来吆喝，"王占军吃饭咧""宋老五回家来了""大儿子赶紧回来了"，各地不同口音的声音此起彼伏。因为是大杂院，什么样的人都有，什么样的孩子也都有，让我印象最深刻的是第二排的五个兄弟。他们五个可以算是这个院的"害虫"了，经常欺负小孩子。有一次因为抢我的玩具车和我打了起来，我回去找我妈妈告状，我妈妈告诉我："在这里，别总想着让我帮忙，自己的事情自己解决。"

院里的大人们和我们老家屯子的大人们不太一样，在屯子里家家都是亲戚，而且相处得都很融洽，相处得像一个大家族一样。但大院给我的感觉更像是一个大家庭，大院里的老人就和我的爷爷奶奶一样对我好，在那里住了几年后回老家看到我奶奶我甚至一度认为大院的才是我的亲奶奶。在大院的几年中见识了好多不一样的人和不同性格的人。虽说大院中的口音各有不同，说天津话的人也非常多，但是我们家还一直保持着纯正的东北口音，因为我们感觉只有在说自己家乡话的时候才能感觉到一千公里外的家乡的温暖。

在那里我学会了一生最重要的一种态度——闯。不论任何事我都会闯一闯，尝试一下,这就就是我不远万里从中国最北端的黑龙江来到中国最南端的海南的一个重要因素。

在天津小县城上到小学二年级就转学到了唐山市丰润区。那里也是我少年时期成长的地方。

在唐山的那几年,我周围的同学和邻居都是本地人。我所接触的也就是唐山本土的原汁原味的东西,当时虽然年纪不大,但对当地的感受也颇为深刻。在我家所住的后院是房东一家,他们所表达感情的方式不是像在我东北老家的那里人那么火辣辣的热情,而是一种很平静的温情。她送你一些吃的或者特产,并不会大大咧咧地哈哈大笑,而是一种羞涩的给予。除了感情之外,那里教会我的更多是低调和节俭。

唐山,一个经历过大地震的城市。我在唐山生活时,正处于蓬勃发展的阶段,各个行业都十分发达。当时房地产业也已经处于一个上升阶段,基本上家家户户都很有钱,起码房子就很值钱,但是我所看到的、我所接触到的他们的穿着都很朴实无华。我的一个最好的同学,他家的房子有好多套,但是他的父母和他穿得都是那种最廉价的衣服,他妈妈也很节俭。这就对我以后的价值观产生了一种影响,无论我穿得多破陋,都感觉这是一种节俭,即使在好面子成瘾的东北。这种文化和我的老家黑龙江是截然不同的,我们那里十分讲究面子,不管家境优劣与否,大多数人都是穿金戴银,时刻保持一种光鲜的样子。

我的童年和少年是在奔波中度过的,但是无论走到哪儿,我的家乡像根一样牵引着我,给我能量。

后来的一次偶然机会我又去了天津那里我曾经住过的地方,看到了儿时的几个玩伴。听说,当年和我打架的那个孩子因病已经不在人世了,而和我玩得最好的那个伙伴也已经不认得我了。这真是"人面不知何处,绿波依旧东流"。

高考结束后我回到了老家,我的那个屯子。发现门前的大杨树已经被雷劈倒,只剩下光秃秃的树干了。家乡里的那些人,还是那样的热情,而我的爷爷奶奶,却是真的老了。人常说:"父母在,不远游。"而此刻在异乡的我又生出了淡淡的思乡之愁。

我爱我的家乡,我也爱我所到过的每一个地方。

点评:文章结构清晰,语言朴实无华,感情真挚。作者向我们描述了他从小居住的几个地方,透露出简朴、朴素,浓浓的真实的乡村生活就这样呈现在我们的面前。在经常搬迁的童年的生活中,作者遇到了人生中的挚友,碰到了不同性格的乡里乡亲,还有那些呵护着他成长的长辈们,并且在其中受到了启发，对作者的性格、价值观等有至关重要的作用。时光使太多的事物物是人非，但是那些曾经的时光依旧见证着我们已度过的美好时光。

# 回一趟小镇　喝一碗家乡

吴艺娇

"牡丹江弯了几个弯，

小鱼儿甭上船咱们不稀罕，

捞月亮张网补星光，

给爷爷下酒喝一碗家乡。"

我喜欢听《牡丹江》这首民谣，尤其坐在回家的大巴上，一边听一边看路上的风景，便觉得这首歌更富有韵味。这让我想起在家乡的惬意的旧时光，虽然没有歌词中的小鱼儿，没有撒网，也没有给爷爷下酒，但仍然有着独特的记忆，值得我回味。

我的家乡名叫金江镇，位于海南省澄迈县，是很小的城镇。要我去形容有多小呢，走着大概一两个小时就能把小镇走完。每当我从学校回到小镇上，都会绕着小镇走一圈，也不知道我为什么会这么做。说得矫情一点，或许是因为我爱我的家乡吧，希望感受着它的一点一滴。

今天我又回到小镇了，一走下车就感觉一股熟悉的、令我舒服的气息袭来。啊，小镇，我又回来了，我依旧像往常一样，把小镇走一圈。

首先，我先往绿地广场的方向走，它是小镇的起点，也是小镇的最高处。绿地广场被我们称为地坡岭，地势高，坡度大。这里绿草茵茵，是踏青的好去处，角落一隅还有运动建材，提供给我们锻炼身体之用。以前运动细胞活跃的我总爱一大早起来到这边锻炼，呼吸新鲜空气，广场中央搭建了一个舞台。这个舞台曾经举办过很多场华丽的晚会，有很多著名的明星来会演，眷顾我们这个小地方。我曾经亲眼看到周杰伦在这里演出，时间太久了我已经记不住当时他唱了什么歌，只依稀记得群众的欢呼声。舞台上星光灿烂，大家都很激动，因为第一次在现实中看到明星本人。这是我们之前一直都不敢奢望的，现在想想还是觉得自己很幸运。

观望美景之际，我的肚子开始作祟，觉得肚子饿了便开始往南走向小吃街。

顾名思义,就是有着一行的美味可口的小吃街。我记得妈妈在我小时候总带我来这边点上几串烤翅和烤番薯,坐在摊前大吃一番,甚是享受。或许是口味变了,我现在开始喜欢肠粉,点一份肠粉,洒上卖家独制的香酱,搅拌一下,轻夹一点吃进嘴里,纵享美味。口味刁钻的我认为这简直就是人间美味,每当吃完肠粉我就会去附近再喝上一碗海南的特色小吃椰奶清补凉,既解渴又散热,这是夏天海南孩子的不二选择。

　　吃饱喝足的我决定要再走走消消食,去南渡江江边吹吹风。南渡江,是海南岛最长的河流,流经金江镇。这里曾经举行了好多届的端午节划龙舟大赛,来自全国各地的选手都在这里参加比赛。他们在比赛中奋勇向前,团结友爱。那股激情感染了我们这些观众,我们也在努力为他们加油助威。记忆中的南渡江水很清很绿又很美,清得能看得见江水底下的小鱼虾,绿得远观江就好似一块翡翠。在傍晚的时候,水面波光粼粼,美不胜收。那时候人们总爱在傍晚吃完饭的时候到这里吹江风,十分惬意。南渡江的桥在晚上也是美的,桥上的灯和桥下的灯相互映衬,使人赏心悦目,六年没有来到南渡江边了,不知现在是何美景呢!

　　可是当我来到这儿的时候,不知道要说什么,心里五味陈杂。江面上漂浮着不明的白色物体,江水混浊不清,宛如汛期的黄河,还时不时散发出一股恶臭。这多半是工厂排放污水和人们乱扔垃圾造成的吧!我也没有看到有小船在江面上捕鱼,这到底是怎么了?环境污染这么严重,着实令我痛心。现在我国强调可持续发展,在发展经济的同时应该注重生态的保护,让人与自然和谐发展。可是当我看到这么混浊的江水,不说有没有食欲了,就是吃完饭再过来看都会令人作呕。水是生命之源,一条江被污染成这样,多半会污染我们的日常用水。我真的好难过,走在江堤上看到垃圾就赶紧把它拾起来。或许见惯了江水清澈的模样,看到这么肮脏不堪的江水,心中难免有些悲伤,而我也只想家乡保持着那清澈动人的模样。

　　顺着南渡江大桥一直往南走就是我的母校——澄中。我怀念在澄中的时光,怀念那里的人,怀念那里的景。我依稀记得班里同学的欢声笑语,在毕业时大家的冰释前嫌。澄中的校道上都栽满了参天大树,有树就一定会有飞禽,树上总会有小鸟在搭巢,走在校道上一定要打伞,否则鸟屎就会随时降临在你身上。我们盛传一句话,在澄中不被“天屎”砸中的时光是不完美的。犹记得,毕业时我们一走,母校就装修;我们一走,母校就荣晋了省内一级甲等学校;教学楼重新装修,主教学楼墙都刷上了粉色。我现在走到主教学楼前,觉得好可爱,我习惯性地往操场走了一圈。由于学校的管理模式是开放式的,公共设施面向群众,所以操场跑道上不缺乏慢跑的老人和小孩,还有坐在草坪上成群结队的小青年。我也曾经在这里跟同学们谈天说地,躺在草坪上仰望星辰。时间匆匆,如今我们早已各奔东西,都为了理想在家乡以外的地方独自漂泊奋斗。深感"物是人非"的我望着操场,甚是感慨。

　　到不了的都叫作远方,回不去的名字叫家乡。我爱家乡的美景,爱家乡的美食,更爱家乡的人。小镇的人也是美的,小孩子纯真可爱,大人们朴实善良。信任是沟通的桥梁,使我们心与心的距离更加靠近。小镇是充满信任的小镇,小到路边摊贩,大到复古的咖啡屋,买卖可以先行赔付。陌生人之间也一样热情善良,还记得有一次我来领录取通知书,离开学校骑着小电动车在马路上溜达的时候,一个走路看起来很匆忙的阿姨看到我,便向我求助。原来是她的小电动车坏掉了,现在忙着去工作,不巧的是公交车已过站,希望我能带她一程,我很爽快地答应了她。随后向她询问地址便把她送到她工作的地方,这就是人与人之间的互助啊!阿姨为我的行为点赞,同时我也为我的善良感到高兴。

　　小镇不仅是充满信任的小镇,还是个团结的小镇。还记得这几年刮过的台风,随着暴雨一拥而来,雨势很大,很快路面上就积满了水,有要汇流成河的趋势。很多树木都被刮倒了,一些"弱不禁风"的小房子也沦陷了。屋子里进了水就罢了,还被掀了屋顶。尽管如此,但是整个小镇却没有人员伤亡,这全在于大家的互相帮助。这户人家家里进了水,大家一起帮忙把水扫出去,还把被掀了屋顶的那家人撤离到安全的地方。这确保了人们的安全,还减轻了政府的负担。台风过后,大家一起帮路边的环卫人员清扫树叶,帮受灾的人们改建房屋。正所谓患难见真情,小镇的人们团结程度可见一斑。

　　浓浓乡情,对于在外求学的学子,连看到自个儿省份的车牌号都感到亲切。尽管我在海口读书,离澄迈很近,但一听到澄迈口音也是很欣慰。在路边小摊买小吃,小贩婶婶一听到是同乡口音,态度都不一样,总会多给我一些吃的。

　　我离开了令我感慨万千的学校,正走在回家的路上,看到路过的叔叔阿姨便对他们会心一笑,他们也朝我会心一笑,回到小镇真好。我又哼起《牡丹江》"牡丹江弯了几个弯,小虾米甬靠岸咱们没空装,捞月亮张网补星光,给姥姥熬汤喝一碗家乡……"

　　点评:文章逻辑清晰,主旨明了,情感浓厚。文章以回家后的路线向我们展示了他印象中的家乡,以第一人称叙述了广场、小吃街、南渡江、母校等几个地方,读来倍感亲切。作者因为南渡江的水被污染而感到无比气愤,这说明作者对家乡爱之深。一句"到不了的都叫作远方,回不去的名字叫家乡"更是勾起人们无限的思乡情。月是故乡明,情是故乡浓。

# 热情的静悄悄——福建闽侯甘蔗镇

魏梦华

"今夜月明人尽望,不知秋思落谁家。"——王建

自古以来,家乡一词就是身在异乡的游子心中的一根刺,而今,家乡一词对于我来说,遥远却又亲近,遥远,只因它现在离我千万里,亲近,只因它被我心所记挂。

我来自福建,而我的家乡是福州市闽侯县下的一个城镇——甘蔗镇。它是闽侯县政府驻地,位于福州的西部,距离福州的中心只有15千米。东与荆溪镇关口村交界,西与白沙镇毗邻,南临闽江,与竹岐乡隔江相望,北与荆溪镇荷洋农场相连。虽然甘蔗镇是闽侯县的政府驻地,但它的经济发展却不是闽侯县的重点。闽侯县的经济发展比较快的是上街镇、青口镇等。甘蔗镇更多的是受其历史文化的影响,再加上甘蔗镇山清水秀,生态环境好,所以拥有多处旅游胜地。

话说甘蔗镇,何为其名呢? 也许当你第一次听到这个地方的名字时会以为其地盛产甘蔗吧! 其实不然,其原名为闽江冲积洲,唐代又称溶洲,后来又更名为瀛洲。之后因福建人民的母亲河——闽江的河道变动,江水将其一分为二,分为柑、蔗两洲。随后泥沙淤积,又将其合二为一,各取二洲首字定位"柑蔗",今作"甘蔗"。但是作为一个拥有将近4万人口的城镇,单单靠几处旅游胜地是不足以为它的子民们谋生的。在甘蔗镇,工业的发展明显占优势,联合其他同县的城镇形成了在全省、全国具有一定影响力的汽车制造、传统工艺、建筑建材等产业集群。

甘蔗镇属于丘陵地貌,地方不大,但是交通却很方便。公交车很多,几乎是你想要到哪里去,都会有直达那个地方所在站点的车辆,所以房地产业近些年才发展起来。虽然镇发展得晚,但是却发展得很快。在我上初中的时候,我家这边没什么高楼大厦。然而现在,我认为甘蔗镇开始有新旧城区之分了,以"后街"为界,东为新西为旧。

甘蔗镇没有大城市的繁荣,却有其独自而又特别的发展规划;它没有偏远农村的落后,却有着淳朴、热情的民风。在城市里,大家大多都居住在单元房里,回到家,大门一关,几年下来,或许连邻居长什么样都不知道。而在我的家乡,我感

受到的并不是冷漠,而是热情。为什么会说是热情呢?我想这与我所居住的地方密不可分吧。我家在甘蔗镇的政府机关里,那里的车很多,人却不见得多。每当独自走上那段路,寂静、空虚扑面而来,心中总会有种莫名的失落感。然而,当走到路的尽头,那里的小卖铺老板、看守大门的大爷总会热情地问我"小姑娘,回来啦""小姑娘,吃饭了没有"……亲切的话语总会让我空虚的内心感受到丝丝暖意的渗入。

热情还不止于此,我想既然说到热情,要是不提一提我的邻居阿姨实在过分。我的邻居阿姨叫香姨,没有其他原因,只因她的名字中含香字。香姨是在我上小学六年级的时候搬来的,第一次见她,微胖、略凶就是我对她的印象。其实不然,接触久了,你就会自然而然地被她的香式微笑感染。记得印象最深的是,每次当我这个"马大哈"回到家却发现没带钥匙时,香姨总会热情地邀我进家门,然后拿出一大堆东西招呼我吃,弄得我怪不好意思。别问我为什么她每次都知道我没带钥匙,那是因为她家的门只在他们一家人休息的时候关上,其他时间不出意外都是开着的。我想家门的常开也是她热情的表现吧,但这是不是也在一定程度上反映了我的家乡——甘蔗镇的良好治安呢!

话说甘蔗镇的治安还是比较好的,我想这在一定程度上也归咎于它的发展状况。甘蔗镇没有大城市的繁荣,却有着淳朴的民风。虽说甘蔗镇没有大城市的繁荣,那也仅仅只是与大城市比较。而相较于其他同级的城镇,甘蔗镇还是较为出色的,比较繁荣的,毕竟在今年闽侯县已经是中国的百强县之一啦!而作为其政府驻地的甘蔗镇也得到了很大程度的发展。它有夜市、有商城,它喧嚣、热情,却还有不为你知的"静悄悄"的一面。

何为"静悄悄"呢?想必你可能不知,福建省第一座依托于史前遗址的博物馆就伫立在甘蔗镇这片小土地上,名为昙石山遗址,同时被国务院公布为全国重点文物保护单位。这座博物馆我不知道去了多少次,而每去一次总会被一种不知名的力量震撼。博物馆里出土的大多为陶器、石器、贝器、骨器等文物,还发现了墓葬、灰坑、壕沟、陶窑等遗迹。同时博物馆内还运用现代科技生动、形象地再现了几千年前昙石山人生活、生产地场景。我想这一切的一切都揭示了昙石山人的社会意识,以及昙石山文化的源流,说明昙石山文化是福建闽越文化中不可磨灭的烙印,同时也是中国新石器时代文化中不可除却的一部分。

记得小时候和家里人第一次一起去博物馆的时候,小小的脑袋瓜子里充斥的是骷髅头的魔咒,剩下的只有惨痛的哭声,即使爸爸把我抱离得足够快。虽然第一次接触骸骨的我被吓得不轻,然而随着时间的消逝,逐渐成长的我明白那是足够令我们自豪的闽越文化的物化之身。而今,在向他人介绍我的家乡的时候,我时常提到它,因为它代表的是闽侯人与自然的契合点。它体现的是我的家乡现实社会的人文状况,昙石山文化是福建特定的社会经济下的产物。尽管它是丰富的,但它的物化之身静悄悄地伫立在甘蔗镇这片小土地上。即使每天都有许多人来此参观,不变的依旧是它深厚的文化底蕴与由内而发的"静悄悄"。

静悄悄,我想不得不说的还有一项运动——跑步。高考结束后,有差不多100天假期的我,闲来无事,便隔三岔五地去我家附近的生态园跑步。跑步,是一项静悄悄的运动,它只需一段不算太长的路程与伴你美好的风景,但它体现的却是人与自然的和谐。五六点的早上,会有许多人到生态园跑步,有男有女、有老有少。大家各自跑各自的,嘴耳边不需要太多的话语,遇到志同道合的来跑步的人,一个嘴角上扬的微笑,一个温和的目光,足矣。在这里,我突然想到了陶渊明的一句诗"采菊东篱下,悠然见南山",虽然他是采菊,而我是跑步,尽管我们活动的形式不一样,但我们都不约而同地体现了人与自然的和谐。在清晨微风中,伴着清脆的鸟鸣声,嗅着空气中夹杂的青草味,一切都那么富有生机,一切却又那么静谧,一切都在静悄悄中进行。真正的是"此中有真意,欲辨已忘言",为何?只因自然的美融入自然之中,与自然和谐统一却已被我心感受。

清晨的甘蔗镇人在进行着各种有氧活动,而在夜幕降临之际,伴随着民俗园广场神曲的响起,一个个热情奔放的大妈就开始了她们热舞的篇章。民俗园,顾名思义是一个为了反映福州地区明清时期的民俗特征而存在的一个园子,占地180亩,投资近亿,足够大,足够满足游园的人的兴致。记得我和妈妈第一次去逛园子的时候,逛了一半就打道回府了,但是其中的各类建筑,比如仿明清的闽侯民居,迁建复原等,还有其中的园林布局、雕塑都给我留下了深刻的印象,让在电子时代产物下的我,体验了一番明清时代古香古色的闽都生活。

对家乡的思念,我道不完。同样,对家乡的美,我也说不尽。尽管它可能在别人眼中瑕疵无限,但它终是我心中不可估量的宝藏。它热情却又静谧,它是热情的静悄悄。

千言万语汇成一句话:我爱我家,我爱我的家乡。

点评:文章思路清晰,情感真挚。首先,作者向我们介绍了甘蔗镇名的由来、历史悠久的博物馆、人们的生活等,这些都给读者留下了深刻的印象。其次,作者的叙述中能够以小见大,能够从日常生活的小事当中看到事情更深层次的原因。最后,通过对家乡的喧嚣与静悄悄两面的描写,表达了作者对家乡的自豪之感。

# 女娲补天处，美玉名天下

徐磊

我的家乡坐落在大山中一个毫不起眼的小县城——竹山县。竹山县位于湖北省十堰市西南，地处鄂西北山地，北属武当山，南属大巴山，面积3587.8平方公里。南部山地海拔多在1500米以上。仅中部河谷有狭小坪坝。堵河是竹山的母亲河，同时也是汉江最大的支流，自西南向东北流经中部，主要支流有深河、霍河和苦桃河。辖9镇8乡279个村，总人口48万左右，有汉、回、壮、蒙、满等8个民族。

竹山经济结构较为单一，主要以轻工业为主。在这里，你几乎看不到大型工厂的影子。竹山的茶叶与食品加工业为竹山的经济做出了巨大贡献，在党的领导下，经济增长量在稳步上升。在十堰市各个县域中名列前茅。为改变竹山交通阻碍经济发展的局面，竹山县国道从无到有，新增里程243千米，南北横线236省道鲍双线调整为G242国道，东西纵线305省道襄关线调整为G346国道；经过县的省道共有9条长300千米；国省干线覆盖所有的建制乡（镇）人民政府驻地；县道调整为14条323千米，交通服务功能全面提升。城乡交通一体化，为人们的出行带来了极大的便利。我相信，竹山人在不久的将来将会因家乡的强大而更加骄傲、更加自豪。

或许你知道名扬中外、气势恢宏的三峡大坝，或许你知道斩断万山、续水中原的亚洲天池，或许你还知道仙雾缭绕、碧瓦朱甍的道教第一圣地，或许你知道……我的家乡在它们的光环下，默默无闻。没有大肆宣传的粉饰，有的只是平凡中的朴素淡雅。下面我就带你走进这大山深处的奇妙佳境。

在竹山县宝丰镇境内，女娲山风景区有大小山峰22座，主峰海拔900米。周围群山连绵，树木茂密，花草繁盛，戏蝶游蜂，好不惬意。著名的女娲就坐落在主峰峰顶上。宝丰女娲山真是女娲炼石补天之地吗？近年来，关于这个争论不绝于耳，河北涉县、陕西平利、江西于都等地纷纷自称正宗。在五代杜光庭所著《录异记》中，作者明确写道："今房陵上庸界内，有伏羲女娲庙存焉，传为抟土造人之所。"明《郧阳府志》也记载："俗传女娲炼石补天在竹山县南,山下有女娲庙。"《史记·五帝纪》女娲炼石补天,又女娲山在郧阳竹山县西,相传炼石补天处。《竹山县志》记载："城西百余里,上有圣母庙,世传圣母在此,现庙址犹存。"如此多的史料记载,女娲补天的地方在哪儿也就不言而喻了。

正如王安石所说:"世之奇伟瑰怪,常在于险远,而人之所罕至焉。"没错,你想领略女娲山秀美,还得费一番功夫呢!最好的莫过于约几个好友,在爬山的过程中享受相处的时光,不时地摘一摘路边的野果,嗅一嗅野花的芳香,欣赏沿途的美景。爬山时你拉我一把,我扶你一下,在这一拉一扶中加深了彼此的情谊,淡化了之间的隔阂。或许我们之前因为矛盾而发生争吵,但只要怀着一种宽容的心态,我们之间深厚的友谊不会轻易被破坏。在矛盾面前,主动示好道歉不是你的软弱认输,而是你在乎这份友情的最好体现。我们所谓小小的脸面,在曾经给予我们温暖和感动的好友面前显得多么微不足道。放下脸面,或许收获的就是一生的挚友,何乐而不为呢?

老师说,宽容是促进个人与他人和谐必不可少的条件。在与他人交往中,由于性格、经历、文化和修养等差异的存在,因误会、不解和意见分歧而产生人际矛盾是不可避免的。而严于律己、宽以待人、求同存异、相互包容是处理这些关系的灵丹妙药。当然,宽容不是怯懦,不等于无原则地容忍退让,更不等于拿原则做交易。宽以待人和姑息迁就两者有着根本区别,只有建立在原则之上的友情才值得我们用一生去维护。

时间在我们的欢声笑语中悄然溜走,我们登上了山顶,在山顶上吹着扑鼻花香的风,聆听啾啾的鸟鸣,将整个身心与大自然融为一体。与山石清泉为伴,与清风松涛共舞。

女娲山上依稀可见始建于晋代的女娲庙遗址,女娲炼石补天古碑亦保存至今。我们一行人来到了圣母宫(如图1),细心的你会发现在瓦缝参差间长满了墨绿的青苔,流淌着岁月的故事。进入宫内,我们不敢发出丝毫的声响,蹑手蹑脚,生怕打破这庄严肃穆,在宫中追寻中华圣母的慈爱与博大,沉浸在女娲补天时为人类献身的悲壮中。

顺着圣母宫的方向继续向前,我们看到了女娲的石像(如图2),两只瘦弱的臂膀奋力地举着巨石。春去秋来,她的面容虽已被风雨侵蚀变得模糊,但我们仿佛还能感受到她那股不屈的意志。心中油然生起敬畏之情,虔诚地向她朝拜,了却心头的夙愿。女娲像下有一个圣母池,池旁有一口圣水井(如图3)。天气燥热,我们一窝蜂地跑到井旁转起了辘轳,打一桶水上来,洗了把脸。清凉的井水滋润着我们脸上的每一寸肌肤,好像每个细胞都尽力吮吸着,舒展开来,好不快活。

在微风的吹拂下,丝丝清凉,心情格外舒畅。

远处的问天阁伫立在那里,像一个看破红尘的老人,注视着山下的事过境迁,人们的悲欢离合。作为女娲山上最高的建筑,想一睹它的风采还要爬上百个石阶,抬头仰望,问天阁(如图4)直插云霄,彩旗飘展,翼然临于石阶之上。问天阁不以浓丽华贵而取胜,而是以庄严肃穆见长;舒缓的屋坡不加任何油漆的典雅装饰;几处盆栽围绕在问天阁,朱红色四开的大门有些漆皮已经脱落,颇有一番"六出飞花入户时,坐看青竹变琼枝"的韵味。但不幸的是,几个门柱,已被游人画得遍体鳞伤,我们看到几个工人在另外几个门柱上修修补补、刷上油漆,一会儿便亮洁如新。从他们口中了解到,这里的建筑都会定期修补。我们之前所看到的有些建筑像新的一般也就不足为奇了,刺鼻的油漆味不自觉地钻进鼻子内,我的心在隐隐作痛,建筑可补,遗失的道德能补回来吗?

在好友的安慰下我们登上了问天阁,凭栏远望,尽情领略"会当凌绝顶,一览众山小"的壮志豪情,一扫心中的阴霾不快。问天阁旁有康熙字典的石雕(如图5),上面写着女娲补天的全过程。风吹日晒,有些字迹已经斑驳,依稀可见一个个遒劲有力的字体镌刻在巨石上,记录着岁月的沧桑,诉说着时代的变迁。

人往高处走,水往低处流。你想欣赏到山顶的美景,不经历攀越山峰的劳累甚至是疼痛,怎能看到你渴望的美丽。有人因为害怕登山的艰难险阻早早地在山脚下放弃!也有人却因承受不了沿途的坎坷磨难,在山腰处半途而废。前者没有挑战的勇气,后者没有坚持的动力,无不令人扼腕叹息,因此而错过了本该属于他的风景。但总有人凭着自己的勇气和恒心成功到达了山顶,享受着梦想实现的快乐。仰望星空的井底之蛙与俯瞰世界的展翅雄鹰你会选择哪个呢?多少人"衣带渐宽终不悔,为伊消得人憔悴"。又有多少人"黑发不知勤学早,白发方悔读书迟"。夕阳西下,晚霞染红了远方的天际。我们在落日的余晖中下山。我想说的是"路漫漫其修远兮,吾将上下而求索"。

绿松石(如图6、图7)是世界上最古老的玉石之一、佛教七宝之一,也是中国四大名玉之一,因其色形而得名,并在国际上享有盛名,被称为"东方的绿宝石"。《石雅》中解释说:"此(指绿松石)或形似松球,色近松绿,故以为名。"绿松石被列为十二月诞生石或生辰石,代表着"成功"和"必胜"。专家考证推论,我国历史上著名的和氏璧即是绿松石所制。除此之外,绿松石还有药用价值,在藏药中很常见。有关研究显示,在中国,十堰市的绿松石产量约占全国总产量的70%以上,占全世界产量的50%以上,而竹山县的产量约占十堰总产量的90%,是名副其实的全国最大绿松石产地。人民大会堂湖北厅里的"李时珍采药"雕像,就是绿松石雕制而成。绿松石产于裂隙和破碎带以及隔水层附近的泥岩、板岩、片岩中,如果你在山上游玩,说不定就能碰到。

很多中外游客都会慕名而来,一睹国际绿松石城的风采,在县际高速公路的两旁,绿松石的店铺鳞次栉比,数目之多令人咋舌。湖北十堰市竹山县绿松石市场现状据报道,竹山县从事绿松石开采、加工、销售的民营企业约有三百多家,从业人员一万多人。还有不计其数在山上追寻绿松石踪迹的平民百姓,有好多人就是因为在山中挖到了绿松石而一夜暴富,而经过加工的绿松石在世界各处售卖。由此可见,绿松石的影响可见一斑。绿松石的价格已经从最初的十几元上升到现在的800元每克。五年内价格上涨了三四十倍,令人匪夷所思。

经过加工后的绿松石,其色泽亮丽,光滑圆润,质感和色泽,足以媲美名贵的翡翠和珠宝,但它的功效和特有的灵性,却是其他珠宝所不具备的。长期佩戴绿松石有很好的保健作用。人们还把它和宗教联系在一起,特别是在西藏,人们会用绿松石来装饰生活用品。常常能够在古刹名寺中见到它们的身影。在美国印第安人当中,绿松石被当作"幸运之石"。埃及、波斯等地把绿松石看作神的礼物,他们认为是上帝赐予的,会保佑他们平安幸福。

一块精美的玉石当然离不开工匠的精雕细琢,工匠会在尺寸的玉石之上尽展超群的技艺,人物惟妙惟肖,动植物栩栩如生。一个技艺高超的工匠会像慈父一样把璞玉当作孩子般细心呵护,耐心打磨,一块块光彩照人的玉石,凝聚了工匠日日夜夜的心血,流动着工匠始终如一的情感。"玉不琢,不成器"。我们的人生不正是这一块块自然天成的璞玉吗?父母老师不正是那精雕细琢的能工巧匠吗?工匠最大的喜悦就是自己所创作的艺术品能够获得人们的交口称赞,父母老师最大的欣慰又是什么呢?答案因人而异,但没有谁比我们自己更清楚了。

竹山虽然经济落后,但远远不只有这些,这里没有大型工厂的浓烟滚滚,你可以呼吸沁人心脾的空气,还可品味到清甜的山泉,在水中与鱼虾共舞。在这里你还能领略国家"3A"级景区九华山森林公园的烟波浩渺与银装素裹(如图8),能体味秦巴民众的风情苑(如图9)和富有民族特色始建于清朝的高家花屋(如图10),还有抗日英雄施洋烈士的故居(如图11)。

即使我在那里待得不久,但我的身体里流淌着竹山人的血液,那种血浓于水的家乡情怀始终萦绕在心头。"悠悠天宇旷,切切故乡情"。即使远在天涯,但家乡的烙印在我心中从未被抹去。

图1：女娲宫外的长廊

图2：举起巨石，造福百姓

图3：掬一捧清凉，抚一身燥热

图4：问天阁下的悠悠岁月情

图5：饱经沧桑的康熙字典

图6：古代神兽

图7：佛教魅影

图8：洁白无瑕的云雾仙山

图9：雨雾迷蒙的秦巴风情

图10：古色古香的民族韵味

图11：追忆缅怀的英雄情怀

点评:主题鲜明,结构清晰,描写细腻,感情真挚,语言简洁流畅,富有表现力。文章向我们介绍了作者的家乡——竹山县。这里有神话色彩的女娲、深厚古韵的景点、独特的风情、珍贵的绿松石等,这些都说明作者不仅对家乡有炙热的感情,而且善于观察。在作者的介绍中我们领略了竹山县的美妙之处,正是因为这样的美妙,更催促着读者去一睹为快。

# 我生命的摇篮——贵州石阡

赵娟

石阡位于贵州省东北部,铜仁地区西南部。石阡县城,也是依水而建,老城在水之阴,山之阳,也是古镇风貌。小街老巷古色古香,风貌依旧,站在这里尽可遥想当年风光。

石阡是坐落在贵州省的一个小城市,城市的两侧都有巍峨的山伫立,壮观而宏伟。城市被一条长长的河流隔开,有时混浊有时清澈。河与河之间有一座彩虹桥,有千千万万的车每天在上面路过,每天都川流不息。河的两侧有两条古街,道路全是用古老的石头铺成,虽然坑坑洼洼,但是走上去有一种自己身在古镇的感觉。

大石阡有一座山名叫五老山,从山脚可以看到山顶,虽然看上去容易爬,但真正爬上去的时候感觉很费力。从山脚到山顶,总会看到一些悠闲的人,他们有的在锻炼身体,有的在散步。当你心情不好的时候,从山脚爬到山顶,经历了汗流浃背的过程,到达山顶,吹着凉凉的风,感觉所有不好的事都一扫而光,所有不愉快都被抛之脑后,感觉自己又重新充满活力。

石阡有古镇之称,在河的两旁街道的石头是用以前非常漂亮的石头筑成,两边的建筑风格也非常复古,有以前的风范。颜色较深的石头与颜色较浅的石头交相呼应,反映出旧时代人们朴素和勤劳的美好精神。道路凹凸不平,小时候我们走在上面总觉得硌脚,但是现在我们却愿意走这种石头路,走在上面让我们回想起小时候的乐趣。河边看上去旧的房子使我们感觉到年代感,房子看上去虽然旧,却非常牢固,经过我们勤劳的人民的翻修,房子也更加牢固和有时代感。我们石阡的人们非常热情,来我们石阡做客,能感受到我们石阡人的热情。石阡被两座大山包围,气候温和,冬暖夏凉,是一个极好的旅游胜地。我们石阡鸳鸯湖位于石阡县枫香乡鸳鸯湖村,是中国最大的野生鸳鸯越冬栖息地。鸳鸯湖内水面宽阔,青山倒影,绿波荡漾,水天一色,常可以看到上千对鸳鸯在湖中欢快地戏水。

石阡的乡土人情,美丽的风景,山清水秀,足以让我们心旷神怡。

我的大石阡被称为"温泉之乡",石阡拥有非常丰富的地热资源,全县已知的热矿泉有13处。清澈的水从地下冒出来,聪明的石阡人恰到好处地利用了这良好的水资源。冬天很冷的时候,当人们劳碌了一天,辛苦了一天,筋疲力尽,全身酸痛的时候,到温泉泡一下,感觉身体得到解放,一天的疲惫也随之消散。我们大石阡人注重养生,即使工作再忙,也要抽出时间去泡温泉,因为泡温泉可以舒筋活血。

黔东南苗族侗族自治州是我初高中上学的地方,也算是我的故乡,是一个民族文化非常浓厚的地方。在那里我收获了友情,收获了待人处世的方式。那里有华丽漂亮的少数民族服饰,有待人热情的阿爸阿妈,善良美丽的土家族姑娘,帅气酷毙的仡族小伙。我最喜欢的是苗族的服饰,苗家的姑娘每个人都有一套属于自己的嫁妆,全银打造,那是苗家姑娘最珍贵的东西,是自己身份的象征。苗家有很多习俗,每次过节日亲戚朋友都会聚在一起,大家一起喝酒唱歌。姑娘和小伙如果看上对方了,会与对方对唱苗家情歌,如果情歌对上了,姑娘和小伙就会在一起。苗家的婚假会很热闹,因为是明媒正娶,所以要大大方方地把自己的女儿嫁出去,不能让自己的女儿嫁到男方家而被看不起。为了自己女儿的幸福,苗家阿爸阿妈可以付出一切。

在我接近高考的那段时间,爸爸妈妈为我的事操碎了心,心里想的就是怎么能把我的营养跟上,每天尽量不打扰我。而在苗族有一个地方,专为了祈福身体健康,家人朋友平安,儿女成绩优秀,那就是飞云洞。在高考的前三天,妈妈和我到了飞云洞。有一个专门祈福的日子,六月四号,很多人在那天会到飞云洞去祈福,当然在那天更多的是学生和他们的家长,为了自己的儿女能在高考取得好成绩,他们虔诚地向菩萨祈福。

那天我和我妈妈专门来到飞云洞,那是一个小小的村子,却有很多人。道路两旁摆满了小摊,有卖玩具的,也有卖小吃的,更有卖狗肉的。因为苗族的习俗是在节日的时候喜欢吃狗肉,所以在节日的时候我们会见到很多卖狗肉的地方。来到飞云洞的寺庙,我虔诚地向菩萨祈祷,能让我在高考时候有一个好的运气,能让我在高考取得一个好成绩。可能是我的虔诚感动了菩萨,也可能是我在高中也曾经努力学习过,所以我的高考成绩也不是很差。我很感谢我的爸爸妈妈养育了我,悉心教导我,让我在自己的未来路上有一个好的向导。我在飞云洞不光祈祷了我能考一个好的成绩,同时也希望我的爸爸妈妈身体能健康,能每天开心地生活,希望他们不要每天都为了我们而太累奔波。

苗族还有一个重要的习俗,有一个特殊的日子,专为斗牛而准备。斗牛在苗族象征着强大、丰收,在他们的生活中占据着很重要的位置。他们会在平时对自己的牛精心培养,等到斗牛节的时候,他们可以很骄傲地牵出自己养的牛,可以好好地炫耀一番自己的成果。而在斗牛节那天,会有一个很隆重的走方阵仪式。小姑娘阿姨们会穿着漂漂亮亮的苗族银饰衣服,化着淡淡的生活妆,然后在街上走,满街的人,给人一种白花花的感觉。而这一切都是为了斗牛准备,斗牛现场很壮观,会有很多观众把斗牛现场围成一个大大的圆圈。斗牛是一种很激情的活动,往往观众都很激动,因为那场面真的是很震撼。我记忆最深刻的是一次和我朋友去看斗牛比赛,那场面真的震撼了我,现场很激烈,人们很激动。不管是在夏天还是在冬天,斗牛现场都会有很多的人。他们觉得看斗牛比赛是一种享受,他们会放下自己手里的农活来观战,为的是缓解自己的农活压力。当自己家的牛夺冠了之后,主人会拉着牛绕着圆圈跑两圈,以表示自己的开心,夺冠的还会有两万块的奖金,这个奖金也是不菲了。

黔东南苗族侗族自治州,一个民风淳朴的地方,那是一个很适合旅游的地方。在那里,感受不到利益的牵扯,感受不到人心难以揣摩的心计,在那里能感受的只有人们对你的热情和对你的关怀。虽然人们没有大城市里的人那样有激情、有浪漫,但他们带给我们的是舒适的感受,仿佛自己的心灵得到净化。

来到这么远的海南,我很怀念家乡的美食,比如贵州独有的砂锅粉。每个星期六我都会和朋友到我们经常去的那家砂锅粉店。我们会经常去他家,是因为我们觉得他家的味道特别正宗,当然我们也会到其他的店去尝下别的味道,但最爱的还是最常去的那家。我们贵州的口味比较重,喜欢吃酸辣的食物,所以砂锅粉便是我的最爱。当然,制作砂锅粉的底料和汤也是有秘方的,我们肯定不得知。当坐进店里的时候,闻着砂锅的味道,总会感觉非常满足,酸味里夹杂着一股辣味。当老板把粉端到我面前的时候,看着带红的一大碗砂锅的时候,手已经不由自主地拿上筷子了。一星期吃上一次还是挺满足的。这份怀念我会永远记在心里,不管离家有多远。

来到离家远的海南,见识了海南的美,但我还是认为自己的家乡最美。那里有我的知心朋友,有我的爸爸妈妈,我觉得待在自己的家乡很幸福。每个人对自己的家乡有不一样的感情,我将会永远把这份感情保存在心里!

点评:文章结构严谨,主旨明确,语言简洁流畅,描写细腻,感情真挚。作者向我们介绍了石阡的美景、美食、斗牛活动,使家乡的形象映射在每一个读者之中。看到美景、美食也勾起了读者的兴趣和食欲。看见激情澎湃的斗牛活动,让我们也心血来潮,希望一睹为快。这样的家乡也难怪作者"看遍天下景,唯有故乡美"了。

# 我的家乡——海南澄迈巷头村

温小英

我的家乡坐落于海南省澄迈县瑞溪镇中的一个普通而不起眼的小村里——巷头村。但实际上,巷头村只是北桥村委会中的一个小村庄。北桥村委会是由北桥村、山内村、塘边村、巷头村组成。其中北桥村是这四个村中人口最多、经济发展最快、面积最大的一个村,而我们巷头村是这四个村发展最慢、面积最小、人口最少的一个村。这四个村是相邻的,彼此之间只隔了一条路,而我们村被夹在了中间。

村的四周大多都是竹林或是茂密的杂草,并不像人们在电视里看到的那样宛如人间仙境抑或世外桃源。我们村被分割成了三部分,并不完全集中在一起,因为村里的土地不够全村人集中住在一起,因此一些人家便搬到了田野外。我居住的那里叫"内村",田野外的那部分则叫"外村",而另一部分则是因为与内村隔了个湖,因此我们管湖对面的叫"对村"。但这些称呼只是村内人这么叫,对外我们声称自己是"巷头村"之人,而三个小村合起来就七八十户,村中主要是中老年人及一些小孩子,大多数年轻人已外出打工。我们村主要种植水稻和一些蔬菜及瓜果,比如青瓜、丝瓜、白菜、芹菜等。而这些便是村民的主要收入来源,但实际上,由于这些年天气变幻莫测以及村中的小溪变得干涸,很多村民的庄稼往往得不到预想的收获,种植者也越来越少。因此,原先务农的男人大多选择去工地找活干,或者是去煤窑帮人烧煤,一天也就100元左右,而妇女们则继续留家务农。

我们村口外面就是一条公路,而这是唯一一条最快通往镇上的公路,大约有3千米,一般差不多十分钟就到镇上。平时村里人要去镇上买东西的话,大多都是骑自家的电动车或自行车去,而如果是要将蔬菜瓜果运到镇上卖的话,则需要用自家的摩托三脚车运输,几乎每家每户都会有这么一辆车,只有极少数人是坐公交车出行。而从瑞溪镇到县里的行政中心——金江镇,大约15千米,坐公交车去的话一般四十来分钟。但大多数年轻人都是选择骑电车或摩托车去。

村里的房屋大多呈排列状,一进村里就可以很明显地看到一排排的房屋依次排列下去。一般都是有着血缘关系的兄弟住在一起组成一个大家,像我们家就有八兄弟共围住在一起,因此家里的小孩也很多。而其他人家一般都是两至四个兄弟住在一起围成大屋场。村中大多都是黄土居多,没有小山小丘,一眼望去都是平坦之路。

随着生活条件的改善,村民的生活不再像以前那样单一。虽然村民还是会一如既往的日出而作,但随着科技的发展,村民务起农来便轻松了些。村民往往是早上出门,到了中午吃完饭后,便集体到村中的大树下躺在吊网上休息抑或坐在树荫下聊天,或者相约小卖部一起玩扑克牌度过午休。到了三点左右,便拿着锄子到田里开始干活直到晚上六点多才回来。吃完晚饭后,大家的夜生活便开始了。小孩子会到村中大大的平石台上玩耍,而妇女们则会看电视、聊天或打牌,男人们则会去隔壁村的茶点喝茶、聊天或打牌、打麻将等。此外,闲暇时,村中的一些年轻妇女会自个儿在家弄点玩意吃。比如花生馅或椰子馅的白馍,但我家嫂子似乎是吃腻了这些馅的白馍,自制了肉末粉丝馅的白馍。当然还有很多其他吃的,比如糖粉、水粉、肠粉条、豆腐脑等。但一般平时大家做得比较少,都是在特定的节日时才会做。每每想起家乡难有的小吃时,总会让我忍不住垂涎欲滴。也许农村生活没有大城市的繁华热闹、灯红酒绿,但却让人觉得悠闲而惬意,简单而有趣……

对我来说,最让我欣慰的是村中的路改善了许多。在我上高中前,村口的那条路还是一条坎坷的碎石路,而从村口连接田野的那条路一逢下雨天便坑坑洼洼,给行人带来了很大的不便。但自从我上高一后,在政府的帮扶下,村中的那条泥巴路和碎石路变成了水泥路,而田野外的泥巴路也都成了人见人爱的水泥路。人们不再为下雨时两脚沾土而烦恼,不再担心坐车经过村口时的颠簸,而如今,村里已经开始筹划将水泥路慢慢地铺到每家每户的门前。看到村里的水泥路开始慢慢地取代坑洼不平的泥巴路,看到人们因此出行得更加方便,每个人都是打心眼里高兴,相信在不久的未来,我们村会发展得越来越好,而作为村中的一分子的我,会因此而更加骄傲自豪!

我们一直在努力追赶别人的脚步,也一直在努力过上更好的生活。当别村的瓦房渐渐变成平房时,我们还是住在简陋的瓦房;当我们好不容易存够钱建平房时,别人早已住上了宽敞的楼房。虽然我们总是比别人慢了一步,但我们心中有理想,有信念,有追求,我们一直向着心中的方向前进,也正因如此,才有了现在的小楼房,生活质量也才真正有所提高。正是因为有了它,我才能登高望着墙外那片平静的湖泊发呆,才能踮起脚尖眺望远方的田野和树林,才能更好地仰望飞翔于天空中的鸽子……期待着有一天能够站得更高,看得更远。

　　我最喜欢的是早上或下午跟随大人一起去田野。我并不是为了帮忙干农活而去，因为自己对务农这方面并不是很懂，而且水田里常常有水蛭，很喜欢依附在人的脚上吸人血！所以很多时候我去田野只是想呼吸新鲜的空气，感受微风的拂面，看看勤劳的农民，欣赏路边的花草，以及在柔软的泥土上留下自己的足迹……我喜欢这片天地，因为这里能够让我忘乎所以，远离喧嚣。

　　我们村里有一种作物，听村民说这作物叫黄麻，但也有人说是苦麻。为什么我会提到它呢？不是因为它长得美，长得高，长得绿容易管理，而是因为"成年"后的它很累人！今年暑假由于我在家里无所事事，不思进取，整天沉迷于手机，家父为了锻炼我，便把我赶回村里帮爷爷奶奶削黄麻。这种黄麻处理起来比较麻烦。首先你需要拿一根粗棍把它枝干上过多的绿叶拍掉，然后借助锄头把它从土里铲出来，再把它们捆绑在一起，捆绑完后为了好剥开些，需要扛到湖里浸泡一晚，到了第二天便早早地起来再从湖里扛到陆地上。一般都是爷爷奶奶去完成这些前戏，而我只负责削黄麻的表皮。原先以为这些前戏挺轻松，可当我偷懒、贪玩回来看到他们伛偻的背影，拿着棍子努力踮起脚去拍枝叶时，那些心疼、心酸等难以言说的情感瞬间弥漫心房。

　　其实真正累人的是"削皮"。首先你需要把黄麻从枝尾折断，然后把它剥开，把里面那条白木棍拿出来（那些棍子晒干后可以拿来烧火）。然后就可以开始"刮皮"了。但在"削皮"前需要各自准备一把长椅和专门削黄麻的刀，当然最好还要戴手套和专门干活的衣服，不然手容易生茧、染色。"削皮"除了需要一定的力道外，还需要技巧。你要一只手握紧刀柄，大概倾斜60度压着黄麻，然后另一只手用力把黄麻往后拉。对于我这个不常干农活的人来说还是挺费力的，所以趁别人不留意时就会偷懒。可当我看见奶奶全程一直在咬着牙努力地、认真地削，削得比我的还干净还多时，难免有些自惭形秽，心中的"斗志"便像红旗一样慢慢飘起。于是便像打了鸡血一样努力地削啊削……也许过程有些艰辛、痛苦，可我却觉得痛苦并快乐着，因为我收获的不仅仅是金钱，还有难能可贵的亲情，做事的认真、坚持以及坚强意志的培养。

　　家乡，一个令人难忘而触动心弦的字眼。也许你没有城市的繁华热闹，没有城市的柏油路，没有城市的发达，但那又如何呢？这并不能动摇我那颗爱你的心。在我眼里，你新鲜的空气，你的纯真自然，你的静谧美好，你的朴素无华……那是那繁华的大都市所不能比拟的。不管将来你变成什么样，爱你的那颗心却不会变。

　　如今远在异地的我，愿你一切安好。

点评：语言流畅，格式规范，主旨鲜明。作者主要通过讲故事的方式展开全文。这些故事写得非常生动，很真实，能够吸引读者、打动读者。通过对自己以及自己周围人的活动的描写，向读者传达出了亲情可贵、努力拼搏等精神。

# 来自大山的呼唤——六盘水梭嘎乡

刘素

　　还记得杜甫的一首诗吗？"露从今夜来，月是故乡明。"对我们来说家乡的一切都是美好的，家乡的山，家乡的水，家乡的天，家乡的地，对我们都有一丝丝的养育之情。我的家乡是贵州的一个小村落，那儿有着我满满的回忆。

　　提起贵州，多数人眼里只看见了贫穷与落后。而在我心中，它虽然贫穷落后，却有着别样的风采。下面，请跟随我的脚步，领略我眼中的家乡。

　　我的家乡位于贵州省六盘水市六枝特区的梭嘎乡，梭夏乡位于六枝特区西北面，距六枝32千米，与本特区的新华乡、岩脚镇、新场乡、牛场乡毗邻，和毕节地区织金县的鸡场乡、阿弓镇接界，是六枝特区的西北大门。全乡并村后辖7个行政村62个村民组，国土面积56.7平方千米，耕地面积12465亩，其中水田600亩，25度以上坡耕地6760亩。它地处贵州西部乌蒙山麓，历史文化厚重，是古夜郎国所在地，是夜郎文化与牂牁文化的发祥地，五万年前就有人类生息繁衍。

　　家乡的地形是典型的喀斯特地貌，河谷深切，地标破碎，地形变化大，由于岩石的不断风化和泥沙的沉积作用，分布着许多山间盆地、丘陵和平原，是典型的深山区、石山区，是贫困程度最深的地区之一。全乡森林覆盖率10%，乡境内无矿藏资源，是一个典型的农业乡，粮食作物主要有玉米、小麦、马铃薯等，经济作物主要有油菜、花生等。全乡交通较为便利，正在改建的六纳公路、镶边工程"新仓公路"贯穿全境，七个村村村通公路、通电，目前已经实施"一户一表"安装的有3000余户，农户通电率为99.8%。境内建有移动与联通手机站各一座，能辐射全乡广大地区。有初级中学一所，中心完小一所，7个村都建有小学或教学点。建有卫生院一所，村级卫生室7个，综合活动室7个。

　　这里是著名的长角苗(如图1)的故乡，是一座群山环绕的小山村，12个寨子的长角苗族都在这里生活，苗寨依山而建，原始古朴。人们男耕女织，过着简单的自然经济生活。为保护和延续这支独特的苗族文化，中国和挪威政府在此共建了中国第一个生态博物馆，保存着古老优秀的传统文化。

我思念我的家乡，那里洋溢着独特的风俗习惯。

那里有一个独特的节日，也是我印象最深的节日，叫作跳花节，也叫作跳花坡。关于跳花节的来历，有一种说法是，苗族同胞为了纪念苗族祖先在一次战斗中取得胜利而设立的，每年的农历正月初十，家乡都会举行一年一度的跳花节。活动期间会开展芦笙歌舞表演、赛歌会、斗牛等极富民族特色的活动。跳花也是苗族青年男女寻找婚恋对象的重要社交机会，通过这些活动，青年男女建立感情，或表露相互爱慕之心。跳花开始时，男青年吹起挂红的芦笙，双双相对，回旋起舞，女青年则在他们周围围成圆圈，翩然而蹿，跳到一定时间以后，女青年就参加到芦笙队伍中间去，男青年吹着芦笙走在前面，女青年跟在后面跳舞，依歌而和之。笙呜呜，舞曼曼，歌盈盈，场面十分壮观。

另外一个特色就是我们那的长角苗服饰（如图2）。女人上身着白底蓝绘蜡染素身短衣，下面是黑底嵌以红、白绣带的麻布百褶裙，身后是长几着地的挑花绣片，身前挂一块藏青色羊毛毡护兜，既挡风寒，又是女性装束中最重要、最珍贵的部分。长角苗的女人一年中需为自己做两套以上的衣裙，最复杂、最漂亮的是新娘装，姑娘从 12 ~ 13 岁开始，整件衣服都用刺绣，千针万线，色彩斑斓，耗时 5 ~ 7 年的时间，直到出嫁前才能完成，平时不穿，也不出售。男人们的服装是由家织细麻布，在领、袖口、口袋处均镶挑花刺绣花边的深蓝上衣和白色麻布裙裤组成。男式服装中最精美的是围在胸前的刺绣围腰，据说三年才能绣成一块。

我思念我的家乡，那里有我怀念的美食。

俗话说："湖南人不怕辣，贵州人辣不怕，四川人怕不辣。"我们那儿的人喜食辣的程度非同一般。小吃以"香辣""酸辣"著称，不仅辣香醇厚、味美可口，而且色泽艳丽、造型优美。首先是苗族特有的酸汤鱼，入口酸味鲜美，辣劲十足，令人胃口大开，一般是先加入特产糟辣椒和本地许多有营养的中草药，借番茄酸烹出自然酸汤，然后将清洗的活鱼下锅煮。其次是我最爱的烙锅，相信很多人都是第一次听说，它的吃法特别，各种蔬菜与肉类都能作为烙锅主食，烙制后各种主料原味鲜美，要搭配特制的辣椒面才能原汁原味。2003 年，烙锅在中国首届"民间·民族菜肴华西美食节"上获特金奖，深受当地人喜爱，也是夜间小吃的首推之品。除了这两种，还有很多特色小吃，比如洋芋粑、丝娃娃、裹卷、恋爱豆腐果等，那些全是家乡的味道，热情似火的味道。

我思念着我的家乡，那里是一个独居老人的寄托。

很多年没回过老家了，听说去年她安详地离开了，无论多少年，我都不会忘记这样一个让我温暖又心碎的老人。她是一个年过八十岁的寡妇，独自生活，她的丈夫在她年轻时就意外地离开了她，而她亲手抚养大的儿女们都在城镇中安居乐业了,我生活的那两年从未见过他们回来过,她说这是她一辈子生活的地方,死也死在这儿。也许这就是小村庄的默契,乡里人与她都很熟悉,总会给她送上热菜热饭,天冷时为她送去温暖的衣裳,天热时送她一床凉席,没有儿女陪伴的她,幸好有一村庄的人照料着她,让她能安详地离开。

我小时候很调皮,总爱玩得忘记回家,每次路过她家门前,她总会热情地招呼我进屋玩耍。每次因为调皮被爷爷惩罚的时候她总是第一个出现在我身边,那些古老而又神奇的故事,都是她一一为我讲述,陪伴我进入梦乡。后来我到了该上学的年纪就离开了那里,听爷爷说她去年离开了人世,我也再也没机会见到她了。

长大后的我才知道那些关照那么温暖人心,我也懂得了这种温暖的背后是一种孤独的心酸。不仅是她需要家人的陪伴,全天下的老人都不该被世界遗忘,这足以让我们反思并且自省。现在的我,多想坐上时空机穿越到过去,给她讲述未来的事情。

我思念着我的家乡,那里存满了我童年的回忆。

我父母常年在外务工,我从小跟着爷爷奶奶在这里生活。他们在四十多年前从另一个村落搬迁到了这里,在这个苗寨中开始了他们的后半生。那时,爷爷家是简陋的瓦房,周围只有零散的房子与邻居,没有马路,没有汽车,只有漫天舞动的蝴蝶与蜜蜂,只有一望无际的绿油油的田野。我最快乐的事莫过于在稻田中抓蝴蝶、抓蜻蜓,每次都要在泥土里打滚,滚到全身满是泥巴,直到爷爷奶奶扯着嗓子呼唤我回家。最让我想念的是爷爷家后院的小山坡,那是一座洒满着爷爷奶奶汗水的山坡,爷爷奶奶在山上栽满了果树,在土地里种了蔬菜,在山坡上养起了小鸡和小鸭,不靠买卖就可以自己自足地生活,那仿佛是一个为我们而打造的童话世界。小小的我们跟在爷爷奶奶后面,蹑手蹑脚地帮着施肥与除草,我们总会在充满阳光的午后与鸡鸭一起玩耍,与蝴蝶一起捉迷藏,在有着微风的日子里放风筝。那时的我和邻居的小伙伴跳大海、弹珠子、抓小虫,儿时的小伙伴们现在在哪儿呢,都和我一样长大了吧。

虽然村庄里的条件比不上城里的条件,但爷爷奶奶对我的宠爱却不减半分。奶奶很慈祥,仍然记得奶奶的背是我入睡的摇篮,每天听她唱着安眠曲的我很快就会进入梦乡。她就像我的母亲一样给了我所有的安全感,每次去集市赶集,奶奶总会背一个小小的背篓,背篓的一半是我,一半是物品,就这样一背,背上了我的所有童年时代。

爷爷很严厉,他是一个退伍的士兵,外表总是威严的,在我们面前他很少露出笑容,我一直都不敢亲近他,直到有一次我发烧了,他背着我一路跑到了镇上的医院,汗流不止,我才明白他的爱一直都放在心中,只是我没有用心地感受。我好几个月没见到他们了,我能陪着他们、孝顺他们的时间却越来越少,我真的好想念他们,好想回去给他们揉揉肩、捶捶腿,告诉他们我爱他们。

虽然我的家乡没有城市的繁华与现代化,我的家人也只是很普通的农民,但对于我来说,它孕育了我的生命,陪着我长大,是我人生最温暖的避风港。

已经很久没回那个充满回忆的小乡村了,但我的心里一直记挂着。在这灯红酒绿、人来人往的都市中,我想再次回到那个梦里的村落,再次感受家乡的美好。

图1:长角苗

图2:女性服饰

点评:语言朴素,逻辑清晰。作者向我们介绍了他的家乡——六盘水梭嘎乡。将家乡的食物、人描写得较为细腻,字里行间都能体会到作者对家乡深沉的热爱之情,一字一句都在向读者展现家乡的独特之处,表现家乡的美景和美德。它让我们看到了长角苗的独特,体会了不同的风土人情,并且在作者描述中我们感受到了作者对家乡无尽的深情。家乡是我们的避风港,给我们无尽的温暖。

# 一隅绿洲——云南元谋上你莫村

*阮爱岚*

　　每个人心里都有一片水草丰盈的绿洲,在那里,记忆如同牧羊的老者,细细讲述着那些走过心上的人和事,回味着那些令人记忆深刻的时光。而我,那偏安一隅生我哺育我的小村庄也在不经意间悄悄爬上心头。

　　我的家乡坐落在云南省元谋县的一个小角落里,大家耳熟能详的"目前发现最早的距今170万年的元谋人"就是在我的家乡挖掘发现的。我们村位于县城的东北角,大约有一百多户人家,村庄进村路口立着一块显眼的蓝色立牌,上面洋洋洒洒地刻着"上你莫村"四个大字,一直觉得村庄的名字带着些许逗趣和怪趣,揣着好奇东一句西一句地问村里的老人村庄名字的由来,老人们也摇摇头,摆摆手说"不晓得不晓得",所以谜一样的村名一直都没有被"解锁"。

　　在抗日战争时期,为了方便美方的物资从缅甸运到前线,也为了西南方的国防安全,在我的小村庄外围建了一个军用机场,柏油路四通八达,离县城的路途也很快捷方便,军用机场现在仍然保留着,政府前些年规划了一个葡萄种植的项目,把机场没有铺路的空地租给了县里贫困的少数民族,并交给他们种植技术,帮助他们种植,为他们提供销售渠道。今年,政府下发了文件,要重新启用这个机场,目前还没有动工的意向,却在逐渐修缮柏油路拓宽公路。所谓"要想富先修路",我们村可是捡了一个大福利呀!公路的修缮带动我们村"铿锵铿锵"地向前走。

　　长江支流金沙江的分支龙川江流经我们村,正是有了母亲河的眷顾,村庄山清水秀,土地的养分品质也十分可人,经常招来外村人一波波的羡慕。我们村可谓是水好土地好,交通发达,而我们县又是云贵高原上的一个小盆地。我的小村庄正好位于这个小盆地低平开阔的底部,用"土地平旷,屋舍俨然,有良田美池桑竹之属"来形容它毫不夸张,许多农作物在我们的良田肥地上都能长得生机勃勃。在土地分配和人口居住上,我们还保留着人民公社时期的生产队传统。同时也包产到户,村子被分为了上队和下队,两个队的土地就被一条宽敞的乡村公路很清楚地分割开来,路的这边是一队的田地,路的那边是二队,规整化分得很清楚。而土地也被农民们分成了三拨，一拨叫"田"，另一拨叫"地"，一拨叫"菜地"，菜地在村子的中间，地分布在村子的上游，田分布在村子的下游。村庄面积大约为10平方千米，大约有四五百个村民，土地是人均两亩，人们一整天的工作就是在田里地里来回忙作。

我们县因为处在盆地，所以，一个年头可以种两到三季的农作物。春季忙完冬季的收尾，就开始放水进田播撒水稻的稻种，同时也在空闲的地里和田里种上洋葱、卷心菜、小番茄。差不多到了水稻的秧苗可以栽种了，地里田里的农作物也瓜熟蒂落，退出黄土地这片舞台了。然后水稻就一棵棵笔挺地立在水田里了，水稻种下，就是我们的农闲时期了。夏天由于没有收成和收入，也是大人们外出三天打鱼两天晒网的打工时间，手头紧了就出去找活，宽裕了就在家里休息，太阳漏出鱼肚白才慢悠悠起床。一个上午在菜园里除除草、找找虫，然后串串门，看看"肥皂剧"，就飘起了饭菜沁人心脾的香味。悠闲地吃过午饭后，一家人就把家里的摇摇椅搬到树荫下，在树间系上吊床，开始了惬意的午间小憩。懒洋洋地睡醒之后，大人们就三五一群地聚在村里的阴凉地打扑克、搓麻将。小孩一堆一堆地捉迷藏、玩游戏或者背着大人密谋一出出恶作剧，老人则东家长西家短地闲聊着村里的八卦。

眼看着太阳公公快要藏进西山的山脚，大人们就抖抖尘土，拍拍屁股去田里地里看看绿油油笑弯了腰的庄稼，顺手就割了绿草回来，小孩们则被大人揪着回家，竹竿系上红缨带把家里的鸭鹅一股脑地赶进家门前的小池塘，然后在池塘边的草坪上任意一盘腿，冲着肥鸭胖鹅丢石子，看着它们的窘态咯咯咯地笑。一整个夏天就这样结束了。

到了收稻谷的时候，这时候就是"团结力量大"的时候了，村里的七大叔、八大姨就会商量着今天收谁家的稻谷，明天收谁家的。第二天就都早早地提着闪闪发亮的镰刀，拉着收割机来到商量好的那家田里"嚯嘿嚯嘿"收稻谷。孩子们也被拉来撑谷袋或者由大哥哥、大姐姐带着在家里做饭烧菜，摸得满脸满衣服的黑色锅烟子。大人们回来看到满桌子香喷喷的饭菜和花猫似的孩子哭笑不得，脸上挂着幸福满满的笑容。白天的时候男女老少齐上阵，整个村庄都看不到闲人，村庄静悄悄的，只会时不时传来狗吠声和母鸡下蛋的咯咯叫声。

夜幕降临，整个村庄热闹起来，忙了一天的人们吃完晚饭洗个舒服的澡，就在村里的小广场上碰头聊天，跳跳广场舞、左脚舞（彝族舞蹈中的经典舞蹈，只要高兴人们都会跳起左脚舞），说说今年的收成情况，哪家的孩子很争气都已经考上了大学，跳出了"农门"。读过书的老人们总是讲着村里的典故，我们小孩就围着老人，听老人缓缓道来，爽朗的笑声传出很远很远，连天上的星星也一闪一闪地回应着这一张张质朴的笑脸。夜深了,孩子们都困得睁不开眼,连大人们也挡不住一阵阵的困意,打着哈欠,人们纷纷起身告别回家,在睡梦中缓解一天的劳累。

　　冬天,由于我们地处盆地,我们整个县冬天的温度都会维持在适宜温度。这样的温度蔬菜瓜果样样都能种起来,所以我们县素有"冬早蔬菜之乡"的名号。我们一年的收入也主要来源于冬季的收成,冬天也成了我们最忙的季节,而我的村庄有了优越的资源优势,成了冬早蔬菜供应的中间力量。县城里有个蔬菜的集散地,有全国各地的蔬菜老板来收购。小时候由于蔬菜保鲜冷冻技术没有完全普及发展,所以在我童年时代我们的作息并不是日出而作日落而息的。村里的男女老少都是五六点鸡鸣的时候就挑上竹篮赶往田里地里,手疾眼快地摘着田里地里的豆角、茄子、辣椒、西红柿、黄瓜等,到了饭点听到老人们回家吃饭的叫唤声,才放下手里的活赶回家吃饭。路上遇上了邻里四坊就闲聊几句,有意无意地问着:"你家昨天的豆角卖了多少钱一斤? 昨天豆角的价格是不是又下跌了?"然后时不时发出哀叹,寒暄了几句就都匆匆回家吃饭了。三口两口吃完饭之后喂喂鸡鸭牛羊,又一头钻进田里地里,忙到天色黑了就挑着一整天摘的蔬菜回家称重洒水保鲜装车了。吃过晚饭就抓紧时间睡觉,定好闹钟。深夜一两点的时候就起床,邀约村里要去卖蔬菜的叔叔伯伯一起开拖拉机赶往集散市场,和蔬菜老板一番口舌之战后,把蔬菜尽量卖到一个不亏本满意的价钱之后,就急着赶回来补觉了,五六点又开始了第二天的工作。

　　记得一次放假回家,爸爸妈妈两个人没有办法摘完已经成熟的豆角,我就去地里帮他们一起摘,摘了一桶,就想回家休息了。可是看着父母近两个月没日没夜地忙,经常中午两三点才吃午饭,我上学还要花费很多钱,就咬咬牙坚持。后来不知道什么时候我竟然在地里靠在豆架上睡着了,爸爸妈妈看我很久没声了就去看看,才发现我睡着了。爸爸叫我回家,我抬头看着他们因为熬夜布满血丝的双眼,心疼他们,就摇摇头说:"不,我不回家,我要和你们一起回家。"那时虽然又困又累,却是我心里最幸福的时候,哪怕只可以为爸爸妈妈分担一点点,我都感到很幸福,也体会到了"谁知盘中餐,粒粒皆辛苦"和爸爸妈妈一起面朝黄土背朝天的辛苦。

　　时光在父亲的白发里渐渐远去,在母亲的驼背里渐渐远去,我们却在时光远去的日子里成长,越长越高,超过了母亲,超过了父亲。

　　一年中最喜欢的就是腊月杀年猪办喜事的时候,那时候就是吃货的美好时光了。要把遍布各村各地的亲戚家的"年猪饭"吃完吃尽,差不多要一个月。那一个月无论是大人还是小孩体重都会猛涨,撑起小肚子。在我们那里,哪一家杀年猪,其他家都要早早地去帮忙杀猪做菜。傍晚的时候客人就陆陆续续地来到主人家吃饭，摆起十几桌的龙门阵，唠嗑喝酒，直到夜深才散去。小孩子们最喜欢的就是结婚办喜事了，可以吃到各种想吃的肉和糖果。一次喜宴大约会准备三天，每天都会有主管明确分工。无论是谁家娶媳妇招姑爷，都会邀请全村的人。到了傍晚就开始正式盛大的宴席，新人敬酒，闹洞房，放起音响跳左脚舞，一直闹到凌晨。要是碰上两家一起办喜事，村里那可就更热闹了，满村子挂得红红火火，人来人来人往，热闹得快要炸开了锅。

"年猪饭"告一段落，日子就跑步进入了春节。春节时一个家族汇聚在一起吃一次团圆饭，春节我们的习俗是过四天。一个大家族就每天轮流一家做年饭，白天附近的几个村子会组织春节运动会，有拔河、跳舞、篮球赛等，或者在以前的机场上会有各种各样的小商小贩摆起各种小摊。县城却冷清得像是万人空巷，整个县的人都会到机场上吃烤串、打气枪、放风筝，围着圈跳左脚舞，老人们则会去寺庙里烧香拜佛。晚上的时候村子里会请来花灯队唱花灯表演小品，或者全村老少去到村里的广场上一起看电影，其乐融融，大家脸上都洋溢着幸福的笑容。

邻里之间的互帮互助总是让我热泪盈眶。上学的初中离家里有些远，需要爸爸每周接送。有一周爸爸有事不在家，不能送我去上学，我就走路去上学。在去的路上遇到了正在地里忙碌的叔叔婶婶，看到我背着书包而没人送我，就争先恐后地问我："怎么走路去上学呀？没人送你吗？"即使他们手里的活没有忙完，二话不说就撂下手中的锄头镰刀，硬把我拉上他们家的车，一溜烟就把我载去了学校，还给我买了水果零食才回来。离开家乡来到海南上学之后，村庄就像是付了费的宣传片，在我的梦屏上不时重复地播放，让我魂牵梦萦。

小时候，爸爸妈妈、叔叔阿姨都忙着农作，没有空闲带我们一小窝的兄弟姊妹，都把我们丢在奶奶家，奶奶一手带大。而奶奶每天也要按时煮饭做菜，也会顾及不到我们，趁奶奶不注意我们就一溜烟跑出大门，约上村里的小孩整个山头的疯。我们拔兔草，摘果子，捞螺蛳，抓黄鳝，上树掏鸟，下水捕鱼，引诱胖胖的大蚂蚁搬家，满村子地追着一只农家鸡跑，偷鸡摸狗地去村里怪叔叔家的荷花塘里摘莲蓬，一边摘一边提心吊胆，生怕怪叔叔放狗撵我们。我们玩得忘乎所以的时候，村里总会此起彼伏地响起爷爷奶奶们喇叭似的响彻整个村庄的叫唤声"小明，小顺，回家吃饭了"，三催四请之后我们才懒洋洋地各回各家吃饭了。

我的童年是和奶奶一起长大的，特别喜欢黏奶奶，在学校忙的时候不给爸妈打电话也要抽出空给奶奶打个电话报个平安，在海南的每一天，记忆如同快速播放的默片，像翻书一般演绎着我和奶奶一起度过的那些时光……那是年幼的我奋力背起生病的奶奶走在幽长的小路上；那是奶奶抓出大把的糖果递在我努力拉伸面积的小手心；那是奶奶怀着难舍的目光站在路口送别远去的我。再次想起奶奶送我离开的那一幕:三岔路口,斜阳自竹丛后徐徐落下,奶奶的身后是一片农家小院,青色的瓦,土色的墙,一条悠远的小路从我的脚下奋力蔓延到远方。她没有挥手,只是拄着手杖,佝偻着腰,静静地立在原地,眼里泛着莫名的惆怅。

霓虹初上的城市,失去了曾经那一片星空。晚风带来了远在家乡的尘土,蛙声再一次路过我的脑海,我跟随那一缕来自自然最真实的天籁,到一个名叫"家乡"的梦乡……

点评:首先,文章的句子选用得非常好,读起来感觉很有诗意。而且文章很流畅,标点正确。其次,文章对村子的描写非常仔细,读者可以对作者的村子有很好的了解,并且从作者朴素的描绘中我们看到了一种纯朴的乡村生活。最后就是作者对故事的描写是非常到位的,没有局限于讲故事而是可以让人感受到其中的真情实意,很能吸引人,能够打动读者。

# 故乡的情愫——记海南乐东农村

韦晓茹

青草绿绿遍野长,炊烟袅袅晴空升,故乡情愫在心中。

——题记

我来自海南乐东,是黎族人。我的故乡是在乐东县抱由镇的一个小村庄,离县城只有 10 千米。我们村坐落在一个山清水秀的地方。村子的周围都是田野,又有一成片的橡胶林在村子的左右侧;村后有座山,山不高,也因此种了许多芒果树。因为村头有条公路直穿而过,所以这里并不偏僻,反而交通十分便利。村子呈块状形分布,村里有一百多户人家,大概有五百多人,家家户户的房子都是紧挨在一起。或许是没有了距离感,以至于村里人们的感情特别浓厚,十分团结。

我们家现今有五口人,最疼爱我的奶奶在 2013 年的时候过世了。父母都是地地道道的农民,靠种植作物获取经济来源,弟弟妹妹是在校的学生。小时候,家庭经济拮据,父母外出打工。我从小便与奶奶生活在一起,奶奶只是一个农村妇女,没有什么文化。虽然她不可能在我的学习生活上给予更多的指导,但她却尽她最大的努力满足了我的温饱和照顾我,这让我的童年并没有因为父母不在身旁而感到遗憾。邻里的叔叔阿姨也会对我嘘寒问暖,从县城买了些水果也会分我几个,给我照顾和关怀。我就是在这样一个充满着爱的故乡里长大。

艾青曾说:"为什么我的眼里常含泪水,因为我对这土地爱得深沉。"我爱我的故乡,爱故乡的山,爱故乡的水,爱故乡的人。我对它抱有浓厚的爱恋,它就像我的母亲,亲切地养育着我。对我包容,伴我成长。我要感谢它这十几年对我的养育之恩。

每个地方都有属于自己本土的传统习俗,我的故乡也不例外。

我们黎族有个传统节日叫"三月三",这在海南也是十分隆重的一个传统节日。相传上古时期,黎族遭受一个重大的灾害,人畜死亡,只剩下一对叫天妃和南音的兄妹。两兄妹长大后相约着出发找伴侣,结果两人并未找到伴侣,为了使种族得以延续,两人便在农历的三月三日结发成夫妻,为黎族人民繁衍后代。黎族人民后代为了纪念两兄妹传宗接代的功绩,便将每年的三月三作为黎族人盛大的传统节日。在2006年5月20日,"三月三"经国务院批准列入第一批国家级非物质文化遗产名录。在故乡的这一天,人们会杀猪宰牛,整个村子都能听到猪的号叫声,十分震耳。人们会早早蒸糯米,做糯米饼;并砍好竹子,做各式各样竹竿饭。年轻男女穿上黎族服装,对唱黎家情歌,相约着跳竹竿舞,用歌声和舞蹈表达自己的情意。我特别喜欢故乡的这一天,不仅觉得热闹,还有许多丰富的食物满足我的味蕾。

在故乡总会有许多传奇的故事。

儿时,奶奶曾经给我讲过一个关于故乡的故事。当年日本侵略的时候,来到了村里。日本人极其残暴,对村中的妇女不断地侵犯,当时很多妇女都因此而受害。这时村里上了年纪的、有威望的老人说,让村里的妇女都用一种植物在脸上刺青(类似于我们现代的文身,有永久性,且洗不掉),只有将自己弄丑了,日本人才不会侵犯。于是村里每个妇女都在脸上刺青,将自己整个脸都刺上一种图案,这样就把自己给丑化了。后来,日本人就觉得村里的妇女都长得太丑,就没有再对村里的妇女侵犯。在当时那个年代,连最基本的保护自身安全都难。这让我突然觉得,只有国家强大了,人们才能得到安全,才能享受和平条件下的生活。少年强则国强,少年志则国志,我觉得我有必要为中国的强大献出一份力。

村子里的人们特别勤勤恳恳,通过种植橡胶树、香蕉、槟榔、杧果、龙眼、荔枝等获取经济来源。胶农们在清早的六七点钟,当薄雾还未散去的时候,开始割胶;到了中午,会提着胶桶到胶林,从每棵胶树下的胶碗里将乳白色的胶液倒桶里(如图1);待收完后,又会倒入一种化学药品,搅拌均匀后,等待胶液的凝固。我也有过收胶的经历,最让人痛苦的就是橡胶林里蚊子特别多,难以忍受。价钱最好的就属槟榔了(如图2),多则七八块钱一斤,少则也四五块钱一斤,以至于村里的槟榔总会有小偷光顾,这让村里的叔叔阿姨十分苦恼。农民得靠天吃饭这话说得一点都不假。在海南最大的自然灾害就是台风的侵袭。台风一来,橡胶会被吹得七倒八歪,橡胶树也会被吹得或折断或连根拔起。我无法忘怀每次台风过后人们那绝望的神情和对台风的无奈。父亲曾对我说过,橡胶一旦被吹倒,只能割掉让它再重新生长,而橡胶必须有十年的时间才可能恢复。人类总觉自己可以改变大自然,殊不知,在大自然面前,人类真的太渺小了。

我特别喜欢"金黄色"的故乡,那是稻谷收割的季节。从村庄的小山头眺望而去,映入眼帘的是一望无际的田野(如图3)。经过三个月大自然的渲染,稻谷熟透了,黄澄澄的田野像是大自然的一幅得意之作,一望无际的金黄,那么美,那么秀丽。饱满的稻穗将稻秆压得低下了头,像害羞的小姑娘,不愿面对大家对她的赞美。微风轻轻拂过，吹拂着稻穗，层层麦浪迎来，似翻滚的金黄色海洋，又似无垠的沙漠。最美的还是农民伯伯烈日炎炎下那忙碌的身影。既然是劳动就有分工合作。一般是女的割稻，男的负责打稻。那些阿姨们或同龄的女孩子手持镰刀，弯着腰，一手抓着稻秆，把稻割下。割下的稻谷并不是随便乱放，而是一堆一堆地摆放，摆放又按一把把分交叉次序地放，这样会让打稻的人更方便拿起稻谷。伯伯们就推着打稻机，将一把把稻谷打下，然后装袋便扛回家。在收获的季节里就是这般，夹杂着收获的辛劳和甜蜜。

海南的作物都是一年两三熟，一年四季下来，人们都显得特别繁忙。今年夏天，我随母亲下田去插秧。为了避免过度曝晒，母亲常常会叮嘱我"全副武装"。烈日炎炎，空气里透着丝丝热气。即使"全副武装"仍抵不住太阳对我的侵蚀，而且要长时间的弯腰，不免让我有些抱怨，但又很心疼母亲，只能硬着头皮下来。走过路过的农民伯伯时不时会调侃我："不好好学习，以后这些田都归你种。""学习辛苦，还是做农辛苦啊！"我不免在心中有些感叹。这些话语虽已听多甚至牢记于心，但当我抱怨生活繁忙和烦恼学习过于枯燥、过于无聊时，它总能立刻让我警醒，不断地鞭策我要努力、要奋斗，不能止步不前。只有这样，才会在将来拥有选择的权利，选择更优质的人脉，选择更广阔的视野，选择更自由的人生。

在我的印象中，故乡的路十分难走，一旦遇到下雨天，路面会变得坑坑洼洼，积着许多水洼，十分泥泞。这几年县里在争创卫生城，经过县政府的改造和扶持，我的故乡发生了翻天覆地的变化。泥泞的泥路经过修整铺上了水泥，使村里的人们来来往往更方便了。村里种了许多花草树木，使环境变得优美了，环境卫生也变得更讲究了，我们村还因为卫生做得好，在今年的 11 月 14 日荣获县里"文明村庄"称号。随着村口高速路的开通，路两边也开始出现了小商店。一切都显得欣欣然的样子。但只有我知道，即使村庄发生了再多的变化，故乡的人们还是一样淳朴、善良，仍然遵守本分，辛勤劳作。每当我回到我的故乡，村里的人们见到我还是一样亲切，还是一样对我关怀和照顾，给我许多鼓励和支持，说我是村里的骄傲，叮嘱我要继续努力。

我爱我的故乡。爱故乡的山，爱故乡的水，爱故乡的人。一样的青春，不一样的年华，我告别父母，远离亲爱的故乡。荏苒时光的年轮一去不复返，故乡发生了巨大的变化，故乡的情愫仍在心中。

图1:割胶

图2:槟榔

图3:金黄的麦田

　　点评:首先,文章的句子非常简洁流畅,格式也比较规范,主旨鲜明。其次,文章表述跟图片结合得非常紧密,使文章所描述的农民割胶的情景、金色麦田的模样等映入读者眼帘,突出了海南家乡特有的景色和风情。最后,文章语言比较朴实无华,却向我们传递了最真挚的情感。读者能够从字里行间看出作者向我们传递的思乡之情以及拼搏向上的进取精神。

# 我的家在贵州水城水库村

毛苇

我叫毛苇,我是一个来自农村的孩子。家位于贵州省水城县比德镇水库村,我们村在比德镇的东南部。我们村管辖 19 个村民组,而我家就位于水库村瓦厂组中,我们这小组大约有 45 户人家,人口大约有 150 人。我家土地面积有 6 亩,但我们组里所有人家的种地面积全部加在一起才有 300 多亩,所以我们组每户人家的耕地面积是很少的。再加上农民并没有一技之长,想要生存的话就只有从别人家手里租地种(租金可以是现金也可以是交粮食)。不管地有多远,山路有多难走,只要土地能长农作物,村民们都会去租地种。我家也是这样从分地后一直到 2015 年一直租地种。

为了养家,男青壮年们都会去隔壁村煤矿上做苦力、挖煤炭。我爸爸就这样把大半辈子都奉献给了挖煤,但主要收入还是以农业为主。每户人家的耕地几乎都在家附近,每家门口也几乎都有个菜园子,妇人们每年都会随着季节的变化而播种不同的蔬菜。而我妈妈每年都会把我家小菜园种得和花园似的,因为我妈妈会在菜园子里种各种各样的蔬菜,有玉米、白菜、蒜苗、小葱、豆角、香菜、豌豆菜、空心菜和菠菜等,只要地里有空地能种的,都把种子播种在土里。这样一来不仅使我们家生活方便,还能让我们每天都能吃到新鲜的蔬菜。

我们这个组又分为三个队,我家属于一队,我们这队人家住房分布还算集中,今年我们队还因为孩子们高考而出名了(因为考上大学的孩子比例提高了)!而第三队人家住房就比较分散,有些人家位置比较偏僻,并且通往队里的路都是乡间小路,下雨天路特别滑不好走。导致乡亲们想要串门的话得走个七八分钟,所以组里小伙伴们都嫌远不愿意来和我们一起玩。

自从 2013 年村里修了"村村通"水泥路之后,车路几乎都能到达每家家门口,有的即使没有到达,但离车路也就一二百米的距离。"村村通"给我们村民带来了极大的好处,以前家里想要去镇上买点东西都得靠人工搬运,现在根本不用担心背不了的问题,只要有钱雇用一辆车就全部解决了。同时也给孩子们带来了更多的欢声笑语,让孩子们串门更方便,再也不用担心路滑、泥巴路不好走等问题了。

我们组以前住房大多是瓦房,还有的住茅草屋,有平房的人家户很少。要是在90年代村里哪家要是有间平房那是件很自豪的事,感觉家里在村里的地位都上升了一个层次。儿时记忆里在夏天时老人、小孩都会在家门口树底下乘凉,一起做游戏、唱儿歌、跳皮筋等嬉戏玩耍。奶奶们那一辈的老人都会在农闲时编编草鞋,绣绣花鞋垫。爷爷们则会互相帮助邻居充墙盖房子。这样的乡村生活是很惬意的,每天都能听见鸟叫声、虫鸣声。这样的乡间生活一直令我很向往。

现在村里开展了美丽乡村建设,村里相对以前是变化了许多,每家每户都也盖起了新房子,村里大多数瓦房都改建成了平房。我家以前生活是很困苦的,家里几代人都是以务农为生,所以老一辈流传下来的淳朴和务实的精神深深地感染了我。尤其是我们家族流传着良好的家风,传承着优秀的传统文化。例如每次过传统节日时,长辈们都会让我们了解与节日有关的礼节和习俗。譬如家里来客人,我们要尊老爱幼,给长辈们问好,要做个懂礼貌的好孩子。虽然在家族里读过书的人很少,但他们一直以身作则,言传身教去教育着我们。虽然他们是农民,但也并不代表他们就只会种庄稼,不懂得对后代的培养。

六七十年代生活的人们都以追求温饱为主,都没有多余的精力去追求知识和文化。所以爸爸没读过书也是情有可原的,再加上爸爸那一辈姐妹多,爷爷要在当时那个困苦年代去把那么多孩子拉扯大是件多么不容易的事,只要儿女穿暖吃饱就很不错了,哪还有条件去谈学习。也正因为爸爸没读过书,所以对知识非常渴求,并且知道知识的重要性,所以现在爸爸是多么希望我们仨兄妹能够好好珍惜现在的生活环境和学习条件去好好学习。但并不是所有希望都能实现,哥哥就只读完初中就踏入社会打工了,现在就我和小妹读书了。

小时候我成绩不好,从没有想过考高中读大学。但在2010年小姑考上大学后就改变了我的想法,再加上爸妈从小就教育我们要好好读书,只有读书才是改变命运的最好途径。所以我就比以前更加努力、认真学习,通过高中四年努力奋斗终于考上了海南师范大学。虽然考上的不是"985""211"等名牌重点大学,但我进了一所还算不错的大学,也还算给爸妈争气吧!但不管我们仨将来怎么样,爸妈都希望我们能互帮互助,不要忘了我们之间的亲情。尤其是叫我和小妹以后读大学出来工作后一定要帮助哥哥,这点是值得我去努力学习的。

因为家里条件贫困的原因,爸爸从小就吃过很多的苦,同时也形成了他的勤俭节约的优良品质。尤其是爸爸吃苦耐劳的精神品质一直感染我,每当我在学习过程中遇到困难想要放弃时,想想爸爸就不觉得累了,咬咬牙也就坚持住了。听爸爸说他们小时候由于家里负担大,爷爷在他们长大成家后都会进行分家。那时候爷爷就只有一间大瓦房,然后把大瓦房隔成四个小房间,大伯和二伯各一间。爸爸在1993年结婚后也分得了一间,一间只有15平米的小房间。并且屋顶还漏雨,墙壁都是用牛粪粉糊的。家里很寒酸,一件像样的家具都没有,就只有一台缝纫机、一张旧床和长桌。但爸爸在面对一贫如洗的小家时并没有因此而怠慢生活,而是一直踏踏实实地干好农活、种好庄稼、挖好煤炭,日子也还勉强过得去。但是我们仨兄妹的到来给爸妈增加了不少压力呢!因为家里一下子多了三副碗筷。

有时候爸妈为了能让我们健康成长,都舍不得吃猪油,把猪油留给我们吃,自己吃菜油。爸妈对我们无私的爱让我由衷地感动。妈妈为了能帮家里添加点家用,不辞劳苦去批发洋鸡蛋卖,同时还可以给我们补充营养。在记忆里五口人吃住都在同一间小房子里,虽然显得有点拥挤,但却洋溢着一屋子满满的爱与欢声笑语。

从我记事以来,家里一直都是过着清苦平淡的生活。小时候家里没钱,我们是很少穿新衣服的。大多数衣服都是妈妈用旧衣服改造后缝制的,可以说是"新三年,旧三年,缝缝补补又三年"。我妈妈手可巧了,我们小时候背的书包和穿的布鞋都是妈妈亲手做的,所以妈妈在村里可有名了。她可是我们村里的"一把手",只要邻居们有需要缝补的,我妈都会主动去帮助他们,还给他们的小孩做小围裙和小鞋子。那时候家里最值钱的东西也就数妈妈的嫁妆(缝纫机)了。爸爸也不甘示弱,经常做完我家的农活,然后主动帮助村里其他人家干活。带小孩,只要有小朋友来我家玩,爸爸都会做好吃的给他们吃,所以爸妈在村里挺受欢迎的。同时爸妈助人为乐的精神让我一直铭记在心里,感谢爸妈为我们树立好榜样。

那个时候家里收入主要靠种地,但爸爸分到的地并不多,总共不到六亩,所以家里地多半都是去租来种的。农作物主要以种植物小麦和玉米为主,每年能收获两千多斤庄稼。在村里只要种粮食的肯定都会养猪,我家每年都会养三头猪,有两头拿去卖,一头用来过年,制作成腊肉存放着来年吃。那时候我们是很少吃到新鲜猪肉和水果的,更不要说牛奶和零食之类的了。所以小时候最喜欢周末了,因为周末到了赶集时间,妈妈会去赶集买一些我们爱吃的饼干和水果。虽然每个周末买的并不是很多,但当全家人围坐在一起分享美食的时刻是最幸福、最快乐的,是我记忆中最美好的。

爸妈也会因为生活的拮据而烦恼,在那个年代想必每个家长都会有这样的烦恼吧!那就是逢年过节。爸妈每年都会因为这些节日而头疼,因为没有多余的钱去花销。尤其是过年还要给亲戚家小孩发压岁钱。但爸妈都不会因为没有钱而说不过节了这些气馁的话,而是每到节日前他们都会比平常更勤奋地去找临时工做，给煤矿上包工头做工，赚钱去解决过节的问题。爸妈的积极乐观态度让我敬佩，也让我为爸妈感到自豪。爸妈以身作则告诉了我们无论今后遇见多大困难，我们都要勇敢地去面对，不能逃避。只有一步步克服困难，勇于挑战困难，享受困难，才能找到生活的闪光点，享受生活所带来的快乐。

读中学时，我们每天早上去读书之前，都会帮妈妈抬水到田里给稻谷灌溉，因为田里水的来源主要靠附近的河流，遇上农忙季节时，每家都会去挖沟引河里的水，这样难免会造成水资源短缺。或者我们背粪去地里给爸妈种地施肥再去上学。放学后，我们会去割猪菜回来喂猪或者去地里帮爸妈除草，到种植季节时我们可以去地里播种土豆、大豆或者玉米种子，爸妈再给种子盖土，干完农活回来后我们会主动做饭给爸妈吃。我们都不愿意看着爸妈每天那么辛苦，我们在慢慢长大，要学会主动承担家务，为父母减轻负担。所以我在7岁时就学会做饭了。在这拮据的生活中看似我们学习的时间很少，其实并非如此。虽然爸妈没读过书，但他们会每天在晚饭后督促我们学习，把老师布置的作业完成。还时常叫我们要和同学和睦相处，别欺负小朋友，要听老师的话和尊敬老师等。还记得妈妈时常最爱说的一句话："我们做人要有志气，有良心和问心无愧，做事要干净利落。"那个时候压根就无法理解这句话的含义，还好奇地去问妈妈是什么意思。等长大后才突然明白爸妈在我们小时候讲过的许多话语都是真理。

随着社会的不断发展，经济不断增长。我们家的生活环境也改善了许多。尤其是教育环境，在我上小学三年级时国家实行"两免一补"政策，这给我们减免了许多学杂费的同时也给家里减轻了不少负担。在此我感谢祖国对我们教育的重视，给了我们更好的机会去学习知识。也让我倍加珍惜现在的学习机会，不断好好努力去学习。将来做社会有用之人，我们也愿为社会献出我们的微薄之力。爸妈也教导我们要懂得感恩，学会感恩社会，感恩身边的人，我们所拥有的是全世界。譬如拥有父母之爱的人，时常怀有一颗感恩之心。我们感恩自己的父母，因为感恩而更爱自己的父母，也更因为感恩而懂得如何去施恩。很幸运我有一个有爱的家。

今年，我们比德镇将按照建设"中国凉都——生态水城"要求，围绕全面建成小康社会和经济社会发展目标，推进农旅一体和农村电商发展，推进社会各项事业全面进步。以"决战三年，摆脱贫困"为重点开展精准扶贫、精准脱贫工作。按照"工业强镇、民主兴镇、旅游旺镇"的发展思路，全力做好"惠民生、促改革"的各项工作。增强广大人民群众的获得感和幸福感，努力实现"生态美、产业兴、百姓富"目标，为全面打赢脱贫攻坚战开好头，起好步。所以，我很感谢政府为我们老百姓着想、谋发展，我相信在不久的未来我们村在政府的领导下一定会发展得更好。

　　点评:文章语言朴实无奇,但却在这平淡的叙述中透露出一家人之间的真情。首先作者对自己的村庄和家庭都做了比较详细的介绍,而且文章中讲述了作者一家人之间的许多故事,能够以小见大,透过这些故事让读者看到了坚持、拼搏、团结、孝顺等精神,突出体现了党在国家发展中做出的巨大努力和作者家乡变化之大。

# 那一方净土——海南陵水加卜村

林如芳

我可爱的村庄加卜村坐落在陵水黎族自治县的英州镇。英州镇是全县最发达的乡镇,英州镇有一条国道,顺着223G国道向西走四千米左右到了一个路口,再向北走两千米左右经过了两个村庄,才能到达我的村庄(加卜村)。这个村庄很小,只有几十户人家,总人口不到一千人。尽管村子很小,但村委会一直以来都设在我们村里,所以我们村地理位置还不错。

由于西北方向靠近三亚市橡胶林农场,这促使我们能在每年的冬天都能欣赏到橡胶林褪掉浓绿的叶子,换上一副银白的套装的样子,而待到橡胶果实成熟干落的时候,这也是我最期待的时刻了,因为在这时橡胶果会上演一场"噼里啪啦"的音乐盛会。这里的橡胶树在春天开花,在夏天结成果实,在秋天成熟,成熟后的果实就会干裂,裂开时的果实会同时发出"啪啪啪"的声音,而果实的果仁随后也跟着落地,发出"哒哒哒"的声音。同时,秋天的橡胶树的叶子已有大部分变红了,非常美丽,可以与北方的红叶相媲美了。美丽的红叶为这场盛会添上了立体的背景图,所以走进橡胶林不仅能享受到美好的音乐,还能欣赏到美丽的景色,听觉和视觉都得到了洗礼,让人片刻都不想离开。

今年的冬天,我又来到那片我一直喜爱的橡胶林。再次踏上这片土地让我不由自主地想起童年的趣事,还记得小的时候在不同的季节就会有不一样的事情,比如说春天开花的时候我们就会去摘花回来过家家,夏天的时候我们就会去找胶水粘成小球拿来玩丢沙包,秋天的时候我们就去橡胶林里捡柴火拿回来烧火,每次放牛也会集中在这片土地。

这片橡胶林不仅给了我们美丽,还给了我们便利。往东南方向望就是小镇大片的地域了,而我们这个村庄就在这片地域的边缘上,村口进来的一点点就能看到村委会,位于村主干道边。以村委会为中心,西边是村小学,村小学后面还有村民的房子,北边是村民的房子和村庄主要的农田,东边也就是村口。村民们纷纷在村口公路的两侧盖起了楼房,这是为什么呢?因为东边的村口有一条公路,交通方便,并且地势比较高,视野也很开阔。

今年寒假回家的时候,一到村口就让我眼前一亮,从村口到每条村路都种上了花草。据我所知在我们这个五合村委会中只有我们村才有这样优等的待遇,村里的路本来就很美了,如今再加上这些花草显得更美了。我们的村是杧果围起来的村,因为整个村庄的周边都是杧果树,村民的主要收入也是来自杧果种植,其余的收入是来自种植槟榔,或者是种植冬季瓜菜。我们村的瓜菜一般是在冬季种植的,虽然这里可以一年三熟,但由于水稻和瓜菜生长时间的需要,村里只是一季种水稻一季种瓜菜。以前种水稻种瓜菜非常多且都是自己种。近几年,大家都去镇里打工,没有时间管理农田,一般是出钱请别人帮忙种,或者是承包给外地的种植人员,收取的承包费一般是八百块钱左右。如今,大家的收入来源越来越多,生活越来越好。

村庄以前是很贫穷的,道路都是泥土路,而且由酸性很大的红土构成,每到下雨的时候出门鞋子总是被泥土黏得比鞋还沉重。不过现在好了,生活水平明显提高了,家家都有水泥公路通到家门口了,大大小小的水泥路一共八条。

众所周知,乡间的小道是乡村不可或缺的一道风景线。乡间的小道虽然没有经过大师的妙手的精心设计,但气质却胜过精心设计。通往我家那条小道,道路的两旁是那刚劲挺直的松树,好像许多健壮刚直的守卫兵,松树底下就是各类品种的小野花,在松树的荫护下生活的它们可开心了,每天都会笑脸迎人,走进这松树底下抬头还可以看到星星点点的阳光,甚是美丽。松树小林后面就是大家很期待的一大片的杧果园,每到杧果花开的季节,一大片又一大团的金黄色的杧果花争相开放,相互斗艳,一阵清风抚过,带着浓浓香甜的花香沁入鼻子里来,这时就开始上演了一场视觉和嗅觉的盛宴。

今年年底村里的每条道路上都安装了路灯,村子在没有安装路灯之前到了夜里就只剩下一片漆黑,而且黑得安静,但是这样观看天上的繁星就特别清晰,特别清澈明亮。如今安装了路灯之后,村里一下子亮了起来,有种灯火通明的感觉,只是晚上很难看到那么清晰清澈明亮的繁星了,应了那句话:想要有所得首先要有所失。听说我们的村庄正在建设成文明生态村,一个文明生态村正在孕育中……

我爱那里的人,他们简单、纯朴、热情、相互信任,有一种很干净的气息。村里的人无论是出门干活还是出远门,家里的门窗是不上锁的,因为大家都相互信任。走在村道上碰见的每个人没有是不打招呼的,有时还会停下来闲聊一会儿。即便聊也聊的是家长里短或者交流种农的经验,但都颇有班荆道故的意思。尽管大家刚从田地耕种回来,满身萦绕着泥土的气味,或者肩上的农具还没来得及放下,又或者是满身的臭汗。

一个村庄像是一个朋友圈,没有陌生人,只有熟得不能再熟的老熟人。哪一家有喜事大家前去祝贺帮忙,感觉像是一家人的喜事就是整个村庄的大喜事。哪家有丧事,村里的人会带着钱、带着米、带着真心前来慰问。本是一件令人哀伤的事件,因为有这些村民送来的温暖,让逝者一家能很快地走出失去家人的哀痛。

有时候我就想:为什么丧事要过完十二天呢?现在我终于明白,这是为了能给家属一段时间接受的过程,并且在这个过程中有大家陪伴和温暖。在这个村里洋溢着浓浓的人情味,甚至冲出了这片土地的上空,形成一道完美的彩虹桥。

村口有一所小学,学校里有一位老先生,这位先生是我们村里的人,他腿脚不大方便而且年纪很大,即使腿脚不方便,也阻挡不了他坚守教育事业岗位的决心,最后他把生命献给了教育,这让我心情沉痛,但心中也油然而生出自豪感。这所小学,让我怀有很深厚的感情,因为那里有我敬爱的启蒙老师,有我单纯又可爱的小伙伴,我的大学梦也是在那里萌生的。每年寒假我都去那里走走看看,它见证着小学每年不断进步的印记。

去年寒假我和朋友再次踏入这块承载文化的土地,里面的一切早已物是人非了,一届又一届的毕业生从这送了出去……在我回忆的时候,听到几个小朋友兴奋地叫了我,我顺着声音看过去,原来有几个小朋友在乒乓球桌那里玩球,他们弱小的身体与球桌比对画面显得很不协调,我走了过去,他们邀请我一起打乒乓球,对于热爱乒乓球的我肯定不会拒绝了。但我打了一会儿就累了,趁休息之余我向他们了解一下学校目前的具体情况,聊起学校的事一下子和他们聊得火热了,他们左一个老师又一个老师的,听着还挺舒心的。不知道什么时候我萌生了一个念想,就是毕业之后回到这个学校当教师,回报母校。师资力量薄弱是学校一直以来最大的问题,接连的就是学生越来越少,虽然学校的教学设施在不断完善,但还是没有解决最根本的问题。

我想办一个小学补习班,专门给我们村的小朋友补习,不收任何费用,去年我向父亲提了这个想法,父亲很支持我。据我所知,我是从那个学校走出来的第二个大学生,这数据少得让我感到可怜,甚至感到悲哀,如果不做点贡献真的更说不过去,我的目标就是让那里走出更多的大学生。国家的富强离不开教育,教育搞上去了,一切都会好起来的。

我的村庄是一个黎族后代村,会说黎话是必备的技能。关于黎话这方面的话题,我内心不由自主地感到脸红,因为我的黎话并不怎么好。和村里的人交流的时候我时不时用普通话代替,这样不仅仅是尴尬这么简单了,这关乎民族文化传承的层面了。我的朋友对我说:"咱们不能把我们最基本的语言给忘了,我们要把黎话世世代代相传,不能在我们这儿断了。"显然,在我们这一代很少有人很会讲黎话。我记得，最后一代人穿黎锦是爷爷的妈妈那一辈了，现在的人都不穿黎锦，我家里有几套手工的黎锦，但很少能见到，只有到整理衣物的时候才能瞧上几眼。我感到黎族文化有消失的危机，不久前我知道了我学校还有一个拯救黎族文化的组织，这是让我感到非常欣慰的。而本身作为黎族的我，不应该装作感受不到这些令人可怕的危机，我必须尽我所能扭转乾坤。

我爱这个村庄，爱这里的一草一木以及每一寸地，爱村里的每一个人，更爱村里的那个我的家。

点评：文章语言简朴，描写细腻，感情真挚。作者向我们介绍了自己的家乡——海南陵水加卜村，字里行间都透露出对家乡的热爱之情。从作者的描述中我们知道村庄就是一群人共同的家，在这个家里人们相亲相爱，尽管这个家不富裕，却给我们最难以忘却的回忆。但我们不得不承认家乡是落后的，而作为这个家乡的一分子，都应该为家乡做出一点点贡献，让它变得更美好。

# 千里之外的思念——我的家乡寿光郝家村

郝振宁

"离别家乡岁月多,近来人事半消磨。唯有门前镜湖水,春风不改旧时波。"贺知章的一首《回乡偶书》不知道勾起了多少游子的思乡之情,远在千里之外的我,不禁想起两千多千米之外的家乡——郝家村。

我的村庄坐落在山东省寿光市偏南方的圣城街道,有着四十多户人家,多为单姓郝姓村民,房屋错落有致,目前大多数房屋皆为两层小洋楼,但仍有一部分老旧的农家土坯小院。原来主要以种植粮食为收入来源,现在以种植蔬菜为主要收入来源。通往村庄的只有一条窄窄的小路,路旁是村委会创办的一家为了照料村子中行动不便老年人的老年公寓。虽然这小窄路不怎么宽阔,不怎么平坦,甚至连路灯没有几盏,但是这条小路却承载着我多年的记忆,岁月荏苒,我已身在异乡,如今追思村庄,不禁涕泪横流。

沿着村庄弯弯曲曲的小路一直往前走,首先映入眼帘的是一座高塔,这座塔自我有记忆以来一直在这里,在那个村里还没有完全普及通讯的时候,这座高塔就是全村人的精神支柱,谁家来了什么人,谁家的孩子又寄来了什么信,村长都会通过这个高塔上的扩音喇叭通知全村的人。每当饭后闲暇时间,村里大多数的人都会三三两两地凑在一起,谈论着一天的收获和收购的行情。记得儿时,最喜欢的就是夏天的晚上在家门前一棵巨大的槐树下乘凉。每当夏夜来临时,奶奶抱着年幼的我坐在门前,我钻到奶奶的怀里,吃着奶奶用槐花烙成的槐饼,奶奶用蒲扇一下一下地轻拍着我,以免我被蚊虫叮咬。如今时光飞逝,忘不掉的是奶奶那一下一下的轻拍,这更是奶奶对我的爱。

在我们的这个村庄里,大部分的村民是以种植蔬菜为生,多以黄瓜、辣椒、玉米为主。随着经济的发展,温室大棚在我们那里已经完全普及,国家富强在这里得到了直接的体现,从最早的时候粮食缺乏到现在家家户户都有富足的生活。儿时的我经常在农田里面飞奔,去帮助大爷大娘"拉车",追逐田地里面的蚂蚱。玩累了我就躺在大棚的土墙面上睡觉,在那一刻仿佛天地都是静止的,只有微风在耳边吹响,这简直就是人生一大快事。

在我们家里还养着一条老狗,名字叫卷卷,是因为它长着一身的卷毛,记得在我还上小学的时候父亲就把它抱来了,那时候它还是一条小狗。如今过了多年,小狗已经变成了老狗,而我,也逐渐长大,离开了生我养我的家乡。

在我们家的门前有一块相对比较大的空地,那是我与我哥哥的乐园,小时候我们经常从那儿的土里挖出奇奇怪怪的虫子,现如今随着房屋的变迁,大空地已经变成了小空地,小虫子们也都不见了,但留给我的快乐时光,却依旧存留在我的脑海中。

人总是有一种烙印,如同胎记,这烙印是在生养人的地方形成的。村庄的田野就是我的烙印,因为家里承包了几亩薄田,所以在温室大棚前面有一片剩余的田野。这片田野就是我儿时的乐园,在田野里面放风筝是最开心的事情。四下无人的田野里,只有我和哥哥一路狂奔,甚至连身后的风筝掉在地上也不知道,虽然现在看来有些天真,但那时却是我最烂漫的生活,时至今日都难以忘却。

家里的田地里还种着许多向日葵,是父亲和我一起栽种的。每年的秋天,就是向日葵成熟的时候,天然的葵花籽是可以吃的。每到这个时候,父亲就会跟我一起,把向日葵花盘上的葵花籽搓下来,放在篮子里面挂在门口晾晒,等到没有潮湿的感觉的时候就可以吃了。当然刚搓下来的葵花籽也是可以吃的,只不过有些涩,并不好吃。

辣椒和玉米是我们家里比较多的两种作物,每年收获的时候是全家人最开心的时候,看着那些红彤彤的辣椒和刚掰下来的玉米,每个人脸上都写满了快乐与满足。每年这个时候,家里就会拿出一部分的辣椒,晾晒在院子里。除了卖给收购粮食的商贩一部分,另有一部分是要分给其他人家的,感谢邻里邻居一年来的帮助,农村人淳朴的精神在这一刻得到了体现,每个人都不会吝啬这一点点的粮食,因为大家都知道,如果没有邻里邻居的帮助,凭借个人是很难得到丰收的。除此之外,有时候还会用一个大锅煮非常多的玉米,挨家挨户地送给别人,遇到生活比较困难的老人,还会多给一些其他的生活日用品,来帮助他们生活。

近几年村里面响应政府建设新农村的号召,建起了一座养老院。家里年轻人离家打工,老人就会一起去敬老院。那里老人的生活虽然没有儿女在膝下奉养,但是却有着其他的村民悉心照料,善良的村民们每周都会自发地去看望他们,替他们的儿女们照料他们的生活起居。

现在随着村里政策的不断完善,每家每户都住起了小洋楼,每个人的生活条件都有了很大的提高。前几年我在家门口的院子里种了许多的花花草草,如今已经盛开了许多。每个人的生活如同那火红的辣椒一般,红红火火地变化着,不断地繁荣与富足。我的村子也变得更加美好。

如今身在异乡,看着面朝黄土背朝天的父母一天天老去,头发逐渐花白,原本挺拔的身躯在岁月的摧残下已经逐渐弯曲。更是让我感触良久,作为当代的大学生,更应该努力学习,充分地汲取知识,不断地丰富自己,充实自己,应该在未来的生活中勤奋学习,积极进取,争取有朝一日报答父母,让劳累了大半辈子的他们得以安度晚年,尽享天伦之乐。

千里之外,总有一股情思牵绊着我。村庄,梦里的村庄,无论身在何方,无论所居何处,那父母灿烂的笑脸和那院子里我种的花朵,以及已经年迈的"卷卷",都是我时时刻刻牵挂的思念。我相信,经过大学的学习,当我再回村庄之时,定会为村庄的繁荣奉献我的微薄之力,让我的村庄更加美好。


点评:语言流畅,情感真挚。作者的这篇文章将故乡的人和事都描写得非常生动,不禁使读者脑海中浮现出作者家乡的模样。儿时的高塔、奶奶温暖的怀抱、年迈的"卷卷"、田野里的曾经都是作者回不去的过去,然而这些回忆却深深烙印在作者的心中。文章无不体现着小村庄的巨大变化,但在这时间流逝的长河中,唯一经久不衰的便是那份浓郁的故乡情。

# 我的家就在琼海大路镇深垙村

莫镕蔚

论及你们最喜欢的地方,或许你们会说是有着云雾缭绕的黄山风景区,或许你们会说是乐趣无穷的迪士尼游乐场,抑或许会说是使人饿意泛起的特色小吃城,不同的人有不同的看法。我喜欢你们所说的那些地方,但有一个地方,却是我的最爱,那便是我的故乡,一个位于海南省琼海市的乡镇——大路镇。

大路镇位于琼海市北部,琼海市的"北大门",是海南省"百镇建设计划"乡镇之一,是琼海市的农业大镇、"工业走廊"重镇。它距省会海口市 73 千米,自驾约一个半小时,距嘉积 19 千米,驾车则需约半个小时即可。总面积 139 平方千米,人口 2.7 万人,农民人均年纯收入约为 3115 元。全镇有 15 个村委会,我觉得这15 个村委会中,云满村委会则是我最喜欢的,因为那是我生长的地方。我家则坐落在其中一个叫深丘村的小村庄,也称云满大队。

我的小村庄没有依山傍水的优美,亦没有车如流水马如龙的喧嚣,但它总是安安静静地创造着自己的美好。每每阅读陶渊明的《桃花源记》时,总能想到我的小村庄,文中的"土地平旷,屋舍俨然,有良田美池桑竹之属。阡陌交通,鸡犬相闻。其中往来种作。黄发垂髫,并怡然自乐",不正是指在我眼中的我挚爱的小村庄吗? 很多人都说我这是"情人眼里出西施",我不否认,我的小村庄就是我眼中的"西施"。

我的村庄有着桃花源般的道路交错,花草树木不离眼帘的和谐静美,但这个村庄并不大,总共住着 16 户人家,也就一百多人,但也就这一百多人,维持了整个村庄的春天。村庄的房屋都是两室一厅的瓦房,一般是兄弟俩一座房子,一人一右一人一左,合用客厅,周边便是只隔一堵墙的厨房,那也是瓦房。村里的老一辈大都是经历过抗日而存活下来的人,有着三个或许更多的子女,因此,村庄里的房屋大都是挨着的,有点类似于四合院。每当一人想杀鸡喝酒了,其他的人都会来帮忙,大伙在客厅说说笑笑,门檐上还总有几只燕子在配音,画面总是那么团结而和谐。兄弟之间、亲人之间不就应该永远这样团结互助,无话不说吗? 相比其他地方分散的房屋,我更喜欢自己村庄房屋的构造,不知不觉中把亲情与乡情融为一体,促使人情更浓,乡愁更稠。

我的村庄并不是贫困村,也正是因为它不是贫困村,我才更确切地说我看到了人们积极向上、乐观处事的生活态度,大家都没有因为家庭的富有而沉迷于吃喝玩乐,自古以来日出而作、日落而息的劳动精神在大人们的心里依然保留着,并且落实到了行动中。不争不抢,不打不闹,谈笑自如,怡然自乐,和谐而静美。清晨,大人们吃完一碗自制豆浆配煎面,便谈笑着走向田中,开始一天的忙碌。这种以劳作为主的生活很充实,不是吗?

我的小村庄林子非常多,每当太阳升起,微光透过绿叶,印在地面斑斓绚丽。就连鸟儿也放肆地在人们的眼前嬉戏,无比欢快。清晨的我,走在洒满阳光的小道上,总是能看到老人们一起相约打打牌九、聊聊天,还总是能听到不远处传来的孩子们的嬉笑声。

我们村庄的孩子特别多,如果经常在村子里走动,你会发现许多好玩的游戏,诸如捉迷藏、跳绳、踢瓶子、跳田字格。那些游戏都在我童年的记忆中保存着,看着这些嬉戏的孩子,我便不禁回忆起了幼时的我们,那时的我们也如他们一般疯狂。犹记得小时候我有一次在玩踢瓶子时,躲在伙伴家的床底下睡着了,因为伙伴家的床底下有很多大纸箱,正好成了我的遮蔽物,当我醒来时,游戏已经结束了。听伙伴们说是因为我堂弟没能找到我,当了三次捕捉者,于是就生气不玩了。还记得当时大家在描述我堂弟生气时的样子时和我一样笑得可开心了,就只是堂弟和我"冷战"了一天,最终还是我用几包零食让他与我重归于好。可是当时充满童真的我们已经远去,说好了相伴长久的小伙伴们也都为了追逐各自的梦想而天各一方。小时候盼望着长大,长大后回忆着小时候。现在才知道,原来"珍惜现在"真的需要时刻落实到行动中。

我的小村庄普遍种植番石榴,它也是我们村庄的主要经济收入来源,这是一种一年四季都结果的植物,所以当秋冬季节来临时,你仍可以看到属于它的独特的翠绿。提起番石榴,我脑海中又闪现了奶奶带我到石榴地里施肥时的一次经历。正是这次施肥经历解决了一直困惑着我的问题:大学里散漫地学习与刻苦地学习,一样都是学习。既然能轻松,为什么要选择为难自己呢?那次的经历可谓是受益匪浅。

在我们的村庄里,仍然保留着传统的种植模式——浇水、施肥、打虫、打草、包装、采摘,都是要靠人工劳作的。在我的印象中,海南冬季的溪水是冰凉的。记得那时奶奶吩咐我到溪里打水,每打好一担水,我的手都是冰凉冰凉的,挑着水的肩膀被压得生疼,好多次都想罢工不干了,可是看着还在忙碌着挖坑的奶奶,我便咬牙坚持了下去。我很不明白，直接把肥料撒在石榴树底下不就可以了吗？为什么还要花那么多时间和精力在树根底下挖个弧形的坑呢？于是问了奶奶这个问题，奶奶回答的大意是这样子的：为了让树更好更快地吸收营养，这样才能很快地使石榴持续健康。肥料撒在根部和埋在根部都能使石榴树成长，但家乡的人们却更倾向于消耗大量时间和精力在石榴树底部挖坑，可见大家的细心与勤奋。其实我们学生也应该这样追求根源，散漫地学与刻苦地学，一样都是学习，但唯有不畏艰辛、不畏寂寞的学习才能使自己大脑的存储质量变得更好。

那时的水是凉的，土是凉的，而我的心却是暖的。

其实在我记忆里的小村庄并不是完美的。记忆中，村庄的路都是泥泞的土路，在高中以前，每每到下雨天，我放假总是不大情愿回家，因为即使穿着再干净的校服与鞋子，一旦走上村庄接地气的道路，便肮脏不堪。即使大家常常会聚集在一起给大道除除草铺铺石子，那条路过几天依然还是恢复了原本的面貌。在学校高考前的两个月，我未曾回过家，就一直为自己的梦奋斗着。等结束回家时，才发现那条泥泞的大道已经盖上了厚厚的新衣，许多石榴地已经合并成了用于游客采摘的生产基地，好多瓦房都已经快有了新的替代，村口的草坪也变成了篮球场、排球场，周边还摆放着许多新健身器材。最让我感慨的还是道路上耀眼的绿色大垃圾桶，突然间，我记忆中的小村庄就这样往着好的方面发展了。但不知是不是因为离家远了，初中以后这些年的我回家后喜欢走在泥泞的大道上。走在泥泞的田埂上，哼一曲乡居小唱，任思绪在微风中飞扬，多少压力惆怅，都随微风飘散，遗忘在乡间的道路上。

家乡真是一个好地方，在外多少落寞惆怅都抵不过它的一缕阳光。即使现在的我已听不见大家在路上除除草铺铺石子时聊天说地的哈哈声，已看不见儿时和小伙伴们一起翻滚的草坪影，但我知道，那还是深丘村，那还是我最爱的地方。

点评：作者对自己村庄做了较详细的介绍，从这些介绍中我们可以看出作者对自己家乡的自豪感。文章讲述了几个故事，欢笑中能给人以感动，能从简单的事情里感悟到生活的哲理，让读者感受到作者对家乡的深沉的爱意。文章描写很细腻，一词一句都能看出村民之间感情很好，让读者看到作者家乡人们的热情好客，无时无刻不在向社会灌输正能量。

# 福建龙岩高石村有我念念不忘的地方

赖斐翡

有人说,在这个世界上总有一个地方让你念念不忘,或是一座城市,一处景点,一个小镇,抑或是一个村庄。而我的小村庄就是我心中念念不忘的地方。小村庄叫高石村,位于福建省西南部的龙岩市永定区湖雷镇的西北方向的大山之中。

以前耕地是大家的主要营生,一年的大部分时间都在用于忙活农事,农闲时,也会想其他法子来补贴家用——或是上山挖竹笋、草药,或是用竹子来编制鸡笼、鸭笼、竹篮等竹制品,等到赶集时拿到集市上去贩卖。除此之外,会有人来收购毛竹,因此村里人每年都会有一笔不小的收入。现在,村里大部分年轻男女都外出打工了,前几年,村里新建了一个金线莲生态种植示范基地,为一些人又增加了一些收入。有一部分人为了孩子能够受到更好的教育,慢慢迁移到镇上生活了,所以村里留下的多是一些老人。我的童年是在村里度过的,村庄承载了我童年所有的喜怒哀乐,因而对它有一种别样的情感。虽然现在没有生活在村里,但村里的点点滴滴依旧存在于记忆深处。

村子没有多大,按照地理位置分布,简单分成上组、下组和外组。上组和外组的人比较多,差不多各有二十多户人家。而我家在下组,下组住的人比较少,只有十几户。上组和下组的人都姓赖,而外组的人姓谢,但彼此之间没有隔阂。原来连接组与组之间的是石子路,坑坑洼洼的,很不好走,特别是下雨天时,一走就会有满脚的黄泥。现在慢慢被换成了水泥路,路变得更加平坦,路线也增加了,大家伙的出行也变得更加便捷。

村子被群山拥围,山上满是树木,有我认得的,但大多数还是叫不上名来。树木虽然多,但村中最多的还是毛竹,无人管制,肆无忌惮地生长着。它生长在小山坡上,生长在小溪旁,生长在每户人家的房前屋后。在村中,竹子是许多人的主要经济来源,所以我们都格外看重竹子。

村中仅有一条小溪,从村庄的中央穿过,然后流向不知名的远方。大部分人家沿溪而建,溪水干净而清澈,溪旁有大小各异的石头。村中的妇女会在石头上清洗一家人的衣服,石头在她们日积月累的"磨砺"中越发光滑。我们这些小孩也喜欢在石头旁的溪中玩,因为在大石头底下藏有许多石斑鱼。因身上的纹路与石头的纹路相似,故得此名。它们反应异常敏捷,我们一靠近就逃之夭夭了。所以经常可以看见我们弓着腰,靠近石头,小心翼翼地站个半天,等到它们放松警惕了,再两手迅速合拢,使它们无法逃脱,然后再放到旁边的水壶里。所以我们经常可以在溪边待上好久,直到听到父母的呼唤,才会提起水壶往家跑,当然又少不了一顿唠叨。美好而有趣的时光就这样在村庄中慢慢滑过。

以前,耕地对于村里人来说,是家中最重要的事,每年都会花大量时间和精力在这上面。清明前后,大家就要开始准备了。趁墟天的时候去挑选适合的优良的谷种,这是极其重要的环节。每天扛着锄头,带着镰刀去田间,翻土、除杂草、修整田埂。将山间的水引到田间,让杂草腐烂成为最天然的土肥。四月中旬,人们会将提前发好芽的谷种播种在提前修整好的田块,等着它长成秧苗。五月之时,秧苗长得差不多了,就要"脱秧",用上年留下来的稻草捆成一把,然后就是抛秧和插秧了。当然,并不是到此结束,之后要经常性地进行施肥、洒农药,还要注意田间水的多少等,一点都马虎不得。等到八月来临,差不多就要进行收割了。收割时几乎全家出动,父母是"主力军"。父亲负责脱谷,母亲负责割稻子,而家中的小孩也会戴着小草帽帮忙。适时会有家中的老人送来熬好的凉茶,以解闷热。脱好的谷子送回家后,会晾晒在自家的院里和楼顶上,进行脱尘后收入家中的谷仓里。每个人的脸上都会满带着丰收的清香和劳动的喜悦。

这就是村里人的生活方式,年年如此,岁岁如此,在劳动中体会到最充实的幸福。

村里人都是地地道道的客家人,热情好客,勤劳善良。如果谁家来了客人,吃饭时,除了自家备好丰盛的饭菜以外,周围的各家也会端来几道饭菜"拼桌",小小的桌子上堆满的不仅仅是菜,也包含村里人对客人的尊敬和热情。

村里的妇女会在房前屋后的空地里开垦出一小片菜园,种些应时的瓜果蔬菜,而男人们会上山挖竹笋、采灵芝、采草药等来补贴家用,还有人会点手艺,编些竹笼、竹篮拿到集市上卖。大家过得简朴而快乐。当然,邻里之间多多少少会有纠纷,会有摩擦。人们不会盲目地帮衬着谁,有理说理,还会请来村里有名望的老人来调解。老人了解清楚情况后,做出判断,谁对谁错,一清二楚,大家伙也都乐意和解,毕竟都知晓"和为贵"。村里的人虔诚信佛,所以村里会有大大小小的祠堂和土地公庙。每逢过年过节,烧香拜佛的人会将这些地方放满果品,男女老少都会来拜一拜,村里的人信佛,所以村里会有许多土地公庙和祠堂,为家人祈求一份平安。祠堂里有神婆,却不搞封建迷信,只是为前来祭拜的村里人解解心中的迷惑而已。很庆幸,我生长在我的小村庄里。

现在,村里的大部分人都迁移到了镇上,村民的生活方式也有所改变。以前家里是烧柴和烧煤,常常弄得家里烟气缭绕的。现在家里都装备了各式各样的家电,满足了人们各种生活需求。以前大家的房子大都是土木结构的,现在大家住的房子都是钢筋水泥建构成的,变得更加安全,更加宽敞、明亮。

记得那时我们村迁移的时候,虽然政府有补贴,但村里有一户人家仍旧无法迁移。有户人家中只剩一对老夫妻,他们本来有一个儿子的,却因车祸去世了。而且因为是责任方,赔上了家里的所有积蓄,原本不富裕的家变得更加困难。两夫妻靠编竹笼勉强生活,但若要迁移,真是比登天还难。幸好我们村长发动全村人进行捐款,大家的一小笔一小笔钱最终帮助老夫妻盖了一层小平房。这对于他们来说,已是很好的待遇了。老夫妻的家在我家附近,逢年过节的时候,妈妈都会叫我送些东西给他们,或者请他们来家里一起过节。老夫妻俩也疼爱我们姐妹,经常塞给我们一些他们舍不得吃的零食,我们也不好驳了他们的心意。虽然大家现在的生活越过越好,但彼此之间的情谊却未曾有所减少。

一个人不管以后走得会有多远,心里始终会牵挂着那个他生长的地方。我亦觉得,虽然现在大多人都往城镇迁移,但始终不会忘记那个拥有最纯真的回忆的故乡。我也不会忘记我的小村庄,不会忘记那条抓鱼的小溪流,不会忘记那简朴的小石桥,不会忘记那成片的竹林,不会忘记那一级级多姿多彩的梯田……因为,这是我的村庄,记忆中最美好的地方。或许,多年后再回到那个小村庄,会觉得"原来你是我最想留住的小幸运",然后会铭记,无论走多远,都要记得回家的方向。

我的小小高石村,那个我念念不忘的地方。

点评:静下心来读这篇文章,读者能够从中感到一丝丝的感动。本篇文章语言非常简朴,字里行间都透露出真情实意。作者对村子的大体状况进行简单介绍,让我们看到了一个原汁原味的村庄的模样。虽然现在迁往了城镇,但是作者却不会忘记陪伴了自己许久的村庄。因为在村庄的小溪、竹林里都是作者儿时嬉戏的回忆。村庄里邻里之间真挚的情感也是作者所珍视一生的。

# 我的故乡吉林大口钦

## 王赫

我叫王赫,我的家乡观念是很淡薄的,我虽然出生在大口钦满族镇,却在吉林市住了九年。这座小乡镇,位于中国这个大东北的偏东部,那里交通便利,粮食产量高,矿产资源丰。那里的人大多是满族人,这也解释了乡镇的名字。

这个小镇被几座大山包围,不是太繁华。我们这一辈家里大都是一个孩子,和上一辈家里四五个孩子形成了强大的反差,从而导致了现在家乡的人口比例失调。家乡人为了更好的生活大多出去了,我也完成了家人的愿望,走出了乡村,考上了海南师范大学。在这里的每天没有那么多的大事件发生,人们会为了鸡毛蒜皮的小事争吵,也会为了柴米油盐酱醋茶而发愁。平平淡淡的日子随时间的流逝在不慌不忙中进行着,一切都是那么真实自然。就是这样一个小镇却不平凡地印刻在我的心里。

施氏曾说:"哲学就是怀着甜美的乡愁寻找家乡的冲动。"心中颇有所想。从心理这层来看,我们人是求安的,安心之处也就是家乡。因此,浪迹天涯,心系家乡这无所非议。上了大学才体会到,家乡不仅仅是一所住处,更是心灵的寄托,是语言描绘不出来的。

我从没见过那么美、那么干净、那么清新、那么温婉、那么诗意的雪。每到雪花漫天飞舞的季节,我们从小一起长大的孩子就在雪地里堆雪人、打雪仗、滑雪圈。在农村,雪很容易下完就化,化成水到地面上就脏了,不知道在雪地里摔了多少次。在这样的环境下,我们的身体也变得皮实了许多。只是回到家后,父母看着我们浑身脏兮兮、湿漉漉的狼狈样,不免要挨顿骂了,下次却还是忍不住要玩。

我是最爱待在姥姥家的,姥姥家里做酸菜,说起酸菜,姥姥真的是百做不厌,它的做法也并不难,根据她的字面解释:洗干净,放进缸里,撒上盐,密封,一直到一个月左右拿出来,就成了家里人最爱吃的酸菜。一开始孩子们会嫌弃这个味道,但等到长辈们做好一大锅酸菜,再加上猪肉和粉条,我们小辈就把持不住了,总会有几个小孩子忍不住拿起筷子偷吃,家长们自然要说他不懂礼貌,要等老人先吃自己才能动筷子。孩子既羞愧又委屈,这时老人们就会为孩子解围,一时的不快也就烟消云散了。一家人围坐在炕上大口吃肉、大口喝汤,别提有多痛快。

还有那冬天满街吆喝的冰糖葫芦,最爱吃的还是爷爷做的。一大清早,奶奶就开始烧火煮冰糖,爷爷把昨天夜里提前准备好的山楂拿出来穿成一串一串的。等糖熟了也就放在锅里烫一下,裹上一层糖,酸酸甜甜的。那时爷爷应该是64岁,退休之后也就以这个为生。我记得我问过爷爷,这样起早贪黑隔几个乡村去卖不累吗?爷爷总是会笑着回答我说:"累是会累的,但也乐在其中!"

我们乡镇虽不大,却也有着它独具魅力的风俗习惯和风土人情。我们家乡人热情好客,性格豪爽,大嗓门。记忆中就有这样的一个人,她是我家隔壁的王阿姨。每次到了下午五点,就会听见王阿姨大声喊着吃饭了,拿着她刚在家做好的菜,踏着轻快的脚步来到我家里。就这样我们已经习惯了有王阿姨送菜的日子。偶尔几次到了那个饭点还等不到王阿姨,我们心里总是空落落的,有几次还去隔壁看王阿姨在干什么。这几年来,都是这么过来的,也让我体会到了"远亲不如近邻"这句话含义。

在这里,最想提到的是我们家那条著名的小胡同。为了消遣饭后无趣的时光,大家就像约定好了一样纷纷来到了这条胡同。胡同不大不小,刚好可以容纳大家。我们是几个小分队,老人们拿着小凳子坐在阳光充足处;小年轻们支好桌子椅子,放好一套麻将,就开始热热闹闹地玩起来;我们小孩子都聚在一起,有时玩打沙包,有时玩捉迷藏,抑或跳皮筋,有时缠着一旁打麻将的家长要钱,买零食。这样其乐融融的日子不知还能否再过上一次。

春节是中国人最隆重的节日,我的村庄过出了不一样的风采。在我们这边,过年是一定要在奶奶家过,俗话说"有钱没钱,回家过年",我爱过年,爱大年三十这一天,因为我喜欢一大家子都聚一起的热闹场面。老人们更是开心,把提前买好的菜都拿出,生怕不够吃。吃完饭后就等着看春节联欢晚会,每年都会有几个笑点惹得我们大家哈哈大笑。到了半夜就是我们各显身手的时候,桌子上摆好面和肉馅,就都争先恐后地包起了饺子。每次我包的时候妈妈都会说我耽误事,嫌弃我包得丑,只有奶奶会不厌其烦地教我包好看的饺子。在众多的饺子中总会包上几个带有硬币的,谁吃到了这样的饺子就预示着他在这新的一年里会交好运,有吉祥之意。年夜饭之后还得吃上几个冻梨和冻柿子,我是真的不爱吃,可最终还是逃不过奶奶的法眼,一定要逼着我吃一个,我也乖乖就范。这一天的灯光不论是在屋里还是在外边都会格外亮,这灯意味着益寿延年,香火不断。由于太亮,自然我就会失眠,这时奶奶看见我这副疲倦样,就会破例给我关一个灯,让我安心睡觉,这节就这样度过了。

我们亲人中有一个传奇人物——我的大舅。一说起他我们这边的亲戚都会说他是个二人转达人。我记得那时大舅二人转唱得很好,也只是爱好,称不上是专业人士,在2013年,还参加了省文艺比赛。二人转不论是词句还是唱腔,都有浓浓的东北味儿。现代著名美学家王朝闻曾对二人转如此评价:它好像一个天真、活泼、淘气、灵巧、泼辣甚至带点野性的姑娘,既很优美,又很自重,也可以说是带刺儿的玫瑰花。二人转集中反映了东北民歌、民间舞蹈和口头文学的精华,是在东北地区喜闻乐见,具有浓郁地方色彩的民间艺术,至今已有三百多年的发展历史。它是东北人文化生活中最普及的一种民间文化。说东北也许范围太大,但也普及到了我们村,我敢说上自七八十岁老人,下到几岁孩子,都会唱上几口,什么《小拜年》《西厢记》《猪八戒背媳妇》等。我也希望它作为一门艺术能够永远流传下去。我姥姥是二人转迷,直到今天还会锁定那一个电话台去看二人转,我喜欢和她在一起看,她有时开心地会哼上几句,看着姥姥脸上的满足我的心里就会很幸福。

有些事情不能回首,有些人一直记挂在心头。这是真朋友。我们过去在一起玩闹,在一起傻笑。她总是能在我失落绝望的时候鼓励我、支持我,让我变强。她是那么优秀,做任何事都是有始有终。你知道,就算大雨让这座城市颠倒,我会给你拥抱。你的肩膀不厚实,但总能带给我温暖和力量!家乡的人总是那么质朴、那么善良,用他们的行动为我们现身例行。

有一次偶然的机会,我读到了叶圣陶老先生的文章,又偏偏谈及故乡:"我自己也不明白,为什么会起这么深厚的情绪?再一思索,实在很浅显的:因为在故乡有所恋,而所恋又只在故乡有,就萦系着不能割舍了。"而我又留恋着什么呢?

家乡里最美的风景,最美的时光,最美的人。每次回想,都令我感动。也许再过多少年以后,家乡更加换上了崭新而又华丽的新衣。变的是人、是景,不变的是我对家乡爱得深沉的心。

点评:作者的文笔很好,文章逻辑清晰,从朴素的文字中透露出浓浓的爱。作者通过描写优美的雪景、美味的冰糖葫芦、独特的风土人情、历史悠久的石人山等表达了自己对家人、家乡的热爱之情。我们不难从作者的笔触中找到自己家乡的影子,那些美味小吃,那些独特的风景,还有那相亲相爱的人,都是我们记忆中的美好。时光荏苒,家乡依旧是我们心中的依恋!

# 乐光农场华侨队是我家

彭国婷

你若问我最喜欢什么地方,我会说,最喜欢的地方是家乡。

我的家乡位于海南省的西南部,叫作乐东黎族自治县乐光农场华侨队。那儿并没有大城市那么繁华,但它有着它自己的独特之处。

我所在的农场叫作乐光农场,距乐东县城 18 千米,紧靠着毛(阳)九(所)省道,建于 1958 年,原本的名字称作示范农场。2009 年由原来的乐光农场、抱伦农场、福报农场一起合并为新乐光农场。现有三个分场,第一个分场就是原乐光农场,第二个分场是原抱伦农场,第三个分场是原福报农场。

农场的土地面积共有 49.2 万亩,总人口有 2.23 万人。第一分场大部分土地处于乐东盆地,地势南高北低,东南部地区海拔高度一般为 200~500 米。第二分场地处于乐东盆地西南端,地势南低北高,平均海拔为 200 米。第三分场四周有海拔 400~700 米的山岭环绕,西部平缓开阔。在我们那出行还是比较方便的,基本上每户人家都会有一辆摩托车或者电动车,经济条件好一些的,也有小汽车了。

以前,农场里的高楼还较少,现在的高楼都逐渐建起来了,也有了新的小区,大一点的超市也有了,但唯一让我觉得没有多大变化的就是市场,依旧很小。即便如此,但凡是到了节日,再小的市场也显得格外热闹。农场里有幼儿园、小学、初中,这让上学更方便了。离开农场的中心,就是一些村与队。村是有名字的,例如高土村、后号村、酸豆村。这些村里大多数都住着黎族的人们,因为乐东是个黎族自治县,所以黎族的人们会比较多。队的名字多按次序来叫,例如一队、二队、三队。家乡的人们,多种植槟榔、杧果、龙眼、荔枝、香蕉、橡胶,这些都是收入的来源。

都说“水是生命的源泉”,可见水是如此的重要。人类与动植物都离不开水。在我所在的农场里有一个长茅水库,它就是生命的源泉。这个水库给我们提供了农业用水和生活用水,并且提供了淡水鱼,满足了当地人们的需求。长茅水库给予了我们很多,获取到资源的我们要学会感恩,感谢它的奉献,尊重它、爱护它,就如同爱我们自己一样。

海南省的大多数的农场里都会有很多的橡胶林,我所在的农场也不例外。橡胶是农场的经济作物,橡胶树的存在,也给当地的人民带来了相应的工作。比如,成为割胶树工人,或者是胶水回收站的工作人员等。割胶工人的工作特别辛苦,他们基本上都是凌晨三点钟起床,到橡胶林里开始工作。头顶上戴着电筒,穿着长裤、长衣,因为橡胶林里有特别多蚊虫。为了防着这些可恶、对人类不善良的蚊虫,就要不让自己的皮肤暴露在外,即使是在很炎热的夏天,割胶工人们依旧会"全副武装"。除此之外呢,他们的腰间会背着一个小方框,这个框子是用来装橡胶丝条的,因为前一天胶树上被割的地方已经结好了"疤",要想有新的胶水从树上流出来,首先就需要把"疤"给揭下来,这个"疤"就是橡胶丝条子。当然,工人们手里还会拿着一把专门割橡胶树的刀子。

天未亮,月亮依旧挂在天空上,在薄雾笼罩的橡胶林里,有着一丝的光亮,那是割胶工人头顶上电筒的光。静悄悄的胶林子里有虫子发出的声音,偶尔还有风吹过,树叶的沙沙声,自然中的一切陪着割胶工人度过一个又一个的辛苦时光。把所有的胶树割完,让胶水流出,工人们就可以回到家中休息,安静地吃个早餐,再忙碌着别的事。直到十点左右,就要到胶林里去了。带着桶,收胶水。那橡胶碗里装满了纯白色的液体,不知道的人还真以为是牛奶呢,这些都是工人们的成果。要是碰着下雨天,雨水落在了胶水中,并且工人们来不及收,那工人们忙碌的一早上就白忙活了。说实话,割胶的这一份工作极其辛苦,可工人们并不怕吃苦,凌晨起床,穿梭在橡胶林里,如此忙碌。我个人认为在他们身上的吃苦精神值得我们学习,学习上能吃苦,学得到的东西会更多;生活上能吃苦,过得会更舒畅一些;工作上能吃苦,更能得到他人的认可。人生不可能一帆风顺,总要有些颠簸,总会遇到困难,这些时候就需要吃苦的精神,不怕困难,勇往直前。

我出生在原来的福报农场,本来我的家是在原来的福报农场,但因为各种原因,两岁时就来到了原来的乐光农场,爸妈把家安在了原来的乐光农场的华侨队。因为在这一个队里绝大多数的人都是之前从越南回到中国的归侨以及归侨子女,队里有五六百人。我爸妈也是归侨,他们全都是 1979 年回到中国的,当时我爸爸全家被安排到了海南的澄迈县,因为爷爷奶奶的工作又来到了乐东县,妈妈全家一开始就来到了我所说的华侨队里。队里的房子很多都是平房,很多平房的那一块,就是队里的中心。我家并不住在队里的中心,而是在离队里中心步行十分钟左右的地方,家中的房子是瓦房,并不大。

房子不远处就可以看到我家的鱼塘,一共有两个鱼塘。在我们那儿,鱼塘并不少见,在我家的鱼塘上边还有着好几个别人家的鱼塘,其中还有我外公家的两个鱼塘。鱼塘也是我们那里人们的收入来源之一。鱼塘可以养鱼,还可以养鸭子。记得小时候家中养了特别多的鸭子,鸭子在鱼塘中嬉戏,翅膀拍打着水,水花溅起,鸭儿欢快的声音,那何尝不是一幅唯美的画面。我家门前有着一片杧果地,全是杧果树,等到它开花的季节,杧果花儿从不羞涩,尽情地展现它的美,散发出它的芳香,那金黄黄的一片,可谓是人间美景。这些都是大城市里都没有的景象。家乡的空气甚好,没有太多的工厂,没有太多的污水排放,蓝天白云依旧能保持该有的模样。

小时候的趣事,少不了在小溪里捉鱼、捉虾、捉小螃蟹,调皮的我们还在溪里用土堆成一个个小坝子,即使小坝子不停地被水冲毁,但小时候的我们始终觉得这是一种乐趣。等到橡胶树的果实成熟了,从树上落在地上,我们拿着篮子,弯下腰捡起橡胶果,放在篮子里,装满之时,满意回家,缠着爸妈称我们自己捡的橡胶果共有多少重量,再算算把它们卖了,能换多少钱。这些小时候的事情,依旧在脑海里清清楚楚,或许我们没有太多的玩具,没有太多的零花钱,但是我们有很多的快乐,那也足矣! 时光荏苒,我们都已长大。

喜欢一个地方,或许是因为那儿的人,也或许因为那儿的景,我喜欢家乡,是因为那儿的景,也是因为那儿的人。

家乡有爸妈、弟弟、外公、外婆……他们都很好,朴实善良。爸妈对我的影响比较深。爸爸妈妈都是初中毕业,文化水平并不高,加上没有固定的工作,只能在家务农。犹记得我小学四年级的时候,爸爸出了意外,脚被重物砸伤,做了手术。从此,好长的一段日子里,爸爸不能做重活了,只能在家静养。这一场意外,对于生活条件本来就不好的家庭,简直就是雪上加霜。在这种情况下,所有的重担就压在了妈妈的肩上。妈妈每天早晨都起得特别早,做好早饭,就赶紧去工作了。当时是有临时工的,在我们那儿可以帮别人家锄瓜地里的草,或者是采摘瓜果,这些都是在户外的工作。海南的天气非常热,妈妈每天都在烈日炎炎下工作,回到家还要忙里忙外,非常辛苦。在那段辛苦的日子里,妈妈从来都不抱怨,只是默默地付出,她觉得这是她作为一个妻子以及母亲的责任。她不抱怨生活给她带来的困难,她尽她所能让爸爸、我以及弟弟过得更好,我的妈妈是伟大的。我的爸爸,在困难的日子里也挺了过来。他经常说:"不怕,有什么好怕的,再难也能过去。"虽说只是一句短短的话语,但我能体会得到爸爸这是在说:人生应乐观。我们正确地对待生活中的困难,正视问题。我喜欢爸爸妈妈的那种少一点抱怨,多一些快乐的精神。

我的家乡没有著名的风景胜地,它只有平凡的景,平凡的人,但我就是喜欢平凡的它,因为平凡有平凡的美。养育了我十几年的地方,我怎能不喜欢。

　　点评:文章主旨清晰,辞藻朴素却饱含深厚的情感。作者主要向我们介绍了乐光农场的长茅水库、农民割胶、家人的艰辛以及乐观的态度。在这些事件中我们体会到了生活的艰辛、感恩,但是在面对命运的艰难的时候,我们依旧乐观地去面对。或许这个农场不够美,却是作者心中最美丽的风景;或许它不够独特,却饱含着作者浓郁的情感。

# 汗水浇灌梦想
## ——我的第一次大学生运动会

张义杰

骄阳抛下无数柔媚的眼神,摇荡运动员的心旌,心湖荡漾着一波波,酷似霜风染过的枫叶,火红的血焰猛烈升腾。

——题记

记得上一次的运动会还发生在高一,那是在一个寒风凛冽的冬天,一阵阵的寒风似乎能深入骨髓,着实让人疼痛;但是在拔河比赛、接力比赛等各种各样的单项运动中,班级里所显现出来的互相关心、团结一致、奋力拼搏、永不放弃的精神,也着实温暖了我的心。

虽然在高二、高三再也没参加过运动会,但是上一次运动会的温暖画面仍然深深映在我的脑海。如今,刚进入大学的我,有幸在第一学期又见运动会。于是几年前的运动会画面又重现于脑海,这个大学,这个自己费尽九牛二虎之力考入的大学,所举办的运动会究竟会是怎样,着实令人神往!

这个在一个多月前就开始准备的运动会,终于在 12 月 9 号这天如期举行。这天早上,我很早去乘公交车,为的就是自己能够去学校赶上这大学运动会的开幕式。我快步走着带着小跑,还没进入运动场,流行的音乐就迎耳而来,这又加快了我的脚步。一进入场地,一个繁华热闹的场面就映入眼帘,操场上各种各样的方队整整齐齐、五颜六色,令人心跳加速。

很快,方队就开始行走了。偌大一个操场上行走着不同的队伍,加上各种不同的服装,简直令人眼花缭乱,目不暇接。阵阵微风,运动场周围的椰子树也飘拂摇摆着,似乎也在为这精彩万分的开幕式喝彩。当然,最令我期待向往的就是我们马院的方队,果然不一般。当我们院方队迎面而来时,老师同学们雄赳赳、气昂昂向前行走着,是如此的气宇轩昂。不仅如此,他们的服装也是别有深意。同学们扎着小辫,穿着浅蓝色的服装,宛若一个个小青年,象征着爱国、进步、民主、科学,代表着诚实、进步、积极、自由、平等、和平、真善美等优秀品质。老师们穿着长衫,长衫一如君子,有着"和而不同"的大家风范,它彰显着男子谦恭、内敛、含蓄的素养。对于民国时期的人来说,一个人的人生命运、理想都浓缩在这块布上。而将马克思主义首次引进中国的文人李大钊,在当时穿的正是长衫,老师们之所以也选择穿长衫,一方面,是为了纪念伟人李大钊,另一方面,也是为了彰显马院的理想信念,老师们是如此的煞费苦心,也实在是辛苦他们了。

开幕式之后,由于我们院的比赛是在桂林洋校区,我不得不怀着遗憾与不舍离开了南校区。

第二天,我一样起得很早,因为,久违的运动会终于要在高考之后重现。我加快了步伐,运动场上,一切,都是那么熟悉;一切,都是那么有味道。令我感觉到与高中不同的是,这里有我们院的大本营。这里有我们院独立的一套装备,同学们也都各司其职,有的写加油稿,有的拿着麦克风和同学们一起呐喊助威,有的忙忙碌碌做着后勤,有的带着运动员们去检录,一切都那么有条不紊。还有啦啦操队员们在前面狂舞助兴,精彩万分,隆隆的"战鼓"阵阵响起,气势宏大,实在是别有一番新气象。

我先去看的是我们院的女运动员扔铅球,虽然她们都是女运动员,但是她们绝不逊色。她们脸上带着自信,腰一弯,头低着,单手紧握着那沉重的铅球,放在肩边。然后她们凝聚了全身的力量,单脚往后一跨,身体一转,身体前倾,手向前一推,笨重的铅球在空中划过一道美丽的弧线。终于,球落在了几米外的草坪上,留下了一个精彩的痕迹。她们训练了一个月,手不知受过多少次伤,不知有多少次没扔出去,但她们就是不怕苦、不怕累,一次又一次,不管是百回还是千回,最终扔出了现在的成绩。我为她们的精神而感到骄傲,我为她们的努力而感到自豪。

比赛渐渐地进入了高潮,我们院的观众们声嘶力竭地为运动员们加油。鼓声越发激昂,战旗在空中飞舞飘扬,暖阳高照,微风拂面,可谓是彩旗飘飘迎红日,呐喊声声震雷霆! 这样的天气,这样的氛围,让我激情四射,心中是无比的激动。

马上要进行的是男子1500米,对于这项比赛,我是畏惧的,记得上次在我跑完1500米之后,天昏地暗、头晕目眩,实在是一种"非人"的折磨。我佩服这些健儿们,有勇气,够勇敢。我们院的运动员们,也是英姿飒爽,朝气蓬勃。他们做好了姿势,以一种一发不可收拾之势,伴随着一声枪响,大家都齐步向前,向着远方的终点跑去。一圈,两圈……他们满头大汗,面目沉重,他们在坚持,为了自己的目标而坚持,因为他们知道,要在这场运动中赢得胜利,靠的是非凡的毅力、超强的体力、出类拔萃的耐力。为了自己的目标,他们必须坚持,这不正是大学生所应该有的品质吗? 风,在呼啸,那是在为他们喝彩;彩旗,在飘荡,那是在为他们欢呼。我想,这个时候,输与赢已经不重要了,不管结果怎样,他们都是胜利者,因为他们奋斗了,努力了,尽力了,人生又能有几回搏!

战鼓声在风中穿梭,啦啦队在狂舞,激情飞扬。此时,我更加激动,都说巾帼不让须眉,没错啊,我们院竟有两个女生参加3000米跑,他们在跑步中依然充满自信,毫不畏惧,我想,这时恐怕连豪言壮语也变得苍白无力了吧!

第二天的早上,我依旧起来得很早,不是因为我迫不及待地要去看比赛,而是因为我要比赛。记得从小到大一到运动会我必定会参加比赛,不是因为我想得到荣誉,让别人刮目相看,不是因为我身体素质比别人都好,也不是说为了班级荣誉而比赛,我没这么伟大,我是为了我自己。每一次的运动会都是一个平台,是自我展示的一个平台,是一个锻炼自我、提升自我、超越自我的一个平台。人的一生中,不就是要超越自我,从而实现自己的梦想与希望吗?这就是一个很好的超越自我的平台啊!

我知道自己很瘦弱,但还是选择了去扔标枪,就是因为我觉得他有个神秘的面纱,我想明白它是个什么项目!而且我相信,我可以从它身上学习到新的东西,人的一生不就是在不断挑战中超越自我的吗?事实证明我是对的,我在比赛前训练了一个月,我受益匪浅。只是它着实真令我感到吃惊,一个小小的标枪,是如此难扔,有如此多的东西要学,虽然我最后扔得不远,但我已无悔了!

一个月来,我从这小小的一根标枪上学到了太多太多的东西:扔标枪时,手太僵硬,心太急是插不到地上的,得放轻松。这就启示我,在生活中,做事情不能太死板、太固化,不能着急,时时刻刻心都要静下来,要学会适应自然;扔标枪,力量因素只占很小的一部分,技巧是最关键的,很多人力量很大但插不到地上,是不算成绩的。这就启示我做事情,方法很重要,不能强干、蛮干;在扔的无数次标枪之中,姿势有对有错,但为什么扔对了一次后下次有可能又会扔错呢?关键就在于反思了,每扔一次后,就应该有一次反思,这就和"吾日三省吾身""君子博学而日参省乎己,则知明而行无过矣"等相关联。就一个小小的运动项目,当中实在涉及太多的人生哲理,一时无法说完,要想领会,还得亲自去体会。我相信,每个比赛项目都有着发人深思的哲理,就得看我们是不是有心人了!所以有如此好的学习机会,为什么不去呢!

在训练与比赛的过程中,表面上我们是超越别人是为了比别人好,比别人优秀,因而自己不断地奋斗,坚持,不断地超越头脑中的那个自己虚构的"别人",其实大多数人不知道,那个"别人"就是自己啊!在比赛前期的训练和比赛中,不正是在隐形之中超越了自己吗?将自己化为别人来超越,让自己在无意识中超越自己,除了运动会这个活动外,我们又能遇见几次如此的活动?

时间就如流水一样,鼓声渐渐消退,运动场上的运动员越来越少。眨眼间,就临近闭幕,大约在下午四点半,闭幕式正式进行,虽然在这次运动会上我院取得的成绩不理想,但是我们院获得了精神文明奖,这就体现我们院是一个团结协作、综合素质高、讲文明的一个学院。当然,成绩并不重要,重要的是,同学们在运动会上挥洒了激情,展示了青春,以永不放弃、坚持不懈、一往无前的精神完成了自己的目标,体验了为理想目标而追求是一件多么快乐的事。毋庸置疑,这次运动会将会是他们人生当中一次宝贵的财富。而且通过这次运动会,我相信,班级的凝聚力、集体荣誉感将会得到很好的提升,在运动场上所体现的拼搏、协作精神也会使班级以后更加团结、积极向上。

虽然运动会结束了,但是在校运会中所体现的永不服输、一往无前、坚持不懈的精神是永远不会离去的。在运动会中,有过泪水,有过欢笑;有过成功,有过沮丧。我坚信,这些情,这些意,将是我们生命当中价值非凡的财富!

这场运动会,让我明白了,唯有汗水,才能浇灌梦想;唯有汗水,才有让梦想之花盛开的希望。

　　点评:文章富有情感,主旨鲜明。文章对运动会的过程记叙得很清楚,而且从运动员和观众的身份多角度写出了自己参加大学运动会的感受和收获,表现出了团结一致的精神。在面对着自己并不擅长的运动项目时作者并没有放弃,而是坚持不懈地进行着训练和比赛。在作者的笔下我们看到了一个勃发向上的运动员、一个生机盎然的院系。正是在这样的环境熏陶下,每位学子都在人生路上努力拼搏。

# 奋斗的青春——我的第一次大学生运动会

谢凌帆

在阳光明媚的初冬时节,我校第33届田径运动会,圆满落下帷幕。在两天的校运会期间,各院健儿们顽强拼搏,奋勇争先,把"更高、更快、更强"的奥运精神,展现得淋漓尽致。

在这两天的校运会期间,各年级各班级凝心聚力,团结一致,展现出空前的集体荣誉精神。在这期间大家互帮互助,从而使同学们的友谊得到进一步巩固。同学们展现出的拼搏精神、团结精神,也鼓舞着运动员们创造出一个又一个好成绩。这是我来到海师的第一个运动会,也是个人的第一次大学生运动会,感触颇深,在这里想把自己的所见、所闻、所思、所感与各位分享。

12月9日,在南校的开幕式上,我院的方阵队同学代表全院同学精神抖擞地走过主席台,展示集训成果。看那整齐划一的步伐,听那铿锵有力的踏步声,展现出了马克思主义学院全体学生昂扬进取的精神风貌。本院学生们所着的服饰极具民国特色,男老师们身着黑色长衫,展现出翩翩的绅士风度;而女教师们则身穿白底绣花旗袍,展现了典雅端庄的东方女性美;学生们上身着青衣衫,下着黑长裙,头上扎着马尾辫,是那么富有活力,宛如初升的朝阳。让人不禁联想起"五四时期"那些为思想解放、民主自由而斗争的青年们,他们身上的进取精神至今还鼓舞我们不断向前奋进。我们之所以挑选这身服装是为了表达对将马克思主义理论传播到中国革命的先驱李大钊同志的缅怀之情,其穿扮的正是长衫;另一方面也是为了彰显马克思主义学院的理想信念。马院师生们穿出了独属本院的风采,令在场老师及同学们眼前一亮。他们是我们的骄傲!

12月10号,桂林洋校区的运动会正式拉开帷幕。一切都在院团学的带领下有条不紊地进行着。早上六点半,天刚蒙蒙亮,大多数人还沉浸在甜美的梦乡中。我院的干事们便早早地来到办公楼,搬运椅子,在操场上搭起帐篷,大家忙得不亦乐乎。很快在所有人的共同努力下,我院的大本营已初具雏形——调整好了音响设备,摆放好呐喊助威的播鼓;同时啦啦操队员们经过一番精心打扮后,也如花般耀眼,展现出青春阳光的活力。到此为止,万事俱备,只欠东风。终于,在大家的万般期盼中等来了运动会。

第一个比赛日的项目中,个人较期待的是我班王赫同学的女子铅球以及徐磊同学的男子1500米。铅球比赛,对男生来说都是个不小的挑战,对于臂力相对更弱的女生,更是个严峻的考验。所以女子的铅球比赛有着不小的看点。在经过一番等待后,终于迎来了我班的王赫同学,只见她沉稳地深吸一口气,把铅球放在手中颠了两下后,双臂抢成一个环状,经过两三次的反复后,只见她用力地把铅球朝空中一甩,划过一条优美的抛物线后,铅球稳稳地在绿茵上砸出一个小坑,并向前滚动,同学们不由得兴奋地为之喝彩。不出大家所料,王赫同学最终也取得了不错的名次,为班级争光。

接下来我们把目光转向男子1500米的赛场,这是场毅力与耐力的较量,只见比赛开始前,所有的运动健儿们都跃跃欲试,个个摩拳擦掌。有的在做拉伸运动,有的在调试鞋子松紧,而有的则在深呼吸来缓和自己紧张的情绪,那个身穿9号运动服的便是徐磊同学了。我和义杰同学站在跑道的一旁,为他加油。只见裁判员一声令下,大家都摆出了各自的起跑姿势,随着"砰"的一声枪响,运动健儿们好似脱缰的野马,又如一支支离弦之箭,拼命地向前奔跑。可长跑到底是不同于短跑的,这不仅是速度的比拼,更是耐力的较量,大约进行到一半的时候,每个阶梯队伍的层次便逐渐显现出来。徐磊同学处于中游位置,虽然速度看上去不快,但很有持久力。想到自己在高中的时候,是亲身经历过1500米的。这对运动员的耐力是种极大的考验,尤其是在赛程中段,每一秒都是身心上的煎熬,双腿如灌了铅般沉重,在放弃与坚持中抉择,每一次向前迈进都是种勇敢的挑战。很佩服这些参加1500米甚至是3000米的运动健儿们,佩服他们的勇气毅力。向他们致以崇高的敬意!上午还进行了跳远、跳高、20×200米的接力等比赛。我们院的老师及领导也来到现场观看比赛,向运动健儿们送去关心及鼓励。一上午的时间是如此短暂且充实,但着实为为期两天的校运会开了一个不错的好头!

至于下午,自己很荣幸成为一名通讯稿志愿者,在大本营进行了加油稿的抄送工作。自己在抄送过程中对运动会、运动健儿们的拼搏精神有了更深刻的感悟。不论成败与否他们那种为目标不懈努力奋斗的拼搏精神,让我们为之动容。他们是运动赛场上最亮丽的风景线!以下是两篇个人自认为不错的加油稿:"心中坚定的信念,脚下沉稳的步伐,你用行动告诉我们一个不变的真理。没有走不完的路,没有跨不过的山,成功在终点向你挥手。用你那坚强的意志力,去迎接终点的鲜花与掌声,相信成功一定属于你。""不会掌声的诠释,不为刻意的征服,不为失败的痛苦,只为辛勤的汗水化作成功的脚步。你用行动诉说过程的重要,没有无尽的终点,没有无法攀登的山峰,拼搏吧! 经历是一种精彩,迸发你全部的力量,成功是汗水的写照!"一下午的通讯稿抄写真的是很辛苦,但想到自己可以为运动健儿们献上自己的激励和祝福,疲惫感也消退了很多。

第二个比赛日同样紧张有趣,令我印象深刻的是颜国挺学长及董赛男同学的3000米,还有张义杰同学及刘维军同学的标枪比赛。场上的运动健儿们挥洒汗水,场下各院的啦啦操队员们也不甘示弱,颜色各异的服饰,灵动的舞姿,甜美的笑容,为运动会注入别样的活力与激情,更让男同胞们大饱眼福。下午的赛事不多,以决赛为主,闭幕式上印有各学院标识的红旗迎风飘扬,场面好不壮观,令人心潮澎湃。

两天的运动会在大家的不舍与眷恋中结束了,步入大学生活的第一次运动会,和想象中的有些不一样,但更多的是意想不到的惊喜。期待来年的运动会,也希望马克思主义学院明年可以再创佳绩!

点评:文章结构紧凑,主旨明确。本篇文章以时间顺序对运动会的过程进行了非常详细的描述,让人对运动会的进程有了一个大概的了解。并且通过作者对运动员比赛过程的具体描写,让我们看到了运动员、观众以及老师在运动会中的投入。全文体现了一种团结一致、奋力拼搏的鼓舞精神,散发出了正能量,并且作者也在这场运动会中受益匪浅。

# 我的至亲至爱

曲冉

　　我叫曲冉，出生在山东省诸城市一个普通的三口之家，爸爸是一名普通的公司职员，妈妈是家庭主妇，而我就是他们最爱的人，同样他们也是我最爱的人。

　　作为一个独生子女，也许你会觉得我过着那种"衣来伸手饭来张口""十指不沾阳春水"的生活，但那只是你们对独生子女的片面的想法，而接下来我会告诉你我的生活。

　　我的爸爸是一名退伍军人，他出生在一个贫穷落后的小村庄，因为家里没有钱供他上学，他只好退学干活，来支撑家庭。但他不认命，凭着自己的努力去几百公里之外的河南当了兵，后来他当上了连长入了党，他是他们村第一个把户口从农村迁到城市的人。就这样，我的爸爸从十九岁到三十几岁的青葱岁月一直在绿色军营里度过，他以此为荣。他常说，当兵后悔一阵子，不当兵后悔一辈子。这就是我爸爸的经历，那段我不曾参与的，属于他的岁月。

　　虽然我爸在军营里，但老大不小的他被家里人催婚，也是在别人的介绍下，二十九的他认识了我的妈妈，他们就在一起了。当时妈妈的家庭比爸爸的家庭情况好很多，经济条件在村里算数一数二的了，因此我姥姥不是很同意，但是在妈妈的坚持下，他们结婚了，作为军嫂的妈妈在军营里生活过一段时间。再后来，妈妈怀孕了也就回到了老家，可是爸爸并没有陪伴在身边，一直是姥姥姥爷在照顾她，就连妈妈生产的那一天，爸爸也没有赶回来。这或许就是军嫂的伟大之处，她们的心酸又有几人知晓。

　　也许冥冥之中自有天意，妈妈生产的那天正好是七月一日，而党的生日也就成了我的生日。自打我出生一直到两岁之前，我并没有见过我的爸爸，也许见过但我不记得了，一直是姥姥姥爷在带我，我对爸爸这个人很模糊。还记得那天妈妈说起一件事来，她说，那年中秋我爸大包小包地坐火车赶回家，我屁颠屁颠地跑去开门，开门后，我一脸茫然地看着门口这个陌生的男人，叫了一声"舅舅"，顿时我爸的脸色就变了。时至今日说起这段小故事，我虽然能体会他当时的心酸与无奈,但在当时,我对他只有陌生。

我不知道别人的爸爸是什么样的,在我童年的回忆里,他对我最多的是严苛的要求和打骂。可能是军人的缘故,他总是严厉而又刻板。我还记得有一次让我现在都耿耿于怀的事情,什么原因我已经忘记了。我被我爸提溜出门口,我"哇哇"地大哭,哭得撕心裂肺,可他就是无动于衷,甚至一脚把我踹到了对面邻居的门上,就这样我被关在门外,晚上还是妈妈把我抱回去。这件事我永远都不会忘记,当时我讨厌他,恨他为什么没有像别人家的爸爸一样陪伴我和妈妈,没有尽到做丈夫和父亲的责任。

渐渐地,我长大了。青春期的我个性张扬。叛逆的阶段,学习名列前茅的我成绩一落千丈。老师打电话叫家长,他来了。我不知道他是不是良心发现,从我五六年级开始他不再打骂我了,开始心平气和地和我说话,凡事也开始宠着我,而我却满脸不在乎。我心里想着:这是你欠我的,你应该还的。这种情感充斥着我的心理,直到那一封信。那是一封他写给我的信,它悄悄地摆在我的床头柜上,信中说:"闺女,看到你这样我的心真的很痛,我知道我对你们母女俩有所亏欠,可是你不该这样堕落,你这样只会毁了自己,爸知道你心里委屈,你怪我,怪我没有参与你最初成长的时候,怪我让你妈妈一个人带着你生活,可是爸爸爱你们,爸也后悔了,以后爸爸会陪伴你们,所以我最爱的闺女,不要拿自己的前途开玩笑,我相信你一直是我们的骄傲。"就是这普普通通的话语,却真真切切,我们谁都没有说起这封信,心却渐渐得近了。

到今天,我和爸爸的关系不是一般的好,我向他撒娇撒欢耍赖。有时,我在他背后一下跳上去,他就说,唉,老了,你慢点,我的腰啊,嘴上说着这话,手却把我往上托了托背得更紧。年近五十的他背着我上二楼,那一刻,我忽然觉得,我爸真好。以前的争吵也许都只是为了让现在的温馨显得更加珍贵,我爸宠着我,惯着我,爱着我,教导我做自己的"国王",而不是娇滴滴的"公主"。而我也懂得了军人是一个光荣而又伟大的称号,为了军营为了国家,他们舍小家而顾大家,如果没有一名名军人的无私奉献,也就没有人民和谐安稳的幸福生活。

上大学,跨越大半个中国,与父母相距几千公里,我不能想象没有我的叽叽喳喳、吵吵闹闹,他们都在家干吗,是不是和平常一样。那天我爸发微信跟我说,我不在家,感觉家里空落落的,所以在那一刻我才意识到,父母比任何时候都需要我,而且他们后半辈子能依赖的只有我。我更懂得了那句"身体发肤受之父母,不敢毁伤"。也许一个人就代表一个家,我要好好活着,我想作为独生子女,我们确实承担着赡养父母的全部压力,但是我们的父母承担着世界上最大的风险,他们只有我,可是他们从不言说,也不展现自己的脆弱,我会好好生活,让他们来依靠。

龙应台的《目送》中有一段话："所谓父女母子一场，只不过意味着，你和他的缘分就是今生今世不断地在目送他的背影渐行渐远。你站在小路的这一端，看着他逐渐消失在小路转弯的地方，而且，他用背影默默告诉你：不必追。"但是我想说的是，我要追，而且必须追，我要让父母知道，我会一直在他们身边，我会一直是他们的依靠，因为我是他们一生的牵挂。

其实，最珍贵的感情从来不用小心翼翼地捧在手心，它深藏在心底，想起时就温暖了整个心窝。我很庆幸我出生在这个三口之家，有一个那么爱我的爸爸妈妈，在这里我想告诉爸爸妈妈：爸妈，你们是我一生的至亲至爱。

点评：作者以"我的至亲至爱"为题，向我们讲述了自己和父亲之间的故事，虽然只是简单的叙述，但在文字间我们感受到了父女之间真挚的情感。在那封不被人提起的信中父亲用自己的方式表达了对作者的爱，也对自己曾经的行为道歉，父女间的隔阂也随这封信的出现而消散。或许小时候父母做了许多当时我们不能够理解的事情，并产生了令我们不能忘怀的事情，但自始至终父母还是那么爱我们，尽管他们用错了方式。

# 广安春节习俗

陈娜娜

这里的每一个春节习俗都是维系民族情怀的纽带,虽简单,却在老百姓的生活中已生根发芽,寄予了他们不一样的情怀。

——题记

"爆竹声中一岁除,春风送暖入屠苏。千门万户曈曈日,总把新桃换旧符。"正如这首诗吟唱的一样,一年一度的春节又悄然无息地来到了。这一刻,便是全家人欢聚在一起,其乐融融地畅聊之时。没有一件事情比春节全家人聚在一起开心。春节作为中国四大传统节日(春节、清明节、端午节、中秋节)之一,是中华民族最隆重的传统佳节;同时也是中国人情感得以释放,心理诉求得以满足的重要载体;是中华民族一年一度的狂欢节和精神支柱。因此,其传统习俗也颇有韵味。我家在四川省广安市前锋区观阁镇码头村一组,虽然是一个小村庄,但每年的年味儿十足,春节习俗更是传奇有趣。

按传统,每年的腊月二十三称为小年。在这一天,虽然人们不会像过大年一样吃得非常丰盛,但还是有很浓厚的"年味儿",大多数人会从这天开始为真正过年做准备。本来在这一天会祭灶神的,二十四这一天扫扬尘,但不知道为什么,自我有记忆以来,在这一天,我们会扫扬尘,俗称"除尘"。《吕氏春秋》中就有明确的记载,中国在尧舜时就有了过春节除尘的习俗,因为"尘"与"陈"谐音,所以新春除尘就有"出陈布新"的意义,其用意就是扫除一切穷运、晦气。每逢小年这一天,家家户户都要打扫卫生,清洗各种器具,拆洗被褥窗帘,疏通沟渠。虽然很累,但在辛苦的付出下,一片喜庆的现象,都呈现出过年的气氛,从这一天开始,人们也开始筹备年货。

到了腊月二十五,人们都会推磨做豆腐,相传在这一天玉帝会"下界查访",人们会吃豆腐渣以表清苦。其实,自己推磨做豆腐是十几年前的事情了。如今,经济发达了,人们都会嫌麻烦,大多数人都不会自己推磨做豆腐而选择在集市上买。另外,这也跟物质条件有关,现在,老房子几乎没人住了,也没有磨了,即使有个别人想推磨做豆腐也没这个条件。相反,在农村,大多数人家会选择在这两天推汤圆,大概在腊月二十左右,人们会先把糯米和黏米用水泡一泡,隔两三天换一次水,这样推出来的汤圆才会非常细腻润滑。到推磨的时候,一般需要四个人,一个人放磨(把米放进磨子里面),三个人推磨。因此,每次推汤圆的时候都是和别的人家一起,你帮我,我帮你。推完后再把汤圆放进一个竹制容器里面,让水流出来,剩下的就是汤圆了。前几年的推汤圆我也参加了,虽然一直把着木棒非常累,手也发酸,但当吃到细腻润滑的汤圆时,心里不觉甜滋滋的。听老人说过年那天必须有一道汤圆做的菜,这样才代表团团圆圆。

到了腊月二十六这一天,按传统,这一天本来是杀年猪的,但是,在我们这边,杀猪后还有很多后续工作要做,因此,大约在冬月末腊月初,人们都筹备杀年猪了。在我小时候,杀年猪都是到每一个村子固定的地方去,那里有专门的屠夫和场地,人们只需交点税就可以了。不过,在几年前,这种模式已经改变,杀年猪都是自己请屠夫到家里面杀,杀一个猪差不多要 50 元,而且还要自己的场地,非常麻烦。待杀完猪后,人们会根据自己的需要处理猪肉。在我家,猪肉一般不会拿到集市上去卖,他们会选择一部分肉装进冰箱里面,这样容易保存。一部分瘦肉做香肠,剩下的一部分会直接用盐腌制后,再用柏丫熏腊肉和腊肠。

过年的日子越来越近,到了腊月二十七这一天,人们都会赶集买年货,当然,也有些人会到集市去卖年货,例如公鸡。在这几天,集市上人特别多,可以说是"人山人海"。一般,我们家会在这天买一些过年炖鸡肉用的香菇或者干黄花、沙参、木耳、调料和一些零食,最后再买一些烟花、火炮之类的。在一天的忙碌中,又匆匆地结束了一天,睡上一觉。

腊月二十八,离春节越来越近,气氛越来越浓烈,人们继续准备年货。腊月二十九这一天才是真正的忙碌,这天上午,人们都会把过年吃的肉全部洗好,到过年这一天直接煮就好了。不过,在我家,一般都会把过年这一天到正月十五这一段时间吃的肉都洗好,因为我外婆外公的辈分比较高,亲戚们都会来给他们拜年。从初一到十四这十几天,几乎每天家里都有客人,因此每次我家这天洗肉的时候都会洗上大大的一盆。忙活了一上午,下午的任务也不轻,首先会去别人家买鱼(私人卖的鱼都是自家喂的,肉比较好吃,集市上大多是饲料鱼,肉不好吃),买回鱼后再把鱼弄好。最后,开始杀公鸡,之后还会从公鸡身上拔几根特别红的羽毛粘在墙上,听老一辈说这象征着红红火火和毛毛运。忙完了这一堆杂事,等待的就是过年了。

到了腊月三十这天,家家户户都早早地起床了,就连小孩也不怕冷,跟随着大人起床了。这一天,早饭都会吃得很简便,吃完后便开始忙活中午的团圆饭。外婆与妈妈负责厨房,外公负责祭祖物品的准备,爸爸负责门神的粘贴,我就负责杂活。一开始,我就把要用的火纸一张一张撕开,然后再帮助爸爸贴福字。本来按习俗是需要贴春联的,但是婆婆腊月去世,为了表示后一代人的孝顺,今年就没有贴春联。差不多十点钟的时候就开始祭祖了,这时候会把公鸡与猪尾分别用容器装上放在堂屋供老人,然后再烧纸、洒酒,嘴里还会默默地叫上几句话语。我呢,就默默地站在旁边念叨着一些祝福的话语,希望全家都过着幸福美满的生活,自己可以在学业的道路上越走越远。在我们家,团圆饭必须要有肥肉和猪尾、豆腐、糖粑粑、香肠、鸡肉、鱼这几道菜,一般在吃饭前还会再供一遍,然后叫饭,放火炮。但是,鱼是不能供的,因此,每次鱼都是最后做。

在吃饭的时候,桌子上的每一道菜都必须尝一下,不管味道怎么样。在外面挣钱的人都会吃一个鸡爪,说是为了抓钱。记得在小时候,每当这一天我想吃鸡脚的时候,大人总会说:"学生吃鸡脚后字会写得很差。"虽然这是不科学的说法,但却凝聚着家人对我满满的期望。还有,过年饭是必须要吃的,吃完后还会专门舀一点饭给鸡吃,听外婆说鸡吃了这一天的饭会下很多的蛋。吃完饭后,每个人都必须喝一口缸里的冷水,说是这样在接下来的一年里肠胃会非常好,一年四季喝冷水都不会闹肚子。这天下午,每个人都会换上新衣服出去玩。到了晚上做饭的时候一定会多做一些,俗话说饭从今年吃到明年,象征着这一年都非常富有。吃完晚饭后都会放烟花,之后就是坐观一年一度的春节联欢晚会了。差不多到了十点多的时候,都会把家里所有的扫帚和称都藏起来,因为如果在初一这天见了扫帚就意味着在来年遇见蛇,见了称就意味着在来年遇见蛤蟆。到了十二点,就准时放火炮迎接新的一年……

到了大年初一就真正是春节了,很早就会听见从远处传来的鞭炮声,也有少量的放烟花的声音。起床后一出门,就会看见院子里面放着两个大桶,因为今天所用的水是不能往外倒的。因为听说如果把水往外倒就象征着财富外流。有一次我忘了这一天不能往外倒水,端着一盆水就往外倒,还被家人说了。这天早上一般会吃汤圆,象征着圆圆满满,也会吃一个鸡蛋,因为听老人说,鸡蛋就象征着银子,更何况今年是鸡年。按传统习俗,都会在汤圆里面放上几枚硬币,如果谁吃的汤圆里面有硬币,就代表着今年会有好运,挣许多的钱。然而,自我有记忆以来,我好像都没吃上硬币。吃完汤圆后就到了全家人去给祖先拜年的时候了,这时候在路上随处可见人们提着火纸、香、蜡烛、火炮去墓前给老人拜年。在墓前,每次都要叫祖先保佑我学业有成。然而,想要真正的学业有成,怎么能只靠祖先的保佑呢?拜完年后,每个人都会在坟墓附近的柏树上折一根枝丫,因为这象征着把财富带回家,回家后再把它放到堂屋、灶屋和猪圈屋。同时,在这一天鸡生的蛋必须放在堂屋里供着,因为它象征着银子。之后,便是人们畅玩的时候了,打牌、逛街、闲谈……

大年初二这一天,人们便开始走亲戚拜年了,一直到正月十五,这段时间有结婚的、有祝生的,人们都忙着走人家,而这段时间,也是小孩趁机得红包的大好时机。都说快乐的日子是过得最快的,转眼间就到了正月十五也就是送年的日子。过了这天,年轻人几乎都出去打工去了,在家的小孩也开学了,村民们也开始着手农活了。一年的收获都从这一刻种下希望的种子。

时过境迁,人还是原来的人,而过年的习俗却改变了许多。人们曾感叹,过年越来越没有了过年的气氛,甚至越来越不好玩,春节联欢晚会也越来越没有意思。可是,又有谁了解这其中的缘由呢? 有多少人就因为挣钱而不回家,也许有一部分人确实是没办法,但一部分人却真的完全被金钱观迷惑,忘掉家里盼望他们回家过年的父母、孩子,不了解那种渴望他们回家的眼神里到底包含的是怎样的一种情绪。过年在家中,我们不是跟父母好好聊天、互相说句新年快乐,而是低着头抢红包,给列表里的每一位好友复制粘贴一条并不代表真情实感的信息。说春节联欢晚会越来越没有意思,但是又有几个人真正地去看了一下呢? 春节作为最伟大的传统节日,我们更应该花更多的精力把它过好。

春节习俗作为传统文化的表现形式,是维系我们民族生存和发展的精神纽带,我们更应该把它更好地继承下来。生活在新时代的中国,我们身上肩负着实现中华民族伟大复兴的"中国梦"的重任,我们要集中力量建设社会主义文化强国。作为"六有"大学生的我们,更应该做好保护好传统文化的榜样。因此,我们要从小处做起,更加重视春节,更好地继承春节传统习俗,不断增强中华文化的凝聚力与影响力,提高中华文化的软实力,为建设文化强国尽一点绵薄之力。

点评:这篇文章以时间为序详细地介绍了自己家乡的过年习俗。从小年到元宵节,每一天都有不同的活动内容。不论是"除尘",还是磨汤圆,抑或是"年夜饭",都体现了作者家乡独特的过年习俗,表现了作者对家乡文化的热爱。作者参与其中,从中体会到年味,并且也对传统习俗的继承提出了自己的看法。在过年的时候我们憧憬着红包、新衣服、美味的食物等,可是春节是团圆节,家人最渴望的却是一家人在一起,哪怕只是围坐在一起聊聊家常。

# 成长的味道

刘维军

今天的我，很感激过去的经历，它让我懂得一个人想要成功，就要努力和坚持；今天的我，很怀念过去的经历，那是一段充满汗水泪水和涩涩的幸福的记忆。人的每次经历都是一次成长的机会，经历越丰富，人成长得就越饱满，我的人生因各种经历而越来越充实。成长的味道，苦涩又幸福。事随风，青春似水，在成长的路上，我们失去着，同时又获取着。

2016年9月，我独自踏上了去往远方的列车，久违的孤独感又袭来了，但是想起这次我的目的地——海南师范大学，我的痛苦也就少了许多。火车对于我来说，是那么长，穿过了时光，穿过了我的记忆。人生就是这样，经历的过程就是成长的过程，也是成熟的过程，或许，白开水一样的生活才是无趣的。

四年前，我参加了中考。考完试，我回家倒头就睡，感觉身体被掏空，家里也开始寂静了。就在某一天，一个像绚丽的烟花一样美丽的消息爆炸开来，我悬着的心也落下了。或许，这个消息在我的意料之中，又或许，在我的意料之外，我考上了西和县第二中学。我并没有太多兴奋，就好像是平常的一件令人开心的事情一般，难道是我预料到什么了吗？

假期很长，我萌生出了一个念想，我想出去磨炼磨炼，我说服了爸妈跟着姑姑家的表哥去陕西榆林打工。对于这件事，我倒是异常兴奋，我想去外面看看，我好奇了很长时间的事情，或许会有一个着落。但是，这种异常兴奋状态的背后，谁能想到会有许多的不如意呢。在路上走了两天，我们终于到了榆林，然而并没有休息，而是直接去了工地，那个工地在修建地下车库。就在这里，我拿着铁锹，铲了一夜的混凝土，昏暗的灯光，嘈杂的声音，还有许多的农民工叔叔。快到半夜了，老板带来了一箱方便面，我们每个人都领了一桶。老板问我，我这么小为什么不好好读书而是出来做苦力。我没有说话，只是笑了笑，他以为我不读书了，殊不知，我的心里，有着自己的梦想，我期待着它的实现。吃完之后继续干活，我很累，很困，累得要倒下了，挂着铁锹，打着盹，想着在家的舒服日子。我坚持着，就像是在和自己赌气一样,既然是出来磨炼自己的,就没有理由纵容,拿起铁锹,一下又一下地翻着混凝土,我不知道,这一夜是如何度过的。终于,太阳缓缓地升起,它就像是救命之星,照耀着我们,但是我错了,因为工作并没有结束。大家都很累,恨不得倒头就睡,这个时候老板来了,一时间大家都"活"过来了,我很好奇,表哥示意我快点干活,我也就加快了速度。

中午到了,我们终于可以休息了,我回去洗了洗,倒头就睡。事后表哥跟我说要学会干活,老板不在时可以偷偷懒,但是老板来了必须振作起来干活,工地和学校不一样,打工这个圈子,不是我想得这么简单。我虽然不太理解,但是我遵从了,现在,我完全明白了那时候表哥的话,在这个地方,没有人是自愿的。第二天,那位老板来了,他是来给我们工资的,每人三百儿。我确实高兴坏了,这是我的第一份工资,人生就是这样,苦的时候苦,甜的时候甜。这一天,我在日记中写上:"我很高兴今天的这份收获,我们离想要的结果只差一夜,只是大多数人都在那一夜前睡着了,人生的每一次得到,都少不了坚持和努力。"

在休息了一天后,我们继续干活了,这次的工作是绑钢筋。我和表哥把裁好的钢筋抬到楼上,用钢丝一根一根地扎起来,他教了我一天,我很笨,学得很生疏。第二天我和另一个大叔在一起,但是他很快,而我很慢,领班见我不会,便破口大骂。我被骂哭了,这时候一个年轻的叔叔愿意和我在一起,他慢慢地教我,像一个老师。这一天,我很失望,我呆呆地看着天空,泪水慢慢地流下脸颊。在这片黄土地上,我流着泪,也流着汗。下班洗漱后,我独自去外面走走,我未曾想过,在这片黄土地上,我能得到什么!我看着夕阳照耀的天边,怀念着我温暖的家乡,捧起一把黄土,狠狠地撒向空中,这可能是我发泄的方式吧。我在松散得像沙子的土地上画着图画,好像我梦想的雏形。我在这里什么活都干,拉混凝土、绑钢筋、收拾楼层上的废物等,在这里我好像是个打杂的,不时受着别人的脸色。

时间,是个很难琢磨的东西,有时候很长,长得度日如年,有时候很短,短得如箭如梭。一天早上,我被派去收拾楼层上的槽钢,六米长,很重很重,两个人抬一根,那些大人们都抬得很吃力,何况我一个未成年的小孩。领班见我抬不起来,就骂我,我不敢说话,只好忍着,真的很累。我的腿刮伤了,我没敢跟哥哥说,这个早上,时间好像定格了。

下午我依然去那里,但是很奇怪,领班居然换了,我的心里很害怕,我不知道这个领班会让我干什么,会不会挨骂呢?但是意想不到的事情发生了,他并没有让我去抬槽钢,而是和我聊起了家常。我渐渐地放松,也回应着他。他给我说我们正是读书的时候,不能把时间浪费在这么一个没有意义的地方,否则等我们老了的时候,会恨当初自己的选择。原来他以前学习很好,但是由于厌学而放弃了读书,可以看出,他的心里还是挺后悔的。和我聊了一会儿后他叫来了塔吊把槽钢都吊走了。这一天下午,给了我不一样的意义。

下班回住处的路上,我看到了工程队在修路,我很惊讶,这里的修路竟然和我们家乡的不一样,许多台机器,人很少。我看了许久,心里波澜起伏,在打工这条路上,我能走多远,我想回去,回到那个充满书的味道的地方,我想我的人生不应该这样过。成长的方式有很多种,我很庆幸我能有这样的所见所闻,但这只是获得人生阅历的方法之一。我回去后对哥哥说我想回家,哥哥同意了,向老板要了工资,大概1400块钱。在这个时候,我突然想,我的目的不是来打工,我的目的不是来挣钱,在这里,我只体会到了生活中的苦,那么人生除了痛苦,还有什么呢?对了,还有喜悦和幸福,那种渴望达到目的的喜悦。我对表哥说我想独自去玩玩,他似乎以为我是拿着挣的钱去挥霍。我拿够了吃的和路费,把其余的钱给了哥哥保存,我的好奇心驱使着我去外面看看,去看看大城市的样子。但我的人生总是很不幸的,我迷路了,我一个人,慢慢地走着,走着。我不知道我在找什么,就在一个少有人迹的地方,有着一些建筑,我走向了它,就像一个探寻秘密的人。我竟然来到了一所大学——榆林学院,我没看错,这就是我遇到的第一所大学,像仰望神灵一般,我看着它。我也有一个梦想,希望经过我的努力,它会成为现实。我慢慢地看着这所大学,眼里满是崇拜。对于我来说,大学,是我梦寐以求的地方,我为我的这次探索而惊叹,或许是它在召唤我,让我一步步向它走去。

人的一生,有许多的意想不到,这需要我们自己去探索,或许,正在努力探寻的你会发现不一样的风景。

人生的路,注定不会一帆风顺,就像变化多端的天气,在阳光明媚的那一刻,给你下了一场倾盆大雨。我独自一人坐上了回家的火车,穿过了漫漫黑夜,走到了西安的早晨。像西安的天气,我是浑浑噩噩的,打不起精神,笼着大雾的西安古城,和它的名字一样“古”,让人不禁颤抖。难道今天的西安,会不一样吗?我问了汽车站,回西和县的车下午一点多才会有,所以我拖着重重的行李走在街上,像一个无头苍蝇,我没有察觉到,危险正在向我走来。“同学,你去哪里?”我抬起头,眼前一个三十岁左右的男人,我挤出一个笑脸,并回答说:“我去西和县,但是现在没车,得等到下午。”他说:“我有车,正好走西和,七点半就走了,人快满了,走吧。”我竟然傻乎乎地信了,我的年轻和幼稚出卖了我,等到上了车,我才发现上当了,但是已经晚了。他们夫妇把我锁在车里勒索我,我异常恐惧,连说话的声音都有些颤抖,无奈之下我被抢走了四百多块钱。那个男人甩给我一张票,将我扔在了距离一个车站有几百米的地方,然后扬长而去,看着远去的车,我的心支离破碎。

昏暗的天空,难道是被乌云遮住了双眼?我问了车站人员,他们说这张票是西安出租车的票。我绝望了，一时间浑身软了，拖着重重的行李，在大街上走着，我不知道，为什么我会有如此的遭遇，遇到一个保安叔叔，我告诉他我的遭遇，他说要找火车站的那些警察，他指给我火车站的方向，我独自去找。我走了几步，听见他说："唉，可怜！"我失望极了，问了一个路人火车站如何走，那个老人还没来得及回答就被他老伴给拉走了，人都是怎么了，国人的怜爱之心呢？我无法承受这个现实。

现在看来，或许是我那时候太小。我一直走着，不时回头看看，我好累，不知什么时候才能找到车站，走过一条街，两条街，我凭着来时的感觉去找火车站。或许老天还是会可怜我的，我找到了火车站，火车站对面就是汽车站。我用藏在身上的两百块钱买了汽车票，车开动了，我瘫在座位上，我很恐惧，我很累，但是我无法入眠，当我一闭上双眼，那个狰狞的面孔就迎面而来，我想我能平安地回到家里，真的是不幸中的万幸。现在我每年都会去西安，西安这座城市，对我来说感觉总是苦涩的，只是因为这里让我哭泣了一整天，只是因为这里有我抹不去的记忆。

人生的每一件事不一定都要亲身经历，获得经验的方式有很多种，自身体验只是其中一种。我不想让我的这种事情发生在别人身上，但也无法阻止已然发生的事，我想说我作为前车之鉴，望君能引以为戒，善于从别人的事件里发现生活中的技巧，也是一种难得的本领。我经历的，不管是喜悦和痛苦，都会将其视为生活里的一个波浪，我们扬帆远航，不免会波澜起伏。

现实和理想，终究是有差距的。

我回家后去上了高中，时间很快，过得我有点空虚。面对高考，我就像是一个初次上战场的新兵蛋子，脑子里一片狼藉。患有结膜炎的我一紧张就会看东西模糊，这样的我，还有什么资格胜出。如我想到的一般，高考失利了，对于这次的失败，我自然是非常痛苦的，曾经的我，还有一腔热血。我像往常一样，选择出去放松一下、自省一下，这次我选择去杭州。爸妈并没有拦着我，我很快出发了，我从小到大一直没有自己的手机，虽然有时候很想爸妈，但是只能忍着，爸妈也只能通过哥哥偷偷了解我的状况，他们并不想让我知道他们很思念我。不对自己狠一点，如何能看到真正的自己。挫折，就像一座座高山，我何时才能翻过去。

到了杭州，我选择做水电，因为这个工作比较容易，而且比较轻松，我想把时间留给自己用来自省。我很快就开始工作了，拉着数十米的电线，手被钢丝勒了一道道深沟，但是我必须坚持，或许我在给自己寻找另一个发泄的方式。我不断地工作着，而且不断地思考着，第一天下来，我的手上有了几个水泡和血泡，很疼，但能让我更加清醒。浙江下沙，一个大学集聚的地方，每次下班后看见来来往往的大学生，我羡慕极了，他们脸上的笑容，像开得灿烂的花。而我，在他们眼里不过是一个普普通通的农民工,我感觉心渐渐累了,越来越和农民工接近了。我该如何选择,我不敢出去,怕看到来往的学生,我的自卑已经开始折磨我,我思索着该如何寻找一个出路。我每天都工作着,即使很累,早上起床都要与自己的灵魂做斗争,但是我要坚持下去。一天又一天,干着同样的事,拉电缆和电线,有时候装一下吊灯,我不厌其烦。就算挫折在我脚下形成了一个个绊脚石,我也要将它们一个个踩在脚下,成为我成长的垫脚石。

这一天下班,我说服了自己出去走走,我来到浙江工商大学,这几个字,是那么有魅力,吸引着我这个"农民工"。我像一个小偷,缓缓地走进校区,我心里有点害怕,自卑感油然而生。我慢慢地游走在大学的每个角落,坐在石凳上,看着过往嬉笑的大学生发呆,我多么渴望,我也是这里面的一分子。我闭上眼睛,深深地呼吸着这里沁人心脾的文化气息,让人陶醉,回味无穷。

在那个暗无天日的地下室,我成了一个地道的农民工,只是,我的心里,还有一个未破灭的梦,还有一个自己的"小算盘"。我拉着电线,一天几盘,循环往复,手上的水泡和血泡,磨平了又长,长出来又被磨下去。我会选择在下午的时候到各个大学走走,但是我心里明白,我只是一个局外人,一天又一天,我似乎想到了什么。机会是留给能抓住的人的,我躺在床上,思索着。现在我已经越来越像一个打工者,与这里的农民工无异,但是我就会忍心放弃我的读书生涯吗?就会忍心放弃我心里的梦吗?挫折并不可怕,可怕的是在挫折面前一蹶不振,现在的青春是用来奋斗的,将来的青春才是用来回忆的。不要等到我们老去才悔恨当初自己的所作所为,我现在这样,对得起所有爱我的人吗?我走到商店,拨通了家里的电话,让爸爸给我报了二中的复读班。爸爸很高兴地答应了,马上就报上了,其实我知道爸妈的一番苦心,他们想让我自己去明白这个道理。我很感激父母,是他们给我机会,让我成长,让我成熟,让我有机会明白成长的路上,要坚持。我依然去工作,依然去学校,依然会看着来往的大学生发呆,我在想我的未来。电缆很粗很长,需要很多人拉,在这期间我认识了一个山东小伙子,年龄和我一样,我和他很聊得来。在这个陌生的地方,能碰到一个能与我说话的小伙伴,也算是给我孤单的生活增添一份乐趣了。他虽和我同龄,但是他已经辍学几年了,一直在杭州打工。我想,相对于他,我的人生,也算是幸运了。

不久我就回家了,我选择了继续去实现我的梦想。我也相信,大海里没有礁石就激不起浪花,生活中经不住挫折就成不了强者。

成长的味道,是那么苦涩,同时,幸福也会留给有梦的人。如今的我,成功迈入了海南师范大学的校门,也算是圆了自己的大学梦。诗人郭小川说:"青春的魅力,应当叫枯枝长出鲜果,沙漠布满森林,大胆的想望,不倦的思索,一往直前的行进,这才是青春的美,青春的快乐,青春的本分。"我的这两次经历,都是在两次重要考试后的经历,是迄今为止令我最为难忘的,不仅仅是因为它让我受尽挫折,也是因为它让我懂得如何去成就自己。成长,需要有代价,需要有一个博大的胸怀。在成长的道路上,我们失去着,同时又获取着。人生可怕的不是挫折,而是遇到挫折偃旗息鼓,迷失方向;青春叹息的不是短暂,而是辜负韶华,碌碌无为。

点评:这篇文章极具正能量。首尾呼应,行文流畅,语言优美,大量运用心理描写。作者用自己的亲身经历,写了两次出门打工,经历农民工的不易后明白自己的青春不应该荒度,因而选择读书来丰富自己的青春。从文章中,我们可以知道,经历是最好的教科书,只有经历后我们才能知道生活的酸甜苦辣。读书不一定是我们唯一的出路,但一定是我们现在最好的出路。

# 03

## 课外阅读

——对话经典、开阔视野、提升人格

# 时代所感，光阴之殇——读《万历十五年》

王逸豪

一本书，能够在方寸之间梳理中华历史脉络，能够结合古今之事、中西精华探索出当代社会应当汲取的经验教训，并站在现有文明的基础上对万历十五年做一番俯瞰，字里行间带给我们的只有震撼，这便是《万历十五年》。

有明一朝，封建制度最丑陋最腐朽最摇摇欲坠的一面都表露无遗，也正是因为如此，明是许多研究中国史的学者最喜欢关注的朝代。黄仁宇先生便是这些学者中的一位。当年明月的《明朝那些事儿》、高阳的《明朝的皇帝》和《明末四公子》这些书籍，写史都可谓字字珠玑、直奔主题，读后往往能让读者加深对明史的了解，进而有所批判。但是，黄先生所著的《万历十五年》却与上述著作大不相同，初读起来，只觉其文字优美、趣味盎然，将历史描绘得有声有色。然而，当我们回头深思，便能感受到先生思想之深邃，如皓月之明。

黄先生于1918年生于湖南长沙，父亲曾是同盟会成员。抗战爆发后，黄先生弃笔从戎，后又赴美国密歇根大学攻读历史，先后获得硕士、博士学位。62岁时，黄先生因多年没有新著作问世而被解雇。戏剧性的是，就在第二年，《万历十五年》便由耶鲁大学出版。从此，黄先生倡导的把几千年中国史看成一个浑然一体的血脉线的大历史观，借助《万历十五年》得以面向世界。透过《万历十五年》粗略的叙事表象，他充分表达了西方政治学的新颖观点，反映出中西方历史思维观的差异。在书中，黄先生个性鲜明地提出了这样的几个观点，细细读来，引人深思。

首先，黄先生认为"以道德代替法制"是明朝灭亡的真正原因。偌大的国家仅仅依靠道德伦理的体系来治理，怎能不灭？这对我们当代社会的意义有多大呢？仔细想来，难道这又意味着道德没有意义吗？不，道德不存，人人皆是机器。那严刑峻法又能治理好国家吗？也不，那只会产生暴政。其实，道德与法制是相互依存的，要想治理好国家，二者缺一不可。但千百年间，道德与法制之间的矛盾层出不穷，封建国家的衰落也大都源于此。放眼当今社会，即便发展了千年，道德与法制的矛盾,是否就彻底平息了呢? 在中国社会里,人情道德的地位永远不可忽视,有的时候甚至远比法律的效果好。但是,法律,作为人的行为底线为社会起着保障作用,是不可动摇的铜墙铁壁。所以,黄先生所指出的问题,在当代的意义同样非凡。我们党、我们国家以及我们每个人,不都该思考这个问题吗? 依法治国,道德规范并行,都不过是为了将道德与法制的矛盾减弱。我们的国家在以宪法为大纲的大前提下,举办着"感动中国"人物评选这样的精神文明活动。雷锋精神、大庆精神、载人航天精神……这些也无时无刻不在影响着我们的人生观、价值观。同时,法律的体系也在一直完善,法律的规定越来越细化,法律的出台也越来越人性化。是的,那个封建没落的明朝,在黄先生笔下,同样带给我们启迪,甚至在为社会指明道路。有朝一日,当法律规范与道德融为一体,我们便会为道德而守法,因守法而道德。那时,道德与法律将不再矛盾,它们将为这个时代共同发光。

其次,黄先生又提出这样的观点:"任何企图借助一人之力,维持国家的统治,都是可悲的。"明朝万历年间,张居正大权独揽。他在中央发号施令,地方官员配合实施。尽管我们可以崇拜个人的超强能力,但事实上个人永远无法超越特定的历史阶段。张居正在的时候,大明朝也是艰难维系,待其一去世,明朝马上面临分崩离析的局面。一人之力,终归只是有限。同样,它对我们的社会也有相当大的借鉴意义。

再次,黄先生的《万历十五年》中,始终贯穿着一种人文的思想,"因为懂得,所以慈悲"。不像其他历史学家只是对历史人物进行简单的褒贬,黄先生结合时代背景深入地走进人物的内心,品评那背后的人性复杂与真实。所以在他的笔下,我们看到的人物都是有血有肉的,它们都带着灵魂向我们走来。真实的历史只有在这样的学者笔下才能得到还原。书中出现的人物,无论贤愚,都被黄先生从人出发的核心价值观宽容、理解。黄先生相信历史的悲剧并非这些人的失误造成的,他们也曾试图反抗,只是个人的力量无法与时代抗衡。既然灭亡是必然,何必再去埋怨古人呢? 黄先生教给我们的是一种平静、一种宽容。对待任何人、任何事,永远不要武断地评价对错,更多的是平静中深邃的思考与悲悯中的关怀。我们立足当今,总是要对古人评头论足,要对历史深查深究。但历史是有自身规律性的,更多的错误并非人为,而是时代所限制。因此,我们的眼光不能只看到一时的得失。社会主义的今天,我们掌握了社会主义核心价值观的真谛——"以人为本"。对待历史,我们何不也带着人文的关怀,去面对他们的功过是非呢?

最后,对于黄先生的大历史观,我只能用"高瞻远瞩"来形容。黄先生以超越具体意识形态的角度来看待历史。或许这也正是由于黄先生的人生经历中,既有高层,也有底层。他看遍世间百态,知人间冷暖,同时又融贯中西,学习到西方自由开放的学术风格,所以才独树一帜地开创了此大历史观一派。在大历史观的指引下,我们明白,历史的规律性在短期内可能不会看到,唯有长时间、大跨度的历史观才能真正地读懂历史。

"以史为镜,可以知兴替",《万历十五年》向我们展现了历史的伟大,时间的流逝虽不曾在岩石上留下痕迹,但我们的心却明白了那些只有经历过才懂的真谛。是这本书教会了我,历史并非是帝王将相的专利,平凡的"灵魂"也可以是历史。历史并非只要问"怎么了",更要多问个"为什么"。

点评:总体上看,这是一篇非常好的读后感。文笔非常好! 整篇读后感结构设置合理,前后承接有序。对大历史观进行了深入的思考和详细的解读,并结合历史事实,表明了自己对此的态度。尤其是针对应该怎样评价历史人物的问题,提出了自己的看法,非常有见解。如果能够给出《万历十五年》的必要介绍,那就更好了!

# 我们应如何择业
## ——读马克思《青年在选择职业时的考虑》

吴极

《青年在选择职业时的考虑》是伟大的无产阶级革命导师马克思的中学毕业论文。他中学毕业时(1835年)只有17岁。看完这篇文章,我感叹马克思思想之深邃。而当我知道马克思写这篇文章的年龄时,我真正理解了马克思的伟大。小时候我们每个人心中都有理想的职业目标和为国家、民族奉献的思想。当我们一点点成长,发现自己并不能成为科学家、宇航员或国家领导人后,我们开始放弃自己的梦想,开始迷茫。迷茫到高考结束难以选择专业;迷茫到踏入社会做着一份与所学专业无关的工作。而我们从未思考——我适合什么职业? 我能胜任什么职业? 而马克思在中学毕业时想了很多,给出了找到真正适合自己的工作的方法,并最终树立了为人类幸福而奋斗的崇高理想。

我们作为当代大学生,作为海南师范大学第一届大类招生的学生,无疑是很幸运的。海师给了我们一次重新选择的机会,我们还要稀里糊涂、迷迷茫茫到何时?

在《青年在选择职业时的考虑》一文中,马克思首先提出了人类共同的目标是"使人类和他自己趋于高尚"。这即是说无论我们将来从事何种职业,我们都是在为人类而奋斗。他又指出达到这个目的的手段是工作,而"一个最适合于他、最能够使他和社会都得到提高的地位"需要我们自身去寻找。接着马克思指出做出合适的职业选择的重要性:这正是人比动物优越的所在;错误的选择可能毁灭一个人的一生,破坏计划并使之陷入不幸。马克思在开头简明扼要地指出了为什么要选择职业和选择职业的重要性,其逻辑是十分清晰的。

我们生活是为了什么? 是什么给我们动力每天生活? 尽管很多人浑浑噩噩地虚度光阴,但读《青年在选择职业时的考虑》你会发现,实际上每个人心中都有自己的目标。正如马克思所言:"每个人眼前都有一个目标,这个目标至少在他本人看来是伟大的。"如果这个目标是发自他内心深处的声音,则这个目标实际上也是伟大的。但一个人只有伟大的目标是远远不够的，马克思指出，这种发自内心的目标会被身边嘈杂的声音淹没，"灵感的东西可能须臾而生，同样可能须臾而逝"。这种灵感会带给我们一时狂热，但并不持久，"我们梦寐以求的东西很快使我们厌恶"。许多人在实现目标的过程中受了挫，无法调整，丧失斗志，于是有了之前所说"浑浑噩噩中生活"。那如何避免这种"整个存在也就毁灭"？马克思说，要认清这个问题，就要找出鼓舞我们的本源来。的确，只有内心的原动力才能使我们长久对一件事物保持足够的热情。

那我们如何才能找到鼓舞我们的本源呢？如文章《青年在选择职业时的考虑》所提，我们该如何考虑呢？首先，马克思提出了一个标准——"是不是真的使我们受到鼓舞"以及"内心是不是同意"。接着，马克思又在思考"我们受到的鼓舞是不是一种迷误"？因为，"伟大的东西是光辉的，光辉则引起虚荣心，而虚荣心容易给人鼓舞或者是一种我们觉得是鼓舞的东西"。我不禁又一次惊叹，17岁的马克思思维之缜密、逻辑之清晰。马克思作为一名虽即将毕业但尚未踏入社会的学生，竟能清楚地了解到我们在找工作时所面临的问题，同时又找到了解决这些问题的方法。首先，虚荣心会使我们被名利驱使，而非真正受到鼓舞。其次，我们如果对一种职业不甚了解，没有从细微处观察它，我们将只能看到其光鲜的外表。幻想会将这份职业美化，使我们不能真正地认清这份职业所需要的能力、所承担的责任，而盲目地投入这份事业中。接着，我们的理智会被情感欺骗，不能胜任我们的顾问。那么我们该如何找到适合自己的职业，聆听发自内心的呼唤呢？最后，马克思给出了答案：与人生阅历丰富的父母一起冷静研究所喜爱的职业，认清其分量并了解所会遇到的困难后，如果我们仍对它充满信心，想要从事它，那这时就应当选择这样的一份职业！只有这样的职业，才是我们真正喜欢和热爱的职业，才是真正适合的职业！

当我们花费时间找到了适合自己的职业后，就能高枕无忧、开开心心地工作，这是一个正常的想法。大部分人认为思考到这里就结束了，然而马克思并没有，接下来他谈到了健康。在考虑职业时，也许我们能想到方方面面，但最重要同时也最容易被忽略的一点就是身体状况。我们天真地认为我们能胜任每一份工作，事实并不是，"诚然，我们能够超越体质的限制，但这么一来，我们也就垮得更快"。所以，我们所选择的职业不能超过自身体力的限制。这是马克思《青年在选择职业时的考虑》一文在个人身体条件方面的考虑。

如果《青年在选择职业时的考虑》到这里就结束，它也不能被人们奉为圭臬，因为虽算是出彩，但并不超然。最后马克思还谈道："在选择职业时，我们应该遵循的主要指针是人类的幸福和我们自身的完美。"他说道："人们只有为同时代人的完美、为他们的幸福而工作,才能使自己也达到完美。"17 岁的马克思在这里表达了为全人类而奋斗的愿望,也指出为人类而奋斗是我们选择一个职业的最终目的。而在 1835 年,资本主义生产方式在英国已经确立,但欧洲大陆还在"蓬勃发展",整个社会利欲熏心、自私自利,每个人都在为自身的财富积累而不择手段。马克思不仅做到了"出淤泥而不染",而且树立了不考虑自我私利,而要为全人类幸福而奋斗的理想。我想这就是伟大人物的伟大之处吧!

"如果我们选择了最能为人类福利而劳动的职业,那么,重担就不能把我们压倒,因为这是为大家而献身。那时我们所感到的就不是可怜的、有限的、自私的乐趣,我们的幸福将属于千百万人,我们的事业将默默地,但是永恒发挥作用地存在下去,面对我们的骨灰,高尚的人们将洒下热泪。"

伟大人物莫不如此,古有陈胜在田间地头感叹"燕雀安知鸿鹄之志哉",近有毛主席在革命危亡时刻发出"星星之火,可以燎原"的豪言。马克思也是如此,在中学刚毕业之时,便表达了为全人类的幸福而奋斗的愿望。观其一生,正如其理想,一直在为人类解放而斗争! 在为人类自由而全面的发展而奋斗!

作为一名生活在社会主义国家的当代大学生,我们已经获得了解放,那要如何继续自由而全面的发展呢? 首先,要树立科学人生观。正如《青年在选择职业时的考虑》开头所写,我们每个人在社会上都能找到适合自己的位置。其次,要有正确的就业观,并不被虚荣心带走,不为名利所蒙蔽,而是追寻我们内心。最后,树立正确的价值观。我们从事的职业是在为全人类的利益而奋斗,我们要为全人类的利益而奋斗!

四年之后我们将走出大学的象牙塔,来到社会的染缸,如果我们在从事某一职业时能做到马克思《青年在选择职业时的考虑》中所考虑的,那么一生将是充实的、无悔的、平凡中的伟大! 那时,便如马克思所言,"高尚的人将洒下热泪"。这应该是,也必将是我们每一个大学生的追求!

点评:对所读文章的写作背景和主要内容做了准确而简洁的介绍,能联系实际谈自己的感悟且恰当引用了所读文章的经典语句;结构完整,逻辑清晰。总的来说,是一篇相当优秀的读后感。如果在后面感悟部分能结合当前大学生职业选择存在的问题或自己职业选择的困惑,就更好了。

# 《居里夫人》观后感

尧健莉

　　《居里夫人》是20世纪40年代拍摄的讲述居里夫人事迹的黑白电影传记片，由茂文·勒鲁瓦执导，曾获得第16届奥斯卡最佳影片提名奖。该影片运用了完全写实的手法，没有独特的构思技巧和人为制造的噱头，而是以真实的历史人物传记为依据，再现了一代伟人的人格魅力。该影片用两个多小时的时间讲述了居里夫人和她的丈夫皮埃尔相知相爱后一起从事科学研究，发现了新元素"镭"，在皮埃尔遭遇车祸身亡后，居里夫人仍然在科学的道路上前行的故事。身为一位伟大的女科学家，相信很多人在幼时就对她的光辉典范有所了解，但我记忆里对她的印象是不完全的，给她打上的标签仅仅是聪明、执着、伟大、无私，但在观看了影片之后我才真正了解到她的人、她的事、她的思想和她的精神。

　　居里夫人原名叫玛丽·斯克洛道夫斯卡，她于1867年11月7日出生在波兰华沙，她的父亲是一名物理教师。也许是受父亲的熏陶，她对物理学有着强烈的兴趣。她热爱科学，热爱学习，24岁那年带着无限的梦幻和渴望孤身来到巴黎大学学习物理学和数学。影片一开始就展现了她对科学知识如饥似渴的精神。她在课堂上认真听着并思考着教授所说的每一句话，极度疲惫和饥饿使她昏厥在课堂上，可见她对学习的态度有多认真，也可了解她学习的条件有多艰苦。

　　影片的内容主要表现了居里夫妇相知相爱后，不畏困难，共同探索科学的崇高精神。居里夫人最初并没有留在法国巴黎的想法，在巴黎也没有结交任何朋友。当教授建议她找个伴侣时，她是这么回答的："我的兴趣只是在物理学和数学上。"她说她爱波兰、物理学和数学，打算毕业后就回到波兰教书和照顾年老的父亲，这使我感触很深。她是这么热爱科学和她的祖国，甚至可以把她的一生毫无保留地奉献出来。试问，芸芸众生之中又有多少人能像她一样，至少我不能。

　　他们夫妻的结合其实也是为了科学。她与皮埃尔在实验室结识，皮埃尔因为她而改变先前"在抽象领域里，女人就是干扰物，是危险品，是科学的天敌，女人和科学家水火不相容，真正的科学家和女人没什么缘分"的看法。当他得知居里夫人在毕业后不再继续研究科学课题而是要回到波兰任职时,他非常不舍她离开,同时也为她感到遗憾。他不愿这么一位有天赋的女天才被埋没,也不愿与他爱的人分离。几度思量犹豫之后,皮埃尔终于勇敢地推开了她那扇紧闭的心门,用直白的语言表明了自己对她的爱意和赏识。在相同的信仰和对彼此的赏识之下,居里夫人也答应了他的求婚。他们结为夫妇,成为了彼此的人生伴侣,也成为了彼此的依靠和精神食粮。在破烂不堪,不能抵御任何恶劣天气袭击,又没有任何实验设备的废弃实验室里,他们互相扶持、互相依靠。在几年时间里把几吨堆成小山的铀沥青矿渣在24小时不能断火的艰苦条件下将它们熔化成残渣,他们根本不在乎这有多疲惫和辛苦,就这么在夏天如火炉、冬天似冰窖的破烂棚子里完成了一家化工厂的工作量。在分离元素的过程中,居里夫人冒着被镭放射的 γ 射线致癌的危险,忍着因长期辐射而被烧伤的灼疼,想尽所有方法想把镭从钡中分离出来,却总是分离失败。秉着对科学的热忱之心和坚韧之志,他们坚持了下去。在经历了一次又一次的分离实验失败后,他们终于发现了分离成效甚微的结晶法,就这么持续了两年5677次的结晶之后,终于将镭提炼出来,获得了诺贝尔奖。但他们拒绝接受任何报酬,并将奖金和镭无偿献给国家。是啊,真正的伟人总是纯朴又善良,他们淡泊名利、伟大无私、顽强倔强的精神深深打动了我。而在当今这个充斥着名誉、权力的21世纪,追名逐利之风盛行,那种不为名利所困,高亢"斯是陋室,惟吾德馨"的伟人事迹已很少见闻,取而代之的是追求物质享受和名利权势的社会现象。这样的社会现状无不令人痛心疾首,谁都不希望看到这样的一个社会。也可能我的感慨只是空泛议论,但我还是真诚地希望各行各业的领袖者们像居里夫人一样,不为名利所腐蚀,用毅力披荆斩棘,描绘科学发展的宏伟蓝图,让我们的时代和社会能前进得更快。

影片后半段,在一切事物都朝着好的方向发展时,噩运却突然降临了。居里夫人在家中期盼着丈夫的归来,想象着与他共同携手走进新的实验室开始新工作的美好画面,等来的却是皮埃尔在为她买耳饰归家的路上遭遇车祸身亡的噩耗。居里夫人陷入深重的痛苦之中,伤心得不能自已。她日夜思念着皮埃尔,在痛苦之中她想起了皮埃尔曾说过,"如果两个中少了一个,另一个必须坚持,必须一如既往"。深夜里看着皮埃尔送的那散发着耀眼光芒的耳饰,她决定要振作起来,带着她和皮埃尔共同的梦想继续前行,用她的手去摘下一颗星星。看到这里,我抑制不住自己的眼泪,我为她的遭遇感到难过,也被她的坚强与坚韧感动。

在敬佩居里夫人的同时,也深感自惭形秽,因为自己也患了这个时代的大多数学生的通病:做事急躁畏首畏尾,心理抗压能力差,一旦遭遇挫折就会失落沮丧甚至退缩。还记得高三时,每次听完高考动员讲座之后,自己总会用满腔激情去制订学习计划和设定理想大学目标,但在现实中次次模拟考失败的打击之下,挫折带来的打击把我的满腔激情给消磨得直至殆尽。愤怒、无奈、恐惧让我丧失了学习的动力,开始自暴自弃,当初的理想和目标被抛之脑后,整日抱着消极敌对的情绪应对学习。在家人的关爱和朋友的鼓励之下我才重拾信心,顺利参加了高考,虽然没有考上理想的大学,但我心中没有丝毫的怨念。现在想想,居里夫人生活学习的条件那么艰苦,遇到的挫折与遭受的痛苦和歧视那么多,她却能矢志不渝、坚定不移,而我所遇到的困难与之相差甚远,却总是畏缩不前。每个人的一生都不会一直安稳无事,总会有曲折,总会有坎坷。我应该像居里夫人那样时刻坚守自己的内心,不求有她那样的成就,只求不要违背自己的信念,能够做自己理想中的事情;不求有她那样的高尚,只求能竭尽自己所能为我们的国家贡献一份力量;不求有她那样的伟大,只求能用自己的行动,去实现心中的那一份美好和追求。

点评:主题鲜明健康,条理清楚,语言流畅;对影片内容做了比较详细的介绍,并结合自己的亲身经历,谈了自己所受到的启发,情感真切,体悟深刻;对价值观有了更全面、深刻的认识,思想素质得到了提升;从中可以看出作者是一位有着明确目标,并能坚守理想信念的热血青年!

# 《居里夫人》观后感

梁月

《居里夫人》是一部由茂文·勒鲁瓦执导,由葛丽亚·嘉逊和沃尔特·皮金领衔主演的电影。这部影片于 1943 年上映,是一部黑白电影。影片主要讲述波兰女学生玛丽到巴黎求学,因与科学家皮埃尔·居里共享一个实验室而日久生情并且志同道合,后来结为夫妇。他们一起从事科学研究,经过多年的努力,发现了"镭",并因此获了奖。但是居里先生却在颁奖的前一天因车祸而去世,居里夫人一人勇敢面对,带着丈夫的志向继续进行科学研究。这是我看过的第一部黑白电影,仿佛把我带回了那个年代。我为居里夫人的美貌所倾倒,为她坚定的理想信念所折服,为她和居里先生的爱情所打动,更为她无私奉献、不慕名利的精神所敬仰。居里夫人那双深邃的蓝眼睛如一汪清泉,目光坚定如炬,似乎没有任何事能够让她的内心泛起波澜。这样一个优雅、睿智的女人勇敢地面对着生活的变故。看了这部电影,我深有感触。

小时候,好像大家都有着一个共同的梦想——当一名科学家。科学家这个名称深深地烙印在我们的心中。在小小的我们眼中科学家是那么全能,他们上知天文,下知地理。长大后的我们,在想到曾经的想当科学家的梦想时会不禁发笑。慢慢地我们懂得,真正能够被人们记住的科学家是少数的,更多不为人知的科学家,为他们所从事的研究工作默默地奉献了一生。甚至有些人直到生命垂危之际,仍不能得到研究的答案。他们就这样把最美好的年华,奉献给了人类的事业。

## 兴趣是人生的第一任老师

影片刚开始的时候,居里夫人需要一个实验的场地。经过老师的介绍,她进入了居里先生的实验室。她实验的地方在一个阴暗潮湿的角落,有一张布满灰尘的空置的桌子。这样的工作环境并没有降低她的工作热情。由于从小对科学的热爱,长大后她仍然从事着自己热爱的科学研究。她潜心研究着自己的课题,不受外界影响。当居里夫妇同长辈一起吃饭的时候,两个人仍想着实验室的工作,两人不约而同地谈起测量结果之所以错误,或许是因为存在其他的元素。正在吃饭的两个人立即起身与父母告别,奔赴实验室。他们对于科学的热爱源于兴趣,也正因为这样的兴趣让他们对工作乐在其中。假如,我们能对我们的学习有兴趣,那么课业便不再是我们沉重的负担。倘若人人都能乐业、敬业,那么"大国工匠"将比比皆是。我们从呱呱坠地那一刻起,就对这个世界充满了好奇。我们渐渐地找到了自己的兴趣爱好,虽然在外人眼里我们可能是"另类",也会面对怀疑否定,但是,兴趣这个"老师"会成为支撑我们的动力,指引我们不断前行。初中时,我对数学的态度是排斥的。我觉得它枯燥难懂,内心真的很不喜欢,所以数学作业经常应付了事。似乎是意料之中的事,我的数学成绩比较低。高中时,我发现数学是一门很有规律的学科,所以重新看待数学,仔细认真地做着数学题,一点一滴的进步让我很开心。慢慢地,我对于数学的兴趣越来越浓厚,上自习课时桌子上都是数学课本、笔记、练习册,高中三年都没有放弃过数学。数学虐我千百遍,我待数学如初恋。虽然有的时候数学考试成绩并不尽如人意,但是也一直坚持过来了。因此,兴趣真是很有指导意义。爱因斯坦和牛顿从小都被老师认为是"低能儿",他们提出的问题,老师会觉得很幼稚可笑。可就是这样对于世界的探求欲,这样的兴趣,让他们在自己的兴趣方面不断前行,并在科学领域为人类做出贡献。想到曾经的我,总是拿各种借口来逃避学习:在宿舍不能学习,因为室友会打扰;在家里也不能学习,因为电视、电脑的诱惑太大。那时我对于学习是那么反感,每天在压力之中,日复一日地无效率复习。坦白地说,我确实没有很大的兴趣,所以,成绩便不那么尽如人意。而如今,我可以有充分的时间去学习我喜欢的课程,读我喜欢的名人书籍,我希望我也可以在兴趣的指引下,可以把学习这件事做得更好。当代大学生更要树立自己的理想信念,在大学期间的我们应该有自己的思维方式,在不断的阅读中提高自己的思想道德水平,拓宽自己的眼界。每个人都有惰性,当然我也不例外。和同学一起制订一个学习计划并认真执行,这是一个有效的方法,可以相互监督。找到自己与兴趣相适应的崇高信念,以此来为我们提供前进的动力,提高我们的精神境界,指引我们走向幸福的人生。

## 好的爱情是强者的共舞

有人说,恋爱是大学的一门重要课程。影片中居里夫妇的相遇、相知、相爱、相守,诠释了爱情的真谛。在居里夫妇向研究部申请实验资助时,在那个歧视女性的时代,居里夫人对于新元素的想法遭到质疑,只因她是女人。而居里先生立刻站起来维护居里夫人,坚定地支持她。在提炼"镭"元素的过程中,由于环境的恶劣,实验室冬如冰窖、夏如火炉。因为没日没夜地熬制工业废渣,居里夫人的身体已经吃不消,手也被放射性元素烧伤。居里先生怕妻子受到伤害而要求停止实验。可是居里夫人却说,"既然它能够对健康的组织产生破坏,那也能够使受损的组织健康"。居里先生深知居里夫人用意,就做了完备的措施来做防护。这是爱,是支持,是精神上的共鸣。在经历了5676次失败后,居里先生打算放弃了。可是居里夫人一直鼓励着居里先生,"我们不能放弃,如果需要一百年的话那确实遗憾,我们要看看在我们有生之年能否完成"。就在这样的相互扶持下,他们最终完成了研究工作。郭敬明在《左手倒影右手年华》中说:"你给我一滴眼泪,我就看到你心中全部的海洋。"我想居里夫妇就是这样的默契吧。都说好的爱情是强者的共舞,真正的伴侣是:当你在迷途中,他带你走向光明;当你想放弃的时候,他给予你坚持的力量;当你孤苦无依的时候,他给你勇气和肩膀。虽然居里先生的溘然长逝给了居里夫人沉痛的打击,但是居里先生一句"如果有一天我先离开,用你的手,摘一颗星星",让居里夫人一直坚定地走下去。或许年轻的我们对于爱情的理解并没有那么深刻,可是居里夫妇的故事告诉我们,遇到对的人会使你更强大、更完整、不断进步。爱情美好而珍贵,因为恋爱或许很容易,但是获得爱情的路途不会一帆风顺。我们在个人情感生活中,可能很难把握情感发展的方向,但是在这个过程中我们可以更加了解自己。虽然我还没有遇见过爱情,但是希望和憧憬依然存在,期待遇见更好的自己。

### 不忘初心,方得始终

有人说:"理想很丰满,现实很骨感。"不错,在实践中化理想为现实总是存在着很多阻碍。从小我便受爸爸的音乐熏陶,他一开心就会唱上几句,所以我也很喜欢唱歌,曾经也做过当歌手的梦。但是随着时间的推移和逐渐成长,我渐渐懂得,之所以喜欢音乐是因为音乐可以让我释怀。无论开心与否,都会有音乐来做伴,分享我的心情,这便是我喜欢音乐的初心。实现理想具有长期性、艰巨性和曲折性,艰苦奋斗是实现理想的重要条件。居里夫妇的实验是伟大的,从一系列的数字就可以看出。历时四年,在废弃的工厂将八吨的油沥青矿石日复一日地熬制,经历了5677次的结晶失败。一次次的满怀期待却又一次次地落空,这并不是常人可以想象的。但他们秉持着对科学的热爱以及为人类事业献身的初心,持之以恒,最终有所成就,造福了人类。他们坚持着个人理想与社会理想的统一,使自己的科学理想与人类进步相融合。作为一个女人,居里夫人没日没夜地在废旧的工厂里工作,又必须面对着一次又一次的失败和外界的质疑,这是对身心的考验。在获得成就后,面对金钱名利居里夫人不屑一顾,这些东西并没有动摇她的初心。她没有申请"镭"的专利,也没有享受这笔巨额资金。影片快结束时,有一个记者想要采访居里夫人,但是他没有见过居里夫人,居里夫人在院子里见到了记者后告诉他,"居里夫人不接受采访,她在度假,不过我和她很熟,或许可以给你些消息"。或许在这个时代,我们都在为获得更高的收入、更好的生活水平、更高的社会地位而奋斗着,我们做这一切事情的初心,是为了让自己更快乐。但是,如果你达到了这些物质标准,可是换来精神上的疲惫倦怠,那又有什么用呢?不仅违背了初心,而且让精神与物质的天平失衡。居里夫人的故事告诉我们,要树立一个正确的价值观,度过一个有价值的人生,坚持自己的本心并持之以恒。我们都是平凡的,都是宇宙中一个渺小的生命体,然而不同的追求能指引着我们走向不同的人生。我们都可以做自己的主人,即使前行的速度像蜗牛一样,也要一步一步往上爬。不忘初心,方得始终!

居里夫人——人类科学史上一个熠熠生辉的名字,她的精神将一直为后人所传颂、弘扬。鲁迅先生曾说,"真的猛士,敢于直面惨淡的人生,敢于正视淋漓的鲜血"。居里夫人坚强勇毅,是当之无愧的"猛士"。作为当代的大学生,我们要做有理想、有担当、有品质、有追求、有作为、有修养的"六有大学生",更要学习居里夫人的精神品质,做一个优秀的青年,成为精神上的高标,这样才不辱时代所赋予我们的使命!

点评:这是一篇非常棒的读后感!语言朴实,表达流畅;既对影片做了简明扼要的介绍,又对其中的一些细节进行了详细的说明;结构完整且清晰,三个小标题用得恰到好处,既贴合影片内容,又很好地抒发了自己的情感;从不同角度谈自己从影片中受到的启发,不局限于影片内容,还引入了很多名人作家的观点,理解很全面,体悟很深刻。

# 缅怀先烈,开创未来
## ——读《在纪念邓小平同志诞辰 110 周年座谈会上的讲话》有感

刘维军

　　"人最宝贵的东西是生命,生命属于人只有一次,一个人的一生应该这样度过,当他回首往事的时候,他不会因为虚度年华而悔恨,也不会因为碌碌无为而羞耻。这样,在临死的时候,他能够说:'我的整个生命和全部精力,都已经献给了世界上最壮丽的事业——为人类解放而斗争。'"我们中国社会主义改革开放和现代化建设的总设计师邓小平同志,便是一位将整个生命和全部精力都献给世界上最壮丽事业的人。

　　2014 年 8 月 20 日,中共中央在北京人民大会堂举行了纪念邓小平同志诞辰 110 周年座谈会。《在纪念邓小平同志诞辰 110 周年座谈会上的讲话》是国家主席习近平在这次座谈会上发表的。本文旨在"纪念敬爱的邓小平同志诞辰 110 周年,深切缅怀他为党、为祖国、为人民建立的不朽功勋,追思和学习他为党和人民事业不懈奋斗的崇高风范,进一步激励全党全国各族人民在新的时代条件下把中国特色社会主义事业推向前进"。习近平主席还指出,"邓小平同志是全党全军全国各族人民公认的享有崇高威望的卓越领导人,伟大的马克思主义者,伟大的无产阶级革命家、政治家、军事家、外交家,久经考验的共产主义战士,中国社会主义改革开放和现代化建设的总设计师,中国特色社会主义道路的开创者,邓小平理论的主要创立者"。文章主要介绍了邓小平同志的成长历程和他为中国人民取得抗战和解放战争胜利做出的不可磨灭的贡献。

　　萧楚女说过:"人生应该如蜡烛一样,从顶燃到底,一直都是光明的。"像邓小平同志这样持"蜡炬成灰泪始干"般无私奉献精神的人值得我们学习。在《在纪念邓小平同志诞辰 110 周年座谈会上的讲话》中,习总书记为我们讲解了邓小平同志的成长历程和他所经历的诸多事件,告诉我们一个人的人生观是在实践中形成的对于人生目的和意义的根本看法和观点。人生观决定着人们的实践活动的目标和人生道路的方向,也决定着人们行为选择的价值取向和对待人生的态度。邓小平同志出生于四川省的一个山村。当时中国社会正处于黑暗之中,这个风雨如晦的年代,孕育了邓小平同志救国救民的理想和追求,也正是因为如此才坚定了邓小平同志为中国人民解放和富强奋斗终生的观念。这是他崇高的人生目的,在这条道路上他努力拼搏,几十年如一日。从新民主主义革命时期的北伐战争、抗日战争和解放战争等到社会主义革命和建设时期遇到的很多挫折,再到改革开放时期他为开创中国特色社会主义做出的历史性贡献,都体现了邓小平同志无所畏惧、顽强拼搏、积极进取、乐观向上的人生态度和为中国人民解放和富强奋斗终生的崇高人生目标。在历史上和现实中,大多数事业有成者无不是在正确的人生目的支配下,以昂扬乐观的人生态度正确对待人生道路上的坎坷。邓小平同志在"文革"开始后不久,受到了错误批判和斗争,被剥夺一切职务。1973 年,他复出,同"四人帮"进行针锋相对的斗争。不久,他再次被错误撤职、批判。尽管如此,他还是坚持了下来,为中国改革开放指明方向。人生目的是人生的航标,它指引人生的航向。

在《在纪念邓小平同志诞辰 110 周年座谈会上的讲话》这篇文章中,习总书记用亲切和蔼的语言总结了邓小平同志一生的革命成果。更重要的是,习总书记在文章后半部分指出了邓小平同志的人生价值,"邓小平同志对党和人民的贡献,是历史性的,也是世界性的"。在人类历史长河中涌现过形形色色的人生观,只有以为人民服务为核心的人生观,才是科学高尚的人生观,才值得终生尊奉和践行。邓小平同志为中华民族独立、繁荣、振兴和中国人民解放、自由、幸福而奋斗的辉煌人生和伟大贡献,将永远写在祖国辽阔的大地上。邓小平同志始终在人民中间,也始终在人民心间。在邓小平同志的指导下,1978 年 12 月召开的党的十一届三中全会,重新确立了解放思想、实事求是的思想路线,实现了党的历史上具有深远意义的伟大转折。实事求是不仅是毛泽东思想的精髓,邓小平同志也终生实践着。实事求是作为一种人生态度,是要从人生的实际出发,以科学的态度看待人生,以务实的精神创造人生,以求真务实的作风做好每一件事。

热爱人民,是邓小平同志一生最深厚的情感寄托,也永远是中国共产党人应该坚守的力量源泉。只有在为社会做贡献、为他人服务的过程中,我们才能获得幸福所需要的环境和条件,产生更大的幸福感,实现个人幸福与社会整体幸福、他人幸福的相互促进。我们要树立正确的得失观,不要惧怕一时的得失,在失意之际坚持不懈,在坎坷之时不断努力,这样的人生才更有意义。我们要像邓小平同志一样实现人的社会价值,就要自觉地把个人利益和社会利益、国家利益相统一,把个人命运与祖国命运、民族命运相联结,在奉献社会、服务人民的实践中展示个人价值。我们要正确理解人生意义和价值,确立高尚的人生价值追求,创造自己的精彩人生。

在我们缅怀先烈的同时,我们也应有开创未来的魄力。读完《在纪念邓小平同志诞辰110周年座谈会上的讲话》之后,我们看到了一位从平凡世界中走出来的世界伟人。那么,作为一名学生,我们从中得到了怎样的人生感悟呢?每个人都有自己的人生规划,读完此文,我们又该如何规划自己的人生呢?就我个人而言,我觉得首先应树立正确的世界观,因为正确的世界观是正确人生观的基础。古今中外众多创造了辉煌壮丽的人生的仁人志士,多在青年时期就确定了正确的人生目的。刚进入大学的我们,想必每个人心中都充满了对未来的向往与憧憬。但梦想与现实之间总会有差距,这需要我们努力去做,将梦想变为现实。虞有澄说过,一个有事业追求的人,可以把"梦"做得高些,虽然开始是梦想,但只要不停地去做,不轻易放弃,梦想就能成真。我们要更好地把人生意愿与个人情况和社会实际结合起来,从小事做起,从身边的事做起,脚踏实地,一步一个脚印地实现人生目标。要知道,梦想一旦被付诸行动,就会变得神圣。

习近平总书记在座谈会上说道:"事实是真理的依据,实干是成就事业的必由之路。这也是'空谈误国,实干兴邦'的真谛。我国革命、建设、改革的历史反复证明,只有制定符合实际的政策措施,采取符合实际的工作方法,党和人民的事业才能走上正确轨道,才能取得人民满意的成效。我们要学习邓小平同志善于运用辩证唯物主义和历史唯物主义观察世界、处理问题的思想方法和领导艺术,掌握真实情况,把握客观规律,发扬务实高效、不尚空谈的工作作风,踏踏实实把党的基本理论、基本路线、基本纲领、基本经验、基本要求贯彻落实好。"同样,我们作为思想政治教育专业的大学生,必须要坚持实事求是思想,尊重事实,客观认识自己的缺点和不足,谦虚学习,努力奋进。也要有坚定的信念,确定好自己的人生目标,在正确人生观的支配下,以昂扬乐观的人生态度正确对待人生道路上的坎坷。更要像邓小平同志一样,有一种革故鼎新、一往无前的勇气,一种善于创新思维、善于打开新局面的锐气。

对四年的大学时光,我们应该有一个清楚的规划,而不是盲目地、浑浑噩噩地度过这四年。比如,我们可以定下在适当的时机争取一次性拿到教师资格证和国家计算机二级证书这样的目标。我们要学习好专业知识,不虚度光阴,将来才有可能做一名既受学生喜爱,又让学生家长放心的人民教师。

习总书记说:"今天,历史的接力棒传到了我们手里,责任重于泰山。"我们作为中国未来的接班人,更要努力学习,创造自己辉煌的人生,众志成城,实现中华民族的伟大复兴。

　　点评:语言流畅,行文一气呵成,可看出作者写作功底非常深厚;结构设置合理,每段内容明确;阅读后能够深入思考,结合《思想道德修养与法律基础》课程相关论述,对世界观、人生观、价值观有了更深刻的认识;用社会生活实际分析《在纪念邓小平同志诞辰110周年座谈会上的讲话》内容,很有内涵;引用了很多典型句子,谈了自己受到的启发,可看出作者在思想认识上得到了提升。

# 思无邪——读周振甫《诗经译注》有感

雷玉

孔子有云："《诗》三百，一言以蔽之，曰：思无邪。"谈及《诗经》，我们最熟悉的可能是《关雎》《蒹葭》《氓》，其词之晦涩、字之生僻让人头疼不已，可我却对它产生了浓厚的兴趣，并在课余时间拜读了周振甫先生的《诗经译注》（中华书局出版）。

《诗经》共305篇（不包括笙诗6篇，它们只有标题，没有内容），内容上分为《风》《雅》《颂》三部分。鲁迅曾评价："风者，闾巷之情诗；雅者，朝廷之乐歌；颂者，宗庙之乐歌。"由此，《诗经》的内容和分类可见一斑。风包括了十五个地方的民歌，多半经润色后总称为"十五国风"，具体是周南、召南、邶风、鄘风、卫风、王风、郑风、齐风、魏风、唐风、秦风、陈风、桧风、曹风、豳风。雅又有大雅和小雅之分。大雅多为赞美诗，由上层贵族所作；小雅多为怨刺诗，作者既有上层贵族又有地位低微者。颂又分为周颂、鲁颂、商颂。在《诗经》当中总出现"什"字，"什"音"十"，原意是古代户籍中以十家为什。雅与颂多以十篇为一组，所以称为"什"，后来泛指诗歌。

从小到大，我读过很多诗赋，领略过恢宏磅礴的汉赋，穿梭过诗歌黄金时代的盛唐，邂逅过杏花微雨中的宋词，也听见过咿咿呀呀的元曲，但这些都没有《诗经》中的质朴苍凉、浑然天成。《诗经》中有思念成疾的儿女情长，有宗庙朝拜的尊卑礼仪，亦有与子同仇的家国大义。虽没有华丽的辞藻，只言片语却展现了一幅幅生意盎然的图景，这才是真正的生活。在璀璨的中华文明中，诗作众多，佳作亦不少，不说唯爱，却偏爱《诗经》。

"从前的日色变得慢，车马邮件都慢，一生只够爱一个人。"每每听到《从前慢》，就会想起"悠哉悠哉，辗转反侧""既见君子，云胡不喜"和"之子于归，宜其室家"这些诗句。诗似酒，醇厚深远；经如画，隽秀悠长。每一句诗拼接起都是一幅画，使人沉浸在古时的"郎骑竹马来，绕床弄青梅"的佳话之中。这正与《思想道德修养与法律基础》课本中提到的"夫妻和睦"不谋而合。夫妻关系是家庭关系的核心，中国历来用"相敬如宾""琴瑟和谐"以及"比翼鸟""连理枝"等来比喻和形容夫妻之间的和睦关系。而如今强调的夫妻和睦，是在男女平等基础上的互敬互爱、互助互让。愿这悠长岁月温柔安好，有回忆煮酒，没有软肋，无须铠甲，热泪盈眶，长生不老。

"岂曰无衣，与子同袍。王于兴师，修我戈矛，与子同仇。"《无衣》是我最喜欢的一首国风诗，其风声气俗自古而然。今之歌谣慷慨，风流犹存耳。战乱年代，爱国之风尤为显目，有许穆夫人千里载驰吊唁亡国。和平年代，亦有国人大爱之情怀。课本中指出：国家安全一般是指一个国家不受内部和外部的威胁、破坏而保持稳定有序的状态。而身为一名大学生，必须坚持总体国家安全观，以人民安全为宗旨，以政治安全为根本，以经济安全为基础，以军事、文化、社会安全为保障，以促进国际安全为依托，走出一条中国特色国家安全道路。

"丝衣其紑，载弁俅俅。自堂徂基，自羊徂牛。"虽然我对祭祀之事知之甚少，但通过对《诗经》的阅读也大致了解到一些礼仪。古代祭祀要求丝制祭服，干净整洁，佩戴皮帽，谦逊恭顺，要提前检查堂阶、祭品，讲究安静诚心地祭祀，不喧哗亦不骄傲。祭祀是追思的一种方式，自古至今，并不鲜见。不同的地方有不同的方式和习俗，不同的时代也有不同的背景，即使不苟同，也应保持尊重。

在阅读振甫先生的作品时，发现诸多校对问题，例如《国风·邶风·谷风》中，"行行迟迟"应为"行道迟迟"。原因有二：一是查阅《诗经》原文皆为"行道迟迟"；二是《诗经》当中，许多词句为保证和谐之美是重叠的，例如"之子于归"就分别在《邶风·燕燕》《召南·鹊巢》《周南·桃夭》中出现过，而'行道迟迟'在《鹿鸣之什·采薇》中出现过，全篇并未出现过"行行迟迟"。除此之外，多引用清代方玉润的评价，先生个人评述较少，言语苍白，只适合扩大《诗经》普及范围，浅尝辄止，个人觉得不适合深入研究。

开卷有益，《诗经》之美待人寻。正如梁启超所评价："现存先秦古籍，真赝杂糅，几乎无一书无问题，其真金美玉，字字可信者，《诗经》其首也。"


点评：语言优美，表达流畅，文笔好；对《诗经》做了简洁、明确的介绍，一目了然；结构设置合理，条理清晰；从夫妻关系、祭祀和国家安全的角度深入理解《诗经》内涵，很有见解；对书中译注提出了自己的质疑，可看出阅读仔细、认真；在理解时，还联系所学课本内容，思路宽广，很值得称赞！

# 读爱因斯坦的《社会与个人》有感

李佳宁

最近读了爱因斯坦的《社会与个人》这篇文章,作为一名大一新生,我感觉对社会和个人的关系有了更进一步的认识。《社会与个人》是我们的《思想道德修养与法律基础》课程推荐的阅读书目。在这篇文章中,爱因斯坦认为:一方面,只有个人学会思考,才能为社会创造新价值;另一方面,社会的健康状态取决于组成它的个人的独立性。他认为当时社会缺少在技术、科学、艺术以及政治方面出色的人物,并在最后用经济和技术的发展引发的问题来解释这一现象。

此文的写作年代不详,最初是发表在 1934 年出版的文集《我的世界观》上,选自《纪念爱因斯坦》(译文集),商务印书馆在 2009 年 12 月推出了由许良英等编译的第二版。阿尔伯特·爱因斯坦(1879. 3. 14—1955. 4. 18),犹太裔物理学家,出生于德国乌尔姆市,1905 年创立狭义相对论,1915 年创立广义相对论,1921 年因研究光电效应获得诺贝尔物理奖,被公认为继伽利略、牛顿以来的最伟大物理学家。

他针对自己所处的社会存在的问题,对个人发展的前景表示了谨慎的乐观,呼唤社会责任和社会公义,呼唤美好的人类未来社会。个人和社会的关系就像鱼与水的关系一样,社会的发展离不开个人的创造,而个人离开了社会也就成了没有水的鱼,想有所作为亦无可能了。

马克思也曾这样说:"人是一切社会关系的总和。"可见一个人虽然作为个体而存在,却与我们整个社会有着密不可分的关系。我们大部分的知识和信仰都是通过别人创造的语言,由别人传授给我们的。我们每个人作为独立的个体,单凭自己实难完成这项伟大的工作。要是没有语言,我们的智力就真的贫乏得同低等动物的智商不相上下。(《社会与个人》2012 年出版)因此,我们应当承认,我们胜过野兽的真正优点在于我们是生活在人类社会中。一个人如果生下来就离群独居,那么他的思想和感情中所保留的原始性和野兽性会达到我们难以想象的程度。所以,我认为人应当融入社会关系中,正当地进行竞争与合作,参与到社会分工中去。个人之所以成为个人，个人的生存之所以有意义，与其说是靠着他人的力量，不如说是由于他也是人类社会的成员，从生到死，社会都支配着他的物质生活和精神生活。这使我想到北大中文系一位教授曾说："不要做一个精致的利己主义者。"如果只是考虑自我的利益，而忽视了对社会和他人关爱，那么这个人的内心也难以平静和安乐。一个人对社会的价值首先取决于他的感情、思想和行动对增进人类利益有多大作用。

任何人都是处在一定的社会关系之中，并进行社会实践活动的人。社会属性才是人的本质属性，因此人的自然属性总是被深深打上社会属性的烙印。（《社会与个人》2012 年出版）每个人从他来到人世的那天起，就从属于一定的社会群体，并同周围的人发生各种各样的社会关系，如家庭关系、地缘关系、业缘关系、经济关系、政治关系、法律关系、道德关系等。这些社会关系的总和决定了人的本质。人们正是在这种客观的、不断变化的社会关系中塑造自我，成为真正现实的、具有个性特征的人。由此可见，我们每个人在这个社会中都会担任不同角色，承担各种责任，我们尽可能地让自身和社会不断进步。（《思想道德修养与法律基础》2015 年修订）

对于个人，"正心，修身，齐家，治国，平天下"（《礼记·大学》）与"穷则独善其身，达则兼济天下"（《孟子〈尽心章句上〉》）的积极乐观的态度相互结合、补充，其影响经久不衰。它启示我们后人只有从我们个人做起，首先自己要正心诚意，遵守基本的社会道德和法律底线，完善好自身才不会给社会带来麻烦，即"穷则独善其身"和"正心，修身"；然后是使自己所在的小的集体和组织能在获利的同时推动社会发展。社会是由我们每个个体组成的，需要我们都从自身做起，在完成社会分工的同时能关心整个社会和国家的发展，即做到如顾炎武所言："天下兴亡，匹夫有责。"

我们的家庭是最小的社会单元，门关上后，在这里人们如何相待就几乎决定了一个社会的基本面貌。所以修身过后便要齐家，家和万事兴，家庭相对于社会而言是个小集体，但家庭的幸福在某种程度上推动着社会的发展。只有个人善于思考，才能为社会创造新价值，不仅如此，甚至还能建立起那些为公共生活所遵守的新的道德标准。要是没有能独立思考和独立判断的有创造力的个人，社会的向上发展就不可想象。我由此联想到了柴静的书中有这样一句话："人性里从来不会只有善和恶，但恶得不到控制，就会吞吃别人的恐惧长大，尖牙啃咬着他们身体里的善，和着一口一口的酒咽下去。"郝劲松认为公民和普通百姓的区别为：公民能独立地表达自己的观点却不傲慢，对政治表示服从，却不卑躬屈膝，能积极地参与国家的政策，看到弱者知道同情，看到邪恶知道愤怒，我认为这才算是一个真正的公民。一个文明和谐的社会,正是由这样一个又一个的公民组成的。只要我们每个人都争作合格的公民,社会就能更好更健康地向上发展。

另一个方面,社会若像是没有养料供给的社会土壤,人的个性发展也不可想象。只有在社会的竞争与合作中,个人的目标和利益才能更好地实现。因此,在社会中要能形成以道德为基础、以法律为保障的环境,我们个体的经营才能有序进行。(《思想道德修养与法律基础》2015 年修订)马克思有著名论断:"人是最名副其实的社会动物,不仅是一种合群动物,而且是只有在社会中才能独立的动物。"所以个人是社会的个人,个人是社会关系中的存在,没有社会也没有个人,个人与社会不可脱离。个人需要通过社会交往而使生命延续,孤立的个人在现实中不可能存在。因此社会的健康状态取决于组成它的个人的独立性,也完全像取决于他们密切的社会结合一样。但我们可以发现,虽然目前文明国家的人口比以前稠密得多,但一流人物的数目不相称地减少。根据神奇的二八界限,只有将近20% 的人可以进入精英阶层,他们却可以占用社会80% 的资源。只有很少的人通过他们的创造性成就,才作为个人为群众所知。组织在某种程度上代替了第一流人物,这在技术领域特别突出,而在科学领域里更是已经达到了很显著的程度。社会就如同一个生命有机体,而个人就如同这个生命有机体的细胞,因此个人对社会存在一定的依赖性。技术的发展意味着个人为满足社会需要所必须进行的劳动越来越少,所以有计划的分工越来越成为迫切的需要。而这种分工会使个人的物质生活有保障,这种保障加上可供个人自由支配的空闲时间和精力就能用来发展他的个性,这样社会就可以恢复健康。

在政治方面,爱因斯坦认为,当时不仅缺乏领袖,而且公民的独立精神和正义感也已大大衰退。任何国家像绵羊般的群众在两个星期内就能被报纸煽动到这样一种激昂的状态,人们准备穿上军装,为少数谋私利的党派的肮脏目的去厮杀。他认为当时的义务兵役制是文明人类今天所遭受到的丧失个人尊严的最可耻的症状,可以看出他对当时德国社会环境的不满,对法西斯专制势力的厌恶,以及在这样的状况下对政治的担忧。对于我们当今正在发展中的中国,胡适曾这样说:"你们要争独立,不要争自由。自由是针对外面而言的,独立是你们自己的事,给你自由而不独立,仍是奴隶,独立要不盲从,不受欺骗,不依赖门户,不依赖别人,这就是独立的精神。"因此,作为一个公民,我们应该能独立地表达自己的观点,不傲慢、不偏激、不盲从,坚持独立思考、理性判断。像在对钓鱼岛事件和南海问题上,面对媒体的多种报道,以及网络上的各种声音,我们自身要明白,不见得一大群人盲目地做一件事就一定是正确的。一些人在大街上示威游行,砸日货,以及采用一些偏激的言论来彰显自己的爱国之情,我觉得这不过是用来吸引注意力的非理性行为。对政治表示服从却不卑躬屈膝，能积极地参与国家的政策，我国是人民当家做主的社会主义国家，允许也需要人民发声来表达自己真实的诉求。一方面，人民代表大会制度为我们提供了制度保证，政府积极推行政务公开为我们提供了政策支持；另一方面，则需要公民能积极地参与民主决策、民主监督。只有两者相互理解支持，我们才能看见让人民满意的政府，看到关心并合法参与国家政策的公民，看见社会主义和谐社会，看见我们正在蓬勃发展的责任大国——中国。

在社会生活方面，公民还应有正义感。孟子说，"仁"就是道德。那么，什么是仁？他说"恻隐是仁之端"，人或许都该有这样一些恻隐之心。对待弱势群体要能有同情和帮助，看到邪恶知道愤怒和抵制。诺贝尔和平奖得主德国医生施韦泽在非洲丛林为黑人服务五十余年，他在书里写道："无论如何，你看到的总是你自己，死在路上的甲虫，它是像你一样为了生存而努力奋斗的生命，像你一样喜欢太阳，像你一样懂得害怕和痛苦，现在，它却成了腐烂的，就像你今后也会如此。"柴静也在《看见》中写道："他人经历的，我必经受。"我们每个个体若都能怀恻隐之心，心怀善念，传播正能量，那么我们的社会就能更加健康地向上发展。

在爱因斯坦的眼中，健康的社会社会分工精细，社会产品丰富，个人的物质生活有充足的保障，个人自由支配的时间和空间充足，个性能得到充分的发展，个人的独立性很强以及人与人之间的联系也很密切。正如马克思所说："人是最名副其实的政治动物，不仅是一种合群动物，而且是只有在社会中才能独立的动物。"个人与社会既是对立的又是统一的。科学的把握个人与社会的辩证关系，促进个人与社会的和谐，关键在于把握个人在社会中的定位。（《思想道德修养与法律基础》2015 年修订版）

关于爱因斯坦的人类未来发展观念，我表示赞同。经过五十多年的时间，科技发展相当快，比如网络技术、自动控制技术的发展的确为人类的自由发展提供了越来越大的空间。劳动时间的减少、劳动效率的提高为人类自由发展提供了条件，把越来越多的人从简单的重复的机械操作中解放出来。联系到实际生活中，我们原来收割玉米、小麦仅使用人力，消耗人们大量的时间和精力，而如今收割机的发明和使用使农民从中解放出来，劳动时间减少，效率提高。农民可自由支配的时间增多，从而投入其他领域的生产制造，可见科技改变生活。

结合我们专业，我们更应该懂得个人利益与社会整体利益在根本上是一致的，个人应自觉维护社会的整体利益。社会整体利益不是个人利益的简单叠加，而是所有人利益的有机统一。（《思想道德修养与法律基础》2015 年修订版）就我个人而言，首先要学习专业知识，全面发展，有正确的"三观"，成为具有较高法律基础素质的社会主义事业建设者和接班人;然后积极参加社会实践和志愿服务,利用寒暑假的时间参与下乡支教活动,去看望敬老院的孤寡老人和福利院的孩子们,在实践中最大限度地创造人生的价值,实现人生的自我价值与社会价值的统一。

每个国家的社会都是由个人组成的,可以说社会与个人是整体与部分的关系,是辩证统一的,两者缺一不可。社会是由个人组成的,离开了个人,社会就不复存在。(整体是由部分构成的,离开了部分,整体就不复存在。)我们每个人都属于社会,我们都需要为我们的社会付出、服务;个人是社会的个人,离开了社会,个人就不能称其为个人。(部分是整体的部分,离开的整体,部分就不成其为部分。)社会中的我们是社会最生动的组成部分,社会需要我们的有意识行动去完善它,需要我们有意识的劳动去发展它。社会需要个人,个人需要社会,两者不可分割。

点评:对《社会与个人》的作者和主要内容做了简洁的说明,概括较好。本读后感的最大优点是能将所读文章与所学课程的相关内容结合,并能联系实际谈感想;其次是思路开阔,能旁征博引,既有中国古代文化典籍中的经典论述,又引用了西方学者的观点,语言流畅,道理讲得明白。

# 读罗素《西方哲学史》有感

何中华

读史使人明智。

——弗兰西斯·培根

上大学之前,我读过的唯一一本关于哲学的书就是高中政治教材——《生活与哲学》。在那时,虽然那本书里全部的知识点,我都倒背如流,但还是不太懂哲学是什么。直到读了这本由罗素先生编写的《西方哲学史》上卷,我好像才明白了一点点。虽然书中有很多晦涩难懂的知识,现在的我还无法读懂、读通,但通过这本书,我大概了解了西方哲学思想产生的环境和背景。

《西方哲学史》主要讲的是西方哲学的历史,具体来说是从公元前6世纪的古希腊哲学到西方现代哲学的发展史。而我读的上卷主要讲的是古希腊哲学史。其中,我最喜欢的是第十二章——斯巴达的影响。这一章主要介绍了斯巴达,拉哥尼亚的首都,一个古希腊的小城邦。但它却深深地影响了哲学大师柏拉图提出的"乌托邦",这就是它巨大魅力的体现。以前我以为斯巴达仅仅是个骁勇善战、强悍的战斗民族,直到读了这本书后我才真正认识了这个民族,了解了这个民族对后世思想家的影响。

正如罗素先生所言:"斯巴达对希腊思想起过双重的作用:一方面是通过现实,一方面是通过神话;而两者都是重要的。"现实曾使斯巴达人在战争中打败了雅典,神话则影响了柏拉图以及后来无数思想家的政治学说。

斯巴达人善于统治。他们唯一的职业就是战争,从一出生就要接受战争的考验:若是体弱,就会被抛弃;只有强壮的孩子才有活下去的权利。所有的男孩都被放到一所学校受训,从小开始的训练就是为了让他们坚强、不怕痛苦、服从纪律,因此才有广为人知的"斯巴达三百勇士"的故事。同时,斯巴达人重武力、轻文化,他们认为文化教育或者科学教育并没有多大作用。这样的思想在当今社会肯定是被批判的,无论是在西方还是东方。但我想,在那个时代,有这样的思想也是他们之所以没有被外敌欺负的原因之一。斯巴达人证明了自己在陆上的无敌,所以在很长的一段时期里,他们一直掌握着霸权。

虽然斯巴达的弊端很多,但是不得不佩服他们理念生存力的强大,时间长且深入人心。回看我们国家,几千年的文化传承却在新世纪西方文化的冲击下,一些传统习俗无声无息地被遗忘了。当然,其中免不了也有在新社会的发展中,一些落后且违背社会发展的习俗被淘汰。这一点是我们应当向他们学习和借鉴的。

斯巴达另一件有意思的事是斯巴达的实际情况和他们的理论不大一致。斯巴达人一向以不贪求财富和爱好淳朴生活为教育理念的主要内容,可是,生活在斯巴达盛期的希罗多德却说:"没有一个斯巴达人能拒绝贿赂。"当读到这一段时,我脑子里忽然蹦出来四个字:物极必反。监察官往往非常之穷,所以才收取贿赂。监察官连自我的口腹之欲都满足不了,又怎么可能会拒绝那诱人的贿赂!这不禁让我联想到习近平总书记提出的"反腐倡廉"思想。用矛盾的观点看,一个方案的提出必是要解决问题。所以说,习总书记开展打击贪污犯罪的行动,正是因为中国官员以权谋私的不良风气盛行。这一举措的实施,可谓是解决了百姓的心头大患,使人们对政府的执行力又燃起希望。

读完这一篇章,反过来再回味罗素先生说过的话,又有些许的疑惑:斯巴达的现实是他们的勇敢、他们的信念让他们打败雅典,可是那神话呢? 神话指的是什么? 是斯巴达逐渐建立起的制度,还是那里的社会风气——勇敢、善良、淳朴,不被财富腐化,不被各种观念困扰,如同世外桃源,最接近柏拉图口中的理想国? 也许这就是读书的魅力,通过了解他人的观点,对自己已有的观点加以补充改正,同时提出了新的问题!

通过哲学读历史,寻找的是经验和教训;通过历史学哲学,获得的是思想的源头和乐趣。《西方哲学史》这本书给我以启蒙,十分适合对西方哲学不是十分了解或感兴趣的初学者。在平凡的生活中感悟生活的真谛,在乱世中发现国家的必要,在和平年代中补缺体制的漏洞。我想,这就是哲学史存在的意义吧。

点评:对所读书做了简明扼要的介绍,引用了书中的一些重要观点,并结合时事热点进行了分析,许多看法很有见解;讲述了斯巴达的历史和文化,深度剖析了它们的民族个性,并以此来联系、分析我国当前社会实际;侧重从历史的角度理解西哲史,不局限于哲学本身,也很有理论内涵。

# 带着无限的梦想和渴望
## ——观电影《居里夫人》有感

付天一

关上灯,拉上窗帘,电脑荧屏的光打在我的脸上,一切开始熠熠生辉。我的思绪被带入一部黑白的经典电影。虽没有如今有色电影那么绚烂夺目,但它讲述的两个小时的故事,却是一次心灵的朝圣,使我受益匪浅。

皮埃尔·居里和玛丽·居里这两个名字,不仅在科学界是家喻户晓的,而且在平常人的世界里,也几乎无人不知、无人不晓。从小学开始,我对他们的故事来说就已经耳熟能详,而到初中甚至是高中,这两位人物的事迹早已经不知道被同学们当成作文的素材诠释过多少遍了,大家都被他们那种对科学无私奉献的精神感染。但现在,我还是要谈谈居里夫人,全因为今天看的一部 20 世纪的黑白电影。虽然居里夫人的传奇故事早已熟知,知道了剧情中的人物、情节和结局,可看完一遍之后,剧中的一幕幕画面还清晰地映在我心里,剧中的对白还萦绕在我的耳边,依然为她提炼化学元素"镭"的故事感动到无以复加。我确信,除了这段故事外,居里夫人和皮埃尔的人格魅力、人生理想和价值观,才是真正能让我们心悦诚服的原因,那种带着无限的梦想和渴望的态度,正是需要我们一直追求的。

电影一开始就讲到在大学的课堂上,教授正在生动地讲解,一位痴迷于教授讲解的女学生出现在荧屏中,她就是玛丽·居里。她嘴里喃喃细语着什么,突然因为过度疲惫而晕倒。这是为后面讲述居里夫人全身心地投入科学研究做了很好的铺垫,侧面看出她热爱科学、艰苦奋斗的精神,当然了,也为下面与教授的深入了解埋好了伏笔。随后,教授看中了玛丽的才华,介绍她去皮埃尔的实验室去搞一个科研项目,这也是玛丽和皮埃尔相识的原因。如我们所有人所知,真正的科学家大多是孤僻的,他们沉浸在自己的世界中,而旁边不相干的人无法理解他们。科学家们需要的是宁静专注,皮埃尔也一样,所以他认为自己的一生只有科学已足矣。他先前始终认为女人会干扰自己的研究,直到遇见了玛丽,他才改变了这个看法。是默契使然也好,是心有灵犀也罢,他们有着共同的语言——科学,他们是来自同一世界的人。

电影中,在玛丽要回到祖国波兰的时候,皮埃尔前思后想,终于放下格调,鼓起勇气上楼推开了那扇门,到心爱的人面前表达自己的爱意、欣赏,说出了希望与她共度余生的誓言。我觉得可能是科学家平时忙于科研,而不太擅长与他人交往的缘故,皮埃尔挽留的告白显得有些生硬、苍白。但也许正因如此,他才会成为玛丽真正想要寻找的伴侣。也许他什么也不用说,只需一个坚定的眼神,玛丽自然会懂。后来他们结婚、蜜月,再重返科研。玛丽·居里在皮埃尔·居里的陪伴与帮助下,经历了追寻"镭"的漫长过程。这个过程不仅漫长,而且充满了艰难险阻,必须冒着被放射性物质伤害的危险,可以说是与危险同行。他们一路披荆斩棘,走在为社会奉献的道路上。

影片中让我印象最深的一幕是故事的一次"波折"。八吨的沥青物包含了他们四年的心血汗水,可是他们的坚持换来的就只是碗里剩下的那一小块的污迹!皮埃尔呆若木鸡地一言不发,我似乎能听到他内心深处的心跳节奏凌乱无比。而她面无表情,也许这是能把她的失望表达得淋漓尽致的最好表情吧。她也瞬间失去了所有的信心,在面对一切努力好像已经付之东流的情况下,她所有的忍耐瞬间崩塌。她呐喊着,声音已经失去了平时的声调,整个影片陷入了黑暗。就在这时,峰回路转,屋内的碗里发出幽绿的光,照亮了他们的面孔。终于,老天并没有辜负他们的苦心,狂沙吹尽,大雾散去,他们揭开了"镭"的神秘面纱。

可能有许多人都看过这部电影,人们也会找到许多形容词来形容皮埃尔和玛丽,可能是伟大无私、坚强勇敢,抑或是淡泊名利、热爱科学。然而它带给我的最大感触,是他们的价值观,是那种把自己的人生投入科学,投入为人类社会进步的价值观。他们本可以像其他夫妻一样,放下手中的研究,凭借着自身的知识水平,过另一种衣食无忧的生活。但是他们并没有,为了全人类、全社会的进步,他们牺牲了自己的个人利益。带着无限的梦想和渴望,他们披星戴月地奋斗着,呕心沥血。想到这里,我不由得想到了曾经和现在的自己,我可能永远无法成为像玛丽和皮埃尔那样的伟人,也不会对社会做出非凡的贡献,那我能做些什么呢?记得以前我的高中政治老师说过:"无论以后变成什么模样,选择了何种职业,抑或是换了哪种生活环境,只要我们各司其职,做好自己的工作,不停止前进的脚步,都是最好的自己。"

对于现在的我们来说,要实现自己的人生价值,就必须要先找准自己的价值所在。我们要客观地认识自己,从自身条件出发设定目标,不一定非要像居里夫人他们那样伟大。只要对我们来说,目标的确是恰当可行的,然后再提高自己的实力,那总有一天我们会实现自己的价值。还记得高考完之后的那个暑假,我以为我会很快乐,但是我没有,虽算不上是行尸走肉,但取而代之的绝对是迷茫。现在,我已经变成了一名大学生,在感叹时间过得如此之快的同时,我也要时刻提醒着将来有可能会成为一名教育工作者的自己:当老师是你小时候的梦,既然现在读了思想政治教育这个专业了,就朝着自己梦的方向用力走吧,跌倒了也不要离开,永远不要给未来的你留下遗憾。

电影结束了,但是人生还长;历史已被铭记,但未来还需书写。当须臾化作年华,当岁月化作长久,回首往昔时,我们看到的是怎样的自己?是蹉跎了年华,任凭时光流逝,还是惜时如金,笑着回味自己走过的路?我们现在还年轻,还没有疲劳,还可以披荆斩棘、披星戴月地为梦奋斗。只要为了梦想不服输,再苦也不会停止脚步。

也许人生亦是如此,爱一个人,翻一座山,追一个梦。即使我们没有取得杰出的成就,但只要我们带着自己的梦想和渴望奋力拼搏过,终将精彩一生。


点评:这是一篇有真情实感的读后感,真实、动人!语言优美,表达流畅;按照电影情节的顺序,对影片内容进行了详细的介绍,并深入描写了自己印象深刻的画面,抒发了自己的切身感悟;尤其是在价值观上,坚守信念,有着非常明确且正面的看法;可看出对自己的未来有明确的规划,也满怀信心。

# 摘一颗属于自己的星星
## ——观电影《居里夫人》有感

刘泓

　　《居里夫人》这部电影是记录居里夫人从读大学到获得诺贝尔奖这期间的故事。电影上映时间是 1943 年,那是个黑白电影的时代。虽然不像现代电影这般色彩丰富,但是演员们的精彩演绎,也让我兴致满满地看完了整部电影。电影中一幕幕感人的情节、一句句经典的台词都时时浮现在我脑海中,让我的心灵受到前所未有的激荡。

　　居里夫人这个名字在全世界都家喻户晓,我们都知道她发现了"镭"。可谁曾想过在她成名的道路上,流的不是汗而是鲜血,她的名字不是用笔而是用生命书写的。读大学时她只是一位出身贫寒的姑娘,背井离乡,带着无限梦想与渴望,独身一人来到巴黎大学学习。她的老师在课堂上说,在场的学生不可能达到牛顿、伽利略那样的高度——可以摘一颗星星。但居里夫人凭借着那永不屈服的毅力和刻苦钻研的精神做到了老师眼里不可能的事,摘到了一颗属于自己的星星。

　　居里夫人通过老师的介绍认识了皮埃尔,这是个可以影响她一生的精神伴侣,两人因同在实验室工作而日久生情。居里夫人毕业后一心想回波兰工作并照顾父亲,却被皮埃尔的告白打动了,最后选择留在巴黎并与皮埃尔组建家庭。他们互相都愿意婚后继续致力于科学研究。经过长达四年的实验,他们成功提炼出纯净的"镭"。不幸的是,在颁奖前夕,皮埃尔因重大车祸去世了。居里夫人受到巨大打击,但是没有什么困难可以阻止她前行的脚步,她自己又继续了长达 25 年的科研,最终获得诺贝尔奖。

　　电影中让我印象深刻的一幕是皮埃尔和他助理之间的谈话。他认为女人是科学家的天敌,自己要想集中精力搞研究,就得不断抵抗女人。皮埃尔当时肯定没有想到,一个年轻漂亮的女子会完全颠覆他的价值观。居里夫妻在董事会上申请新实验室,有个董事认为虽然居里夫人的才华是被公认的,但是她年轻,缺乏经验,更重要的是她是一个女人。皮埃尔很生气,拍桌站起来激动地说:"玛丽是个女人没有错,但是她是个很不寻常的女人。"居里夫人的一个眼神让皮埃尔停止了争辩,他们平静地接受了那间小棚屋。这让我深思许久,我觉得当时社会是男女不平等的,男性科学家占的比例大就理所当然,而女科学家却不招待见。在那个男女不平等的年代,就是因为偏见,有多少女科学家本可以取得更多成就却被过早"抹杀"。但也可见居里夫人的付出远比想象得多,更彰显出她的坚毅刻苦和永不放弃的顽强精神。

还有一幕是在一个平静的夜晚,皮埃尔在房间里怀着矛盾的心情走来走去,他想挽留一心想回波兰的居里夫人,但内心又无比紧张。最后,他还是鼓起勇气大步上楼,敲开了居里夫人的房门。虽然他不会说太多浪漫的话,但是句句都很实在。他将两人的完美结合比作化学方程氯化钠,并认为这是一种稳定的、牢固的结合,不会有波折和干扰。正是因为他们两人有致力于科学研究的共同理想以及真挚的友谊,所以居里夫人被皮埃尔的告白感动,接受了皮埃尔的建议。后来,两人成为了完美的结合,成为了永远的伴侣。

婚后的居里夫人开始研究"镭",皮埃尔也中断自己的研究,一心帮助她。居里夫人虽然接受了那间小棚屋,但是现实和想象的差距实在太大。那个小棚屋环境十分恶劣,不能取暖,夏天像火炉,冬天像冰窖。但是他们谁都不抱怨,仍然投入科研,这一心只为科学奉献的精神使我为之动容。他们用了四年的时间,把几吨的铂沥青矿渣经过化工厂的全部工序,提炼出了所有已知的元素,再从几兆司的剩余物质中提炼"镭"。虽然他们不在乎多苦、多危险,但还是逃脱不了过度疲劳和病痛的折磨,还要每时每刻跟燃烧的烟气做斗争,可是他们从没说放弃。最令我印象深刻的一幕是居里夫妇俩急急忙忙从家里赶到实验室,果然上帝是眷顾他们的,隔着门口那一层玻璃,居里夫人远远看到结晶碗中发出了闪亮的光。夫妻俩走进去一看,终于见到了他们辛苦四年才得到的新元素"镭",他们激动地互相拥抱,脸上带着灿烂的笑容。要知道,那个小结晶碗是他们进行了5677次实验后得到的成果。就在几个小时之前,居里夫人和皮埃尔在实验室中打了个盹醒来后发现结晶碗中只有一摊污迹,当时他们眼里满是失望与迷茫。一前一后的对比,其中最关键的是居里夫人永不放弃的决心。上床睡觉后她还在思考,她不相信自己的努力是无效的,她对自己实验充满信心并坚信"镭"一定在那儿,所以才有了刚才那令人激动的一幕。

看完整部电影,我觉得居里夫人与皮埃尔真是科学界的模范夫妻。两人发现的"镭"被誉为"伟大的革命者",为人类开辟了新的科学领域,并由此诞生一门新兴的学科——放射学。居里夫人在诺贝尔领奖台上说过,"人是渺小的,但每个人都有可能获取一线知识之光,即使非常微弱,也能够照亮人类追求真理的梦幻",

这是她的人生价值观。对于我们大学生来说,也要树立正确的价值观,并在实践中创造有价值的人生。在当今社会,虽然出现拜金主义、享乐主义等价值倾向,但我们不能被其蒙蔽。我们要做贡献、讲奉献,正确认识和处理个人与社会的关系,正确认识和处理贡献与索取的关系。马克思说过:"如果我们选择最能为人类造福的职业,我们的幸福将属于千万人,我们的事业并不显赫一时,但将永远存在。"现在就读师范大学的我们,如果以后踏上为人师表的道路,不要太在乎工资的多少,而应该热爱教育事业,树立积极向上、努力进取的观念。教师是个既神圣又伟大的职业,常被人们比作蜡烛,他们的无私奉献与淡泊名利,也刚好和居里夫人的品质相契合。

居里夫人摘到了属于自己的星星,而我们也在前行的路上。

点评:语言表达很流畅,用词非常恰当;叙述情节的同时结合自身感受谈看法,行文思路非常好;重点描写了使自己最受感触的几幕情节,抒发了自己的真实感受,也给出了自己的观点;对电影的内涵理解得比较深入,尤其是在价值观上得到了提升,对人生的真正价值有了更清晰的认识;从字里行间不难看出作者严于律己、理想坚定的态度。

# 放飞青春梦想——读《习近平在同各界优秀青年代表座谈时的讲话》有感

陈瑾

读高中时,除了教材我再也没有认真地读过一本书。上大学之后,终于有了大把的空闲时间可以读书,我看的第一本就是《习近平谈治国理政》。这本书由中国国务院新闻办公室会同中共中央文献办公室、中国外文出版发行事业局编辑,收入了习近平在2012年11月15日至2014年6月13日这段时间内的重要著作,共有讲话、谈话、演讲、问答、批示、贺信等79篇,还收入了习近平各个时期特别是中共十八大以来的图片45幅。其中,让我感触最深的就是"在实现中国梦的生动实践中放飞青春梦"这句话,它节选于《习近平在同各界优秀青年代表座谈时的讲话》。

2013年5月4日,习近平主席到中国航天科技集团公司中国空间技术研究院,参加"实现中国梦,青春勇担当"主题团日活动,同各界优秀青年代表座谈并发表了重要讲话。习近平主席在讲话中强调,"青年最富有朝气、最富有梦想,青年兴则国家兴,青年强则国家强。广大青年要坚定理想信念,练就过硬本领,勇于创新创造,矢志艰苦奋斗,锤炼高尚品格,在实现中国梦的生动实践中放飞青春梦想,在为人民服务的不懈斗争中书写人生华章。"习主席的这些话振奋人心,让我感触良多。

习主席在讲话中提到,"中国梦凝结着无数仁人志士的不懈努力,承载着全体中华儿女的共同向往,昭示着国家富强、民族振兴、人民幸福的美好前景。中国梦是我们的,更是你们青年一代的。"是呀,在革命战争年代,广大青年为获得民族独立冲锋陷阵;在社会主义革命和建设时期,广大青年在新中国的广阔天地忘我劳动、艰苦创业;在改革开放历史新时期,广大青年为祖国繁荣富强开拓奋进、锐意创新。中国从当时那个任人侵犯的国家逐渐成为现在这个充满繁华的国家,这离不开中国共产党的正确领导,更离不开全体中华儿女的努力,而青年人则是全体中华儿女的中坚力量。因此,身为当代青年的我们要勇敢肩负起时代赋予的重任,历练宠辱不惊的心理素质,坚定百折不挠的进取意识,将生活中遇到的挫折化为我们进步的动力,用从挫折中吸取的教训启迪人生,使人生获得升华和超越。

在讲话中,习主席也提到,"行百里者半九十,距离实现中华民族伟大复兴的目标越近,我们越不能懈怠,越要加倍努力,越要动员广大青年为之奋斗。"主席的这一席话让我想到了以前我在某本杂志上看见的一个公式:90% ×90% ×90% ×90% ×90% = 59%。这个公式就是想告诉我们:也许90%看起来几乎完美了,但是如果你所有的事情都只做到90%,那么最后所有的事情都做不好。如果我们在这个"中国梦"实现了90%的时期懈怠了,那么到最后我们就会离这个梦越来越远,甚至再无实现的可能。作为青年的我们是祖国的未来、民族的希望,是党和人民事业发展的生力军,必须要加倍努力,不能有丝毫的懈怠。我们要肩负起"一代更比一代强"的青春责任,志存高远,脚踏实地,为中华民族伟大复兴的"中国梦"而努力奋斗。

习主席在讲话中也对相关部门工作做出了批示,"各级党委和政府要积极为广大青少年实现梦想服务,切实改进作风,深入基层、走进青年,想青年之所想,急青年之所急,代表和服务青少年普遍性利益诉求,努力为广大青少年成长成才创造良好环境。"习主席的这番话在后来李克强总理提出的"大众创业,万众创新"这一理念中得到了充分的体现,尤其在扶持大学生创业方面。政府对大学生创业的扶持除了物质上的支持(提供场所、设立奖金、享受税收优惠政策等),还有精神上的鼓励。除了这些,国务院还出台了很多大学生创业扶持政策,这些政策具体有:大学生创业税收优惠、创业担保贷款和贴息、免收有关行政事业性收费、享受培训补贴、免费创业服务、取消高校毕业生落户限制、创新人才培养、开设创新创业教育课程、强化创新创业实践、改革教学制度、完善学籍管理规定、提供大学生创业指导服务。并且政府还十分贴心地给大学生创业提出了一些建议:有一份完整的创业计划书,有周密的资金运作计划,营造一个好的氛围,从亲力亲为到建立团队,盈利是做企业最终的目标,不要惧怕失败。党和政府这一系列政策的出台为青年人驰骋思想打开了更浩瀚的天空,为青年实践创新搭建了更广阔的舞台,为青年塑造人生提供了更丰富的机会,为青年建功立业创造了更有利的条件,体现了领导干部关注青年愿望、帮助青年发展、支持青年创业,做青年的知心朋友,做青年工作的热心人。

读了习主席的讲话,我就想到了要规划自己的未来。也许很多人都想大学毕业后去考公务员,或者自己创业当老板,但是我却想进学校当老师。当然,如果有机会读研的话,那就读研以后再进学校当老师。我想当老师,一方面是因为我喜欢教师这个职业,用我高中语文老师的话说是:教师这个职业总是在跟年轻人打交道,这样会让自己保持一颗年轻的心。我想当老师的另一个原因:既然国家需要人才来建设社会主义,那么教书育人的工作就极有价值。教育是提高人民综合素质、促进人的全面发展的重要途径,是民族振兴、社会进步的重要基石,是对中华民族伟大复兴具有决定性意义的事业。当今世界综合国力的竞争,说到底是人才的竞争,人才越来越成为推动经济社会发展的战略性资源,教育的基础性、先导性、全局性地位和作用更加突出。"两个一百年"奋斗目标的实现、中华民族的伟大复兴与"中国梦"的实现,归根到底靠人才、靠教育,而一个学校能不能为社会主义建设培养合格的人才,培养德、智、体、美全面发展,有社会主义觉悟的有文化的劳动者,关键在教师。"两个一百年"奋斗目标的实现靠我们这一代青年的不懈努力,中国以后的发展进步就要靠教师们培养出来的一批批更年轻、更优秀的青年锲而不舍、驰而不息的奋斗。

为了今后能成为一名合格的教师,并培养出更多优秀的、能为社会主义建设做出更多贡献的人才,我必须从现在开始严格要求自己。坚定理想信念,坚持用邓小平理论、"三个代表"重要思想、科学发展观武装头脑,增强对坚持党的领导的信念,做中国特色社会主义共同理想和中华民族伟大复兴"中国梦"的积极传播者;努力学习,练就过硬本领,树立梦想从学习开始以及事业靠本领成就的观念,增强知识更新的紧迫感,如饥似渴学习,既扎实打牢基础知识又及时更新知识,既刻苦钻研理论又积极掌握技能,不断提高与时代发展和事业要求相适应的素质和能力;勇于创新创造,敢于上下求索、开拓进取,要有在继承前人的基础上超越前人的雄心壮志;树立探索真知、求真务实的态度,在创新创造中不断积累经验,取得成果;矢志艰苦奋斗,埋头苦干,从自身做起,从点滴做起,用勤劳的双手成就属于自己的精彩人生;锤炼高尚品格,把正确的道德认知、自觉的道德养成、积极的道德实践紧密结合起来,自觉树立和践行社会主义核心价值观,带头倡导良好社会风气,加强思想道德修养,自觉弘扬爱国主义、集体主义、社会主义思想,主动承担社会责任,热诚关爱他人,以实际行动促进社会进步。

"现在,我们比任何一个历史时期都要接近实现中华民族伟大复兴的中国梦这一目标,我坚信,只要中华儿女团结一心,脚踏实地,到新中国成立100周年之时,我们必将建成富强、民主、文明、和谐的社会主义现代化国家,实现中华民族伟大复兴这一中国梦。"

点评:这是一篇现实性很强的读后感!对讲话的许多重要内容进行了深入的理解与思考,对其内涵掌握得比较好。不局限于《习近平在同各界优秀青年座谈时的讲话》本身,还结合其他信息进行深入理解,如延伸到李克强总理的讲话和政府相关政策,可见作者平时非常关注时事热点,知识面非常广。

# 观《恰同学少年》有感

## 周莉

　　为了能更好地学习革命领袖的优秀精神品质,我怀着对革命领袖的无比崇敬之情,在家观看了《恰同学少年》这部连续剧。看完后,思绪万千,深有启发。我被一群青年学生的青春气息感染,被他们富有激情与拼搏的精神鼓舞。该剧只有短短的二十几集,主要是以毛泽东在湖南第一师范五年半的读书生活为背景,讲述了青年时代的毛泽东在湖南第一师范学校的学习与生活之事。剧中除了刻画了胸怀抱负的毛润之这一人物外,也涉及了他身边的同学和老师,如聪明勤奋的蔡和森,具有新时代女性思想的陶斯咏与向警予等。整部电视剧表现出了在那个内忧外患、动荡不安的年代,毛泽东和他的同学们救国救民、团结合作的精神以及视国家兴亡为己任的豪迈与热情。该剧突出了一个特殊的群体——青年。作为21世纪的青年学生,我们应该树立崇高的理想,坚定地高举马克思主义的旗帜,时刻铭记以爱国主义为核心的民族精神和以改革创新为核心的时代精神,为实现中华民族伟大复兴而奋斗!

　　梁启超先生在《少年说》中强调:"少年智则国智,少年富则国富,少年强则国强,少年独立则国独立,少年自由则国自由,少年进步则国进步,少年胜于欧洲则国胜于欧洲,少年雄于地球则国雄于地球。"电视剧中以毛泽东为代表,包括蔡和森、陶斯咏、向警予等人在内的青年就是梁启超先生所称颂的优秀少年。他们少年时代的豪情壮志激励人心,忧国忧民的高度社会责任感使人钦佩,勇于破旧立新的精神令人折服。当自己的文章不被老师正确对待时,毛泽东据理力争,捍卫自己的文章,甚至顶撞自己的老师。当时的青年学生之所以敢与老师和教科书叫板,是因为坚持捍卫自己的观点,具有独立思考的精神。剧中毛泽东的一句话,至今让我印象深刻。他说:"与天斗,其乐无穷;与地斗,其乐无穷;与人斗,其乐无穷。"虽然这只是简简单单的一句话,但它体现了当时青年们的优秀品质与爱国情怀,我们也能从中感受到青年毛泽东的意气风发以及百折不挠的气魄。反观眼下,有些青年受西方"糟粕"思想的影响,变得崇洋媚外,忘记自己的根,这种做法实在不可取。我们这一辈的青年人,应该学习革命先烈的光荣传统,继承他们的优秀品质。我们更要以革命先烈的精神为指导,更好地为国家做奉献,为实现"中国梦"而努力奋斗!

剧中的这幕情节让我至今印象深刻:军阀的残暴激起了全校师生的愤怒,但面对刀枪,手无寸铁的师生们却无能为力。民族的未来究竟在哪里?中国还有没有希望?师生们都对此充满了困惑。这时,以毛泽东为首的有志青年们站了出来,以身作则,带领师范学校的学生们一起抗击军阀,争取民主与自由。为此,他们有的付出了生命,有的失去了自己的同学。虽然代价是惨痛的,但他们明白革命总是要牺牲人的。青年学生以他们的微薄之力在反抗着,在斗争着,在为创建一个新未来而努力奋斗着!

简短而气势昂扬的校歌响彻在当年湖南一师的上空,深深地振奋了20世纪早期旧中国一大批有志青年。他们树立了社会理想:以天下为己任,怀揣国家与人民,从青年做起,用教育拯救中国。作为一名师范生,我们也应该以教育他人为己任,做到学为人师、行为示范。我们可以用自己的微薄之力,去帮助更多的孩子能够接受教育,努力去实践人才强国、教育强国的国策。当前,我们更应该努力做好自己的本职工作——学习,努力学习更多知识,提高自身专业技能,积极参加边远山区的支教活动,为我们国家教育事业贡献一份绵薄之力。希望我们这一代的青年大学生们能够精神饱满、激情豪迈,勇于承担救亡图存、强国富民的社会责任!

古人云:"修身齐家治国平天下。"身为新时代大学生的我们,首先要做到"修身"这一基本。这要求我们在这个物欲横流、利欲熏心的社会环境中要坚持自我,不忘初心,努力提升自己的专业素养,培养自己的高尚的品格。青年大学生,更应该时刻铭记着社会主义核心价值观的内容,时常关注实时动态,了解国内外大事,开阔知识视野。

《恰同学少年》展现的是希望与火光,我们看到了中国青年坚强不屈、敢于拼搏的气概以及吃苦耐劳的精神。看完这部电视剧后,我不得不承认先辈们思想深度的广阔,他们的精神实在值得我们敬佩与学习。或许,如今的我们还不能与具有优秀品质的先辈们相比,但是我们这一代青年会传承先辈们的优秀品质,发扬先辈们优良传统,与当代社会主义核心价值体系联系起来,去努力发展、完善自己。在日常生活中,也要时刻铭记着自己是国家的未来,是国家的希望,向先辈们看齐。"青年人,是早晨八九点钟的太阳",我们是冉冉升起的太阳,应该要去拼搏、去实践,去各个领域挥洒我们的汗水。年轻就是资本,我们不能让自己的人生留下遗憾。

恰同学少年,风华正茂,书生意气,挥斥方遒,指点江山,激扬文字,粪土当年万户侯……

点评:语言优美,表达流畅,文笔非常好。对电视剧做了简洁且明确的介绍,也对自己印象最深的几幕情节做了细致的说明。在抒发自己的感悟时,旁征博引,理解得比较深入。从作者对当代青年的看法上,可以看出《恰同学少年》这部电视剧的确让其受到了很多启发。多次强调当代青年的历史责任,也对自己提出了相应的要求。不难看出作者是一位朝气蓬勃、信心满怀的有志青年!

# 除了自渡，他人爱莫能助
## ——观《恰同学少年》有感

胡一阳

　　初看这部电视剧，是在小学。每天晚上做完作业就和父亲一起窝在沙发上看，那个时候只是觉得很好看，并不明白父亲为什么时而激动又时而感慨。上初中后，因为学习了很多毛泽东的诗词故事，历史课上也经常提及那段历史，所以又重温了一遍。那时候的感觉和大多数人一样，觉得他们志存高远、有勇有谋。但再回首，又有了新的感悟。

　　这部电视剧讲的是在 1913 年，19 岁的毛泽东以第一名的优异成绩考入了湖南第一师范，为动荡不安的、黑暗中的、摇摇欲坠的中国找寻出路的故事。在这里，他遇见了人生中的伯乐——孔昭绶。毛泽东沉迷于自己的"教育救国"理论中，通过忘我的学习来寻找新中国的出路，这使他偏科严重，再加上锋芒毕露一再触犯校规，许多老师对他意见颇多。在去留的问题上，恩师孔昭绶几番争取，最终留下毛泽东任由其自由发展。在这里，他遇见了知己——蔡和森。他们不仅志同道合，还惺惺相惜。1916 年的暑假，他们两人每人手持一把雨伞，脚穿草鞋，在身无半文的情况下，从岳麓山下蔡和森住所出发，徒步游历了湘阴、岳阳、浏阳等县。电视剧里，两人在透着潮湿却又明朗的雨中漫步，共撑一把雨伞，逐渐拉长的镜头中有孤寂也有希望。这让我想起了《记承天寺夜游》，"元丰六年十月十二日夜，解衣欲睡，月色入户，欣然起行。念无与为乐者，遂至承天寺寻张怀民。怀民亦未寝，相与步于中庭。庭下如积水空明，水中藻荇交横，盖竹柏影也。何夜无月？何处无竹柏？但少闲人如吾两人者耳"。以前不明白这种事情为什么还要写出来感慨一下，看到那段戏才恍惚间有些明白了苏轼的"何夜无月？何处无竹柏？"原来这是因为月色常有，而知己难得啊！在这里，他遇见了人生挚爱——杨开慧。还记得有一段是两人为躲避追兵而待在了图书馆，杨开慧问毛泽东以后有什么打算，他回答说要和蔡和森等人去法国留学。结局中也有一个杨开慧送毛泽东坐船离开的镜头，满是离别的伤感。他们本是以兄妹相称，但在相互仰慕和崇拜中进发出了新时代的爱情——自由恋爱。同样是无花轿、无聘礼、无包办,不像张爱玲与胡兰成的"愿现世安稳",他们两人更显悲壮。从袒露心声到分别不过一天时间,从新婚到生死离别仅隔八年,但短暂的永远是刻骨铭心的。毛泽东在老年时期写下的大部分诗词几乎都与杨开慧有关。"忽报人间曾伏虎,泪飞顿作倾盆雨",虽一生功成名就、辉煌无比,后来遇见的也都是人中凤,但那青涩的挚爱却永远回不来了。这其中的无奈,我等泛泛之辈怕是无法明白的。

除此之外,让我感触最深的就是这句"除了自渡,他人爱莫能助"。当时混沌的中国毫无出路,就读于湖南一师的毛泽东一直坚信着"只有教育才能救中国"。他在工厂开办夜校让工人学习,带领同学一起去游行宣传,但实际的影响效果并没有多大。"为中华之崛起而读书"终究只是小部分人的高远志向,直到现在也如此,我们更多是在为读书而读书,为功名而读书,为金钱而读书。自私和贪婪永远是人的天性,也是弱点。在那个连维持生计都困难的时代,读书就像是少数人的"特权"。麻木的中国人丝毫不在意是谁执政,精神与物质的缺失让他们就像行尸走肉般存在着。就如先生所说,"在沉默中爆发抑或者在沉默中死去"。这小部分人单凭丝毫未被普及的"教育"两字如何来掀动整个中华民族的崛起呢?从某种意义上来讲,我认为他们的志向是被后人放大了的。他们或许从一开始就发现中国已病入膏肓而无药可救,所以才要读书救国,从为中华崛起而读书变成自救。唯有人人自救,中国才有救。电视剧中曾提及这一历史故事:1917年11月,在护法战争中被击溃的北洋军阀傅良佐部三千兵马败往长沙,长沙城内空无一兵防守,全城局势千钧一发。毫无疑问,毛泽东上演了一场"空城计"。可是在这期间,学生军到警察所借枪,胆小的警长却不敢冒险,他将收缴来的警察们的枪锁了起来,并命令警察们不得擅自行动。青年警察郭亮对警长的胆怯十分不满,但又帮不上学生们的忙。在萧子升、毛泽东、蔡和森和溃兵们谈判时,不幸遇到了马疤子的出卖,由于三人身上没有枪,因此命悬一线。就在这关键时刻,一声枪响,是马疤子被打死了!原来是郭亮带着十个警察恰好赶来,在关键时刻开了枪。如果郭亮没有战胜自己,自渡成功,战胜来自当时阶级社会上级的压迫,那么后果不敢想象。

所谓"自渡",就是指自己能在混沌之中保持清醒,明白自己该做什么,并为之努力。甚至可以将其狭义地理解为:自私得只为自己而活。这并不是在教导我们自私,而是变相地教我们如何无私。萨缪曾说过:"自私与无私的判断,是每个人的罗生门。"我们总是把自私看得可耻,可又有谁能做到真正无私呢?所谓自私与无私,应该是因果关系——从自渡到共渡。不论是过去的毛泽东等人救国爱国,还是现在的一人致富带动全村共同富裕,这都是从个人的自渡上升到所有人的自救。只有人人都努力向上,寻找光明,整个中国才能发生改变,才能看见希望。过去如此,现在如此,以后也亦是如此。

现在的中国强大了,进步了,但在迅速发展的同时也引发了许多的矛盾。我们培养了很多人才,我们拥有先进的技术,但思想上却止步不前了。我们抱怨贫富差距,我们抱怨地域差异,我们抱怨为什么我们和理想中的中国还是差了那么一截。我们都只想做泛泛之辈,习惯了用小部分人的牺牲奉献来成全整个中国的进步。我们冠冕堂皇地将其称作"无私",并歌颂、赞扬,然后期待着下一个可怜的无私者的出现。审视自身就会发现,我们都是自私者,我们同旧中国的那些麻木看客没有差别,都只是在被动地等待着被救赎、被改变。若人人都能明白这个道理,那每个人都能实现自我的救赎,整个中国也会更进一步!

年少时,我们的想象力没有受到限制,甚至梦想能改变这个世界;成熟以后,我们发现自己并不能改变这个世界,便将目光缩短了些,决定只改变我们的国家;当我们进入暮年后,我们发现我们也不能改变我们的国家,所以最后愿望仅仅是改变一下我们的家庭。当我们躺在床上,行将就木时,我们突然意识到:如果一开始我们先改变自己,然后将其作为一个榜样,我们就可能改变我们的家庭;在家人的帮助和鼓励下,说不定我们也能为国家做出更大的贡献。

活着,除了自渡,他人爱莫能助。

点评:从整体上看,本文既有文采又意蕴深厚。表达简明得体,流畅自然;语言质朴而又寓意深邃;对电视剧的主要内容有简洁、明确的介绍,又对其中一些细节做出了说明;从对剧中毛泽东与友人暑假徒步游历湖南和"空城计"等情节的描述和分析中,可见作者观看时非常细心,并且善于思考,有自己独到的见解;侧重从"自渡"的角度抒发自己的观后感,从电视剧扩展至现实生活实际,强调自身修养的重要性,立意新颖,夺人眼球;无论是自己表达,还是引用他人话语,都非常贴切,并且带有哲学意味。

# 用我的手点燃世界的蜡烛
## ——观《居里夫人》有感

李琪

我国自古就有巾帼不让须眉的佳话,其实这同样适用于评价国外那些优秀的女性。黑白的画面将我带回她的时代,复古的机器让我体会她科研的艰辛,纯正的英语腔调让我感受到她优良的素养,就是这样一位女性,用自己的努力打破了"科学家"这一词中隐藏的男性含义。

《居里夫人》这部影片介绍了居里夫人的一生,刻画了她饱满的个性:年幼时的聪明善良;求学时的刻苦认真;科研时的坚持不懈;生活中的朴素平实。就是这样的一生,让我感受到了居里夫人强大的内心素养与高尚的人格精神。

生活里的低标准,精神上的高要求。在巴黎求学的她住在狭小的屋子里,昏暗的蜡烛让原本凄凉的小屋更显惨淡。没有太多家具,更没有什么装饰,但她并不在乎这些外在的东西,依旧生活得很快乐。就算是在这样的环境下,她依旧坚持每天学习知识,不断充实自己,最终让自己变得强大,成为了精神上的巨人。

实验室里认真工作的身影。法国科学家贝克勒尔曾发现,在没有光源的地方自己冲洗出的相片竟会如此清晰,这使他大为惊讶。他发现铀不需要外来的能源也能发射辐射,由此揭示了铀的放射性。具有独立探索精神的玛丽对此产生了极大的兴趣,她思考着:这些能量来自什么地方? 这种与众不同的射线的性质又是什么? 铀盐矿石神奇的射线吸引着玛丽,她暗下决心一定要揭开这个秘密,于是她开始了长期的研究。她用矿石做实验,发现矿石整体的放射性为8,可是矿石中的放射性元素一共只有4的放射性,其他4个放射性不知从何而来。她与居里博士共同探讨,反复分析矿石中的元素,突然发现其中还包含其他元素,于是她进一步大胆猜想该元素应具有放射性。她和丈夫激动地坐在实验台前,一起读数。"是4!"居里夫人大喊出来,他们激动地相拥,沉浸在发现新物质的喜悦里。为了进一步证明该物质,他们向学校提出申请,想要建立新的实验室和购买新的实验设备。校方以他们没有证据证明已经发现了新物质为由拒绝了他们,虽然实验受到了阻挠,但天生倔强的她却没有因此而低头放弃。为了和丈夫共同完成实验,为了向世界证明新物质的存在,为了科学的未来,她用毅力向困难宣战。在冬天像冰窖、夏天像火炉的工作室里,她用最普通的铁锅一次又一次地提炼矿渣,经过5677 次的实验后终于成功提炼出了"镭"。尽管只有 0.12 克,却是科学界的巨大进步,是对世界的巨大贡献。

名利面前的淡定沉着。为表彰她的科研成果,她成为了诺贝尔奖的第一位女获奖者,赢得了世界的赞美和尊重。但这位成就巨大的伟大科学家,竟不在乎名利,将奖牌拿给她的孩子玩,将奖金全部捐赠出去,自己依旧过着普通的生活。她这是在坚守对科学的热爱与敬仰,也是在遵守对丈夫的诺言,没有忘记初衷和本心。

爱情面前的坚守勇敢。为了和皮埃尔在一起,她放弃了回家的想法,放弃了原本想要当牧师的"错念",放弃了原本安逸美好的生活,选择了在实验室里与皮埃尔共同奋斗。但上天似乎总是在考验她,在她获得荣誉成就时,在她最想有人和她分享喜悦时,皮埃尔却因车祸永远离开了她。可是她却没有因此倒下,依旧坚守着科学这片净土,继续用乐观面对生活,继续用爱温暖一切。

身处 19 世纪的居里夫人,在艰苦的环境下依旧保持着纯净的心灵,不被世俗污染,不被乱世干扰,正应了那句"出淤泥而不染,濯清涟而不妖"。可现在 21 世纪,社会和谐稳定,设备机器水平也大大提高,却反而缺少了像居里夫人这样内心纯净的人。多少人被名利冲昏了头,多少人为财富而不择手段,多少人因困难放弃了原本热血的梦想。我们应该追问自己:难道真的要这样死于安乐吗? 真的要这样世俗地活着吗?

作为新一代的大学生,我们应该学会自觉地隔绝那些过于世俗化的想法。虽然金钱在当今社会不可缺少,但它并不是你奋斗的唯一动力,你还有梦想,你还肩负着复兴中国梦的重任。我们要时刻将自身与国家相结合,把个人利益与集体利益相统一。我们应把居里夫人的无私奉献作为自身的人生价值标准,向社会贡献出自己的微薄之力;应把居里夫人的艰苦奋斗作为自身的人生态度,面对困难也要勇往直前;应把居里夫人的仁爱慈善作为自身人生修养目标,用心体会一切,用爱感化一切,让爱照亮世界每一处阴暗的角落,让爱温暖世界每一处寒冷的地方。

"个人是渺小的,每个人只能获取一丝知识之光,却能照亮人类获取真理的希望。"居里夫人的话虽已经过去了一个世纪,但其精神却始终激励着人们。我想我对居里夫人的了解仅凭着一个多小时的电影还是远远不够的,她强大的内心、高尚的精神还需我继续学习。

一滴水微不足道,但水的汇集却能发出惊涛拍岸的怒吼;一棵树单薄无依,但树的汇集却能阻挡强风狂沙的袭击；一盏灯光线微弱，但灯的汇集却能照亮你远行的道路。只要我们人人能献出自己一份力，那么将会迸发出巨大的能量，绽放不一样的光芒。作为祖国的新鲜血液，我们有义务充实自己，为国出力。与其碌碌无为，不如有所作为，大好青春，勿要荒废！

　　点评：这是一篇非常好的读后感，既有文采，又富有激情！表达非常流畅、自然；对影片做了非常简洁、明确的介绍；整体结构完整且清晰，简单明了，让人一目了然；从人格、工作和爱情的角度，深度剖析居里夫人这一人物形象，理解全面、深刻；情感真切，动人心弦；对价值观有正确的认识，认为新一代大学生要保持内心纯净，不要过于追求物质的看法令人称赞。

# 用力摘星的女人——观《居里夫人》有感

谢保琳

　　黑白的色调、朴素的场景、美丽的面容、平实的画面一幕幕映入眼帘,在一个繁忙过后的傍晚,我静下心来观看了这部在 1948 年由美国所拍摄的《居里夫人》。居里夫人与丈夫皮埃尔的故事一直被视为佳话,人们对他们提炼"镭"的故事更是耳熟能详。居里夫人的勇敢、坚韧与聪慧,在这部 124 分钟的电影中体现得淋漓尽致,我想现在我才算是真正了解了这位伟大而又淳朴的女性。

　　居里夫人原名玛丽·斯克洛多夫斯卡,她出生在波兰的一个教师家庭,家境贫寒的她从小学习刻苦努力,凭借自己的能力考上了心仪的巴黎大学。长年累月的寒窗苦读,使这位勤奋的姑娘懂得珍惜时间和来之不易的学习环境。电影第一幕中这位贫穷的波兰姑娘每天上课来得很早,总是坐在教室的第一排,全神贯注地倾听着教授的讲解。下课之后,除吃饭之外,她不是到实验室搞实验,就是到图书馆读书,长期的疲惫与营养不良让柔弱的她晕倒在课堂上。当教授问及她早餐吃了什么时,她说:"一片黄油面包。"我从未想过一个杰出的科学家在求学之路上除了学习的艰苦之外,还有生活的寒酸不易,我甚至无法想象是怎样的信念支撑着她潜心苦读到这般境界。

　　不过幸运的是,随后她与皮埃尔相遇、相知、相爱,这也更加坚定了她要永无止境地追求科学的信念,因为至少在科学的路上她并不孤单。他们的相遇或许是命运的安排,也或许是相似的两个人恰好都出现在同一个时间里……

　　睿智的选择成就了他们极其完美的结合。自从玛丽到居里的试验室里工作后,她对科学思考探索的精神深深地打动了居里的心。皮埃尔向她求爱时说:"我们的结合是科学完美的结合,结成夫妻的我们可以经常一起思考探索,一起面对科学难题。"事实也的确如此,婚后玛丽继续进行科学研究,她不畏艰险、不怕失败的精神深深感动着皮埃尔,甚至让皮埃尔不惜放弃自己的研究而全心协助她。经历了漫长的四年艰苦奋斗以及 5676 次失败后,第 5677 次实验终于提炼出了镭盐,这是他们共同努力的结果。他们在黑暗潮湿的小实验室里不分昼夜地工作,一次次跌倒又一次次爬起。我仍然能记起他们无数次失落的眼神与落魄的背影,也能清晰地记起他们在看见那一粒小小的光芒在黑暗的实验室中散发出光芒时灿烂欣喜的脸庞。来之不易的成就让她忘记了双手被化学物质灼伤的疼痛感,唯有甜蜜跃上心头。可以说,没有皮埃尔的帮助和支持,没有玛丽的探索和思考,他们靠个人的力量都是难以完成这么伟大的科学壮举的。

然而命运总爱捉弄人,皮埃尔在赶往实验室的途中遭遇车祸不幸身亡。电影中的这一场景最令我印象深刻:他遇难前满心欢喜地去到商店为玛丽购买参加晚会的耳饰,想给她一个惊喜。当店员问及女士的相貌时,皮埃尔微眯双眼尽显温柔与幸福地描述着:"椭圆形的脸蛋,金黄色的头发,象牙白的肤色,非常光滑,非常美丽……"他如痴如醉地回忆着,把玛丽的一颦一笑都深深刻在脑海中。他想象着玛丽收到礼物时欣喜的笑容,也许她会给他一个拥抱,也许会迫不及待地戴上耳饰,会挽着他的手走进红毯。他以为他们未来的日子会一直幸福美满……

玛丽收到的礼物盒是已被马车压扁,还沾满了泥土的耳饰盒。没有欢喜,只有悲痛,压抑已久的玛丽终于忍不住掉下眼泪。她的阵阵哭泣声划破黑夜的宁静,此时此刻的我也哽咽着,沉浸在悲伤的氛围中无法自拔。未来的路该如何走下去?彷徨与痛苦围绕着她,但坚强的玛丽依旧选择了带着他俩共同的梦继续前行,哪怕无限的痛苦缠绕着她,她也得继续向前。

两个小时的黑白电影,尽管画面色彩不丰富,却并不枯燥乏味。认真看完整部电影后,我似乎也沉浸在了居里夫妇的生活中。整部电影结束后,我依然在静静地沉思。我被居里夫妇热爱科学、坚忍不拔,始终对人生充满希望的崇高精神感动。他们所经历的困苦磨难,让我自身感到汗颜。高考前的一个月,因学业的压力过大,我曾想过放弃。面对那令我恐惧的数学,我显得焦躁不安,再每每看向对面最好的伙伴留下的空荡的床位,我变得更加孤独无助。我的情绪在那个晚上瞬间爆发,我撕掉了所有应该完成的数学试卷以及那一张张排名永远不上不下的成绩表,大哭着打电话向父母抱怨:为什么不能让我回家学习?我为什么要在这个破学校?我为什么要参加高考?我到底要怎样努力才能成功啊?电话那头的爸爸妈妈沉默了,他们甚至不知道应该怎么来安慰我。我看着电影中年轻的玛丽,想到她所承受的压力是我的千千万万倍,此时此刻的我对自己的自私与懦弱感到无比的羞愧与内疚。我所拥有的幸福与物质上的满足都远远超过她,却缺少了她的勇敢与坚强。电影中居里夫人说了这样一句话:"我们发现了这某件事情是什么,我们就该为此而付出我们的全部努力,无论多么艰难,直至实现为止。"虽然是毫无雕琢与修饰的言辞,她却用自己的一生在诠释。确实如此,生活永远都不是一帆风顺的,路上少不了磕磕碰碰,唯有崇高的理想与坚定的信念支撑着自己,并付出最大的努力才能朝着梦的方向更近一步。正如现在的我,终于迈过高考的门槛步入了所期待的大学,这算是前进了一小步,不过未来的日子任重道远,我仍需努力。

电影最后一幕,居里夫人在巴黎大学理学院举办的"镭发现25周年纪念仪式"中说道:"个人是渺小的,每个人只能获取一丝知识之光,却能照亮人类获取真理的希望。"她的话语已经过去了近一个世纪,但她的精神和信念将永远鼓舞我们像她一样相信真理、追求真理,哪怕自己达不到伟人的高度,也要拼尽全力用双手去摘下一颗又一颗属于自己的星星!

点评:语言朴实,文笔细腻,表达流畅,写作功底深厚;按照电影情节本身的发展顺序对其进行详细说明,衔接紧凑,逻辑清晰,条理分明;观看影片后,联系自身实际,反思自己过去的行为,抒发自己的真情感受,情感真挚,读来让人为之动容;对生活、学习和自我,都有了更为深刻的认识;可看出其意志坚定,有理想、有目标。

# 若要修成九转，先须炼已持心
## ——观《居里夫人》有感

陶陶

"不，我绝不放弃，我相信我们一定会成功"，这是一句轻而易举可说来的话，却不是一件能轻易做到的事情。居里夫人当时那坚定的眼神还一直在我眼前浮现……

这部 20 世纪的电影，没有现代化的科技手段，没有优美的电影配乐，没有绚丽的电影画面，却比如今任何一部电影都来得震撼人心。它改编自居里夫人的小女儿艾芙·居里所撰的《居里夫人传》。居里夫人的小女儿自幼在充满浓郁学术气氛的家庭中长大，母亲给了她巨大的影响，在她的母亲去世三年之后，她出版了此书。这本书回顾了居里夫人这位影响过世界进程的伟大女性不平凡的一生，主要是表现居里夫人的品质、工作精神与处事态度。这部电影的改编，使得书中的内容更具有形象感，现在，就让我们通过这部电影一起走进居里夫人的世界。

电影的画面从教室开始，一位知识渊博的老教授，一群聚精会神的学生，但尤为引人注意的是一个全身心投入的女学生，她的嘴里喃喃自语着些什么，或许是因为过度投入太疲惫，她晕倒在了教室。这幕情节既让我们看到了居里夫人对科学的如痴如醉，也为后面的故事埋下了伏笔。从这以后，居里夫人的人生有了一个新的转折点。

电影从教授介绍居里夫人到皮埃尔·居里的实验室工作开始，有了新的发展，两个同样热爱科学的人终于相遇，两个因科学而孤独的灵魂终于碰撞。皮埃尔·居里曾对助理说，"女人是科学的天敌，她们的存在就是为了干扰科学"，这似乎表明了他一生都要与科学为伍的决心。但自从遇见居里夫人后，似乎什么东西已经悄然发生了改变，皮埃尔·居里已经被居里夫人对科学的坚持与热爱深深吸引。只有共同携手，才能让他们在发现镭的道路上义无反顾。他们有着共同语言，有着共同的追求，有着共同的信仰。皮埃尔·居里在得知居里夫人想要毕业就回波兰的想法后，犹豫再三，终于在一个夜晚敲响了心爱之人的房门，对她说出了自己心中积压的话。科学家都是不善言辞的,皮埃尔·居里的告白可能有些苍白甚至死板,但最终还是感动了居里夫人。我想,他们有着相同的价值观与相同的热爱,或许才是居里夫人答应的真正原因。两个对科学都绝对忠心的灵魂,他们的结合,是科学界的幸运,更是我们全社会的幸运。

下一幕镜头切换到两人度蜜月回来之后,居里夫人正着手寻找课题研究,这时他们想到了之前教授发现的奇怪现象。于是两人向巴黎大学申请实验室,但董事会的人认为居里夫人是女人,能力有限,最大限度只能提供一间废旧实验室。与其说那是间废旧实验室,不如直接说那是个荒废的仓库,因为里面根本没有任何实验工具。皮埃尔·居里想要为妻子再争取一个好的工作环境,但是居里夫人的一个眼神就让皮埃尔·居里放弃了这个想法。我想他们的默契之处也就在这里,只要一个眼神,就能了解彼此的想法与心意。居里夫人怀揣着对科学的热爱与忠诚,坚守着自己的信仰,平静地接受了这个结果。但是实验室的环境远远地超出了他们的预想,夏天如同蒸炉一样,炙烤着两人,冬天又如同寒窑一样,冰冻着两人的神经。可贵的是,无论是闷热的酷暑还是寒风阵阵的严冬,都不曾动摇两人的决心,都没有让他们放弃自身的信仰。他们苦炼着从西西伯利亚运来的八吨沥青,提炼出的每公斤、每千克,甚至每一粒物质都包含了两人对科学深深的热爱,体现着他们不放弃科学、坚持为人类奉献的理想。就这样,他们付出了四年的艰辛,将八吨的沥青矿提炼得只剩下几克物质,最后终于从这些微少的物质中提炼出了镭。尽管他们做的这一项项工作是那么危险,但他们毫不在乎,居里夫人手上的烧伤就能印证她对科学事业的坚持。只要一想到这个未知元素可能会使医学事业的发展攀上一个新的台阶,他们的发现可能会拯救世界上更多的人类,他们就干劲十足。为了信仰,为了科学,为了人类,尽管有心酸、失望和痛苦,但他们都默默地接受、承担了下来。

可事情并非这么顺利,这么重大的发现也绝不可能这么容易成功。他们花了四年时间,提炼了八吨沥青矿,无数的心血换来的却是碗中剩下的那一小块污迹。皮埃尔·居里一话不说,只沉默着,脸上也面无表情,仿佛时间都静止了。居里夫人那一根紧绷的神经也立刻崩掉,犹如刚竣工的大厦顷刻崩塌。隔着屏幕也能听到他和她已经慌乱的心跳声。但当时的两人并不知道,其实自己已经登上了巅峰,只是需要等待那个合适的时机而已。皇天不负有心人,碗中这个沉淀着他们的努力、他们的信仰以及他们的坚持的沉淀物开始发光,阴霾终于散去了。

看完电影,我们可以有很多词语来形容他们两人,比如伟大、不畏艰难、坚强勇敢、淡泊名利,但给我最深感触的是他们的信仰与价值观。他们坚持着自己的价值观,并将其付诸行动,从不言弃。他们把自己的热情和一生都献给了科学事业,为了全人类的健康而奋斗着,为了社会,他们将自己四年的心血全部无偿捐出。不求回报,这四个字书写起来很简单,亲身做到却不容易,至少现如今的我们恐怕是很难做到的。

"17岁时你不漂亮,可以怪罪于母亲没有遗传好的容貌;但是30岁依然不漂亮,就只能责怪自己,因为在那么漫长的日子里,你没有往生命里注入新的东西。"居里夫人曾如此说。当时听到这句话,只是觉得她说得漂亮,如今看完《居里夫人》这部电影后,才算隐约懂得了这句话。

在我的眼里,科学界很难再找到第二位如同居里夫人这般美丽与智慧并存的女科学家。所有的少女都是热爱美丽的,我想那时的玛丽应该也不例外,但是她把那份热爱更多地放到了科学上。人的容貌总是会随着时间的流逝而慢慢改变,这种改变对女人无疑是不幸的。但是,30岁的居里夫人却是比17岁的玛丽要更有魅力、更加美丽,这不是外在的,而是由内而外散发出来的气质。容貌虽改,但随之而来的是沉稳、是坚韧,是对科学千金不换的坚定信念。我们这些少男少女,刚刚从高考的牢笼中挣脱出来,自然而然地就会想到要改变自身外在形象,所以无论是在商场专柜,还是淘宝店铺,都会有我们的踪迹。可能是由于太过放纵,我们反而有些迷失,忘记了容貌再美丽也会有衰去的一天。我们正值青春年华,时间不该被我们浪费在这些物质上,我们应该冷静下来,仔细思索,找到那些我们真正需要的,让它成为我们永久的"化妆品"。

不像爱情电影,在看过之后,只是唏嘘男女主角的爱恨情仇;不像喜剧电影,在看过之后,只是回味其中的嬉笑怒骂;不像动作电影,在看过之后,只是感叹剧中人的敏捷身手。在《居里夫人》中,我明白了先前一直感到迷茫的价值观所为何物,明白了老师、家长口中的价值所为何物。我们作为大学生,应该清楚自身所需要的,并知道应该怎么做。要想实现自己的人生价值,就要明确地找出自身的价值所在,客观地认识自己。我们要从自己的实际出发,不一定就要成为像居里夫人那种伟大而崇高的人,不一定要做出惊天动地、为全人类所振奋的大事。只要我们脚踏实地,明白自己对社会、对家庭、对周围的人所存在的意义,并不断为之努力,不松懈、不放弃,我们也可以让自己的人生变得更有意义。

高中的最后一个暑假,想象中的肆意狂欢却被迷茫无助替代,在那个夏天的一个又一个炎热的夜晚里,心绪也总是被等待纠缠。七月份等待着高考分数出来,八月份等待着录取通知书,似乎这个暑假的代名词就是等待,而与快乐无关。在得知录取结果以后,我那颗忐忑的心终于归复平静,可随之而来的又是无限的迷茫。思政专业并不是我的理想专业,我不知道要如何与它相处四年,也不知道到底是该认真对待还是懒散、消极地应付。如今,在重新认识了居里夫人后,我也重新思考并似乎也找到了命运这样安排的原因。我是一个中国人，即使是中国青年中微不足道的那一个，我的一言一行与所作所为也会影响他人，都会给这个社会带来或多或少的好处或坏处。同时，我也是海南师范大学的一员，"十年树木，百年树人"，深知教育责任的重大。一想到这，我就不敢再有懈怠，因为我的肩上将会承载着未来许多孩子的梦想与家长的期望。

在我们的思修课堂中，我们学到：大学生是国家宝贵的人才资源，是民族的希望、国家的未来，肩负着人民的重托、历史的责任。与个人利益相比，我们应该要更重视整体利益、国家利益和民族利益。当然，我们不可能都做出像居里夫人这般的功绩，但只要我们堂堂正正做人、脚踏实地做事，就无愧于我们的社会和人民。

最后，让我们回到电影，皮埃尔·居里在讲着故事，他们的孩子静静地睡着，月光打在他们的脸上……

点评：这是一篇非常优秀的读后感！从标题到内容都可看出作者的文笔非常不错，写作功底深厚。大致按照剧情的发展顺序，介绍影片内容，同时也表达自己的看法，条理清晰。重点理解了居里夫妇的工作与人生态度，提升了自己的思想水平。引用了影片中的许多经典语句，使文章更具感染力。结合思想道德修养与法律基础课程进行理解，丰富了影片内涵。联系亲身经历，现身说法，对价值观有更深入的思考。认识到了物质和精神的不同价值，从而强调个人要注重自我修养和锤炼高尚品格。

# 用你的手摘一颗星星
## ——观《居里夫人》有感

陈玉卓

"我要把人生变成科学的梦,然后再把梦变成现实",这句出自电影《居里夫人》片尾的话语,是电影主角居里夫人用毕生的精力所感慨的。居里夫人,这是个再熟悉不过的名字,是从小就被我们当作楷模一样的人物。她两次获得诺贝尔奖,并为科学奉献了一生。我打开电影,慢慢地了解她,并最终被她的精神震撼。

在观看了这部20世纪的经典之作后,我才真正理解了"经典"的含义。虽然它没有夺人眼球的片头,也没有动听的背景音乐,却能让人的内心受到触动。明确的主题以及符合20世纪电影风格的电影独白,把我们带到了年轻的居里夫人身边。

电影一开始,镜头便聚焦在巴黎大学。那时的她,还是个叫作玛丽·斯科沃多夫斯卡的平凡女孩,孤身一人来到巴黎这个陌生的城市求学。年轻的她对学术有着不凡的追求,一人攻读两个不同的硕士学位。在大学的课堂上,教授正在生动地讲解,而台下全神贯注的她却因为疲劳过度而突然晕厥。这之后,镜头便转向了教授家中的聚会,玛丽通过教授的介绍认识了皮埃尔博士,并被安排在他的实验室里做研究。在那个时代,科研界的女生总是被人看不起,玛丽也遇到了这样的情况。虽然她的成绩惊人的优秀,但能力总是被质疑。在玛丽进实验室之前,皮埃尔博士就已经对她的到来表现出不满与排斥。但玛丽用自己对学术的一腔热情打动了皮埃尔,可以说,是她改变了皮埃尔对女性的看法。他们的相爱可以说是命中注定的,因为玛丽和皮埃尔有太多的相似。他们同样地热爱科学和研究,也热爱实验室的严肃气氛,他们以年轻为资本,面对学术有着一如既往的热情。皮埃尔知道玛丽即将离开巴黎回到波兰的消息后,终于抑制不住内心的呐喊,在那个月朗星稀的夜里,他推开了玛丽的房门。最终,他们打破了隔阂,选择了在一起。科学家之间表达爱的方式也是理性的,他们在一起时也总是在讨论学术研究。从此以后,玛丽有了新的名字——居里夫人。

在仔细研究了一些相关实验后,居里夫人对于铀盐的放射性现象有了更深的疑惑。她把自己的困惑告诉了皮埃尔,得到了皮埃尔的响应,于是夫妇两人决心开始研究这一特殊现象的实质。但他们当时只是巴黎大学的两个老师,通过很多努力也只能申请到所谓的棚屋实验室。在那里,炎热的夏天显得格外炙热,而寒冷的冬天也能把人冻得瑟瑟发抖。也就是在这里,居里夫妇开始了他们长达4年之久的研究实验。8吨的沥青矿渣摆在他们的面前,他们别无选择,为了提炼出新元素,他们一干就是好几年。夏天的时候即使汗流浃背也必须站在高温炉旁,冬天的寒冷也没有消磨他们的顽强斗志,即使他们的呼吸在空中凝结成白气,他们也依然要和燃烧的烟气做斗争。就是因为长期不间断地干活,居里夫人的手被烧伤,并且有可能发生癌变。皮埃尔希望居里夫人可以停止研究,但最终还是被她说服了,于是两人继续工作。正是他们对科学的无比热爱,以及肯对学术献身的无私精神,使得他们在恶劣的环境中依然坚持着研究。成功总是一波三折的,在实现梦想的过程中少不了困难和挫折。就当所有人都认为最后出现在碗里的一定是新元素时,他们四年的努力换来的只是碗底的一块污渍,这让居里夫妇非常失望。居里夫人如疯了一般一直在说"must be there",我想,将自己青春都奉献了的居里夫人已经无法承受这样的失败了。这个碗里所承受的不只是被发现的新元素,还有他们对学术研究的坚持,还有他们年少时热烈的梦想以及毕生追求的信仰。老天真的眷顾了热血的他们,从窗外看向屋内的居里夫人嘴角又扬起了笑意,因为在漆黑的屋内,只有那个碗在发光,那是希望之光,是梦想实现了的耀眼星光。就这样,在他们的不懈努力下,一种叫作镭的物质被他们研究发现。大概这世上本来就不存在什么完美,因为在这值得庆祝的时刻,皮埃尔却意外车祸身亡。看到这里,对居里夫人的伟大精神表达赞颂之余,还会为她丧夫的经历感到同情。多年之后,居里夫人应邀参加一个大型会议,她在讲话中提到,即使经过25年之久的研究,她仍然感到前路漫漫。她说,"个人是渺小的,但是每个人都可以获取一线知识之光",这或许也是支撑她自己坚持研究事业长达25年的信念。她用自己的一生,告诉了下一代的年轻人什么才是对待生活的真正态度。面对生活,我们需要乐观顽强;面对挫折,我们需要化困难为动力,勇于接受考验;面对顺境,我们也需要戒骄戒躁。

这就是居里夫人的一生,得到了她所应得到的,也付出了巨大的代价。她听从了皮埃尔留下的话,带着无限的梦幻和渴望,坚定、顽强地走过了余生。她不仅独自担起了养育孩子的责任,也始终没有忘记自己科学研究的使命。她的成功给了那些保守势力强烈的打击,让全世界都看到了女性的价值。

纵观整部电影,编剧想要告诉我们的,一定不单单是居里夫人的个人经历。那么,更深层的含义又是什么呢?我想一定是居里夫人和皮埃尔他们不同于凡人的价值观,以及他们不甘于平庸一生的艰苦奋斗。

刚刚步入大学生活的我们,有欣喜,也有迷惘。但不可否认的是,我们正年轻,始终有着一腔热血。进入大学以来,我经历了很多以前从未有过的事:第一次离家这么久,第一次开始集体生活,第一次做志愿服务,第一次献血等。仔细一想,正是因为有了这么多的"第一次",才让我的大学生活丰富多彩。我憧憬着居里夫人那样的大学生活,佩服她攻读两个专业硕士学位的能力,更欣赏她对于学术研究的专注和对于社会的无私奉献。

"个人是渺小的,每个人只能获取一丝知识之光,却能照亮人类获取真理的希望",居里夫人的这句话让我感动。她的精神能被咏传至今,是因为她所坚守的人生价值观不是从个人利益出发,而是建立在推动全人类发展的高度之上的。对于只是一名普通大学生的我们来说,或许达不到像居里夫人那样的高度,但我们仍需努力。在已经到来的大学生活中,我们首先要做的就是不断提高自己的能力,内外兼修;其次,我们可以通过读书或参加各种社会实践活动来提升我们各方面的能力,就像居里夫人凭借自己优异的成绩进到实验室里开始真正的实验研究一样;最重要的是,我们要树立正确的人生观。居里夫人有着高尚的人生价值观,因而她的一生能够如此辉煌。社会对新一代大学生的要求越来越高,所以我们也必须提升自己,提高自己看世界的眼光。我们需要像居里夫人一样,保持勇往直前的决心和信心,树立为理想而奋斗终生的观念。只有这样,我们似乎才能称得上是一名当代大学生。

居里夫人的遭遇让人同情,她的精神与人生观更让人钦佩。现在,居里夫人在我心中的形象已经全然一新了,我看待世界的眼光也与以前截然不同了。每个人都有每个人该走的路,我们要在自己的道路上奋力拼搏,努力让自己变得更好。作为当代大学生,我们的肩上也承载着新时代的要求和期望。未来的我,要向"六有大学生"看齐,做有理想、有追求、有担当、有作为、有品质、有修养的当代大学生。只有这样,我们才能拥有一个温暖、充实、不后悔的青春。

一直印在我脑海中的,是那一个夜晚,玛丽抬头仰望繁星点点的夜空,带着渴望的眼神说着:"用你的手,摘一颗星星!"

点评:语言表达流畅自然;影片内容概括较好,介绍得清楚明白;整体的结构设置合理、完整,条理清晰,段落之间衔接较自然;对影片表达的思想进行了分析,有自己的看法;观看影片后,思想有了转变和提升,对自我和人生的真正价值有了更深刻的理解;对自己提出了更高的要求和期望,敢于担当,可见个人思想素质非常高。

# 读《论语》心得

刘云鹤

《论语》是一本家喻户晓的书,它向我们讲述了最朴素的世界观、人生观、价值观。《论语》虽然已有几千年的历史,但它与几千年后的今天依然联系紧密。就拿我所学的课程来说,《论语》与思想道德修养与法律基础课之间也有着极为密切的联系。几千年前,古代圣贤们提倡的"仁"和"德治",与现在我们倡导的"注重道德传承,加强道德实践"和"社会主义核心价值观"之间也存在关联。《论语》曾被誉为治国之本,多在政治上被人们认可,其实,它对我们的日常生活也有重要的指导意义。《论语》也并非那么高不可攀,它主要讲述的就是孔子的教学与生活。在阅读《论语》的过程中,我们不仅可以找到最朴素的真理和安身立命的行为准则,还可以悟出人生的真谛。

我的读书心得具体有五个方面:《论语》在现实生活中的指导作用;《论语》中关于应该如何以平和的心态面对缺憾与挫折的相关论述;《论语》阐明了我们应该如何处理人际关系;《论语》向我们强调了朋友的重要性;《论语》告诉我们如何让人生更有效率,更有价值。

心得一:《论语》在现代社会中的实际指导作用。子贡问曰:"有一言而可以终身行之者乎?"子曰:"其恕乎,己所不欲勿施于人。"这虽然是简单朴素的道理,却阐述了"恕"的真谛,这与思修课程中的"遵守道德规范,锤炼高尚品格"是相关的。公共生活中的道德规范即社会公德,是人们社会交往与生活中应该遵守的行为准则,是维护公共利益起码的道德要求。(《思想道德修养与法律基础》2015年修订版)在现实社会中,如果你不想去做这件事,那你也一定不要硬让别人去做。否则,于私,良心难安;于公,不利于社会和谐。如果我们能自觉遵守社会公德,宽容关爱他人,注重自身道德修养,就不会出现随地方便、插队、违规拍照等不文明行为,更不会犯下贩卖人口、烧杀抢掠这样的恶行,危害社会治安。"一箪食,一瓢饮,在陋巷,人不堪其忧,回也不改其乐。"在物质繁荣的今天,享受这种文明成果的现代人仍然存在心灵的困惑:人真正需要的是什么? 是单一的金钱、地位、美女,还是精神的充实,或者你想两者兼得? 真正的贤者,能够不被物质生活所累,始终保持心境的那份宁静与安宁。这与思修课中所讲的"追求远大理想,坚定崇高信念"和"领悟人生真谛,创造人生价值"有紧密的联系。理想信念是人精神世界的核心,是人精神上的"钙"。没有理想信念,理想信念不坚定,精神就会缺钙,就会得"软骨病"。(《思想道德修养与法律基础》2015 年修订版)远大的理想和坚定的信念才是我们青年人健康成长、成就事业、开创未来的精神支柱。人生目的决定人生态度,人生应当认真务实、乐观进取。颜回的崇高价值观念令我们敬佩,他有坚定的信念、明确的目标、持之以恒的毅力和乐观向上的人生态度,而这些也都是我们现代青年应该具备的优良品质。

心得二:以平和的心态应对缺憾与挫折。人生百年,孰能无憾。孔子的学生司马牛很忧伤地说:"别人都有兄弟,而我却没有。"子夏劝导他说:"商闻之矣,生死有命,富贵在天。君子敬而无失,与人恭而有礼,四海之内,皆兄弟也。君子何患乎无兄弟也?"生死富贵这些事都是天命所归,既然个人无法左右,那就要学会承认与顺应。人应该正确面对人生的遗憾,要在最短的时间内学会接受,同时要尽我所能去弥补这个遗憾。放大遗憾的后果就像泰戈尔所言:"如果你因为错过了太阳而哭泣,那么你也将错过星星了。"一旦有遗憾,我们就要勇敢地去面对。孔子说:"仁者无忧,智者无惑,勇者无惧。"相比内心脆弱的人,内心强大的人更容易化解生命中很多的遗憾。孔子曰:"君子泰而不骄,小人骄而不泰。"君子心态平和,所以安详舒泰自然流露;小人骄矜傲人故作姿态,内心多了一份暴躁,少了一份安闲。在这个竞争激烈的时代,保持良好的心态很重要,这与思修课中"科学对待人生环境"也有联系。面对困难、缺憾,我们要做到身心和谐,即协调好身心关系及身心与外部环境的关系,以保证自身系统的健康与活力。(《思想道德修养与法律基础》2015 年修订版)要想做到身心和谐,就要树立正确的世界观、人生观、价值观。树立正确的"三观"可以让我们在遇到困难时也依然怀有希望,也能帮助我们在逆境中找到解决方法,从而化阻力为动力。

心得三:如何处理人际关系。孔子强调做事要有分寸,"过"和"不及"都是要尽量避免的。子贡曾经向孔子请教朋友之间的相处之道,孔子说:"忠告而善道之,不可则止,勿自辱焉。"看到朋友有做得不对的事,你要真心劝告、善意引导,如果他不听,那就算了,不要再自取其辱了。与人相处要有个度,不要什么样的事都大包大揽。朋友之道、亲人之道,皆是如此。稍微留一点分寸,得到的往往是海阔天空。子曰:"不在其位,不谋其政。"在什么位置都要做好自己的本分,不要越俎代庖。若要将"言"与"行"进行比较,孔子更注重"行"。孔子说,"巧言令色,鲜矣仁"。如果只靠说漂亮话来取悦别人,那么我们永远找不到真正的"创仁者"。与人相处应该要少说多做，坦诚、真诚地交往，谨言慎行，多体谅他人。孔子主张"修己以安人"，意思是要我们修身养性，做好自我。可能人们会抱怨世间的不公与处事的艰难，其实反省自己就会发现，这是因为我们不懂得处事之道。在古代，因为人品以及处理人际关系的行为不同，所以有君子与小人之分。孔子曾说："君子不忧不惧。"君子为人坦荡，时常反躬自省，所以很少会做出不合适的行为。君子与小人之间的差别在于：君子喻于义，小人喻于利。君子走的是坦荡荡的大道，小人却重私利，走邪路。子曰："君子怀德，小人怀土。君子怀刑，小人怀惠。"君子每天注重自身修养，小人整日贪恋财富；君子敬畏刑法，小人惦记小恩小惠。可见，为人要严谨、真诚，做事要有原则和分寸。要明确知道哪些事情可以做，又有哪些事情不可以做，要为自己找准定位。通过道德与法律的结合来约束自己，能让自己的生活更和谐。如果我们想要处理好人际关系，自然是要向君子看齐。这与思修课程中"讲求虔敬礼让，强调克骄防矜""倡导言行一致，强调恪守诚信"和"促进个人与社会和谐应坚守的原则"有共同的内涵。与人相处，还要做到诚信、宽容、互助、虔敬。中国自古是"礼仪之邦"，中国传统文化也提倡"恭敬之心，理之端也""不学礼，无以立"。（《思想道德修养与法律基础》2015 年修订版）在处理人际关系时，我们应该要注重礼节和自己的言谈举止。

心得四：朋友的作用。孔子认为对自己有帮助的朋友有三种，这就是所谓的"益者三友"：友直，友谅，友多闻。友直：真诚、坦荡、刚正不阿的朋友，开朗而没有一丝谄媚的人。"友谅"是指诚实、诚恳的朋友。与这种朋友在一起会让人感到安心、真诚和妥帖。友多闻：见识广博，学识渊博，见多识广的朋友。当你犹豫不决时不妨请教他，他的广博见闻或许可以帮到你。当然，与此相对的就是"损者三友"。友便辟：毫无诚实之心，没有自己的原则的损友。友善柔：两面派，人前背后褒贬不一的小人。友便佞：言过其实，夸夸其谈，爱说漂亮话耍嘴皮子的人。交益友会助你一臂之力，交损友拉你进万丈深渊。如果你想找一个好工作，想有一种安心的生活，那需要多结交益友。如果你天天和酒肉朋友在一起，将难成大器。这与思修课中"平等，诚信，互助原则"和"正视竞争与合作的关系"也有很多相似点。平等待人是促进个人与他人和谐的前提。人人都希望得到别人的尊重，但只有尊重别人才能得到别人的尊重。平等就是将心比心，换位思考。只有正直平等地待人，才能换得朋友的平等相待。诚信是促进个人与他人和谐的保证。"诚"是"信"的内在基础，"信"是诚的外在表现。诚信要求朋友交往要抱着真诚的动机和态度，相互理解、接纳和信任。互助是促进社会与个人和谐相处的必然要求。（《思想道德修养与法律基础》2015 年修订版）朋友之间交往要相互关心和帮助，让这份感情永远留在双方的心中。真正的朋友会互相给予源源不断的人生营养，从而推动双方共同进步。朋友之间的关系也并非是一成不变的,有合作也会有竞争。朋友之间合作时要扬长避短,充分发挥个人所长;竞争时也要尊重朋友,利用竞争的平台达到双方水平的提高。竞争与合作是辩证统一的,二者相互依存,缺一不可。步入社会,我们还是要尽可能地多结交志同道合的朋友,共同勉励、共同进步。

心得五:如何让我们的人生活得更有效率,更有价值。子在川上曰:"逝者如斯夫,不舍昼夜。"孔子在望着流水发出感叹的同时也为我们描述了一段人生轨迹,"吾十五而志于学,三十而立,四十而不惑,五十而知天命,六十而耳顺,七十而从心所欲,不逾矩"。孔老夫子为我们的人生做了基本规划,依照这个规划实施,我们可以提高人生效率,实现人生价值。在 15 岁左右,我们就要开始学习。当然,在现实社会中我们 5 岁就开始上幼儿园。孔子所谓的学习不是上学,而是开始有规划的自我学习,并且学的内容应该是不同于基本文化常识和礼仪的"大学"。30 岁左右就要在社会立足了,生活步入正轨,不再像二十几岁的年轻人目标缥缈,而是稳重成熟,有自己的生活和工作规划;40 岁左右就不再被社会的假象迷惑,很轻松就能分辨出社会中形形色色的现象;50 岁知天命,人生基本就已经定型,几乎没有很大的波动了,没有了 20 岁的激情和热情,没有了疯狂的目标,而是很稳定地过着有规律的生活;到了 60 岁,当你听到不同的言论时,能够站在他人的角度去思考,外界的言论也不再影响喜怒哀乐;70 岁时已经对社会的规则非常清楚了,并且也已经成为了习惯,所以即使随心所欲也不会越出规矩。这与思修课程中"珍惜大学生活,开拓新的境界"有重要联系。要想提高人生效率,使人生更有意义,需要我们细心观察不断变化的社会生活,树立自立、自强、自信、自律的意识,提高明辨是非的能力,虚心求教,大胆实践。同时,我们应该更新学习观念,树立自主学习、全面学习、合作学习、终身学习的理念。随着时代的发展,我们既需要终身学习,也需要合作学习,这样才能取长补短、共同进步。

《论语》有很大的现实意义,可以说是人的一生最重要的一位"老师"。读《论语》可以让我们这些青年了解到古代圣贤的行为准则;可以让我们更加坚定中国特色社会主义的核心价值观;可以培养我们良好的生活、学习与工作习惯;可以让我们学会在紧张的生活中自我放松、陶冶情操;可以让我们明白社会上的处事与交友之道;可以让我们在自己的人生道路上少走弯路。圣贤用简练的语言点出人生的大道理,让后世子孙找到了前进的方向,从而为实现国家强盛和民族振兴而努力奋斗。古代的"精神财富"在当今社会仍具有很强的指导意义,可以让我们的人生更有目标,更有效率,更有价值。

点评:这是一篇非常难得的好文章,各方面都可圈可点。语言表达简明、得体、流畅、自然;结构非常完整,又不失严谨;逻辑清晰,条理分明,前后承接有序;在内容上,从五个不同的方面抒发自己的读后感想,构思巧妙,思考深入,体悟深刻;最让人称赞的是,每一个方面都结合了《思想道德修养与法律基础》中的相关论述,找到了其与《论语》的联系点,可见作者平时学习非常认真,善于思考,活学活用。

# 读《假如给我三天光明》有感

王凯悦

如果我现在就站在生命的终点,生命的火花即将灭亡,我是否会感叹生命的短暂和脆弱以及时间的流逝与珍贵?又是否会后悔没有好好把握这段难忘的旅程岁月?带着对这个问题的思考,我阅读了《假如给我三天光明》这本书,感悟到了生命和时间的珍贵。

《假如给我三天光明》是海伦·凯勒的散文代表作,该书的前半部分主要写了海伦变成盲聋人后的生活,后半部分则介绍了海伦的求学生涯。刚开始海伦对于生活是失望的,她用消极的思想面对生活,情绪非常暴躁。她是多么希望能重见光明,但又深知已无可能。后来她在莎莉文老师的帮助与陪伴下,学会了认字和阅读,也感受到了身边无处不在的爱。随着时间的推移,海伦在老师和亲人的陪同下,懂得了许多知识,也体会到了很多快乐。她在求学的过程中,虽然遇到了许多困难,但凭借着不屈不挠的精神,她学会了写作并顺利考上了哈佛大学。海伦勇敢接受生活的挑战,不断克服困难,用坚忍不拔的毅力获得了成功。这本书是她以一个身残志坚的柔弱女子形象,告诫身体健全的人们应珍惜生命,珍惜生活赐予的一切。

"善用你的眼睛吧,犹如明天你将遭到失明的灾难。聆听乐曲的妙音,鸟儿的歌唱,管弦乐队的雄浑而铿锵有力的曲调吧,犹如明天你将遭到耳聋的厄运。抚摸每一件你想要抚摸的物品吧,犹如明天你的触觉将会衰退。嗅闻所有鲜花的芳香,品尝每一口佳肴吧,犹如明天你再不能嗅闻品尝。"多么感人肺腑的语言,或许只有海伦才真正懂得失去的珍贵。"也许人类的悲哀便在于此,拥有的东西不去珍惜,对于得不到的却永远渴望。"我读这本书的最大收获是知道珍惜与爱,拥有坚持的毅力,储备乐观与希望。在书中,海伦说:"知识给人以爱,给人以光明,给人以智慧,应该说知识就是幸福,因为有了知识,就是摸到了有史以来人类活动的脉搏,否则就不懂人类生命的音乐!"虽然她的生活是不幸的,但拥有健康的生命和心灵的人,相比那些缺乏知识、铤而走险而轻贱生命的人要真正幸福得多。

《假如给我三天光明》表达了对生活的爱和礼赞。她用超乎常人的坚强毅力感受着光阴走过,也用诗意的笔触征服了全世界。书中给我印象深刻的,还有海伦的愿望。如果她拥有三天的光明,她想做她想做的事。第一天她要看人,看人的善良、纯朴与友谊。她要长久地凝视她的老师,看看她的嘴巴、鼻子以及身上的一切。第二天她要看光的变幻莫测和日落,看它们要奔向何方。第三天她想看日出,因为这将是她见到光明的最后一天,她想看看太阳的升起。看完日出,她想去探索和研究。她将奔向城市,去看看那些有名的艺术馆。总之,她要努力记住这个世界的样子。这是多么简单的一个愿望啊,可对于海伦来说却是可望而不可即的。

马克·吐温说过:"19 世纪出了两个杰出的人,一个是拿破仑,另一个是海伦·凯勒。"的确,海伦的故事激励着处在迷茫、绝望中的人们。在读这本书之前的一段时间里,我对生活是迷茫失措的,因为每件事情的进展都不是很顺利,坏消息也接二连三地出现。那时候我变得很敏感,情绪失控,动不动就会发脾气。后来有了一次当志愿者的机会,我和同学参加了"关爱自闭症儿童"志愿服务活动。在自闭症学校,有一个特别漂亮的女孩,上帝让她拥有漂亮的面容,却带走了她的声音和心扉。虽然为她感到惋惜,但我相信,通过努力她一定可以创造自己的价值。读了海伦的书,我才知道平安和健康有多重要,也才发现原来自己已经拥有了幸福。与她们这些渴望"光明"的人相比,我们真的很幸运。不要想着我还少什么,要知道我拥有什么,知足使人常乐。人的一生绝不会一帆风顺,哪有人不跌倒的?其实,就算是跌倒了,爬起来还可以继续走。我们应像海伦这样,坚强地面对生活的不如意,始终保持乐观的态度,不要在生活的打压下失去方向、迷失自我。我们是幸运宠儿,比海伦拥有那么多的优势条件,没有理由不战胜挫折,正确走好人生的旅程。

我们要勇于接受生活的考验,要有挑战生命极限的勇气,同时也要用爱心去拥抱世界。尽自己的最大努力去付出,像海伦一样,就一定会有好的结果。海伦曾说过:"乐观,是达到成功之路的信心;不怀希望,不论什么事情都做不出来。"由此可见,拥有健康的乐观的人生态度非常关键。除此之外,我们还应多学知识,用知识去寻找解决问题的方法,用冷静的态度对待磨难。一定要相信自己,相信风雨过后就是彩虹!


点评:文笔清新、细腻,语言简洁流畅;对《假如给我三天光明》的作者和主要内容介绍得非常清楚,让人能了解到写作背景;深入理解了书中的经典语句,表达了自己的切身感悟;对生活和幸福的真谛有了更深层的理解,表达了乐观、积极向上的人生态度。

# 读《人心与人生》有感

顾娉婷

　　寒假期间我拜读了梁漱溟先生的《人心与人生》一书。这是一本耗费了梁老半生心血的半文言文著作,讲的是些晦涩难懂的知识,寓意又非常深刻,所以我现在还不能完全领悟出其中的精髓。但通读几遍之后,也略有感悟,对人和人生的一些问题有了更深一步的认识。

　　作者梁漱溟在28岁时,凭借《东西文化及其哲学》一书一夜成名,后得以在北大开课讲学,成为当时北大最年轻的教授。他创作此书之时正值中国传统儒学风雨飘摇之际,但他敢于提出独到见解。熊十力曾评此书:"在五四运动那个时期,在反对孔学、反对中国古老文化那么厉害的气氛中,梁先生提出来世界文化是中国文化的复兴这话,是很有胆识的。"但梁漱溟后来发现《东西文化及其哲学》在解释孔子上面有缺失,所以决定要另写《人心与人生》来纠偏,不但要给中国儒家"一个说明",更要把孔子之学"找回来"。这就是他创作此书最初的,也是最直接的目的。后来他在一些课程的讲课稿中又得到了启发,于是在作品中不断融入道家思想。这本书内容非常庞杂,不是很好读,但它能给人带来很多启发。它通过人类生活来讲人生,又从人心谈论人生,帮助人类更好地认识自己。在作者生活的那个年代,有这种认识确是难能可贵。

　　令我很感兴趣的,是梁老对于人心的一些见解。"人心"并不是指人体的器官,而指的是具有计划性和灵活性的人的意识。对于灵活性,作者认为,"舍己为人,热情所注,灵机大开,而猥琐自私者往往顾此失彼,进退罔措矣"。若执着于外物,辄迷于利害得失,则患得患失、心不宁也,何来灵活性? 相反,只要不以私心得之、视若无关,则心宁气和,方可随机应变、事事得心。又如人际关系,若持"他是他我是我"的观念,则时存计较之心;若彼我无分,则利人利己、融融洽洽。

　　这些道理放在现代大学教育中也是说得通的,学校和老师之所以鼓励学生多做志愿服务,不光是因为这种奉献能教给我们一些经验技巧,更重要的是能"养心"。一个人能不为利益得失所困,日后便能获得更好的发展。我国每年都举办

"感动中国十大人物"评选活动,也正是想以大众传媒的途径向社会传播正确的价值观。每个人从他来到人世的那天起,就从属于一定的社会群体,会同周围的人发生各种各样的社会关系,这些社会关系的总和就决定了人的本质。人们正是在这种客观的、不断变化的社会关系中塑造了自我,而这也恰恰需要具有一定的灵活性。我们能在为社会付出的过程中获得成长,从而成为真正现实的、具有个性特征的人。

论述计划性的这一章节所占篇幅较长,作者认为计划性是人心的基本特征,因为人总是会主动争取。这一章节介绍了以下内容:人心的物质基础(大脑);理智与本能的辩证关系;自觉与意识的关系;知识对于计划性的作用。作者认为计划性主要体现在"能静",我觉得也可以是"能容"。能容、能静,便能思考、能计划,而不是像动物一样完全按照本能行事。由于"能静",才让理智得以摆脱或控制本能,从而拥有更多的灵活性。这一点在后几章中意识与本能以及理性与理智的关系中也可见一斑。当人能控制本能,并让意识和理智占据主导时,便能更好地生活。这体现在个人理想上,便是"正心,修身,齐家,治国,平天下"。克制住本能能让人更好地遵守基本的社会道德,守住法律底线,既管好自身又造福社会。

在东西文化观上,梁老把人类文化划分为西洋、印度和中国三种类型。他认为中国文化"是以意欲自为调和、持中国其根本精神的",与向前看和向后看的西方和印度文化均有差别。中国文化以孔子为代表,以儒家学说为根本,以伦理为本位。它是人类文化的理想归宿,比西洋文化要来得"高妙"。"世界未来的文化就是中国文化复兴",梁老认为只有以儒家思想为基本价值取向的生活,才能使人们尝到"人生的真味"。他认为中国是一个"职业分途""伦理本位"的社会,缺乏"阶级的分野"(《中国文化要义》),因此反对阶级斗争的理论,主张应该通过恢复"法制礼俗"来巩固社会秩序,并"以农业引导工业的民族复兴"(《乡村建设理论》)。

对他的这种看法,我并不完全赞同。文化作为一个民族的软实力,比起科技等实实在在有作用于生产的存在来说,是一种潜移默化的渗透。它自带一种难以参透的高深,无法与科技进行比较。以此就断定"世界未来的文化就是中国文化复兴",不是很有说服力。

梁老坚持著书数十年,这样顽强的意志值得我们学习。正是因为有他对人生问题的不懈探究,我们今日才得以站在巨人的肩膀上看世界。这本书让我明白了很多人生道理,也使我对自己的人生之路有了新的思考。

点评：联系《东西文化及其哲学》，清楚地介绍了所读书的写作背景。作者能够将一本经典著作反复阅读并结合现实谈出自己的理解，这种读书态度首先值得表扬。本文最有价值的地方是对人生与人心的理解，基本上把握了所读书的精髓，尽管对《人心与人生》的解读并不完整、准确。

# 读《红楼梦》有感

薛桃秋

"满纸荒唐言,一把辛酸泪",是红楼梦的真实写照。红楼梦又名《石头记》,说是只有那些无情无欲的石头才能更加真实地作为旁观者来叙述这些点滴心泪。《红楼梦》诞生于18世纪末期中国封建社会,当时清政府实施闭关锁国政策,举国上下都沉浸在天朝上国的迷梦之中。当时各种社会矛盾正在加剧发展,康熙王朝已到了盛极而衰的转折点。曹雪芹生于南京,少年时度过了一段繁华富贵的贵族生活,但后来家境衰败,境遇潦倒,生活艰难。《红楼梦》一书是曹雪芹倾家破产后,在贫困之中所作的,遗憾的是书未写完但曹雪芹已逝。

《红楼梦》是中国封建社会末期的百科全书,该小说以上层贵族社会为中心,以贾宝玉与林黛玉的爱情故事为主线,极其形象生动地描写了18世纪中国封建社会末期人民的生活。它通过对以贾府为代表的贾、史、王、薛四大家族衰亡过程的描写,形象地揭露了封建家族的腐朽生活以及封建制度必然面临崩溃灭亡的命运,既是中国古老封建社会的一面镜子和缩影,也是真实写照。

读了《红楼梦》,我觉得有两句诗能特别贴切地道出我的人生感悟。一句是李白的"安能摧眉折腰事权贵,使我不得开心颜",另一句是杜甫的"安得广厦千万间,大庇天下寒士俱欢颜",巧合的是这两句诗同样都是以"安"字开头然后以"颜"字结尾。但是它们却各自表达了中国诗人的两种不同境界,出世则旷达不羁,入世则心怀天下。《红楼梦》中香菱在和湘云谈到诗时说道:"一个女孩儿家,只管拿着诗作正经事讲起来,叫有学问的人听了,反而笑话说不守本分的。"香菱虽也熟悉剧作、戏曲,但她认为这些淫词巧句是不应为端庄淑女所知的,因此委婉地批评了宝琴的咏古诗。《红楼梦》在隐含士人们的抱负与追求的同时,也凸显了那种被士人们追求和向往的所谓"父母之命,媒妁之言"的爱情。林黛玉之所以能在花团锦簇、环肥燕瘦的大观园中脱颖而出成为灵魂人物,不仅仅是因为她小家碧玉姿态倾城,也不仅是因为她才情天赋出口成章,甚至不是因为她境界高远令人敬佩,而是因为她拥有书中唯一真挚动人的爱情。给她这份"殊荣"的人,正是她的宝哥哥。因为爱而倾慕,是士人们的追求。其中还值得一提的是"可叹停机德,堪怜咏絮才。玉带林中挂,金簪雪里埋"这几句判词,注定了薛宝钗的结局也是红楼数场悲剧中的一场。对于她的一生,作者曹雪芹应该也是叹惋的吧!因此,无论是出世的黛玉,还是入世的宝钗,在这么一个金玉其外、败絮其中的时代生活,她们都无路可走,无处可逃,只能最后油枯灯尽。

有一句名言说道:"生活是一面镜子,你对它笑,它就对你笑;你对它哭,它就对你哭。"在我看来,人生就像一叶扁舟,而茫茫的大海就像世界一样宽大,不着边际。在这大海上,自己驾驶的小舟应该怎样度过海上的一风一浪呢?我想只有积极地迎接风浪的冲刷,踏踏实实走好每一步,才能使自己的小舟变成"大船",经得起更大的风浪。就算是在逆境中,只要我们心情豁达、乐观向上,我们就能够看到生活中光明的一面。即使是在漆黑的夜晚,我们也要始终相信总会有星星在闪烁,这会让我们受益匪浅。有千万人读《红楼梦》,便能读出千万种心得体会,这是《红楼梦》的魅力所在。《红楼梦》是一部封建社会的百科全书,既反映了凄美的爱情,同时也折射出整个时代的兴衰沉浮,我们可以从中读出百态人生与世态炎凉。阅读这样的名著会让我们为这小儿女情态默默流泪,同时也会让自己陷入沉思。

人生短暂,在人生旅途中难免会有许许多多的意外出现,这些意外都是我们所料想不到的。对于这些突如其来的变故,我们是应选择逆来顺受,还是选择保持积极乐观的人生态度呢?显而易见,解决问题的最好办法是后者。这让我不禁想到我的表哥,他出来工作后找了一个女朋友,本来已经下定了决心要携手走进婚姻的殿堂,所以就准备把女朋友带回家给父母看看。但是特别可惜的是,父母觉得双方门不当户不对,因而极力反对这桩婚事,最终表哥在众多压力下选择与女朋友分手。他后来又重新谈了一个女朋友,也结婚了,表哥的父母也特别满意。但悲剧的是,表哥却终日在外面花天酒地,连家都很少回。我在想,表哥或许是忘不了他之前的恋人,所以才会自暴自弃。他听从了父母的话,可结局却是不幸福的。就跟宝玉和宝钗一样,宝钗听从家人的话嫁给了不爱她的宝玉,只能独守空房,终日郁郁寡欢。这是"父母之命,媒妁之言"造成的悲剧,但我们也不能说完全不用理会父母的意见,而是要在做出选择时慎之又慎,因为婚姻不仅是两个人的事,同时也是两个家庭的事。

我不知道有没有人和我一样,读除了很经典的小说能记得书的内容外,其他的小说却连书名都记不住,更不记得结局。那些以悲剧结尾的小说,往往能让人们记得更清楚。它们总是有梦一般的前言,但最终又只能是雾里看花,花非花雾非雾,让人迷茫不已。即使有苦苦挣扎,但却没有迎来峰回路转、柳暗花明,终不能摆脱厄运。我想林妹妹和宝哥哥也是这样,一个红颜薄命,一个皈依佛门,他们没有办法执手走过一生。但他们的故事依然动人,毕竟在那个年代,能留下一段美好的回忆已然不易。我们既不是圣人也不是奇人,我们只是一般人。曹雪芹用绚烂的文字来写《红楼梦》,十年而作,字字是血。他似乎也在提醒着我们:人这一辈子,无论是出世还是入世,都该做一个非凡之人,做人中龙凤,哪怕泯灭,也不该浑浑噩噩地过一辈子。《红楼梦》以一种毁灭性的绚丽文笔在中国文学史上写下了浓厚的一笔,让后人细细品尝这一种旷世之美,并为此而赞叹! 其实,悲剧并不可怕,可怕的是彻头彻尾而无法避免的悲剧。

读尽红楼,只得一世伤。"红颜消逝",亦是古代士人们的悲剧写照。红楼的泪,不仅仅是红楼女子们流下的泪,亦是士人的泪;红楼的血,不仅仅是红楼女子们的血,亦是士人的血。读完红楼的爱恨情仇,我感悟良多,思绪千回百转。

点评:对《红楼梦》的写作背景和主要内容做了较好的介绍,也做了很符合自己大学生身份和《思想道德修养与法律基础》阅读要求的解读,主题鲜明,有正面激励作用,语言流畅。注重联系封建社会实际,揭示了《红楼梦》的现实意义,对生活和人生有了更进一步的认识。

# 04

## 校园调研

——直面现实、发现问题、探索对策

# 海南师范大学大学生消费情况调查

彭国婷、阮爱岚、史英姿、宋新月、韦晓茹

## 调查方案

本调查小组共有五位成员,均是就读于海南师范大学的在校大学生。出于对调查可行性及实施便利的考虑,我们将调查对象确定为海南师范大学的在校本科生。本次调查采取网上问卷形式,利用专业网站收集消费调查数据,对海南师范大学在校本科生的消费情况进行调查分析。此次调查问卷由小组内的成员共同设计,最终在问卷网上设置了九个调查问题。借助 QQ 平台,我们分别向海师云南老乡群、海师跆拳道协会群、海师棠棣汉服 2016 群、香蕉之乡相约海师群这四个交流群发放调查问卷,其中各群人数分别是 325 人、110 人、205 人、237 人,共计 877 人。问卷网的统计数据显示,此次调查答题总人数为 317 人,每题答题人数为 317 人,所以最终收回的有效问卷共有 317 份。

## 前言

大学生作为特殊的消费群体,他们的消费观念和消费意识都与别的消费群体存在一定的差异。在经济方面,大学生经济尚不独立,消费主要依赖父母。由于在父母的支持下,大学生的经济压力相对较小,所以出现了许多随意攀比的消费行为。为了深入了解海南师范大学在校本科生的消费情况,我们小组特开展此次调查。

## 海南师范大学在校本科生消费状况调查

1. 调查目的

通过此次调查,了解海南师范大学在校本科生的日常消费情况,积极引导大学生树立正确的消费观,做一个理性的消费者。

2. 目标群体

海南师范大学全体在校本科生,包括大一到大四共四个年级。

3. 问卷背景分析

当前全球经济低迷,我国经济下行压力增大,政府把"稳增长、增效益"作为积极财政政策的重心。在政府主张要积极扩大国内需求的情况下,大学生作为一个特殊的、有重要影响的消费群体,受到了社会极大的关注。但实际情况是,大多数大学生在大学阶段的消费能力和消费欲望是相冲突的。一方面,他们在经济上还需要依靠家庭,消费能力较弱;另一方面,他们又有着整个社会群体中最旺盛的消费需求和欲望。大学生消费能力与消费需求的矛盾其实也是当前我国人民日益增长的物质文化需求和落后的生产力之间的矛盾的一个影射。面对这种矛盾,大学生很容易产生错误的消费心理,做出从众、攀比、求异等不理性的消费行为。

### 调查问卷分析

1. 每个月的生活费为多少

调查结果显示,月费用在 500 元以下的人数占 5.99% ,500～1000 元人数占 48.58% ,1000 元以上的人数占 45.43%。由此可看出,海师本科大学生的月消费主要集中在 500～1000 元,然后就是 1000 元以上。总体来看,现阶段大学生月支出较多,并且有增长的趋势。有将近一半的海师本科生月消费超过 1000 元,根据现实情况来看,这部分大学生或多或少存在生活资金紧张、生活压力大的问题。

2. 每月的生活费用主要用在哪些方面

这是一道多选题,被调查对象需要根据自身实际情况进行填写。调查结果显示,每月花费主要用于伙食方面的人数占 94.95% ,主要用于交通和通信方面的人数占 39.43% ,主要用于购买服装、饰品和化妆品方面的人数占 39.43% ,主要用于学习方面的人数占 32.8% ,主要用于上网的人数占 28.08% ,主要用于恋爱方面的人数占 3.79%。

分析调查结果大致可以看出,大学生的生活费用支出主要用于伙食、交通通信、服装饰品化妆品和学习消费,月支出主要用于上网或恋爱消费的人数比例较低。分析可知,海师本科生的消费结构存在不合理的地方:服饰、饰品和化妆品消费比例较大,而学习费用支出并不高。

因此,大学生要不断完善自己的消费结构,在现有基础上尽量增加学习费用支出,减少服装和化妆品的支出。大学生的生活费普遍不高,如果在服饰上花费太多就会加大其他方面的压力。虽然爱美之心本无可厚非,但大学阶段还是应该多关注学习。

3. 平均每月购买日用品的花费

调查结果显示,每月购买日常用品费用在 20～30 元的人数占 12.62% ,花费在 30～50 元的人数占 21.45% ,花费在 50～100 元的人数占 38.17% ,费用在 100元以上的人数占 27.76%。

因此可以得出结论,大学生每月用于购买日用品的费用大多在 50～100 元,这部分支出还是比较合理的。

4. 平均每月的娱乐费用

调查结果显示,每月娱乐费用在 20 元以下的人数占 15.24%,20~40 元的人数占 18.93%,40~60 元的人数占 14.51%,60~100 元的人数占 20.19%,100 元以上的人数占 31.23%。

由此可以看出,娱乐费用在 100 元以上的人数比例最大,然后是 60~100 元的比例位于第二位,并且两者差距较大。这说明大学生每月的娱乐费用支出较多,不符合理性消费的现象。大学生开展娱乐活动本无可厚非,但如果在娱乐方面花费太多就不是一种正确的消费方式。大学相对高中要轻松得多,大学生的娱乐获得也就不断增加,但大家不要忘记,我们还是学生,学生的本职就是学习,我们应该把学习放在第一位。

5. 到 KFC、麦当劳、必胜客等地方的消费频率

调查结果显示,每周一次的人数占 7.26%,每周两次以上人数占 2.52%,每月一次人数占 17.67%,每学期一次人数占 15.77%,其他人数占 56.78%。由此可以看出,"其他"的比例占据第一位并且超过了 50%,其次是每月一次、每学期一次,每周一次或每周两次的比例都很小。这说明大学生有着较为健康的饮食消费观念和良好习惯,他们并不热衷于这些高热量的快速食品。

纵观当代社会,垃圾食品充斥着人们的日常生活,越来越多的人青睐于西方快餐,而绿色健康的东方美食却被人们忽略。相反,大学生对西式快餐的态度就值得肯定。

6. 月末生活费持有情况

大学生普遍有着旺盛的消费需求,消费时不会顾虑太多。到了月末就变成了所谓的"月光族",这是大部分大学生存在的一个状况。因此,我们也对大学生月末生活费持有情况做了调查。统计结果显示:大学生每月月末生活费尚有余额的占 122%,月末差不多花完了的占了 98%,有时透支、有时不透支的占了 80%,始终透支的占了 17%。月末尚有余额的人数比例较大,这说明大部分大学生在消费时都有节制,消费方式比较合理。

7. 当生活费增加,会选择在哪方面增加消费

在"生活费增加了,你会选择在哪方面增加消费"这个问题上,我们的调查问卷主要给出了五个方面的选项,分别是购物、书籍、伙食、投资、娱乐。最终调查数据显示,会在购物这一方面增加消费的占 31.23%,在书籍方面增加消费的占 29.65%,在伙食方面增加消费的占 21.77%,在投资方面增加消费的占 10.41%,在娱乐方面增加消费的占 6.94%。可见,只要生活费充足,大学生们还是更愿意

在购物与书籍方面增加消费。

### 8. 生活费来源

无论是对于不同性别还是不同年级的大学生,他们的生活费来源基本都是相似的,即使快要就业的大四学生也不例外。所以我们没有进行细致的划分,而是采取大杂烩的方式对我校学生进行了生活费来源方面的调查。以问卷调查的结果来看,近88%的大学生日常生活费来源于家庭,仅仅6%的同学的生活费来自自己勤工俭学或者做兼职,而生活费主要来自奖学金的大学生也只占9%,有5%的同学生活费来源于其他途径。由此可以看出,大多数大学生的经济情况还是处在一个相对尴尬的阶段,相当大程度上是需要依靠家庭,对家庭产生的负担仍然是比较大的。

### 9. 对消费的看法

针对自己的消费情况,42.59%的大学生认为自己"偶尔奢侈",41.32%的大学生认为自己消费比较理性,而12.62%的大学生认为自己比较节约,剩下3.47%的大学生对自己的消费并无想法。从数据中看出,绝大部分大学生可以很好地控制自己生活费的流向,但仍存在少部分大学生消费比较奢侈的现象。

## 对大学生消费的建议

### 1. 树立正确的消费观念

观念是人们对事物的主观与客观认识的系统化集合。观念具有主观性、实践性、历史性、发展性等特点。有一个好的观念,更容易做正确的事。对于经济尚未独立的大学生来说,树立正确的消费观念非常重要。首先,我们要量入为出、适度消费,要在自己经济承受能力范围之内合理地进行消费。其次,要避免盲从,理性消费。消费心理影响着消费行为,大学生不应该有从众心理,盲目跟风。还应该要保护环境、绿色消费。资源环境生态危机已经成为了全球性问题,身为大学生的我们更应该做出榜样,以自己的实际行动来保护大自然。勤俭节约、艰苦奋斗是我国的传统美德,也是一种民族精神,我们要继承并弘扬。

### 2. 制订一个良好的消费计划

根据自己每个月总生活费用的情况,计划好伙食、学习、娱乐、上网、服饰、恋爱等各方面的消费支出,使消费结构更合理。最好养成记账的习惯,因为在记账的过程中,如果发现计划与实际有不符合之处,我们可以根据实际情况做出合适的调整。

### 3. 形成良好的消费风气

学校应加大对大学生消费的宣传和引导教育,努力营造学生之间不攀比、不盲从的良好消费风气。

**总结**

21 世纪的大学生在个人消费方面有着自己的看法,喜欢追求新颖、时尚。但大学生并没有独立的经济来源,很多时候都是依靠父母的帮助,盲目的消费在一定程度上也加重了父母的负担。大学生应该合理地安排自己的生活费支出,理性消费,不盲从,不攀比,不贪图享乐。在不耽误功课的前提下,大学生可以适当做一些兼职,在锻炼自己的同时还可以赚取生活费,这是一件一举两得的事情。爱美是人的天性,但许多时候大学生购买化妆品和服饰只是出于冲动和虚荣。我们认为大学生应增加在学习方面的支出,多买一些课外书来阅读,开阔自己的视野,提高自身的文化素养。

总之,当代大学生应树立理性、合理、绿色的消费理念,发扬勤俭节约、艰苦奋斗的优良传统。同时,老师和父母也要对大学生进行消费方面的积极引导,帮助他们树立正确的生活作风,养成良好的个人习惯。

点评:选题较好,贴近时代,贴近社会,贴近大学生的实际生活,具有重要的现实意义;调查对象明确具体,调研方案可行,利用现代网络技术开展调研活动,快捷高效;调查报告结构设置合理、完整,既对海南师范大学在校本科生的消费情况做了数据统计和分析说明,又针对消费中存在的问题提出了自己的建议;价值观导向正确,能给人正能量。

# 大学生消费情况调查报告

刘泓、戴玉燕、方小凤、陈丽、符薰涵

一、前言

随着社会的发展,人们的消费水平不断提高,大学生的消费结构和消费习惯也在发生着变化。大学生作为一个特殊的群体正受到越来越多的关注,他们的消费结构和习惯,对整个社会消费群体的消费情况有着直接的影响。因此,关注当前大学生的消费情况是十分有必要的。为了深入了解大学生的消费结构和习惯,也为了学校和社会能正确地引导大学生形成合理的消费结构与理性的消费心理,我们小组做了一次有关大学生消费状况的调查。

二、消费状况调查

1. 调查目的

调查大学生在日常生活中的消费状况

2. 调查方法和对象

本次调查我们是通过网上问卷的形式开展的,使用的是问卷星。我们五位成员通过微信、QQ 等社交网络平台发放问卷,总共收回有效问卷 213 份。调查对象来自全国各地,但是海南师范大学的学生占大多数,所以这份问卷总的来说是针对我们学校大一至大四的学生进行的调查。

3. 调查背景

当代大学生的消费能力正在逐步提高,而且在消费结构方面呈现出多元化的趋势,除了基本的生活消费、学习消费外,当代大学生还会选择将越来越多的支出用于网络通信、交际、恋爱等诸多方面。11 月 11 日是网购一族的狂欢日。在网购大军中,大学生也是一个强大的购物群体。据笔者了解,"双十一"当天,很多大学生为了能在零点抢购,熄灯后仍在阳台走廊上搜索信号奋力"血拼"。还有部分大学生甚至为此欠下了不少"债务"。不过仍有大部分大学生表示,会考虑自身经济情况而理性消费,不会盲目跟风。

三、问卷调查分析

第1题　性别

调查结果显示,此次问卷共有64个男生参与,占总人数的30.05%;共有149个女生参与,占总人数的69.95%。由此可以看出,此次调查的对象以女生为主,男女比例约为1:2。

第2题　你所在的年级?

调查结果显示,填写问卷的大学生年级构成为大一占82.16%,大二占14.08%,大三占2.82%,大四为0.94%。由此可以看出,问卷调查对象主要集中在大一学生。

第3题　您每个月的生活费大约多少?

调查结果显示,月费用在800元以下的人数占19.72%,800~1200元的人数占52.58%,1200~1800元的人数占22.07%,1800元以上人数占5.63%。由此看出,大学生的月消费总支出主要集中在800~1200元,其次就是1200~1800元,并且两者相差较大。按照这个发展趋势,我们可以预测将来1200~1800元所占的百分比很可能会急剧上升,成为大学生月消费的主要范围。由此可以看出,现阶段大学生的消费金额仍处在偏高阶段,月支出较多。因此大学生需要合理规划自己的生活,减少一些不必要的开支,做到量入为出、适度消费。

第4题　您认为每月的生活费是否满足需求?

调查结果显示,月生活费有剩余的人数占27.23%,刚刚好的人数占54.93%,完全不够的人数占12.68%,其他的人数占5.16%。由此看出,大多数大学生每月的生活费都能刚好满足消费需求,有剩余的人数所占比例也较大,完全不够的人数和其他的所占比例很少。从这一点可以看出,大学生每月的消费还是比较理性的,生活费超支的情况并不多见。

第5题　您每月的电话费和网络费共计多少?

调查结果显示,大学生月电话费和网络费花费50元以下的人数占30.52%,花费50~100元的人数占57.75%,花费100~200元的人数占9.39%,花费在200元以上的人数占2.35%。由此看出,大学生的月生活费和网络费主要集中在50~100元,然后就是50元以下,并且两者相差较大,但100~200元以及200元以上的人数所占比例很小。

现阶段大学生每月在电话费和网络费上的消费还是比较合理的,但总体呈上升趋势。在今天这个网络信息发达、电脑手机横行的时代,大学生在话费和网络费上的消费增加也不足为奇。但是,大学生应该适当控制使用手机、电脑的频率和时间,不要沉迷其中并成为"手机控"。大学生还要正确利用网络,少做与学习无关的事。

第6题 "双十一"期间你买东西了吗?

调查结果显示,在"双十一"期间参与购物的大学生人数占75.12%,未参与的人数占24.88%。由此看出,大学生在购物方面的消费支出还是比较大的。但"双十一"的商品一般都会打折促销,大学生选在这一天购买较多物品,也不失为一种"精打细算"的合理消费行为。但也要注意理性消费,避免盲目消费,造成不必要的浪费。最好是提前考虑好要买的东西,做到有计划的消费。

第7题 你"双十一"主要买什么东西?

调查结果显示,"双十一"期间大学生所买商品的类型:购买家电的共有6人,占总人数的2.28%;购买图书的共有20人,占总人数的9.39%;购买服装的有110人,占总人数的51.64%;购买食品的共有13人,占总人数的6.1%;购买其他的共有64人,占总人数的30.05%。不难看出,主要购买服装的大学生人数比例最大,只有少部分人会购买图书和食品。

第8题 "双十一"期间你总共花了多少钱?

调查结果显示:"双十一"期间消费在0~100元的共有88人,占统计总人数的41.31%;消费在100~200元的共有43人,占总人数的20.19%;消费在200~400元的共有43人,占总人数的22.07%;消费在500元以上的共有35人,占总人数的16.43%。

由此我们可以看出:大多数大学生"双十一"消费金额在100元以内,说明大学生的经济能力有限,网购能力也有限。作为一个纯消费者,大学生的经济来源大多靠家庭,所以这也表明了大多数大学生都有很好的自制能力。也有超过三分之一的大学生消费金额较大,不太合理。

第9题 是否为"双十一"做足准备?

调查结果显示:为此存钱的共有17人,占统计人数的7.96%;熬夜抢购的共有16人,占总人数的7.51%;向父母要钱的共有7人,占总人数的3.29%;提前把想买的东西加入购物车的共有99人,占总人数的46.48%;做其他准备的共有74人,占总人数的34.74%。

提前把想买的东西加入购物车的大学生占多数,这说明大学生对自己的消费事先有合理的规划,不是盲目跟风。向父母要钱的大学生占少数,说明大学生懂得体会父母的辛苦,独立自主。总体来看,大学生普遍都有合理的消费观念,都能理智地对待自己的消费。

第10题 "双十一"购物过后会后悔吗?

调查结果显示,有82.63%的大学生在"双十一"购物后不会感到后悔,有

17.37%的大学生购物后会感到后悔。由此可见,现阶段的大学生的消费行为还是比较理智的。虽然很多商品都有一定的优惠,但同学们并没有因为便宜就随意下单,而是购物前做好计划。但也存在少部分人在购物后感到后悔,这是因为他们没有理清自己的需求,因一时冲动而买了并不需要的商品。

第11题　当您购买到假冒伪劣产品或买的东西缺斤少两时,您会采取何种方式?

调查结果显示:选择忍气吞声、自认倒霉的人数占18.78%;找店家理论、维护自己正当权益的人数占58.69%;打相关部门电话进行投诉的人数占9.39%;还有13.15%的人会选择其他途径解决问题。由此可见,现阶段大学生的维权意识较强,善于维护自身的正当权利。

第12题　您平时购物最注重什么?

调查结果显示,购物时注重外观的人数占11.74%,注重品牌的人数占5.16%,注重价格的人数占19.72%,注重质量的人数占63.38%。由此我们可以看出,最受大学生关注的是产品质量,其后依次是价格、外观、品牌。这说明大多数大学生的消费行为,都是在求实心理主导下的理性行为。

第13题　您的消费观念是?

调查结果显示,消费观念是事先计划的人数占总人数的56.34%,能省就省的人数占29.58%,喜欢就买的人数占12.68%,毫不在乎肆意挥霍的人数占1.41%。

由此我们可以看出,大学生的消费观念还是理性较多,但也存在少部分人的不正确的消费观。现阶段的大学生生活费都是家人给的,自己并没有独立。因此大学生需要合理制订自己的开支计划,减少一些不必要的开支,做到勤俭节约、量入为出、适度消费。

第14题　您有对您的消费进行记账的习惯吗?

调查结果显示,很少记账的人数占总人数的39.91%,从不记账的人数占29.58%,基本上对所有支出记账和对一些比较大的支出记账的人数均占18.81%。由此我们可以看出,大学生的记账意识普遍比较淡薄。

第15题　如果您请同学/朋友吃饭,首选哪里?

调查结果显示,选择在饭馆的占总人数的50.7%,选择在饭堂的人数占19.72%,选择在家里的占11.27%,选择在麦当劳或肯德基的占6.1%,选择在其他地方的占12.21%。由此我们可以看出,中国传统文化中"礼尚往来"的价值观念在大学生的消费行为上也有体现,并表现为"人际消费"大众化。数据显示,大学生请同学吃饭一般都会选择一些中高档的地方。这种人际消费带有强烈的功利色彩,给经济困难的学生带来极大的经济负担和心理压力,不利于学生的成长、成才。因此大学生应杜绝攀比消费,减少人情消费,形成合理的消费观念。

四、对大学生消费行为的建议

大学生要树立正确的价值观,坚持量入为出、适度消费,不超前消费也不滞后消费,做个理智的消费者。要避免盲从,理性消费,在消费时要明确消费目标,对支出进行合理规划,购买物品时要适当考虑物品价格。还要保护环境、绿色消费,因为人类的破坏行为,地球已经很"受伤",消费者可以把不要的东西进行回收再利用。勤俭节约、艰苦奋斗是我们中华民族的传统美德,大学生应该成为弘扬优秀传统文化的榜样。除此之外,大学生既要注重物质消费,也要注重精神消费,使得消费结构更合理。

五、总结

通过这次调查,我们基本了解了当代大学生的消费心理及消费现状。大学生的基本生活消费大体上是现实的、合理的。同时,培养大学生独立的理财能力,引导他们树立理性的消费观也是高校乃至全社会的一项重要任务。

点评:选择的是当前社会的热点话题,与大学生生活联系紧密,具有现实性和针对性;调查对象较广泛,有代表性;问卷设计非常出彩,问题意识明确,考察较全面、具体;聚焦"双十一",不仅有鲜明的话题背景,对当前的"网购热"给予了关注,还以此来剖析大学生的消费心理,直接指明了消费中存在的错误观念和不理智行为;倡导大学生树立合理的消费观,立场坚定且正面。

# 关于大学生婚前性行为态度的调查报告

来乐乐、黄亭静、蒋雅文、黄明锐、王倩

一、前言

在中国的传统观念中,婚前性行为是一种极度令人不齿的行为,发生婚前性行为的女性会被认为是"不守妇道,不顾礼义廉耻"。现代教育越来越提倡自由与开放,随着对外开放程度的加深,许多西方思想也传入中国,对当代大学生的影响也越来越大。随着年龄的增长,在大学阶段,我们的性心理和性生理已经比较成熟。从对性的好奇到对性的要求,性的观念已经具有了显著的特点。在性观念开放的当前,婚前性行为已经成为一个热门话题。对于大学生来说,婚前性行为直接影响到他们的现在和将来,而在如何看待婚前性行为这一问题上,大学生男女间又各执己见。于是我们针对这个问题,对海南师范大学在校本科生进行了一次调查。

二、研究方法介绍

我们小组于 2016 年 11 月开展了此项调查。调查问卷中的每一个问题,均是由小组成员经商讨后共同决定的。调查问卷在问卷星网站发布,并由小组成员以"滚雪球"的方式扩散至海师内的多个 QQ 群中。

三、问卷分析

第 1 题　您的性别?

此次有效填写人数为 258 人,共有 202 个女生参加,占总人数的 78.29% ;共有 56 个男生参加,占总人数的 21.71% 。女生占绝大多数,这与我们学校是师范类大学有很大关系。

第 2 题　您的年龄?

接受本次问卷调查的,主要是海南师范大学的大一新生及少部分大二学生,年龄集中在 18 ~ 20 岁。因此,这份调查报告主要是反映海南师范大学低年级在校本科生对婚前性行为的看法。

第 3 题　您的恋爱情况?

本次调查数据显示,40.7%的受访大学生未谈过恋爱,超过半数的受访大学生已有恋爱经历。在有恋爱经历的这部分大学生中,有 23.64% 的人正在热恋,其余 35.66% 的人目前已分手。这说明大部分大学生对待感情的态度还是比较认真、慎重的,会有多方面的考虑。

第 4 题　您是否接受婚前性行?

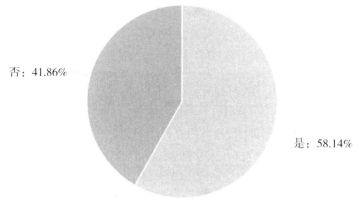

图 1

本次调查的结果显示:58.14%的受访大学生接受婚前性行为,另外 41.86%的受访大学生表示不能接受。在没有恋爱经历的大学生中,有 60% 并不赞成婚前性行为。正在热恋的大学生对婚前性行为的赞成率高达 82.25% ,这可能与处于"正在热恋"这样的特殊时期有关。因为在热恋中,双方很有可能会希望通过性行为来巩固感情,增强对彼此的依赖、信任。恋爱过但现已分手的大学生有 61.29%认可婚前性行为,这一比率较"正在热恋"的接受率下降了 20.96% ,这可能与这部分同学经历过恋爱,对待恋爱中进行性行为的态度具有了更加理智的看法,不会因为爱情便盲目地进行婚前性行为,而是更加谨慎地思考这个问题。

男生在本题的选择:

图 2

女生在本题的选择：

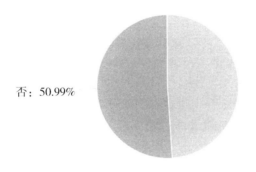

图 3

值得注意的是,在该项调查中,男女生对于婚前性行为的接受率也有很大差异。受访的男生中有91.07%表示自己接受婚前性行为,而仅有49.01%的女生表示能接受婚前性行为。出现重大差别的原因可能是中国传统思想文化对女性的要求较为苛刻,女性在婚前发生性行为是不被社会认同的,所以更容易受家庭、社会、自我认知等多方面因素的约束;但男性较女性在性生活方面有更大的自主性。

第5题　您是否接受你的另外一半有过婚前性行为?

在"是否接受自己的另一半有过婚前性行为"这一问题中,有超过一半(55.81%)的受访者表示可以接受。仔细观察统计数据还可发现,虽然无论男女都是表示认可的人数比例更大,但女生的选择也相对保守一些。有近一半

（47.03%）的女生不能接受自己的另一半有过婚前性行为,而受访男生中仅有33.93%的人不能接受另一半的婚前性行为,这或许与女生对恋情和恋人的期待更高有关。

第6题 您认为发生性行为的前提条件是?

| 选项 | 小计 | 比例 |
| --- | --- | --- |
| 只要男女双方你情我愿就行 | 68 | 26.36% |
| 双方非常了解并有长久的感情基础 | 112 | 43.41% |
| 已确定为结婚对象 | 40 | 15.5% |
| 必须举行婚礼之后 | 38 | 14.73% |
| 本题有效填写人次 | 258 | |

**图 4**

男生在本题的选择:

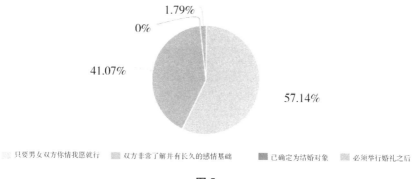

1.79%

0%

41.07%

57.14%

只要男女双方你情我愿就行　双方非常了解并有长久的感情基础　已确定为结婚对象　必须举行婚礼之后

**图 5**

女生在本题的选择:

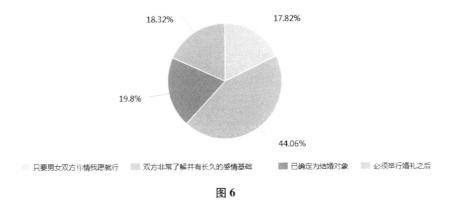

图6

在"发生性行为的前提条件"这个问题上,选择"双方非常了解并有长久的感情基础"的人最多(43.41%),选择"确定为结婚对象"和"必须举行婚礼后"的人共占30.23%。男女生对婚前性行为态度的差异在本题中同样明显:有57.14%的男生认为"只要男女双方你情我愿就行",41.07%的男生认为"双方非常了解并有长久的感情基础"就行,但仅有1.79%的男生选了"必须举行婚礼之后"才能发生性行为,"已确定为结婚对象"这一选项甚至没有男生选择;而在女生的选择中,"双方非常了解并有长久的感情基础"比例最大,占到了总数的44.06%,选择比例排在第二名的就是男生中无一选择的"已确定为结婚对象",而男生选择最多的"只要男女双方你情我愿就行"这一选项,女生选择最少,仅为17.82%。

由此可以看出,大学低年级男生对待婚前性行为的态度较为随意,而女生较为谨慎。

第7题　您认为恋爱多久可以发生性行为?

| 选项 | 小计 | 比例 |
| --- | --- | --- |
| 随时都可以 | 21 | 8.14% |
| 需要加强了解 | 18 | 6.98% |
| 确定互相的感觉 | 60 | 23.26% |
| 热恋中 | 24 | 9.3% |
| 到了谈婚论嫁的时候 | 85 | 32.95% |
| 直到结婚前都不可以 | 50 | 19.38% |
| 本题有效填写人次 | 258 | |

图7

男生在本题的选择：

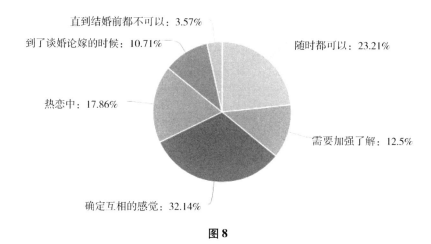

**图 8**

女生在本题的选择：

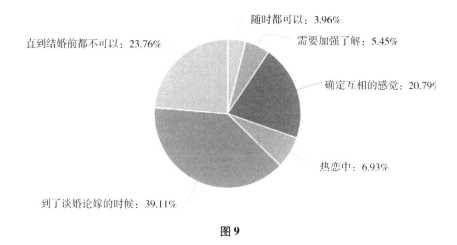

**图 9**

在本题中，总体来说，选择"到了谈婚论嫁的时候"和"确定互相的感觉"的人占了半数。但男生的选择最多的选项恰恰就是女生选择最少的选项。女生大多希望关系相对稳定的"谈婚论嫁时"，但男生大多认为在关系还未稳定时期就可以发生性关系。

第 8 题　您觉得恋爱一定要有性行为吗？

在这题的选择中，绝大部分（80.23%）的同学都选择了"否"，可见同学们普遍认为性不是恋爱的必需的部分。

第9题　您有处女/处男情节吗?

对于本题,男女生的选择大致相同,共有62.4%同学都表示自己并不介意伴侣是否是处男/女。这也体现出现代大学生思想的变化。社会的日益发展,西方思想文化与我国传统文化不断地碰撞,我们接受了更为开放的理念,对性也有了更理性的认知。

第10题　如果您身边同龄人有过性行为,您会怎么看待他\她?

| 选项 | 小计 | 比例 |
| --- | --- | --- |
| 表示反感 | 7 | 2.71% |
| 和自己无关,没有理由干涉他人 | 150 | 58.14% |
| 羡慕他/她有这样的勇气 | 8 | 3.1% |
| 觉得是件正常的事 | 93 | 36.05% |
| 本题有效填写人次 | 258 | |

**图10**

在这个问题上,绝大部分同学选择的都是"和自己无关,没有理由干涉他人"或是"觉得是件正常的事",只有2.71%的受访学生表示反感,这也体现出当代大学生思想已比较开放。

第11题　您认为大学生婚前性行为普遍吗?

| 选项 | 小计 | 比例 |
| --- | --- | --- |
| 非常普遍 | 70 | 27.13% |
| 较为普遍 | 127 | 49.22% |
| 只是个别现象 | 19 | 7.36% |
| 不了解 | 42 | 16.28% |
| 本题有效填写人次 | 258 | |

**图11**

本题中,同样也是绝大部分人选择了"较为普遍"或是"非常普遍",仅有不到四分之一的人选择了"不了解"或是"只是个别现象",婚前性行为的普遍发生体现出现代大学生性观念的开放。

第 12 题　您自身对婚前性行为的态度是?

| 选项 | 小计 | 比例 |
|---|---|---|
| 可以理解且自己会去尝试 | 79 | 30.62% |
| 可以理解但自己不会尝试 | 111 | 43.02% |
| 不能理解,如果发生也无所谓 | 11 | 4.26% |
| 不能理解,如果发生终身后悔 | 4 | 1.55% |
| 没有想过 | 53 | 20.54% |
| 本题有效填写人次 | 258 | |

**图 12**

男生在本题的选择:

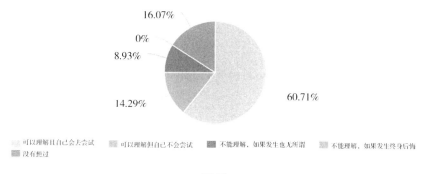

**图 13**

女生在本题的选择:

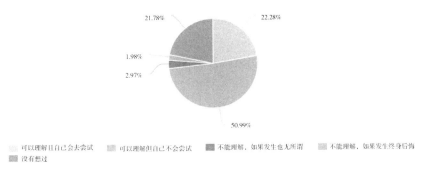

图14

男生与女生在这一题选择上的最大差别即在是否亲身尝试上,大多数女生不会尝试,但大多数男生都希望尝试。

第13题　您认为大学生发生婚前性行为的原因有哪些?

| 选项 | 小计 | 比例 |
| --- | --- | --- |
| 双方感情成熟的必然结果 | 114 | 44.19% |
| 一方的强烈要求 | 10 | 3.88% |
| 生理的需要 | 71 | 27.52% |
| 对性的好奇 | 46 | 17.83% |
| 跟风,周围的人都发生了 | 11 | 4.26% |
| 其他 | 6 | 2.33% |
| 本题有效填写人次 | 258 | |

图15

在这题中,男女生选的最多的都是"双方感情成熟的必然结果",但男生选择"生理的需要"这一选项要明显超过女生,而女生选择"对性的好奇"这一项也明显超过男生。

第14题　如果您的男/女朋友要求发生婚前性行为,您会选择?

男女生在是否接受男/女朋友发生婚前性行为的要求这一问题上的回答差异依旧很大,男生有近半数(48.21%)选择接受,而只有15.35%的女生表示会接受。

第15题　您认为现代人的性观念逐渐开放的原因有?(可多选)

大部分同学认为性观念的逐渐开放与当代社会的信息化发展有关,这说明科学技术的进步、发展会在一定程度上改变人们的观念。还有一部分同学认为这是时代的进步,时代对女性的束缚少了,对道德的要求降低了。整个社会越来越民主,个性受到人们的重视,很多人倾向于按个性办事。

四、总结分析

总体来看,当代大学生对"婚前性行为"有不同看法,有接受也有反对。支持的理由大致如下。

1. 感情论。只要两个人经过了一段时间的了解和认识,感情也发展到了一定的程度,发生婚前性行为是很正常的。性行为是感情升华、情到深处的自然结果,人说到底还是感情动物,情之所至,不可阻挡。

2. 人之本性论。大学阶段正是性发展的相当成熟期,很多同学都对性有了一定的认知,由此便会产生相应的欲望,这是人之本性。

3. 人身自由论。我们每个人都是存在于这个世界上的单独个体,在双方自愿且不违反法律的情况下发生性行为,同其他任何人都没有关系,他人无权干涉。

4. 身心健康论。在一定程度上,婚前性行为对人的身心健康是有利的。从科学以及心理的角度来看,如果一个成年个体过分地压抑自己的行为欲望,或者说欲望长期得不到满足,很有可能会影响心理健康,甚至因此走上违法犯罪的道路。

反对的理由如下。

1. 幸福论。在古代,女性都将守住贞洁视为一种理所当然的义务,这种思想依然或多或少地影响着现代人。他们认为,如果最终不能踏入婚姻殿堂的话,婚前性行为将会为自己今后的婚姻生活蒙上阴影。

2. 责任论。我们都还处于成长的阶段,很多事情还需要依靠家庭,无法承担进行性行为后的责任。人是高级动物,不能随意而为之,还应该为自己的行为负责。

3. 道德健康论。社会上仍然存在着很多对大学生婚前性行为的谴责声,他们认为这会影响社会风气。除此之外,婚前性行为还很有可能会传播各种性病,危害人的身体健康。

综上所述,当代大学生对婚前性行为有着多层面、多角度、多元化的理解,很难用一个具体模式去概括。我们应该结合自身状况,谨慎考虑,秉持着对双方都认真负责的态度去处理这个问题,唯有如此,爱情才能更加甜蜜。

五、应对办法

大学生婚前性行为关乎到大学生身心健康。所以学校、家庭要加大这方面的引导和教育。

1. 进行思想道德修养教育

提高大学生的思想道德素质,唤醒大学生对自身行为的道德价值的自我意识,从而指导行动。

2. 加强"两性观"教育

大学生正当花样年华,对异性会有比较大的好奇心,但是由于心理的不成熟,往往容易产生一些偏差。因此有必要对他们进行"两性观"教育,让学生了解如何和异性相处,懂得如何保护自己,知道防止各种错误发生的措施。

3. 进行责任心培养教育

责任意味着使命,我们在社会中都有不同的身份和角色,也就要承担相应的责任,对家庭、对恋人、对自己都是如此。男生对婚前性行为的态度较为随意,很少在发生性行为时考虑到后果,而这些不当行为会对女生的身心产生很大的影响,所以加强责任意识教育势在必行。


点评:选题新颖,符合当前实际,针对性强;受访对象广泛,有代表性;调查方案设计合理,可操作性强;问卷设计较好,能对选题进行较好的概括;值得注意的是,数据分析既全面又具体,在重要的问题上单独统计男生和女生的答案,更有对比性和说服力;关注到了我国国情,在传统思想和现代观念的结合中理解婚前性行为,揭示了现象背后蕴含的深层原因;价值观正确、健康,能给人以正确引导。

# 05

## 微 电 影
——再现矛盾、演绎人生、砥砺品格

# 手机风云

樊宇翩、陈文俊、林永琪、董赛男、杨欢欢、郑洲、王凯悦

导演、编剧:樊宇翩

主演:A－陈文俊　B－林永琪　C－杨欢欢　D－董赛男　E－郑洲　F－王凯悦

后期制作:樊宇翩　郑洲

旁白:放眼当下,手机走进社会的每个角落,在我们的日常生活中扮演着越来越重要的角色。在大街上、教室中、食堂里,随处可见戴着耳机拿着手机的低头族。他们完全沉溺在虚拟的网络世界中,对周围一切视而不见、充耳不闻。例如……

场景一:大街上

想到海南,一幅幅美丽的图画就浮上脑海,"请到天涯海角来,这里四季春常在"这首耳熟能详的歌曲,使我对海南充满了热切的憧憬。浩渺海天中的明珠,我将有幸靠近你,欣赏你,走近你,融入你,你将展示给我一个怎样的奇丽面容……

踏入海南,心情如同这里的景色,一下子澄碧无痕、豁然开朗。纤尘不染的街道,青翠欲滴的树木,花儿吐娇献媚,碧空如洗,天朗气清,惠风和畅。

演员:A(大一女生,长发飘飘,身着一袭银白色风衣,黑色牛仔裤,脚着一双黑白球鞋,整体休闲而阳光)走在校园大街上,低头戴着耳机,全神贯注地盯着手机,前方是电线杆,但A全然不知。A一边走一边低头玩手机,边走边笑。然后直接撞电线杆上。A抱头"嗷"。

场景二:教室里

演员:B(大一女生,黑色长发很自然地束在脑后,身着黑色外套,白色T恤,黑色牛仔裤,酷酷的)(应描写外貌、衣着等)、E(男生,皮肤黝黑,身着白色T恤,蓝色牛仔裤,阳光俊朗)(应描写外貌、衣着等)坐在教室里,低头玩手机打游戏,完全沉浸在自己的世界中。A和B下课走了,E还在打游戏,B返回来说:"智障,下

课了。"

E:"啊,下课了? 等我一下,等我一下。"

场景三:食堂里

光洁的地板,干净整齐的餐桌,五颜六色的小蘑菇般的小圆凳错落有致地分布在餐桌旁。为响应政府号召,有的餐桌上还印有社会主义核心价值观和海口双创小知识。演员:F(大一女生,瘦长小脸蛋,中分长发微微束起,戴着蓝腿黑框眼镜,身着淡粉卫衣)

情景:F 在食堂一边吃饭一边玩手机。F 夹起了一个丸子,突然直勾勾地看着手机屏幕说:"哇哦! 16 级思政二班拍摄的《手机风云》真好看,太精彩了! 哇哦,就是这个!"此时丸子掉了下去(此处丸子需要给个近景)。

F 说:"嗯! 我的丸子!"此时,F 夹着空气,一脸享受和陶醉的样子,或许是因为她还没意识到丸子已经一脸无辜地躺在地上,或许是因为手机里的东西太过吸引人,又或许是这两条理由的结合。

F 说:"哎呦! 马院 16 级二班拍的微电影《手机风云》真的是太好看了!"

然后继续把丸子送口中(其实是空气)假装咀嚼。低头一看:"啊! 我的肉丸!"这才从手机电影情节里回过神来的 F 一脸郁闷地看向躺在地上的肉丸,眼神里盛满了无奈与可惜。

旁白:我们已经习惯了手机带来的种种便利,但是凡事有利必有弊。在手机大行其道的今天,我们的生活方式和价值观念正在不断地被侵蚀、改变。

所以我们决定进行一场场景实拍,记录下同学们没有手机的 12 小时是如何度过的。

场景四:宿舍

女生宿舍主要分为两大块。第一部分是供睡觉和看书的地方,第二部分是供洗漱、淋浴和方便的地方。

推开宿舍门,可以看到宿舍第一部分。宿舍两边各有两处床铺,床铺下是书柜、书桌和衣柜,不同种类的物品皆有归处。浅黄色的瓷板和米黄色的窗帘以一种恰到好处的默契向我们展示一种和谐之美,两边的床铺之间留下了一条一米多宽的路。

正对宿舍入口的那扇门,通向宿舍第二部分。第二部分又分为三个单独的隔间,一个澡堂,一个厕所,一个阳台。厕所内有一个排气装置和一扇窗,这十分有利于通风排气。阳台上既可洗衣服,又可晾衣服、晾鞋子。

演员:A(大一女生,长发飘飘,身着一袭银白色风衣,黑色牛仔裤,脚着一双黑白球鞋,整体休闲而阳光)、B(大一女生,黑色长发很自然地束在脑后,身着红色小毛衣,黑色牛仔裤,酷酷的)、F(大一女生,瘦长小脸蛋,中分长发自然散落,披在肩头,戴着蓝腿黑框眼镜,身着淡粉卫衣,娴静)、D(大一女生,黑色西瓜皮短发,白色上衣,黑色休闲裤,略显活泼逗逼)

字幕:场景实拍早上 10:00

A、B、F 围着 D 站着。

D:"大家伙听我说啊,今天我们来做一次实验,拍摄大家在 12 小时内不玩手机,看大家在没有手机的情况下是什么反应噢。为保证此次实验的公平公正,大家都把手机上交出来吧。来来来,听话。"

B:"好吧。"A:"蓝瘦。"D:"乖。"F:"我要失去我的手机了,一脸的不情愿。"大家一边说着一边不情愿地把手机上交,放到 D 手里。

时钟嘀嗒嘀嗒地响……

场景五:宿舍

演员:A(大一女生,长发飘飘,身着玫红运动装,黑色牛仔裤)、B(大一女生,黑色长发很自然披散,身着红色小毛衣,黑色牛仔裤,)F(大一女生,瘦长小脸蛋,中分长发微微束在脑后,戴着蓝腿黑框眼镜,身着淡粉卫衣)、C(身着蓝色长外套,黑白格子内衬,黑色牛仔裤,脚踩复古灰的增高凉鞋,整个人显得小巧精致)

中午 12:00

A 在洗衣服　B 在看小说　F 在做手工

突然有人敲门,C 开门进来。A、B、F 都抬头看着 C。

C 说:"哎? 都在啊,为什么发消息叫你们去吃饭,都没人回啊?"

B 回头说:"哎呀,别提了,今天赛男非要搞一个什么无手机日,测测我们在 12 小时内会有什么反应。什么呀! 好麻烦的!"

C 无奈说:"好了好了,回头再跟你解释吧。咱们现在先去吃饭吧! 我现在特别饿,我的胃在抗议。走了走了,吃饭去吧。"A:"等我,穿件衣服。"

A、B、F、C 出门一起去吃饭。

场景六:宿舍

演员:A B F D 推门进

B:"哎呀,没手机好麻烦啊,干什么都不方便。你看欢欢给我们发消息都没回复! 什么呀?"

A:"要不,我们跟赛男说一下让她把手机还给我们吧,我们不参加这个活动了吧。"

F:"这样不好吧,都已经答应人家了。"

D 开宿舍门,进屋。

B:"哎,赛男。你这活动有什么用啊。这很妨碍我们收到信息哎,要是班长发来消息没收到,又要被说了。要不,你把手机还给我们吧,我们不想参加了。"

F:"是呀! 哎呀,没手机可难受了,你就还给我们吧,我不参加了!"

D:"不可以哦,既然选择了开始,就不能半途而废! 正所谓一诺千金嘛,既然答应了就不能反悔。况且……你们的手机我已经藏起来了,不到时间是不会还给你们的。"

A、B、F 烦躁脸,甩手(给 A 近景)

B:"什么呀!"

F:"哎呀!"

D 走出宿舍门,B 坐在椅子上说:"这一下午的时间怎么熬过去,这叫什么事啊!"

A:"唉,算了。今天下午还是乖乖背英语吧。"

学习中……

突然 F 拍桌子,摔笔说:"哎呀,这没手机怎么学得下去啊,这么多英语单词不认识。不拿手机百度一下怎么行啊。难道要我一页一页翻那么厚的词典去查吗! 学不下去了! 烦!"

时钟嘀嗒嘀嗒地响……

场景七:宿舍

演员:A、B、F、C

晚上 17:00

C 敲门,开门,进宿舍。看到宿舍安安静静,A、B、F 都在认认真真地学习,一脸诧异地问:"你们……都在学习吗?"

A、B、F 一脸蒙逼地互相望了一眼。

A:"对哎! 我都学了一下午了,好像……我们没用手机查词也照样学了英语,而且效率更高了。"

F 挠头说:"咦,好像是哎!"

B:"哇,可怕。"

C:"厉害了,我的小姐姐。好饿呀,去吃饭吧,下午不是约了郑洲一起吃饭吗?"

A、B、F:"好,走吧。"

A:"和郑洲吃饭去咯。"

场景八:饭店

一个单独的包间里,凹凸不平的白色沙砾墙上暗灰色的木格框和镶嵌其中的经典黑的花纹相得益彰,木制的圆桌和椅子更增添了一份古韵,一份恬静雅淡。

演员:A、B、C、F、E

晚上18:00

旁白:一张圆桌上,大家坐在各自的位置,面对面无声地对视着。空气中充斥着尴尬的气氛。

B心想:"我的天! 这也太尴尬了吧。没有手机就这样干坐着。好想玩玩手机躲开这尴尬的气氛啊!"

A心想:"哎? 我的手机呢? 哦,对! 没有手机!"(动作:随手摸兜想拿手机,却发现没有。烦躁脸、翻白眼。)

F仰头心想:"我想要手机! 谁来救救我! 尴尬啊!"

C:"菜怎么还不上来啊,好饿啊!"

E一脸蒙逼心想:她们怎么都不玩手机,就……这么坐着? 干吗呢?!

A:"郑洲呀,今天……为什么约我们出来吃饭呀? 是不是想请永琪吃饭!"

C:"对对对,他就是这个意思! 小伙子心思缜密呀!"

D、F:"哈哈哈哈,哦,我们错过了什么。"

大家一起笑。

E:"喀喀(害羞脸)! 别闹了,咱们说正事呢!"

A插嘴说:"说啥正事啊? 是不是你和永琪的正事?"

B紧张拍桌道:"哎呀,干啥呀! 你们?"

大家一起笑,起哄:"咦,咦。"


旁白:就这样,大家在欢声笑语的氛围(中)度过了这次聚会。在一个没有手机的宴席上,我们仿佛找到了小时候的快乐,那种没有手机没有网络没有电脑,只是单纯面对面地聊着天……虽然推推搡搡讲着些没有内涵的笑话,但是我们依然感受着对面的她或他带来的真诚。好像……手机也不是那么重要,或许放下手机后,我们更能贴近彼此的心。

场景九:女生宿舍

演员:A、B、F、D

晚上22:00

D:"今儿我们成功度过了一个没有手机的12小时,不知道大家有什么看法没有?"

A:"我本来觉得,就是那种饭可以不吃,觉可以不睡,但手机不能不玩。今天12小时没有手机的活动吧,刚开始我是不支持的,因为接收不到信息,联系也不方便,感觉世界都要崩塌了。但是呢我向来是一个不喜欢热闹的人,没有了手机,顿时感觉清静了好多哦,我可以静下心来做一些自己想做的事情了。"

B:"突然发现手上没带手机的时候只能大喊NO!同时觉得自己手痒痒的,不知道往哪儿放比较好。突然觉得很烦躁,但是只能说服自己接受现实。然后觉得没带手机,就像没带脑子出门一样。然而突然间灵光一闪,觉得我自己一整天可以过上没有手机打扰的生活,我好开心哦,我自由了!"

F:"虽然手机很重要,但是我感觉比起度娘查单词,查字典更有意义,而且记得更牢一些哦。没有了手机,大家的气氛也不是很尴尬了,还加强了彼此之间的交流。"

D:"既然大家都有这么深刻的感悟,那我们今天的活动就没白费哦。喏,你们的手机给我藏在这儿了。哇哦!大家辛苦了。谢谢你们的配合(鞠躬)。"

当大家满心欢喜地打开手机的那一刹那,并没有收到任何消息,其实我们没有想象中的那么重要。(需要拍摄手机打开的页面,没有任何的消息。大家的表情也是很失望到后来的理解和接受)

旁白:有手机的日子,我们低着头,不知道周围天空是什么蓝。没有手机的日子,我们抬起头,迎着微风走在大学的校园路上,我们有说有笑。即使在冬天,周围的气氛也是温暖的。

没有手机的日子,我们仰望天空,呼吸着大自然的空气,我们闭上眼睛,聆听这世界的安详。

点评:剧本立足于大学生生活实际,以大学生依赖手机而发生的各种事件出发,到后来开展的一日无手机的活动,情节紧凑,直观性与针对性明确,鲜明地展现出了人们对于手机认识的心理活动变化,且较形象地反映了手机对大学生的影响,能引导大学生不要过于依赖手机,要抬头观察生活。剧情合理,主题健康。如果场景和人物描写更具体一些就更好了。

# 变化

### 梁一叶、刘婷、李成梦、罗敏、谢保林、林晓刚

导演:梁一叶

编剧:梁一叶

演员:刘婷　李成梦　罗敏　谢保林　林晓刚

摄影:梁一叶

后期:梁一叶

人物:小婷(爱慕虚荣)　小梦(善良乐观)　小敏(有钱人)　小林(八卦女)
晓刚(班长)

故事简介:小婷与小梦本是初中好友,高中不在同一所学校。后两人考入同一所大学,小婷变得爱慕虚荣,经常和班里有钱的小敏一起玩,后来两人都参加了一个活动,小梦拿到了第一,小婷不服气,便开始造谣。因此小梦差点失去评选奖学金的资格,之后,小婷想赚钱结果被骗,小梦知道后……

场景一:在宿舍一楼的饮料自动贩售机前,两人刚一起下课回寝室,天气比较冷两人都穿着长袖长裤,小林开始和小梦说一些作业的问题和班里同学的事,时不时开着玩笑,嘻嘻哈哈的,聊到小婷时。

小林说:"哎,你有没有觉得班里的小婷天天跟在小敏后面,像跟屁虫一样。"

小梦说:"没有吧,她们只是玩得好呀,我和她是初中的好朋友呢!(小梦心想:她人挺好的)"

买完水上来,小林去隔壁宿舍串门,小梦在宿舍用电脑看智慧树(小林开门进来)。

小林:"小梦,我刚去隔壁听说学校又要组织活动了,你要参加吗?"

小梦:"当然了,我刚才看到通知就给班长发短信要名额了呢。"

小林:"唉,这样又加学分又有奖金的活动谁不想参加,我要不是不擅长的话

我也去参加。"

小梦:"嘿嘿,没事,过两天还有一个唱歌比赛呢,你可一定要参加。"

小林:"当然,我可要火一把呢!哈哈哈哈哈哈。"

场景二:宿舍二楼的楼道上,风很大,小婷和班长在楼道上面对面地站着,小婷心里盘算着怎么让班长松口把名额给他,心里闪过一个个充满诱惑的条件。班长心里很清楚这个女生的想法,肯定是看上那几个名额了,他故意没有回和他预定名额的几个同学的短信,就是等谁来要,他才能得到好处。

小婷说:"班长,那个活动谁参加都可以,你就把名额给我好吧,拜托啦!"

晓刚说:"小梦已经和我说了她要参加了,人家比你先说呀,你要我怎么办。"

小婷:"你就说你没看到她的短信不就行了,反正也就一个活动而已,谁参加不都一样嘛。再说,我肯定比她厉害,说不定还能拿奖呢!你就让我参加吧,班长。"

晓刚:"那……那好吧,那你要可要拿奖哦,还有奖金呢!"

小婷:"放心吧,等我拿到奖金,一定请你吃饭!"

这时,小林正好上楼,她听到那边在提起小梦的名字,好奇地听了一会儿,没想到这两个人居然在说这种事。她怒气冲冲地冲过来,站到班长旁边说:"班长,你怎么能这样,那小梦怎么办?"

小婷就说:"班长已经把名额给我了。"

小林看了班长一眼,班长神色尴尬:"嗯。"小林说:"你们,你们……真的是,看清你们了!"转身走了。

场景三(小林回到寝室告诉小梦这件事)

小林推开门进去:"她们人呢?"

小梦:"都出去了。"

小林:"哟,气死了!我给你说,我刚才在下面看到小婷跟班长把你的比赛名额给要走了!"

小梦:"啊?怎么会?"

小林:"不信你问他。"

宿舍里大家都在做自己的事情,小林和小梦都在用电脑看智慧树。

小林在手机上看到小梦得奖的消息,告诉小梦。然后拿着水杯,当话筒对着小梦说:"小梦,你好厉害呀,这次活动拿了第一名,还有奖金呢!快快请我吃饭喝茶!"

小梦说:"其实我就是想参加活动,锻炼下自己,没想到得了奖。"

小林:"反正不管怎样,你请我吃饭是跑不掉啦!哈哈。"

小婷和小敏也在宿舍里,小婷翻白眼说道:"有什么了不起的,又不是什么大比赛,得了个小奖而已。"

小林说:"有人呀,吃不到葡萄说葡萄酸。小梦,我们不理她。"

小敏说:"几百块钱而已,小婷,你陪我下去取一下我的手机吧!iPhone7出来了,我换了个手机,快递刚到呢!走吧。"

小林翻了个白眼,很不屑她这种炫耀:"哟喂!iPhone7呢。"

小婷十分羡慕,惊讶地说:"你又换手机啦?肯定很贵吧?那你这个手机要怎么办呢?"

小敏说:"放那儿呗,反正有新的了,对了,你要吗?要的话就先给你用好了。"

两人一起出来宿舍门。

场景四:寝室小梦坐在位置上学习,寝室刚刚打扫过,特别干净。

这天小婷拿了很多快递回到宿舍,神采飞扬。后来的每天她都在打电话,推销化妆品。可谁知她买回来的化妆品属于三无产品,同学们觉得没有质量保证,根本卖不出去。她很焦虑,货砸在自己手里了,而且她当时为了买这些化妆品向小敏借了不少钱,现在都卖不出去,钱也还不上了。

小敏看到这情况,不停地催她还钱。

小梦看到了,十分担忧,问小林怎么了。

小林说:"小婷不知道跟谁学的,卖化妆品,进了一大堆货放那儿,人家看她化妆品没正品保证,都不敢买。谁知小敏根本不同情她,还催着她还钱,两千呀,我一两个月的生活费呢!"

两人相视摇摇头叹息了一声。

场景五:寝室里,小敏桌子上摆满了化妆品,小婷旁边的大箱子还是没有变化。

小梦看到小婷很焦躁地坐着桌子前,接着一个又一个电话,小敏也不理会她,并且翻白眼,说着一些刻薄的话,小梦不忍心,就说了小敏一句。

小敏说:"有本事你替她还钱呀!"

小婷说:"关你什么事,猫哭耗子假慈悲。"

小梦低着头,没了言语。

场景六:班级奖学金公告:本学期荣获奖学金通知恭喜刘××,林××,王××,几位同学获得奖学金,特此发公告,几位同学请准备在下周的颁奖典礼上领奖!

小林看了一会儿电视剧,回头正准备和小梦说什么,却看到小梦趴在桌子上很不开心的样子。

小林:"小梦,你怎么了?"

小梦:"班级奖学金公告发了里面没有我……"

小林:"怎么会,你成绩那么好,怎么会没有你?"

小梦:"我不知道……"

小林:"我突然想起,昨天我说怎么有人支支吾吾一直在说你,好像因为小婷说你上次比赛第一名是假的,还专门找了几个人来做证。"

小梦的心情很复杂,她不知道曾经单纯善良的好朋友为什么会变成这样,但是,她觉得小婷只是被繁华的大学迷了眼,小梦想,她要帮助小婷找到曾经的自我。

场景七:第二天下午,寝室里只有她们两人,小梦把准备出门的小婷叫住,对她说:"这些钱借你,你可以慢慢还,希望你接受这个教训。"说完把钱塞到小婷手中,向门外走去。

小婷拿着小梦借给她的钱,心情很复杂,她开始思考她最近做的事,她这才觉得她已经变了这么多,她不由得想起小梦对她说的话,她觉得,自己是该从金钱的噩梦中醒来了。

小婷拿着钱还给了小敏,小敏讽刺了她几句,小婷很伤心,她以为她和小敏已经算是朋友了,她也开始后悔,小敏拿了钱放进包里甩门而去,小婷久久地站在原地。

场景八:小梦回宿舍时看到小婷趴在桌子上哭泣,她过去安慰小婷,小婷哭着向小梦说对不起,小梦也原谅了她,两人又成为了曾经的好朋友。

后来班里有人说见到小婷从院长办公室走出来,而且小梦的奖学金也发了下来。

其实小婷是去向院长承认了关于小梦的流言是她传出去的,不是真的,院长很欣慰小婷说出了实情,并且恢复了小梦的奖学金。

点评:剧本的内容和选材都贴近当代大学生的生活,剧本的情节较为紧凑,通过对人物丰富的心理活动的描述给观众呈现出了生动饱满的人物形象,通过小婷和小梦的故事来表达微电影的主旨:我们应该进行正确的价值判断,做出正确的价值判断,重视友情,勇于面对错误,承认错误才是我们正确的价值选择。

# 爱拯救灵魂

程萍萍、刘军、杨巧巧、刘婧、何婷婷、满学健、麦永怀、龚芯、黄志敏

电影前言：大学生活中，有着两样美好的东西，即友情和爱情。当友情和爱情"打架"时，我们又该如何维护这般美好？

团队分工：

演员：刘帅（刘军）、陈萍（程萍萍）、莉莉（杨巧巧）、小静（刘婧）、小婷（何婷婷）、满（满学健）

拍摄：前期：麦永怀，后期：龚芯

后期处理：黄志敏、刘婧

第一场　公共楼

时间嘀嗒嘀嗒，影子下的公共楼被拉长，缩短，再被放大，而后又渐渐地在黑暗中和本体重合，虽看不大真切，却在朦朦胧胧之中凸显别样的神秘感。一楼的自习座坐满了学生，大家都很安静地看着书、写着作业。

莉莉和陈萍坐在自习桌安静地看书，刘帅走了过来，坐在莉莉对面。莉莉继续安静看书，刘帅偷看了莉莉几眼，他已经喜欢莉莉好些日子了。此时陈萍羞涩地看了看刘帅，她喜欢刘帅有一阵子了。

场景二　宿舍

明亮的灯光下，墙壁透着它的白。站在阳台，放眼望去，能看到星星点点般的灯光，映衬着校园的安静和谐。

小婷："哎，听说没，我们班班草喜欢你呀。"（推了正在写作业的莉莉）

莉莉害羞地说："别瞎说，刘帅那么优秀，我可不敢想。"

小婷："你也很优秀呀，人长得美，学习又好，你说是吧，萍萍。"（推了陈萍一下）

陈萍勉强笑了一下。心理独白："为什么，为什么他喜欢的人是莉莉，不是我！"

场景三　食堂（一到饭点的食堂，好几个点菜窗口，排满了队。一排排整齐的

餐桌上,学生们有说有笑,好不热闹。)

刘帅就在前面排着队,他转身看到莉莉她们在后面排着,于是刘帅叫人帮他看好位置,来到莉莉旁边小声地问了句:"想吃什么菜,我帮你打。"这一句刚好被陈萍听得一清二楚,陈萍心里很不是滋味。

场景四　操场(标准的400米塑胶跑道,一棵棵椰子树欣欣向荣。此时操场上风很大,正前方的升旗台上,五星红旗迎风飘扬。)

体育课,老师要求同学们将背包、水瓶等物品放下,进行体测。莉莉她们将东西放下。走得很慢的陈萍放下包包时,看到莉莉的包,不禁想起小婷的话语,嫉妒心开始膨胀。她想偷走莉莉的包,当她手伸向包的那一瞬间,她又想起平日自己和莉莉的好,于是又放下了。但还是想着刘帅喜欢莉莉的事,反复纠结后还是偷走了莉莉的包。但这一切都被刘帅看在眼里,他有些疑惑。

体测结束了,莉莉和小婷她们到休息区拿自己的物品,莉莉发现找不到自己的包。

"小婷,我的包呢?"莉莉有些疑问。

"我们包包不都放一块儿吗?"小婷也十分疑惑。

"萍萍,你看到我的包了吗?"莉莉有些着急。

"没有,没看到,"陈萍回答,"是不是放别处了?"

"我们明明放在一起的。"莉莉慌乱了。

"怎么了?"刘帅从远处走来。

"我的包不见了,里面有手机、身份证和银行卡。"莉莉带着哭腔说道。

"是不是被人拿错了?"刘帅不经意间看了一眼陈萍,刚好迎上陈萍的视线,陈萍急忙避开。

"那我们帮你去找一找吧。"陈萍故作正经地说道。

"莉莉别着急,我们会帮你找到的!"小静安慰道。

"对,我们马上去问一问其他同学。"小婷说道。

"说不定哪位同学拿错了,过会儿就送回来了。"刘帅说道。

"那我们现在去找找吧,我去那边。"陈萍看着莉莉说完便向远处走去(陈萍感觉自己像打了败仗的逃兵一样,很狼狈)。刘帅看着陈萍远去的背影若有所思。

"那我们都去找找吧。"小婷说道。

几位小伙伴各自散去,热心地帮莉莉找包。经过了一下午的努力,包还是没找到。莉莉很伤心,但也很感谢小伙伴们的帮助。

场景五　傍晚　操场(灯光下,忽明忽暗,摇曳着树叶的影子,亦清亦糊,月色即将笼罩整个操场,朦朦胧胧。)

陈萍徘徊在操场,她的内心剧烈挣扎着,她不知道为何已经报复了莉莉,但却感受不到丝毫的快乐。这时,她的手机响了,她看了一下显示,是小静打来的。她犹豫了一下,按了接听键:"喂,小静。"

"萍萍,我是莉莉,我用小静的手机给你打的。你在哪儿,晚饭吃了吗? 要不要我帮你打回宿舍?"手机传来莉莉关切的声音,这让陈萍想起了平时自己忙于学习,而莉莉经常帮自己打饭回宿舍。她就像自己的小妹妹一样关心自己。顿时眼眶有些发红:"你吃了吗? 你包里的钱不是丢了?"

"还没吃呢,不过我和小婷她们在一起,我可以先向她们借些钱啦。你要吃什么呀?"莉莉虽然有些难过,但还是像平时一样的语气,她不想让好朋友也感到伤心难过。

"不用了,我在外面,我已经吃好了,谢谢你,莉莉。"陈萍愧疚地说道。

"好,那你早点回去哦。"莉莉神秘地说道。

"嗯……拜拜。"陈萍挂了电话,不知为何自己很难过,感觉好像失去了很重要的东西。

场景六　晚上宿舍

陈萍回到宿舍时,宿舍的灯是关着的。她发现门没锁,于是推开门进去,出现在陈萍面前的是一个小蛋糕,蛋糕上插着 19 根蜡烛,同时又响起那熟悉而又充满祝福的生日歌——"祝你生日快乐,祝你生日快乐,祝你生日快乐,祝你生日快乐。""陈萍祝你生日快乐。"陈萍看着小伙伴们,哽咽着眼泪再也抑制不住。"你们居然记得我的生日。"

"我们都忘了,是莉莉提醒我们的。陈萍,对不起,我们忘了准备礼物了……"小婷愧疚地说道。

"对,要不是莉莉提醒,我们还真忘了。"小静笑着说道。

"还好早上我订了个蛋糕。"莉莉笑嘻嘻地说道。

"莉莉。"陈萍泪如雨下,抱住了莉莉,"谢谢你!"陈萍说道。感动,早已难以用言语形容。难受,更是盈溢心头。

独白:陈萍是领养的,不知道具体生日,也从不过生日。入学第一天,舍友问起,她不想让别人知道她的实际情况,随便说了个生日日期却让莉莉用心记住了,便是今天。

"啊,我们忘记买饮料了,走,莉莉,我们去买饮料。"小婷和莉莉就出门了。

陈萍打开柜子,拿出了莉莉的包,放在了莉莉的座位上。后来刘帅来了,送给陈萍生日礼物。刘帅瞧见了椅子上莉莉的包,问:"这不是莉莉的包吗?"

"对不起……"陈萍低着头愧疚地说。

"没关系,就知道你会还回来的。"

"原来你都看到了。"陈萍的心情有些低沉,"那你为什么不揭穿我?"

"你是莉莉最好的朋友,我相信你一定会送回来的。"刘帅一副十分自信的模样。这让陈萍更难受了。

"谢谢你。"

就在这时,莉莉她们回来了。

"哎,刘帅,你怎么来了? 是不是来找我们家莉莉?"小婷跑了过来打趣道。

"就是,整天惦记我们家莉莉。"小静也跟着调侃。

莉莉有些不好意思。

"我可是帮莉莉送包回来的。诺,你看!"刘帅微笑着说。

"哇,真找到了! 谢谢你,刘帅。"莉莉十分高兴。

"小意思。"刘帅高兴地说。

这时大家都笑起来,在这个充满爱和温暖的屋子里。

陈萍尤其感动和快乐,满满的温暖与感激:"谢谢你,刘帅,感谢你又给了我一次紧握友谊的机会。"

观影感悟:西塞罗曾言:"友谊不是别的,而是一种用善意和爱心去连接世上一切神俗事物的和谐。"又有人言:"如果友谊一旦破坏了,连爱情也不能够再使它恢复。"所以,好好珍惜身边美好的友谊吧!

点评:亲情、友情、爱情是人生中最重要的三样东西,剧本通过主角对友情和爱情选择的冲突,来描述角色的心理活动,使角色的刻画十分鲜明。其他角色的设置又起了推动电影进度的作用,剧本选择的场景也十分丰富,可以充分展现出我们大学的风景。电影告诉我们要重视、珍惜我们的友情,正确地处理爱情与友情的关系。

# 重拾良知

何中华、梁月琼、胡丹丹、顾娉婷、黎雨花、黄小娟、龚芯

第一幕

地点：操场

场景：绿绿的草坪周围环绕着几条塑胶跑道，一群有着稚嫩脸庞，操着不同口音的少年，中间有着几抹蓝色的身影在穿梭。

情节：一个脸上洋溢幸福的女孩顾丹丹在操场上，穿着蓝马甲志愿服，汗流满面地帮助新生报到，并一直为新生讲解校园中的规矩。新生充满感动："学姐，你人真好，这样为我们着想，不像有的学姐，只有我们买东西才会笑脸相迎。"顾丹丹面带微笑，轻轻叹了一口气说："其实我以前也那样唯利是图，不过自从发生了那件事，我才真正明白人活在这个世界的意义！"

（镜头随女孩的目光向远处投去）

第二幕

地点：寝室

场景：宿舍里三名女生（花花、小娟、芯芯）坐在桌前，自顾自地处理自己的事。

情节：一个明媚的下午，顾丹丹一瘸一拐地向自己宿舍走过去，一推开门，就狼狈地瘫在了地上。花花连忙扶她起来，着急地询问："怎么啦，怎么弄成这样？"丹丹摇了摇头，略带敷衍地说："没事，可能走得太急了。"小娟和芯芯对视了一眼，在丹丹背后用嘴叽咕些什么，眼神中还有些许内疚地望向丹丹，丹丹踉跄地站起来走向桌子，用手拄着额头。

丹丹内心独白："为什么化妆品会出事？虽是假货，但也不至于让人毁容啊！这毁容怎么偏偏就发生在部长身上，这次怕是摊上事了。唉，我怎么这么倒霉，这岂不是得罪了部长，以后还怎么评奖学金啊！早知道在大一就不应赚这种黑心钱，可怜我的妹妹，不知道这个月妹妹生活费够不够！"

忽然丹丹一阵伤感，拿起电话给妹妹婷婷拨去，好一会儿婷婷才接，说话有些吞吞吐吐，丹丹也没多想，随意问了几句关于生活费和学习的事，就挂掉了电话。

第三幕

地点:班级

场景:下课铃声悠然响起,同学们陆续收拾东西走出教室。

情节:那件事过后的几天平安无事地度过了,丹丹好不容易打起精神去上课,结果就在下课的时候,收到一条短信:"不用说你也知道我是谁了吧,今晚十点把所有假货放在操场校门,不然我就把这件事上报院里,后果是什么,你自己清楚!"丹丹瞬间面无血色,哆哆嗦嗦地前行。在一个转角处,看见部长和自己寝室同学在窃窃私语。不知不觉地停下了脚步,偷听了一会儿,一个震惊事发生了。部长不经意地抬头让她看见,部长的脸并没有毁容!但等她细想过后,发现了问题:"部长家里蛮有钱的,从不买代购的东西,怎么会找我买!而且第一次用,就出事,不对劲……应该是有人想害我,不想让我拿到奖学金。"

想到这里,丹丹心里就有底了。决定去看看,到底是谁在操纵这一切。

第四幕

地点:操场

场景:晚上的操场十分安静,安静得有些诡异。

情节:按照约定,丹丹在把所有存货放在操场后,找到隐蔽地点窝起来,结果部长和另一个女生,还有她们同宿舍的好姐妹来这里搬自己放在那里的东西,她在愤怒之下,冲过去。后来发现那个女生就是自己的妹妹,一下就蒙了,指着她妹妹说:"你居然联合外人来欺骗我,我可是你亲姐姐!"然后,又用手指着花花、小娟、芯芯说:"你们,亏我还把你们当成知心朋友,你们就这样对我。"丹丹歇斯底里地吼了出来。一抹眼泪,转身就要离开。部长上前一步,拉住了丹丹说:"顾丹丹,你怎么还这么不懂事,你难道没看出来大家都是为你好吗!如果你要怪,就怪我吧。这个办法是我想出来的,让她们帮忙的,只因我还想看到那个单纯,不被金钱引诱的顾丹丹,而不是现在一心只是赚黑钱的你!"妹妹一下就给女孩跪下了,说:"姐,我是真的不想你再做这样的亏心事了!才出此下策,让你吸取教训,再也不做这种事了。我知道姐姐为了咱姐俩生活才抛弃了良知,去干这种事。但是,我更不想看见姐姐内心受着煎熬,每卖出一次货,就在爸妈遗像面前默默忏悔。姐,现在我也成年了,咱俩可以一起打工,过坦坦荡荡的人生!"

女孩听到后,立马抱住妹妹,痛哭流涕。于是校园中,开始出现了两个俏丽的身影,一起学习,一起打工。

点评:剧本的情景构造十分新颖,通过倒叙的方式设置悬念来叙述整个故事,吸引了观众的注意力,让人忍不住想探究:是什么事情让女孩从唯利是图变成一个有爱心、勤奋的学姐。电影通过人物丰富的心理活动和台词将剧中的角色刻画得很鲜明。电影的主题健康：我们不要因为金钱去做违背良心的事情，我们可以通过我们的勤奋去实现和创造价值！

# 06

## 志愿服务

——服务他人、提升自我、和谐社会

# 期待更美的家乡

刘维军

　　我的家乡在甘肃省西和县安峪村,家乡今年并不是特别冷,雪也下得比较少,在我的记忆里比较厚的雪只有一场。今年的寒假与往年不同,我没有一直躺在被窝里玩手机睡懒觉,也没有待在家里写作业,而且做了比较有意义的事情,就是当一名弘扬正能量的志愿者。我之所以会去当一名志愿者,是因为我的寒假作业是在寒假里做一些力所能及的志愿服务,并且达到一定时数。但是当我怀揣着完成作业的心去做志愿活动时,我发现自己错了,志愿服务应该是用充满爱的真心去做的,应该是用装满责任的心去完成的,否则我们将在志愿服务这条路上一无所获。

　　甘肃省志愿服务并不多,特别是在农村,经济发展较为落后,村民们根本不知道什么是志愿者,这对我带来了极大的不便。我不知道去做些什么,就算是有做的,我也不知该如何做。在这种情况下,我整天出去在村里转悠,想着有没有能做的。转悠了两天后我终于发现了一个可以干的事情,就是清理村里小河里的垃圾。近年来随着经济水平发展,生活垃圾日益增多,在马路上、河道里随处可见。这些垃圾堵塞河道,使清澈的河水滞留成为污水,往年河流里的一些水生生物都相继死去,夏季要是下暴雨,这些垃圾被冲上岸,既污染了环境,又给村里带来了很多负面影响。我马上去找村主任,跟他说明来意后他很高兴,对我提出的清扫河道垃圾他也很赞同。在他的帮助下,我又做了辅导留守儿童做假期作业、参与村里文体活动、陪老人聊天等几个活动,时数也达到了二十多小时。我可激动了,既完成了假期作业,又增长了不少社会实践能力,其实最重要的我觉得是给村里带来了一股正能量,也带来了温暖。在这几个志愿服务活动中给我印象深刻的有两个,待我向大家慢慢道来。

　　1月14日,我既激动又紧张。我和我们村的清洁工叔叔们商量好了15日去清理垃圾,也不知道我能不能做好。我在床上辗转反侧,很久才睡着。但是早上把门一开,院子里一层雪,我想这下完了,肯定看不见垃圾了。果然,过了一会儿一个叔叔就打电话说今天不去了,改天再去。我心里有点淡淡的失望,吃过早饭,我改变了计划,去了婆婆家。婆婆家距离我家不远,家里并不富裕,平平淡淡地过着日子。我们村还是以几个主要姓氏组成的村落,因此我去的这户是我的叔叔家,由于叔叔和妻子长期在外打工,过年也很少回家。女儿已经上了小学,主要由婆婆带。但是老人家不识字,很少关心孩子的学习,又加上婆婆性情温和,很疼爱孙女,所以什么事情都由着孩子,造成孩子不爱学习,整天就知道玩的情形。我到她家向她说明来意,虽然她并不明白志愿者是什么,但我说我是来辅导孩子学习的,她自然是很高兴的。孩子天天玩耍她也很无奈,婆婆给我说她也想让叔叔回来照看孩子,但是由于家庭情况,叔叔想再打拼几年。

小孩叫莹莹,今年9岁了,上小学三年级。她比较内向,但是很聪明。每次见她她都会很亲切地叫我哥哥。开始我问她为什么不做作业,她说:"我不会,婆婆也不会,去外面问又不敢。"我也没多问,我让她拿出了她不会的一些题还有书,大概翻阅了一下小学的课本,我发现与我上小学时的课本差距很大,总的来说难度有所增加。她不会做两位数的乘法,我记得那个题的第一小题是 $15 \times 11 = ?$ 我拿着稿纸给她算了一遍,然后让她自己做了一遍。她很聪明,很快就学会了,我让她把剩下的几道差不多的题也用同样的方法做了。她给我说一定会记住这类题的解答方法的,我内心也感到一丝欣慰。接下来我又教会了她一道应用题,剩下的几道也让她用同样的方法做。在莹莹做题的时候,婆婆不敢打扰,她就在院子里看着,当我看见这一幕时,心里酸酸的。我陪婆婆坐在院子里聊天,她很高兴看着孩子能这样学习。村里人虽然没有文化,但他们却很重视孩子的教育。许多家长都选择把孩子送到县城里的小学去学习,希望孩子在城里长大,为此他们不惜花光家里所有积蓄。

中午婆婆给我做了饭,我们在一起吃,好像一家人。莹莹给我说:"哥哥,你有空要经常来我家,我有好多问题要问你呢!我有许多不会的题,但是我不敢向别人问,你来了我感觉家里都热闹了许多,像快过年了。"她甜甜地笑着,让我的眼泪夺眶而出。我们这个村子,有很多像莹莹一样孤独的孩子,父母外出打工,给她们心里带来了莫大的自卑感。莹莹很聪明,她也想好好学习,但是有很多题不会,这给她带来了很大的恐惧感。加之父母不在家,看着别人都是被父母的爱包围着,她感觉非常自卑,变得很内向,不爱说话,成绩也不能提高。吃完饭,我把莹莹带到我家玩,她和我很熟悉,有什么话就会给我说。其实小孩子的心里是有很多事情的,有人说小孩子不懂事,但是她们心里却能装下很多事。

从婆婆家出来,我心里感触颇多。这是我独立完成的第一个志愿服务活动,也是让我感慨很多的一个活动,不管接下来如何,反正这个活动让我成长不少。

孩子的教育要从小抓起,很大意义上人一生的好习惯大多是从小时候养成的。但是由于农村经济发展落后,生活压力大,许多父母都去外地打工,造成农村里老年人和小孩很多,青年却很少的状况。这种情况要是持续发展,小孩子的未来堪忧啊!我深入留守儿童的家庭,了解到孩子没有父母陪伴的自卑,也探寻到一个孤独孩子的内心,我也庆幸我一直有父母的陪伴。从这以后,我有空就去莹莹家陪她写作业,陪她玩,我发现她渐渐地变得开朗了,对书也爱不释手,婆婆看见了很是高兴,嘿嘿,我自然更加自豪了。一个寒假,我帮助莹莹完成了她的作业,看见她开心,我心里暖暖的。我来学校时她和婆婆来送我了,她哭了,我不会哄孩子,但是我给她说我很快就回来了,也算是善意的谎言吧。

在那场雪消融了以后,我便参与到打扫村内卫生的活动中了。我与村里的环卫工叔叔阿姨一起拿着工具去公路边、河道中清理垃圾。垃圾很多,很长时间才能清理一点,我们把垃圾从河道里捡出来,再用小垃圾车拉到垃圾池里焚烧。在叔叔们从河里捡垃圾时,我便拉着小车把路边阿姨们扫在一起的垃圾铲到车里也拉到垃圾池里。等到中午吃饭时,我们已经清理出了很多垃圾。由于村里没有过志愿者清理垃圾,所以他们对我的行为感到很不解,以至于他们也问我为何会做这些别人都不想干的事。我说这既是学校给我们的任务,更重要的是村子是大家的,要大家来维持环境卫生。虽然我这是杯水车薪,但是我希望我的行为能让村里人提高环保意识,让更多的人都意识到环境卫生的重要性。吃过午饭后我和叔叔们继续去路边清理垃圾,我们计划用一天的时间来清理河道和路边的垃圾,然后用剩下的时间把村里农田边和个别树林里的垃圾清理一下。在清理垃圾的过程中我发现了许多问题,有的人把垃圾都带到焚烧池边了,也不肯再向前一步丢到池子里,而是丢在外面。冬天的风比较大,垃圾会随风四处飘散;有的人把吃过东西的袋子随地乱扔,像橘子皮、香蕉皮等果皮也就随地扔掉了。这给环卫工叔叔的工作带来很大的困难。

第二天早上,我们拿着工具到农田边和树林里去,没去之前我以为农田里不会有太多垃圾的,因为那里毕竟是种植大家吃的东西的,但是结果令我大吃一惊。叔叔们带我去的那片农田位于住房附近,农田里的垃圾随风飘来飘去,那些塑料袋、啤酒瓶和其他生活垃圾布满了农田边界。我们就用耙子把垃圾弄出来,然后铲到车上由我拉到不远的焚烧池里。用了差不多一个小时终于清理了两块地里的垃圾,虽然清理的土地面积不大,但是已经拉了很多车。叔叔们建议休息一下,我们坐在路边,闲聊了一会儿,面对这个场景,我真的觉得村里的环境堪忧。但是叔叔们看起来习以为常了,我问了他们,有一个叔叔对我说村里的垃圾是清理不完的,隔几天会清理一次,但每次清理出的垃圾都有很多。村里人的环保意识真的是太差了,人们都是怎样舒服怎样来,根本不知道把垃圾带到焚烧池里去。吃过午饭后我们去了树林,树林里垃圾也很多,都是用车倒在那里的建筑垃圾。因为这些垃圾会给垃圾焚烧带来不便,所以人们不会把建筑垃圾倒在焚烧池里。对于这些垃圾,我们要进行垃圾分类,把能够焚烧的垃圾挑拣出来,再用车子拉到池子里。叔叔们对这些工作已经很了解,他们提前准备好了手套,亲自用手把垃圾挑出来,他们的工作真的很辛苦。要是村里人都懂得保护环境,正确处理垃圾,环卫工叔叔们的工作不仅会变得轻松许多,而且村里的环境也会得到更大的改善。

村里也有很多焚烧池的,只是人们意识不强,不会把垃圾扔在里面。我问叔叔们为什么不找村委会解决这些问题,他们说村委会也是"睁一只眼闭一只眼",说了也没用。对于这个问题,我真的是很痛心的,要是一直这样持续下去,一个村子还会有怎样的发展。我很庆幸我能够作为一名志愿者来清理村里的垃圾,有的小孩子看见我在扫垃圾,他们也会把路边的垃圾捡起来扔到垃圾箱里,我会给他们一个大大的笑脸。有一次我正在往垃圾池里倒垃圾,有一个阿姨在很远的地方就把垃圾扔过来了,并没有扔在池子里,我看了她一眼,可能是她感觉到不好意思了,走过来微笑着说:"你怎么在这里清理垃圾啊,是不是挣钱呢?"我给她说:"我在做志愿服务,给自己的家乡做事,哪敢要酬劳啊。"她捡起垃圾袋扔到池子里就走了。我们应该把村子当作自己的家,而不是只顾扫干净自己的家门,而对其他地方视而不见。连小孩子都尚且懂得环保的重要性,更何况是大人。当天晚上我去找了村主任,对他说了这个情况,他说这个村里也很为难,村民们环保意识不强,他们也没办法。我想既然垃圾不入池,那就想办法让人们把垃圾丢在池子里。我想起了厕所里常贴的一句"向前一小步,文明一大步"的话,确实啊,要是大家都再走几步,那垃圾就都会扔在池里了。我向主任提了建议,让把这句话打印出来然后贴在焚烧池上,他很赞同这个建议,说有时间就去打印。但是很不幸,我到学校来的时候还没贴到焚烧池上。我很希望有一天如果贴上去了,大家会向垃圾池边走走。要是人人都献出一点爱,那么这个世界会变得更美好。虽然村里对环境问题没有做出具体可行的解决办法,但是我相信很快就会有的。

这个假期我做了好几个志愿服务活动,在这些活动中,我干自己力所能及的一些事情。用心倾听老人聊天,他们真的需要关爱和陪伴;孩子们并不是什么都不懂,当你走进留守儿童的内心时会发现,那颗原本应该无忧无虑的心却承受着很大的压力;环境原本可以更好的,只要人人都增强环保意识;只要我们每天晚上付出几分钟,那个嘹亮的歌声便会响彻全村。我希望父母们多回家陪陪孩子,不要让他们误入歧途,也希望我们有时间多陪父母老人聊聊天,不要造成"子欲养而亲不待"的悲剧。家乡的情况近几年来越来越好,婆婆说叔叔在这几年也会回家修房子，不出门打工了，莹莹很快就会有父母的呵护，再也不用自卑了。村里的文化设施、健身设施也有很大改善，我所担忧的环境问题也会在不久的将来得到解决，我期待着更美的家乡，景美，人更美。

安南说志愿精神的核心是服务、团结的理想和共同使这个世界变得更加美好的信念。虽然我在家乡做的几个志愿服务对村里来说真的不算什么，只是杯水车薪罢了，但是我希望在我以后会有更多的人参与到保护环境中来，共同建设美丽的家乡。我很幸运我在寒假能够参与到志愿服务行列中来，通过这次活动，我也成长了不少，实践是增强能力的最有效的方式，而且志愿服务活动对于提高个人社会责任感具有很重要的作用。我们应该尽自己最大的努力，做对身边人和整个社会有意义的事，实现我们的人生价值，为社会增添正能量。我们作为学生，虽然不是专业的志愿者，但我愿意做一名有志愿精神的大学生，做一个对社会有用的人。

点评：报告主要讲述了作者给留守儿童辅导以及打扫村子卫生这两件事，主题明确，内容写得十分详细。作者通过自己的行为感染了小朋友，使得小朋友自觉捡垃圾这段活动的描写体现出了志愿服务精神的真谛。志愿活动虽小但是有意义，从小事情、力所能及的事情中体现志愿者的服务、奉献精神。

# 在回报母校中成长

游琦

我是海南师范大学马克思主义学院思想政治教育专业本科一年级学生,中学就读于三亚市实验中学(以下简称"实中")。三亚市位于海南省的最南端,是世界著名的旅游城市,而实中就在这座美丽城市的中心河——三亚河的东边河畔,河东路上常年树影斑驳,落满紫檀。实中是以"严谨、博学、勤奋、进取"为校训的三亚市教育局直属公立中学,创办于 2005 年,前身为三亚市第一中学,校址在原三亚市第一中学旧址,2012 年 9 月成立高中部。学校为三亚市一级中学,文化底蕴深厚,教学环境优美,师资力量雄厚,教学设施完善。占地面积 7.5 万平方米,教学建筑面积 23506 平方米,教师宿舍建筑面积 20313 平方米,绿化率达 97%。截止至 2016 年 9 月,有初中教学班 42 个,高中教学班 24 个,学生约有三千多人,全校教职工约 300 人。学校自创办以来就为三亚市培育了源源不断的优秀毕业生人才及学子。初中部在中招考试中考取海南省重点高级中学的人数始终在全市遥遥领先,占比可高达 40%,位居第一,是三亚最主要的优秀小学生输入地及优秀初中毕业生输出地。高中部于 2012 年新建,即便是一座新建的高中,但无论是在高中会考还是高考中,都取得了优异成绩,会考平均分、高考一二本录取率及本科上线率排名仅次于三亚市的省重点高中三亚市第一中学,位居全市第二。

无论是初中毕业生或是高中毕业生,都对实中留有深厚的母校之情。每年寒暑假一到,本校的毕业生便会接连不断地成群结队归来,探望老师,怀念青春。2016 年 12 月,我提出了一个构想:"实验中学毕业生资源广阔,我们能否利用这些资源及这种情怀,实实在在地为母校做一些力所能及的贡献呢?能否成立一个组织召集部分优秀毕业生,待他们寒暑假回来专门用一段时间给本校的学弟学妹们辅导功课、协助老师呢?"

正巧,海师大正鼓励学生们假期要进行志愿活动,在志愿服务这堂海师学子们的必修课中,我更加坚定了要成立这样一个志愿组织的决心。我与好伙伴——远在兰州市甘肃政法学院法学系就读的陈嘉杰通了电话。陈嘉杰与我高二、高三同班,是一个肚大腰圆的男生,三观正直,待人热情,亲和力足,在校时不仅与同学们关系友好,也深得老师欢心。陈嘉杰作为学习委员,两年来班里的大小事务都由他处理,作为工作伙伴他无疑会是个好帮手,且他与我一样,已在实中读了六年,对实中的一切都非常熟悉,对实中充满深厚的感情。我认定他会是与我志同道合的队友。在与他交换想法后,我们俩决定开始着手这事,发起成立这个志愿服务组织。

首先,我们需要寻求志同道合的伙伴一起作为抱团组队,来担任志愿服务组织的发起团队。在2016年12月最后一周的前两天,我们(我与陈嘉杰)逐一联系到了吴洪琳(海南师范大学汉语言文学专业,女)、谢靖(广东技术师范学院编导专业,男)、张笑笑(海南大学新闻学,女)和符芝茗(海南师范大学工商管理专业,女)四位现同为大一的实中毕业生,我们六个人对助攻团价值观及工作方式都十分认同。他们都爱校,愿持之以恒地为助攻团事业奉献自己的力量。至此,团队的管理小组基本成立。在管理小组内,我与陈嘉杰任团长职务,其余四位任副团长职务。

2016年的最后一周的周三,我们与实中的团委书记吴晨老师取得联系,吴晨书记对我们的志愿服务团队的工作想法表示大力支持,便由她出面在实中帮我们向校方提出申请。实验中学的学校领导和高三年级老师很快就对我们的申请给予了充分肯定和赞扬。管理小组用元旦假期的时间,以网上会议的形式讨论了前期的准备事宜,定助攻团团名全称为"三亚市实验中学致远高考助攻团","致远"一词来源于当时在任的李致洪校长在我们这届高三动员时提到的《诫子书》里的一句话——"非淡泊无以明志,非宁静无以致远"。这句话我们一直铭记于心,因此在这次助攻团的命名中,我们就从中取了"致远"两字。另一方面,我们认为从表意上看,这两字也有"致敬远方、为了未来"的意思,符合我们的活动目的。"助攻团"三字就很好理解了,即帮助老师、同学攻下高考大关的团队。为什么不叫社或队?当然是因为"团"更具有气势感,面对高考,我们必须气势高昂!我们还将团分为三个工作小组,分别是管理小组、帮帮队和智联。为了让团队成员有统一的身份识别标志,我们决定准备统一的工作证,工作证的设计制作由我与副团长谢靖负责,工作证以炫丽的紫色方块为花边,正面左上角是团徽,中间主体部分为成员照片、姓名、职务及就读大学。背面中间主体为团群二维码,下方是团名及团的宗旨,证件挂绳为紫色。由团长陈嘉杰编写工作条例,条例中明确规定了团的成立目的、工作内容及要求,成员职务守则与奖罚规定,以便以文件的形式规整好团的纪律。管理小组于2017年1月3日在网上发布了招募助攻团志愿者的海报及宣传语,上传电子报名表。帮帮队成员预录8人起,要求为本校高中或曾初中毕业校友并且现就读本科大一或大二的学生,他们还需要认同助攻团价值观及工作方式,必须有强烈的责任感、公益心、热情,具有良好的耐心及表达沟通能力,愿意在学生假期自习期间尽自身所学与学生讨论功课及协助老师完成班级管理事务,做学生的心理健康老师,成为学生的好朋友,减轻老师教学负担。还有一点要求是,帮帮队成员的高考成绩在二本及以上。智联成员预录三人起,具体要求与帮帮队基本一致,愿意尽自己才能及学习经验辅导学生功课,以自身事迹激发学生奋斗力。智联成员高考成绩至少在一本中段左右,智联成员可不为本校毕业生。(此条件是为了能招募到更多重点大学的优秀大学生)

　　或许是大家还不清楚我们的工作内容,或许是不相信我们的工作团队,招募信息发布之后报名人数并不多,因此我们与报名的 13 位同学分别进行网上交流,向他们说明工作内容、工作难度和时间作息,他们表示可以接受并十分期待这次活动。这里有一个方便的地方学校高中班级不多,三年下来同年级的同学大都相互认识,所以对于报名人员的人品、素养、性格等我们都能快速了解。2017 年 1 月 3 日至 6 日我们在通过对他们身边中学同学走访调查确定没有大问题的情况下,我们决定将这 13 名同学全部录用。这 13 名同学名单为陈薪羽(西南民族大学财务管理,16 级,女)、麦新露(邯郸学院旅游管理,16 级,女)、王睿(海南大学材料类,16 级,男)、陈琳(山西农业大学制药工程,16 级,女)、吴思其(西安邮电大学英语,16 级,女)、符传景(贵阳学院广播电视学,16 级,女)、陈淑林(河南工业大学网络与新媒体,16 级,女)、陈玮(重庆交通大学国际经济与贸易,16 级,女)、董莹(河南工业大学工商管理,16 级,女)、王弼平(热带海洋学院秘书学,16 级,女)、陈欣欣(海南大学旅游管理,16 级,女)、杨来滨(泉城学院,16 级,男)、黄泰山(海南大学,16 级,男)。

　　1 月 5 日发布最终工作条例及规定。最难的要数智联成员的招募了,如何将曾经从实中初中毕业进入省重点高中就读、高考成绩优异的同学邀请回来成了最令我彻夜难眠的问题。在 5 日和 6 日两天,我将认识的学霸都在网上联系了一圈,采用亲切称呼、可爱表情"攻击"的方式:先询问最近是否在忙? 有无看到我们空间发布的招募信息? 无论收到怎样的回复后都直接进入主题,再次说明团发起的初衷和目的,讲清智联的工作形式,并且表现出"我们真的很需要你"的迫切状态。我想过会被拒绝,却没想到接受的成功率竟然达到百分之百! 收到的回复基本是"这个活动真的很有意义""你好用心""我非常乐意加入"。有的学霸同学甚至在我刚问出:"能不能加入我们的时候?"他就直接回:"好啊!"或许他们是被母校的魅力折服,或许出于他们自身的奉献精神来参与我们高考助攻团,我与他们的交流觉得很惊喜,也真的被他们的精神深深地感动! 最终智联成员人数为 13

人。名单如下:林芷如(清华大学环境工程,16 级,女)、陈鹏升(中央财经大学金融工程,16 级,男)、麦朝旭(中山大学材料科学与工程,16 级,男)、严涵(对外经贸大学国际贸易,16 级,女)、丁瑞珣(华中科技大学机械工程,16 级,男)、刘力琪(华南理工大学,16 级,女)、胡弋(中国政法大学工商管理,16 级,男)、陈太钦(华北电力大学软件工程,16 级,男)、王筹锋(长沙理工大学桥梁工程,15 级,男)、朱芳靖(武汉大学经济学,16 级,女)、陈麒繁(中南政法大学税收学,16 级,女)、李俊辰(北京音乐学院打击乐,15 级,男)、王醒璨(重庆大学,15 级,男)

在 1 月 7 日,我们确定帮帮队成员和智联成员最终名单,管理小组以邮件的形式向录取人员发送录取消息及工作时间安排表。发送邮件内容模板如下。

"亲爱的校友(姓名):您好!

欢迎加入三亚市实验中学致远高考助攻团! 您的智联成员/帮帮队申请已通过!

对于您的到来我们深感荣幸!

很感谢您能在繁忙的大学生活过后,在可贵的新年假期里愿意加入我们助攻团。

助攻团一切工作只为尽一片心意,以切身体会过、回味韵意正浓的过来人身份帮助母校孕育的树苗们未来有更好的方向!

感谢您愿意与我们同行,共享此刻情怀,将自身优秀的资源与才华与我们分享!

本团今年寒假工作的起始时间为 1 月 9 日至 20 日,

请您根据自身的时间情况,尽可能地抽取一至两天时间回校与学弟学妹们交流,

若您能回归,相信学弟学妹将会十分欣喜,我们也将感激不尽!

本团的工作具体安排表将在 1 月 9 日前发送至您的邮箱,可注意查收了解!

工作事宜可联系游琦××××× 

三亚市实验中学致远高考助攻团

2017 年 1 月 7 日

1 月 8 日在实验中学吴晨书记的带领下,我与高三年级组长何翠平老师见面,当面讨论确定了团队成员人数共 32 人,其中每天驻守学校的帮帮队成员 13 人,抽取时间回校交流的智联成员 13 人,每天都会有管理小组的团长或副团长作为带队考勤。团队经费为管理小组自筹。何主任询问了我们团队到校后的具体工作安排及班级分配,我便细述给她。我们将团队的办公休息区域定为教学楼一楼高三年级组办公室旁的小多媒体教室。何主任对于我们的到来表示亲切热烈的

欢迎。

我们将9日至14日定为第一工作周,16日至20日为第二工作周,根据成员的放假回岛时间来安排他们的工作周。我们的工作时间为每天的早8点半至下午5点。临时办公阵营是高三年级组办公室旁的小多媒体教室,成员休息、办公、午睡都可在这儿进行。学校后勤处还搬来两箱矿泉水供我们自饮。小多媒体教室大约有一个普通教室的三分之二,安装了多媒体设备,内设三台空调、六台吊顶风扇,放置了五十张课桌及数十张塑料椅子。虽然午休时成员们只能趴桌上休息,但成员在里面活动空间大,条件可谓是非常优越了。

1月9日周一,团的工作正式开始,第一周工作的四位帮帮队成员(吴思其、符传景、陈薪羽、麦新露、杨来滨)早上8点在校门口集合,由我与副团长吴洪琳和符芝茗带队。因为第一工作周可到位的帮帮队成员人数较少,我们特加派了智联成员胡弋与我们一起进行帮帮队的日常工作,由胡弋负责理科重点四班,吴洪琳负责文科重点一班。我们向成员们分发工作证,工作证已向学校领导报备,有了工作证可自由出入校园。我们到达高三年级组办公室后根据各班一名固定帮帮队成员的安排,各班班主任带领本班分配到的成员入班介绍,成员与学弟妹们为期一周的情感交流由此展开。在这工作的一周内,每天从早8点半至下午5点10分,成员都必须驻守校内,上课时间到办公室询问老师有无需要帮忙,下课时间到各自负责的班内解答学弟妹们的问题,与学弟妹们谈心(如现阶段存在的迷茫,大学录取情况),我们也可在上课时间在教室后面与学弟妹们一同听讲,监督上课纪律。

在第一工作周,智联成员李俊辰(北京音乐学院)回校与二班的学弟学妹们交流大学生活与自己一路来对音乐梦想的坚持与执着,鼓励学弟妹们勇于追逐自己的梦想,极大地鼓舞了学弟妹们的高考士气。李俊辰对于回校交流活动一直有积极的态度,能回校与学弟妹们分享自己的艺考之路,他表示很开心,也很怀念在实中读书的日子。学弟妹们兴奋地让李俊辰唱首歌,李俊辰便大方地唱了一首经典情歌《为你写诗》,在场的学弟妹们跟着音乐挥动双手,就连在一旁拍照的我也不禁跟着唱了起来。因为放假时间早,李俊辰是第一个回校进行交流的智联成员,开启了学习经验交流的第一弹,第一场就如此气氛满满,让我对于接下来的交流会也充满了信心。这一周正是进行高考考生资料收集的时候,于是帮助老师整理高考报名资料的任务自然就由我们帮帮队成员来负责,查缺补漏、核对信息,第一天下午就忙到6点半,超过我们规定的下班时间一个半小时,但成员并没有露出烦躁或不满情绪,继续专心做着手头的事,我甚至提醒说已经晚了,他们还说:"等一下,再等一下,我很快就整理完这些。"批改作业、复印试卷等日常琐事就无须多提,每天成员们都在享受地做着这些,若不是我认识他们,还以为他们是师范院校的实习生呢!周五傍晚,我们结束工作后大伙正要解散时,实中现任的陈泽海正校长推开了我们小多媒体教室的门,亲切地询问了我们这几天的工作情况,陈校长对我们团队的成立表示肯定,也很高兴能有这样一群热情的人建立这样一个志愿组织。他对我们成员这种奉献精神提出赞扬,希望我们在回校志愿服务中收获内心的喜悦,也希望我们的毕业生回校队伍能够越来越壮大。

在周末,碰上了海南省进行第一次联考,我们的成员便化身为监考员。每一科的监考,成员们都十分认真,不会因为是学弟妹就放松考场要求,相反会更为严格,因为我们团的宗旨就是"只为更好地前行"!联考过后,成员们纷纷表示原来监考这么累,站在台上一两个小时除了盯着底下的人什么都不能干,腰酸腿疼还直犯困。但是我们能监考,总觉得自己神气得很,以前作为高中生都是在下面被盯着看,现在可以作为监考老师在台上盯着别人看了,也算是满足了学生时期的一种夙愿吧!于是大家在愉快的氛围中圆满地完成了监考任务!考试结束,第一周的工作也就随之结束。

在第二工作周开始的前一晚(1 月 15 日),我将接手第二周工作的每位成员的信息逐一发送给各班班主任,以便老师们对成员提前有所了解。几位班主任在回复收到我信息的同时,也对第一周我们的工作表示认可和感谢,有一位班主任回信说我们致远助攻团确实是为同学负责,是一个工作安排详细周全的组织,收到这样的短信我兴奋得不得了!立刻截图发到团群里给大家看,大家对自己的工作获得满意的评价也十分开心。还有的班主任回信对负责本班工作的同学单独表示了赞许,2 班班主任夸吴思其热情认真,4 班班主任夸胡弋优秀积极等。在第二工作周,各科课堂主要用于对联考试卷的讲解分析,于是第二周工作的成员们(陈玮、陈淑林、陈欣欣、黄泰山、陈琳、董莹、王弼平、王睿)也拿出各班的成绩单,对自己负责的班级的成绩进行分析,对班内每一位同学的擅长科目和拉分科目都进行了勾画,等到下课时间再到教室一个个找到并与他讨论,跟他解释高考的评分规则,与他们讨论弱科要如何加强,加强到什么程度才可以达到他们想要的高考目标。学弟学妹们从一开始不太敢与我们交流,我们成员说什么他们就只点头,到后来主动与我们说话,成员在课间时一进入教室就立马被围着问问题。按照学号来分析成绩时,总有学号靠后的学弟妹迫不及待地拿着自己的成绩单上前来撒娇问怎么还没有轮到他。这些短时间内的突然变化都离不开我们成员的真心付出,我们并不是借学长学姐身份趾高气扬地站在他们面前教育纷纷,而是始终带着笑容和热情,说话时尽量照顾到每一个人,和男生沟通时拍肩膀,和女生交流时手拉手,只希望把我们之间的距离靠近一点,再靠近一点。我们始终相信,真心拿出来给他们看了,他们一定能收到。

在 1 月 18 日至 20 日,我们集中安排了智联成员的回校交流时间。智联成员严涵(对外经贸大学)、陈太钦(华北电力大学)、王筹锋(长沙理工大学)、王醒璨(重庆大学,临时加入)、朱芳靖(武汉大学)、刘力琪(华南理工大学)和林芷如(清华大学)等优秀毕业生都积极响应了回校交流的号召。他们每个人利用两节晚修课的时间在各班讲台上宣传他们的大学,讲述他们高三时期那段艰辛而又美好的岁月,实实在在地告诉学弟妹们日常的学习习惯和方法,启迪了正存有迷茫和困扰的同学们。在交流会后,学弟妹们纷纷向成员们询问联系方式,希望今后有问题可以联系和咨询他们。在交流的时间段内,我在各班之间巡走,看到智联成员认真准备的讲稿和 PPT,我很感动他们愿意投入我们助攻团的事业。看到学弟妹们认真听讲的模样,我也倍感欣慰,在心里暗暗希望他们一定要把握这次机会,要记住学长学姐们教的方法、给过的忠告。因为我们的活动口碑赞誉高,成员实力强,我们收到高二和高一年级组的邀请,便特派几名智联成员在高二和高一的重点班也进行了学习经验交流会。其中,严涵在高二理科重点 4 班进行交流时,不知不觉就到了下晚修的时间,保安在不知有活动的情况下关了电闸,我原本以为大家会在黑暗中急急忙忙地一哄而散,却万万没想到,同学们纷纷拿出手机,打开手机自带的手电筒功能照亮了教室,有同学大声地说了句:"学姐没事,你继续讲吧!"其他声音也纷纷响起:"学姐你讲呀!"一盏盏手机电灯亮了起来,幽暗的教室忽然有了浪漫安逸的氛围,严涵继续讲,没有因突然的断电而慌乱,看到学弟妹们的暖心举动讲得更加卖力了。隔壁班的许多同学听到麦克风的声音也纷纷跑过来,趴在窗上一起听着,我让他们进教室站后面听吧,他们害羞不肯进去,便一直趴在窗边,但有几个胆子大的,也径直走进教室后面站着听了。一直快到 11 点交流才结束,这时已经超过我们原定的结束时间一个小时,而这一个小时的交流都是在没有电灯,全靠同学们打开手机而支撑下来的!

为期两周的回校工作结束了,从 12 月 28 日到 1 月 20 日,对于一个前期准备时间紧凑、成员组建迅速的团体,能够圆满完成预想的工作形式和内容,成功达到教师满意、同学欢迎的成果,我们已经感到非常欣喜。或许我们还准备得不够充分,或许还有更好的活动形式,或许我们的影响力还不够广大,但在两周内用自己力所能及的方式确确实实地给母校做出了自己的贡献。每个成员,尤其是作为发起人的我,内心的满足感太充实了。

很多人好奇我为什么想去成立这样的一个团体,并不奇怪,在这个学校我已经待了六年。这六年我太了解这个学校需要什么,也太明白我自己对这个学校的一切感情有多么深厚。何为"母校"?就是如母亲般哺育我们的学校,我在这里成长,在这里变化,是这里为我铺设人生路,是这里开始塑造我。实验中学用她独特的校风打造了一批批优秀学子。这些学子们,都对母校心存感恩,在忙碌的大学期末考试准备中看到我们招募的信息就毅然下决心加入了我们,一回到家乡就立刻回到实中成为驻守的成员。没有人喊累没有人抱怨,将帮助母校的发展视为理所应当。回到学校看到学弟妹们的面孔,就像看到那年夏天的我们,脸上也是如此憔悴迷茫,我们只想以过来人的身份,指引他们,陪伴他们,唤起他们的倔强,重燃他们的自信和希望。看到他们愿意和成员们交流,愿意和成员们谈心,说明他们已经接受了我们,说明我们的到来并不是我们一厢情愿的。在每一个工作周的第一天,工作结束后我们成员都会一起开一个较为简短的会议。会上我作为发起人和团长表达了自己对所有成员的感谢,感谢他们选择信任我、愿意跟随我,和我一起做这项"开头时不知结果会如何"的工作,我说我想把助攻团当作一项可以延续今后的志愿事业,如果可以的话,假如今后我们在座的各位有所成就,我们能把它上升为一项大的公益事业来做,设个专项奖学金或是助学金,我会很有满足感,对自己的青春也很自豪。当然前提是现在的我们要把手头的事做好,让助攻团成为有口碑的组织,我们是创始团队,我们是第一批,我们在书写这座高中学校的历史。

这个学期团的驻校工作已经结束,但陪伴不会中断,学弟学妹们通过网上联系时刻可以与成员们沟通。在未来,管理小组会与校方团委接洽,意将助攻团设为在校团委名义协助下独立开展活动的官方组织,借此将助攻团稳定下来,延续今后。我们相信,正如实验中学教学楼正中间悬挂着的那句话——海纳百川容千舟,厚德载物育八方!助攻团会越来越壮大,我们伟大的母校也会越来越好!

点评:作者较详细地描述了自己发起成立致远高考助攻团并开展首期活动的经过,展现了用实际行动回报母校和帮助学弟学妹们,并在奉献的过程中提高自己的组织才能的志愿精神。并且读者还可以深切地感受到作者及志愿者们对母校的感恩与期盼。本篇志愿服务报告文字流畅,感情很自然地流露在字里行间,不失为一篇志愿服务的好报告。

# 志愿者,且行且悟

董赛男

一如春雨,泽润万物细无声,且看绿柳拂堤;一如春风,解冻冰河了无痕,回望小流潺潺;一如轻舟,闲度众生亦自度,故闻欢歌笑语动扁舟。何须知此者姓甚名谁? 志愿者罢了。鲜红旗帜迎风飘,志愿精神——奉献、友爱、互助、进步,亦在空中飞扬。

放眼今朝,志愿者精神融入时代;横扫社会,志愿者精神渗入主流。作为一名大学生,成为一名志愿者,为社会贡献自己的一份爱是我们应尽的责任。寒风中烛光微微,若千万双手捧出一束烛光,千万双手为其护航,家庭将会更温暖,社会将会更光明。

寒假不寒,因为有志愿者送温暖。在大学的第一个长假来临前,我们的思想道德修养与法律基础课程教师王习明给我们上了一堂关于志愿服务的课,讲解了志愿服务的含义及意义,并鼓励我们在空闲时间多为身边人、为社会做一些有益的事。他通过讲解让我们明白:在做志愿服务活动时,我们不仅可以帮助别人,结识更多朋友,还能提升自我。他还讲解了志愿服务的基本要求和应注意事项。很多时候就是这样,我们不是没有想法,只是需要点播,需要行动的动力。习明老师的这堂课,毫无疑问给了我做志愿服务的动力。故而,这个寒假我进行了两个志愿服务项目,历时 21 小时。

志愿花开家门口,笑逐颜开乐融融。

由于长期所处的时代,所经历的事情,所接触的人,以及视野范围的不同,不同年代、不同阶层、受教育程度不同的人等均有不同的思维方式,对同一件事有不同的观点与看法。故而在如今这个年代里,一言不合就有"代沟"。"代沟"这个词在不同年代人之间最为广泛。而这种现象也恰好能折射出老年人的现状——感觉与家庭容易脱节,很多想法不被理解,一种孤寂感久久埋在心里。

由于各种因素妈妈和爷爷的关系不甚融洽,爸爸工作很忙,哥哥和我又不喜欢听爷爷闲扯,所以爷爷经常一个人抽着烟,对着斑驳的老墙发呆。为了走进老人的内心,减少老人内心的孤寂感,今年寒假我进行了一场"心贴心,伴长辈"的志愿服务活动,共历时 13 个小时。

或许很多人认为陪伴长辈是属于中华优良传统——孝道的一部分,不应归为志愿服务一类。陪伴长辈的确是属于孝道,但志愿精神本就是传统精神和时代精神的结合,孝道与志愿服务并无冲突。康有为先生著《大同书》中亦提及"人人相亲,人人平等,天下为公",既然天下大同是人之所追求,为何非要将亲疏分得如此之清呢?服务亲人又有何不可?正所谓"一屋不扫,何以扫天下?""一屋不爱,何以爱天下人?"志愿服务,重要的不是这个名称,而是其中包含的志愿精神。志愿服务,从身边做起,从眼前做起。

倾听爷爷的声音,理解那一辈人。

爷爷今年 64 岁,不知从何时开始变得爱"碎碎念",可很多时候大家都不太爱听,这让爷爷这几天都郁郁寡欢。劳动过程中是最好的交流时期。于是春节过后,我拿着松树苗和弯刀,爷爷扛着锄头,我们一起上山种树。在种树的时候,我不露痕迹地聊到当年斗地主时期,让爷爷给我讲他当年的故事。一旦打开了话匣子,爷爷便又开始滔滔不绝地讲起了他童年时的经历。说到辛酸处,爷爷十分感伤;说到自己的光辉事迹,他也会爽朗地大笑,满脸自豪。我认真听着,时而向爷爷提一些问题。那时候我们家被划为富农,家庭成分不好,所以我们家经常受欺负,而爷爷正是在这种环境下长大的,也正是这种环境铸就了爷爷不甘受人欺负,事事要强的性格。

步入老年,他爱上了唠叨,小时候仰着头听故事的年轻人却忘了倾听。他寂然离去,去找旧日里的老伙计。老年人四分之三的人生停在了过去,而青年人四分之三的人生留给了现在和未来。所处的时代,所经历的事情不同,新老之交必定不那么尽如人意。这不同时代的人,怎能奢望老人就要按年轻人的意愿行事呢?理解是缩小彼此时代差距感的一剂最有效的良药。因为理解,我们能更好地倾听;因为理解,我们年轻人学会站在老人的角度及立场看问题;因为理解,我们能更好地陪伴老人,消除老人心中的孤寂感。也正因为理解,我们有心思也有这个能力在潜移默化中影响并改变老人的一些行为和思想,让老人也理解我们这个时代的年轻人。只有相互理解,家庭才能和睦,只有家庭和睦我们大家才能专心地去处理其他的事,才能安心地成就一番事业。

通过倾听爷爷的声音,我也体会了爷爷的心境。一个时代铸就一代人。在爷爷那个一穷二白的年代,身在被划为富农阶级的家庭,爷爷必须要比别人付出更大的努力,付出更多的劳动和汗水,才能获得自己需要的东西,才能得以生存和发展。所以爷爷一生都闲不下来,一闲下来就浑身难受。也正是因为他的个人遭遇,所以他不希望自己的后代闲散懒惰,他希望自己的后代比自己强,比周围的人都强。多少次身处温暖被窝,却被爷爷拉出暖巢,强制要求跑步,从而心生埋怨;多少次长时间低头看小说,追剧,却被爷爷教训,从而心生不满;多少次我看到最精彩的剧情时,却被爷爷叫去陪他采草药,从而一脸爷爷欠我一百万的表情。这些细碎的杂念在理解的包容下化作一股悔恨之流泻到千里之外。

讲述现在的故事,以一种潜移默化的方式向爷爷植入现代化思想。

追剧,绝不仅仅是现代小青年的特权,一旦沾上,老年人也疯狂。为了打发爷爷太多无聊的时光,我推荐给爷爷看当时的热播剧《锦绣未央》,看了几集后,一向不问电视的爷爷居然和我讨论剧情了。虽然他经常把拓跋浚说成南安王(拓跋浚是高阳王,南安王是拓跋浚的叔叔),虽然他经常把人物关系搞混,但是爷爷在我的带动下成功转型。在看电视剧的时候,我一边给他分析情节发展,一边给他注入我的想法。在潜移默化中,爷爷的观念也渐渐和我们的思想观念交界了。

在这项活动进行时,我想了很多,也想明白了很多事,很多时候是我们过于执着于自己的空间,却不肯为别人让出一席之地,不愿去了解别人的看法。

由于各种主客观因素的制约,"代沟"是不可避免的,但这并不是说面对"代沟"我们无能为力。"代沟"虽然不能被消灭,但它能被缩小,不至于说"隔代如隔山"。相互理解、相互包容,置身于他人的角度去考虑问题,以及了解对方的生平遭遇是缩小代沟最好的办法。通过这种方法使老一辈的人能够更好地融入我们的生活,从而减少老年人心理上的孤寂与不被理解感。

志愿花开,陌上风景一片。海口是一个我将要待四年的城市,四年的生活中总得有些故事来见证我对你的情感。历时八小时的志愿服务,情系海口。

2016年1月18日阳光灿烂,路人的微笑,志愿者的心情也一样灿烂。这天,是海口马拉松活动开展的日子。在海南师范大学青年志愿者协会的组织下,我们海南师范大学法学院、马院、国教院的30名志愿者早上3点多跟着法学院大四学姐从桂林洋校区出发,去往海口市爱华汽车广场公交车站附近。到达目的地后,我们便开始一箱一箱地搬水,搬饮料到各个小站点(不同小站点为马拉松参赛选手提供不同的饮食,每个站点处约两人)。赛前准备做好后,天也渐渐露出了曙光。志愿服务负责人火速指挥着我们行动,按照之前志愿服务培训我们将杯子摆得整齐有序,利于马拉松选手握杯并继续前行。我们志愿者们将水杯、饮料摆好,将香蕉斜切好放在桌上。刚开始的时候还比较轻松,马拉松比赛跑在前面的只有寥寥几人。越到中间,人数越多,拧瓶盖的速度越发加快,一杯一杯空了又添,志愿者们的手都拧红了。虽然又累又困,但我们志愿者们还是坚持着通过语言和各种肢体动作来鼓励马拉松赛手。"你很棒噢!"志愿者们伸出大拇指,为比赛选手们点赞。在比赛中，不仅有年轻小伙，还有耄耋之年的长者。最令人感动的是，尽管很累，尽管筋疲力尽了，他们还不忘对志愿者说声"谢谢"，还不忘对志愿者们露出一个温暖的微笑。伴着志愿者们的呼声，他们坚持前行。

看到青藤沿着墙向上攀爬，藤蔓绕枝诉说着马拉松这段路程，还有那些人，那些事。一场马拉松活动，一些朝气蓬勃的青年，一些壮心不已的老者，一群热情似火的志愿者，他们将海口装点得生机勃勃。在这次马拉松志愿服务活动中，我学到了如何更好地为他人提供便利，更好地体会到了运动者的精神——健康向上。

正所谓"赠人玫瑰，手有余香"，志愿服务活动是很有意义的一种活动，在有益于别人的同时还提升了自我。或许有人觉得，志愿服务活动是一项费力不讨好的活动，但事实并非如此。在志愿活动中，首先也是最基本的，我们收获了一段经历，一段让我们在未来某个日子回忆起来能扬起嘴角的日子。其次，我们可能会收获一段友情，抑或是一段浪漫的恋情，因为志愿服务活动为我们扩大生活空间，接触外界提供了一个绝佳的机会。狄更斯曾说过"世界上能为别人减轻负担的人都不是庸庸碌碌之徒"，通过各种志愿服务活动，我们或多或少地为他人减轻了负担，或多或少地帮助了他人，同时在志愿活动中我们不断学习，不断提升自我。并且在活动中，我们会遇到一些人，做一些事，在这些新鲜的元素冲击大脑下，我们会有不一样的感悟，生命也因此而越发灿烂。

我觉得身为一名大学生，身为一个中国人，我们应该做一些有益于身边人，有益于祖国，有益于社会的事。不是每个人都能挑起拯救民族危亡的重担，但每个人都可以利用自己的优势理智地去帮助他人，去尽自己的一份绵薄之力。或许我们没有强健的体魄去帮别人搬运东西，但我们有相对较多的知识去教授给他人；或许我们没有一定的学识，但我们有自己的专长可以帮他人；或许我们没有专长，平淡无奇，但我们有自己的经历、经验来告诉他人……不论如何，总有一种活动适合你去帮助他人，去为他人，为社会贡献你的一份力量。

志愿常青藤攀墙直上，吻着阳光，向世界宣告：志愿精神，在路上；志愿者，且行且感悟。

点评：本文通过描写自己陪伴爷爷、倾听爷爷讲话、服务马拉松赛事等事例来阐述自己对于志愿服务精神的理解和践行。主题鲜明，情感丰富，名人名言的使用恰如其分，语句连贯优美，可以看出作者具有一定的文字功底。作者感悟、体会较深刻，较好地展现了在志愿服务中成长的过程。

# 我为教学狂

卢皓宇

近期,我们小区举办了"寒假 30 天,腾飞未来"的教学志愿者活动。该活动由我们小区的大学生们发起(我也是发起人之一),由小区外联部举办,专门为小学和初中的学生进行补课,提高他们的学习效率以及考试成绩,服务团队由包括我在内的 15 位大学生组成。我们的志愿所在地就是我们小区名为"建业森林半岛"的地方,不向外服务。我们小区位于河南省焦作市修武县环城北路,我们县城因为是旅游县城,所以在我们小区住的人经济条件都较为优越。我的服务对象为陈思林同学(以下称为陈同学),是一位六年级的学生,12 岁,长相帅气,性格较为羞涩,不太爱和生人说话,但熟悉之后就会变得开朗。因为陈同学数学成绩不好,所以"组织"上派我来给他补习,他的各科考试分数为语文 88 分,数学 72 分,英语 95 分,思想品德 84 分。这其中只有数学成绩稍差,所以他的数学急需提高。

我的志愿服务的总时长为 32.5 小时(最低不低于 25 小时,我们的时数认证由被服务者的家长来填写),每天的时长不高于 2.5 小时,但不低于 1.5 小时,总共 15 天。我们志愿者会有最后评定,得到奖励。

## 2017 年 1 月 17 日

近些天,我们小区在举行"寒假 30 天,腾飞未来"的志愿者活动,其目的是为了帮助中小学生提高成绩,走出成绩不好的阴影。由于我在面试中表现出色,最终我被选用,作为陈思林同学的辅导老师,正式上课。

陈同学作为一个小学六年级的学生,由于数学成绩不好,这经常让他的父母头痛。在第一天的辅导过程中,由于自身经验的缺乏,感觉并没有起到多大作用,陈同学经常听不懂我在讲什么。但陈同学很认真,中途我们聊了一下学习情况,增加了了解程度。

今天,虽然我表现不佳,但我知道了自己需要改进的地方即辅导方法,同时也让我了解了陈同学学习不好的原因(老师讲得不对他的口味),所以,我明确了自己的努力方向,下次一定会有所提高。

## 2017 年 1 月 18 日

2017 年 1 月 18 日,是我干志愿者活动的第二天,尽管第一次就遇到了较大的困难,但是我不会放弃。

今天我教陈思林同学的是圆柱的表面积和体积的计算公式,尽管公式简单,陈同学一下就记住了,但实战效果不尽如人意。陈同学有些急躁,我耐心鼓励他继续刷题,并在一旁指导。陈同学很努力地刷题,很耐心地听我劝导,表现较上次进步很大,在刷了十二道题以后,陈同学已经能够独立完成中等难度的题,熟悉地掌握了公式的使用。说实话,今天的我,十分开心。

今天虽然取得了成功,但我认为还是有些不足,毕竟陈同学花费了较多时间来学习掌握公式(花了 1 小时左右),而且该课程我觉得属于简单类型,并不能完全代表陈同学已经接受了我的教学方式,所以我还需要继续努力。

## 2017 年 1 月 19 日

又是新的一天,我来到陈思林同学家,发现他自己在做题,内心颇为感动。

今天的课程是把六年级下册的第一单元"圆柱与圆锥"学完,现在只剩下圆锥的体积没有教了,但让我没想到的是他竟然自己预习并且记住了这个公式,即 $\pi = 1/3Sh$,而且已经能够解答较为简单的问题了。我实在是好高兴(毕竟工作量轻了不少),于是给他讲解了圆锥公式是如何推出来的。他很认真,之后又做了五道难度较高的题,虽然有两道题由于粗心而做错,但他只要稍加注意,这种情况以后就不会出现了。

离结束还有 20 多分钟,我和他交谈了一下,陈同学很高兴地说:"哥,我以前连圆的面积和周长都分不清楚,但现在却学会了更难的圆柱和圆锥,我是不是特聪明。"我听了十分有感触,因为在小学阶段我也这样对我的辅导老师说过,我对他肯定地点了点头。

今天算是有里程碑意义的一天吧,虽然我觉得特骄傲,但是我仍不能松懈,毕竟,后面的挑战会更难。

## 2017 年 1 月 20 日

今天是教学的第四天,但是六年级的课基本已经结束了,因为我大致看了一下剩下的课程,除了最后一单元"统计和概率"是需要重点学习的外,其他的就按网上说的一样,点到为止即可。

课程进展的还是很顺利的,"负数"和"比例"都是比较容易理解的,而且这两个单元出的题多是判断题和选择题,陈同学虽然学习没有前两天认真,但还是都掌握了。今天的陈同学对这些课程没有很认真地学习,而且有些不屑一顾,并且开始和我开比较自大的玩笑了,我开始反思了……

## 2017 年 1 月 21 日

已经是第五天了,我志愿活动时间过去了三分之一,虽然时间过得很快,但陈同学对学习数学越来越自信,这让我很是欣慰。

但是今天,我却发生了一些小意外……

今天教陈同学的是"统计与比例"这一单元,陈同学的学习状态又回归了认真。对于统计题,我向来也是比较粗心的,但让我万万没想到的是,总共十道题,我却给陈同学改错了三道。陈同学一直在笑,我很尴尬,并不是因为他笑我,而是快奔二的我还会犯不认真的错误,看来,我还要反思啊。

今天陈同学表现优秀,但我表现差劲,由于我的不认真差点教给陈同学错误的知识,以后的我不能小看了小学的知识,要端正态度,认真,认真,再认真。

## 2017 年 1 月 22 日

六年级下册的课程已经结束,今天,我的课程正式转入复习阶段。

首先从六年级上册开始复习,陈同学告诉我,六年级上册的大部分内容他都懂,只有"鸡兔同笼"问题和"折扣、纳税、利率"的计算对他来说较为困难。按部就班,我今天先教他如何解决"鸡兔同笼"问题。

问题很简单,但教的过程非常艰难,陈同学方程计算的基础不好,尽管学习非常认真,但还是非常吃力。我花了一个多小时的时间让他温习一元一次方程,虽然复习进展顺利,但要解决"鸡兔同笼"问题,难度还是较大。陈同学越来越急躁,虽然我竭力安慰,但还是效果甚微。

回到家后,心情还是不能平静,我没有找到让陈同学学会解决"鸡兔同笼"问题的正确方法,内心非常自责。这几天的教学,让我明白了,认真的态度、沉着的性格以及正确的授教方法是一个优秀老师必不可少的条件。我觉得,我该改变了……

## 2017 年 1 月 23 日

"修炼"了一个晚上,今天,我将带着新的教学方法,去迎接挑战。

昨天我翻阅了六年级的课本,同时查阅了关于解决"鸡兔同笼"问题的方法,但都不是很满意。忽然间,一个"老板巧解'鸡兔同笼'"问题的窗口引起了我的注意。浏览完之后,我灵光一现,想出了一种方法……

我坐在陈同学的桌前,看着一道关于"鸡兔同笼"的问题。这道题属于中等难度,题目为"有若干只鸡和兔子,它们共有 88 个头,244 只脚,鸡和兔各有多少只?"看着陈同学一副为难的表情,我说:"思林,你看,咱们这样算,先让鸡和兔各抬一只脚,这样会少 88 只脚,之后鸡和兔再各抬一只,鸡因为只有两只脚而坐在了地上,而兔还有两只脚,这样兔的脚就为 244－(88＋88)＝68,所以兔的个数为 68/2

=34,鸡的个数就为 88－34＝54。"听完这些,陈同学恍然大悟。之后又按照这种方法做了五道题,竟然只错了一道,我很是高兴,陈同学当然比我更高兴啦。

今天是成功的一天,陈同学成功学会解决"鸡兔同笼"问题,而对我来说,也是一个重大的改变。适时的改变教学方法,不仅对学生有帮助,对老师更是具有重要作用,让老师的授课更有效。但是,陈同学还是没有学会列一元一次方程式,所以,依旧任重道远。

### 2017 年 1 月 24 日

今天,我决定教会思林一元一次方程的运用。

陈同学学习兴趣很高,而且信心非常足。就昨天的"鸡兔同笼"问题,我让他用一元一次方程来解答。开始的时候他并不知道怎么设未知数,我让他看了一下我从网上下载的教学视频,然后我教他将什么设成未知数比较好(选数量少的那个),然后写出了等式。思林问了我很多关于这个等式的问题,我耐心地给他解答。之后我又给他出了几个类似的题,陈同学还是很有数学天赋的,只错了一道题。看到陈同学已经基本学会了一元一次方程,我露出了满意的微笑。

今天延续了昨天的成功,因为思林同学学会了一元一次方程。虽然今天的教学没有什么特别的方法,但是我学会了耐心,它会帮我在这条路上,走得更远……

### 2017 年 1 月 25 日

今天来到思林家的第一件事,就是再让他复习一下昨天学的知识,然后再做三道题练练手。

不负众望,三道题他做得近乎完美。看到他的一元一次方程运用得已经很熟悉了,于是我们接着往下学习第二个难点:折扣、纳税和利率。我觉得这一课又会是一个复杂的过程,于是,我把它拆分成三部分来讲。

第一部分讲的是折扣,我只给他讲了一句话:打几折,就是原价乘以十分之几;算原价,就用现价除以折扣。这是我原来数学老师的原话,这样一讲果然简单明了,思林立刻就想明白了,测验了 4 道题也是全对。看他高兴的样子,我也感到很满足。

思林同学今天和平常一样很认真,而今天我也有些收获,毕竟,小学老师教给我的诀窍,我现在能将它教给别人,学以致用,这对我来说也是一种进步吧!

### 2017 年 1 月 26 日

利率,我觉得对小学生来说,真的比较难理解。但如果掌握了诀窍,学习起来,其实并不那么困难。这不,今天我的诀窍又派上用场了(其实是小学老师教我的)。

当然,这个过程,无比艰难。

　　开始的时候,思林同学虽然听得很认真,但由于我的讲课技巧不是很高,以至于练习时的时候思林一头雾水,完全不知道往哪方面去下笔。我一再说:"注意看一下,到底是'增长到'还是'增长了'。"但他还不是很明白,就在他抓狂的时候,我忽想起小学数学老师教我们这节课时说的一句:利率分两种,是"到"要加减,是"长"直接乘。我将这句话教给了他,思林终于懂得了这个道理。

　　今天来说总体上是成功的,我还是用了小学老师教我的口诀,敬佩我自己,也谢谢我的小学老师,在这里向他致敬。还有五天,我的志愿就要结束了,虽然有点累,但还是要继续做下去。

### 感悟之一:热情,伴你我同行

　　为期十五天的家教志愿者活动,终于圆满结束了。回顾这十五天的家教生活,能够受到思林同学的赞美,得到其家长的肯定,对于我是莫大的荣幸。而我在做志愿的活动中,个人也得到了升华,无论在能力上还是思想上,都可以说受益匪浅! 在这个过程中,不仅陈思林在成长,我也在成长。

　　我们的第一次见面,在记录里也说到了,是比较尴尬的见面,因为我们并不了解对方,所以在教课的过程中也没有进行很多的交流。但是随着相处时间的增长,我们的话匣子打开了,彼此开始慢慢地了解,陈同学对学习数学的热情,也被慢慢激发了出来。而作为"老师"的我,用我的教学热情,也换来了两个感悟,这对我以后的教学生涯,应该会有帮助吧!

### 感悟之二:教学过程中师生应平等

　　在第三天时,他和我闲聊时说了一句话,我感触很深,也让我觉得老师和学生的关系不应该是教与被教,而是互相学习的关系。

　　他说:"我二年级学乘法时将乘数拆分计算,得出的结果正确,却被老师痛批了一顿,他说这是错误的算法,他上学时没学过,让我规规矩矩用乘法公式算,从那以后,我就对数学不感兴趣了。"

　　表面上我只是笑笑,但心里,已经波澜起伏了。

　　在这之后,我就改变了教课方法,每次讲课过后我都会问他有无新的方法(虽然他很少想出来)以及他对这些问题的看法,然后我会告诉他今天我的收获。在我看来,至少师生在探寻问题和学习知识的层面上,关系是平等的。而且,多从学生的角度出发,更容易激发学生的学习热情,使学生获得更多的知识,难道不是吗?

　　这是给我的第一个感悟。

### 感悟之三:对学生应有耐心

　　第十一天(记录没有记载)上课的时候,我发现陈同学不太对劲,他总是听不懂我讲的知识(学的是纳税)。我再三重复,他依然保持摇头,我的耐心终于耗尽,于是我第一次对他发了脾气,虽然他很委屈,但我丝毫没有在意,毕竟我是老师(此观点错误)。

等到今天的课程结束,思林给我说了一句话,让我羞愧万分:"我每次都能耐心听你讲完,你却没耐心把我教完。"

虽然我脸上保持笑容,但是那种笑,是多么僵硬啊!

人生的道路上,耐心是不可缺少的。如果缺少了耐心,就如同大海中迷失了方向的船只,找不到成功登陆的彼岸;如果缺少了耐心,就如同迷途的孩子,找不到回家的路。所以,当老师也是一样,对学生有耐心,是老师应有的基本素质;而老师对自己有耐心,则是提高能力的必然要求。因此,当学生学不会某些知识时,不能只从他们身上找原因,自己也要反思,对学生,对自己,是不是失去那份可贵的耐心。

从这次的志愿者活动中,我对自己有了一个全面的新了解。首先我来说一下自己的优点:一是我对教师这个角色比较感兴趣,对教学有较大的热情;二是对学生态度较好,易相处,将学生和老师的地位看得不那么重要;三是自我感觉喜欢研究新方法,喜欢从学生的角度出发去想问题,提高学生的学习兴趣,提高学习效率。

从我这十五天的"教学生活"来看,需要提高的有以下三点:一是我有时容易发脾气,为小事批评学生;二是自身的知识储备不够(六年级的有些已经忘了),有时会不知所措;三是自己没有信心,较为犹豫。

那么我该如何改正缺点,"发扬"优点呢?

首先扩大知识储备,提高教学能力;其次教育学生要有耐心,提高自己的教学素质;再次要多与学生沟通,要多关心学生,同时也要分清在不同立场上老师和学生的关系;最后也是最重要的是要对自己充满信心,不放弃。

点评:这篇志愿服务活动以日记的形式记录,形式较新颖,篇幅简短但能反映作者与服务对象的互动及其在做家教志愿服务过程中的体验、体悟和心境变化,较好地体现了在奉献中培养自己的美德和在服务中提升自己的能力的志愿精神。此外,作者的感悟也比较有启发性和借鉴性。

# 返乡志愿服务

王雪静

人生因为志愿服务而充实,青年是志愿服务的主力军。参加志愿服务,有利于汇聚正能量,和谐人际关系,提高我们的思想道德素养和服务社会的能力。所以在这个寒假里,我通过实际行动来响应志愿服务的号角。我共参加了四种志愿服务活动,共 10 次,达 23 小时的志愿服务时长。地点在澄迈县,澄迈县位于海南省的西北部。澄迈县依靠地理位置的优越性,农业发展比较好,这里的经济发展主要以农业为主。澄迈县的在读大学生数量有 3000 多人。所以每年假期中都会举办很多大学生返乡志愿服务活动。

## 返乡大学生寒假"高交会"

"美在心灵"服务队主要是把澄迈籍返乡大学生作为倡导实践者,旨在为即将参加高考的高三学子们提供思想上的交流与帮助。通过志愿者的帮助,为高三学子指明方向,提供备考高考建议。

"高交会"的准备工作是组织成员们通过 QQ 群的形式,发布招募志愿者的报名表。有意愿参加的人通过填写报名表的方式报名,然后进行把审核报名表作为一轮的面试,我认真填写了报名表,所以我一轮面试顺利通过。通过审核的报名表,报名"高交会"成功的志愿者有 200 人,接着就进行下一轮的筛选。二轮面试主要是通过 QQ 电话的方式,由面试官对志愿者进行一些关于"高交会"上出现的一些意外如何处理、如何去讲等问题的提问,然后志愿者们回答。在这轮面试中,我表现还可以,基本上都对面试官提出的问题根据自己的理解回答。二轮面试就这么落下帷幕了。这轮面试结束后会由这个团队里的网宣部发布录取名单。我很庆幸自己通过了二轮面试。接着紧张的三轮面试开始了,第三轮面试主要是通过视频的形式,由志愿者通过视频共享的方式向面试官讲解自己在"高交会"中讲的 PPT 的内容。然后面试官针对志愿者所作的 PPT 内容,提出修改性建议。我认真去准备自己的 PPT 内容。在面试开始后,我表现出异常的紧张,或许是由于过多的期待造成的吧。但我通过慢慢调试自己的心态来让自己不那么紧张。所有的面试结束后,最终挑选出 80 多名优秀志愿者来参加"高交会"。我们志愿者们分批次来参加"高交会",一个人最多可以参加三场"高交会"。因为我们澄迈县只有三所高中,分别为澄迈中学、澄迈县第二中学、澄迈思源高级中学。根据各校高三学子人数的多少来决定这场"高交会"需要多少名志愿者参加。一个班有两名担任主讲人的志愿者和一名担任主持人的负责该活动的队内成员。我们都是在下午学生自习的时间来进行这几场"高交会"的。

1 月 12 日中午,"高交会"的负责人召开了开始前的动员大会,动员大会都是在各校的会议室召开。会议内容主要是给我们志愿者讲清楚一些"高交会"上注意的事项。在会上,我认真地记录每一个注意事项。会后,我们在会议室稍作休息,下午 4 点半左右,我们开始进入原先分配好的班级,人员分配方面是按照志愿者们高中所读的文/理科班来进行分配的。我高中念的是文科班,所以我就进入文科班进行交流指导。在进入班级后,我首先介绍了自己,然后担任主讲人的我把自己的 PPT 从 U 盘拷到教室的电脑上面。在主持人介绍完这个团体后,我作为第一个主讲人上去讲述我所想要分享的内容。我主要是向他们讲述我自己在备考高考中的一些学习方法和释压方法。在讲述的过程中,学弟、学妹们都聚精会神地听讲。在我们讲述结束后,通过"你问我答"的方式来跟他们进行互动,解答他们其他的问题。在交流的过程中我深深体会到他们对于知识的向往,短期提分技巧的渴望……交流结束后,学弟/学妹们说我所讲的内容对于他们备考高考很有用,我们的讲述仿佛像是在寒冷的冬风中送来的一丝暖意。然后他们希望我们留下 QQ 账号,为以后更加方便地交流,我就给他们留下了自己的 QQ 账号。最后我们进行了集体合影留念。

我参加了澄迈中学、澄迈二中、澄迈思源高级中学这三所学校的高交会。参加的这几所学校的高交会,给我内心特别深的触动。因为参加了这几场高交会后,我明显感觉到自己成长了一些。我的语言表达更加自然,更加自信,胆子比以前大了。更重要的是,学弟学妹对于我的演讲做出的评价是非常好的。这说明我参加这次活动的初衷达到了,我很开心。明年我还要参加这样的公益性的志愿服务活动。

### 春运返乡帮帮队

由于春运将至,务工返乡人员比较多,行李也当然很多。他们的安全返乡也需要我们这些志愿者去帮忙。这个寒假里,我加入了我们澄迈县的春运返乡帮帮队,这个帮帮队是由我们澄迈籍返乡大学生建立的,以返乡大学生为主,有 50 名志愿者和 10 名帮帮队组织内的成员。帮帮队在车站里设点,主要是给一些务工返乡人员在购车票、提行李上车方面提供必要的帮助。

　　早上9点,我在海南省澄迈县金江镇客运站春运返乡帮帮队的负责人那里领取并穿上志愿者服装,站在车站的门口,给前来的乘客们提供帮助。不一会儿,一位带着笨重行李的阿姨从门口进来,看着她那蹒跚的步伐,可以感知到行李的笨重。我主动上前询问阿姨是否需要帮忙,阿姨连声说"好"。等阿姨购好票后,我帮她提一部分行李进入候车大厅。在我帮阿姨放好行李后,她不停地对我说谢谢,我说这是我们志愿者应该做的,举手之劳而已。阿姨以微笑示意,我也以微笑回复。我又继续回到我的岗位了,等待其他需要帮助的人。过了几个小时,又来了一位双手拿满行李的孕妇,我不假思索地快速走到她前面,询问她是否需要帮忙,她说好的。在她购好票后本想帮她提行李去候车厅,可是那部分行李对我来说太重了,于是我就叫来了另一位志愿者一起帮忙。在我们帮她将行李放好后,她对我们两位志愿者的帮助表示深深的感谢。但我们说这是举手之劳,应该的。之后我们又继续回到我们的岗位上工作了。春运返乡务工人员来来往往,他们只为购买一张回家的车票,踏上回家的征程。

　　下午5点,我这一天的志愿服务活动结束了。帮帮队负责人对我今天的表现予以嘉奖,认为我做得很好,我觉得这份鼓励是一份肯定。这次活动给我最大的感受就是累而甜。虽然这一天的志愿服务工作特别累,但是乘客们一句句"谢谢"已让我的疲惫随风散去。心中是甘甜的,一切都是值得的。我以后有机会一定会经常参加这样的志愿服务活动,好好地锻炼自己。

### 街道是我家,环卫靠你我他

　　街道是我家,环卫靠你我他。环卫工作是一件辛苦而高尚的事。环卫工人是城市街道的美容师,我想去体验这种在我看来很高尚的工作。于是我去找负责我们村街道清扫的阿姨,提出想当一天环卫工人的念想,想体验一下。那位阿姨很开心,爽快地答应了我。

　　1月19日早上7点,我早早地来到环卫阿姨的家里,在她准备好后,我们就出发了。我拿了一个扫把和垃圾铲。然后我们就走到村口那里,开始清扫道路。村口这条道路附近人流量少,所以垃圾比较少,我们很快就打扫干净了。然后我就跟环卫阿姨走到村里打扫那里的公路小道。由于生活在这几条公路附近的人口比较多,孩子们比较顽皮,总是把垃圾扔到公路上。这些垃圾都特别碎,不容易清扫。我和环卫阿姨扫了大半个小时,才打扫干净一段路程,我们已经满头大汗了,前面还剩下一大段路程没有清扫。我顿时心中感慨万千,原来扫地也不是一个简单的活,我深深地体会到了环卫工人们的辛苦。前两天下雨,这一天的天气很阴冷,湿漉漉的地面加大了我们清扫的难度。过了一个小时,我们终于把垃圾全部打扫干净了。然后我就跟她走到村里一个休息室里稍作歇息。阿姨跟我谈起了她这份工作的不容易,清扫难度大,特别累,但是她很开心。能有机会为村里的环卫贡献自己的一份力量,很值得。阿姨还称赞我,说我非常棒,我只是微笑予以答复,其实我做的事微不足道。我在家闲着也没事干,来帮忙是举手之劳。我在帮忙的同时也锻炼了自己的意志和耐心,这对于我个人的成长有很大的帮助。虽然特别累,但是我觉得很开心。今天的这场经历让我对环卫工人多了一份敬畏之感!

### 军坡节维秩员记

海南有一个特色节日,叫作军坡节。军坡节在海南,特别受重视,海南省的各个地方,有着自己的军坡节。不同地方,军坡节时间不一样。

农历正月十一是海南省澄迈县中兴镇的军坡节。军坡节这一天,外来的人们就会来我们镇游玩。这一天,我们镇特别热闹。会设置很多小游戏,抬公走街、打球比赛等有特色的活动,晚上还会演出海南特色文化瑰宝——琼剧。为了人员流动的安全,需要警察叔叔们维护秩序。车辆的放置也是一个问题。中兴桥是进入我们镇比较方便的一条通道,车流量特别大。所以,警察叔叔们放了两块栏栅在那里,目的是拦住这些懒得步行的车主的车辆。但是治安力量不足,需要附近的几名志愿者来帮忙做这件事,所以我就主动报名,成为一名维秩志愿者。

2月7日这天,天气特别好,太阳比较烈。我站了不到一会儿,就已经大汗淋漓了。我主要是协助警察叔叔维护秩序,告诉前来游玩的人们应该把车停在哪里。在这一天里,我很认真地去做好自己事。忙碌的一天随着时间的流逝就结束了。在结束后,负责治安的警察叔叔对我们这几位小志愿者说得最多一句话就是"谢谢"。我们的内心是温暖的,一句句"谢谢",已让我们忘记了自己汗湿透的衣裳,我们这几位志愿者虽然很辛苦,但是可以为这个军坡节出一份自己的力量特别值得。过程是辛苦的,结果是甘甜的。这是我最大的感受,最深的触动。

以上这些就是我的返乡志愿服务,这几个志愿活动,让我的假期过得特别充实。虽然有一些劳累,但是特别值得,我在这几次活动中成长了不少,这样的经历锻炼了我各方面的能力。不仅对我个人的发展有很大的帮助,而且也能够提高自己的思想道德素养。以前觉得假期里睡觉是最有意义的事,但现在看来,是自己个人懒散的误解罢了。最有意义的事莫过于奉献,帮助他人。一句谢谢,已温暖我的心,身体的劳累,换来心灵的抚慰,特别值得。我以后要多多参加志愿活动。坚强的意志、耐心、学会感恩、珍惜等这些优秀品质,我都在这些志愿服务活动中学会了,这些品质于我来说,就是我人生当中一笔无价财富。我特别感谢这样的机会,去经历这些珍贵的初体验。

如果能将自己的感悟写得更具体一些就好了。

点评：本报告结构清晰，较详细地记叙了作者自己在寒假期间参加的志愿活动，体现了感恩、奉献的精神和在奉献中提升自己的追求。作者通过几个志愿活动对志愿者这一名词有了更深刻的认识，更难能可贵的是作者最后还有对自己所写感悟的点评与期待。

# 行在路上，与服务他人相伴

周莉

在寒假即将到来的时候，我正愁着今年的寒假，我该做些什么好呢？我们的思修老师却给我们创造了一个难得的机会，支持我们大学生回到自己的家乡并提倡我们大学生志愿者利用寒假的时间到家乡或附近村（社区）服务大家！

这次的志愿服务活动，可以让我们好好地锻炼一下自己，增长自己的本领，锤炼自己的品德意志，提高自己的实践能力。无论是从心理上还是身体上，都能得到很好的升华。以此，也可以通过志愿者活动更好地来展示自己，把为人民服务的宗旨贯彻到实践中去，注入我们心底，同时也能更好地贡献自己的力量，为家乡，为人民，为社会做一次贡献。此时不做，更待何时？所以，我就怀着"奉献、友爱、互助、进步"的精神，积极地参与此次的志愿服务，我们要用实际行动来证明自己，证实自我价值。在短短的寒假时间里，我总共做了10次志愿服务，从2017年1月16日至2月6日我们在万宁市和乐镇港北港下村进行了"清除街道小广告""关爱空巢老人（五保户）""春运交通梳理""春节前街道大清理""宣传春节期间安全意识""给小孩子们上课""清扫海边垃圾"等服务内容，每次服务活动给我的感受与收获都有不同。

### 清理街道小广告，净化亮化农村新面貌

1月16日是我开始做志愿服务的第一天，为了进一步净化亮化农村干净整洁的面貌，彻底清除村里垃圾"小广告"，给广大村民居民创造一个整洁优美、文明有序的农村卫生环境，我进行了街道清理活动。此次活动由万宁市和乐镇港北港下村委会协同村里大学生志愿者组织参加，经费全由村委出。这天一大早，我们几个大学生志愿者两个男生带上水桶、铲子，两个女生带上抹布、扫帚等工具以饱满的工作热情来到万宁市和乐镇港北港下村委会的街道，我们将贴在电线杆上的小广告、街道两旁违规悬挂的横幅、广告标语，还有村民墙上乱贴乱喷的异物清洗干净。经过我们四个小时的艰苦奋战，终于把村里顽固的小广告给清理干净。随后，我们以宣传栏、黑板报的形式在村里进行环保知识的宣传，目的是为了加强村

民们保护环境的意识。

第一次的志愿服务让我体验到了清洁工人的辛苦劳累,也使我明白保护清洁卫生的重要性。环境卫生的保持不能单单只靠环卫工人,同时我们自身也要参与加入其中,提升村民的环保意识,珍视自己的生活环境。

### 暖空巢老人(五保户),送你我爱心

2017年1月19日清晨,我们五男四女在村委会干部的带领下早早地来到村里的空巢老人(五保户)家中,首先迎接我们的是一位年纪已上80岁的行动不便,脸上布满皱纹,饱经风霜,身材瘦弱,走起路来颤颤巍巍的周阿婆。她看到我们时脸上带着惊讶与惊喜,她的神情深深地触动了我,在与阿婆的交谈过程中我发现阿婆是个性格开朗、做事麻利的人。到了第二家门口,我细细地打量了房子,破败与损旧。我们走进屋子,就看到一个衣着朴素、头戴草帽的老人,正拿着扫把,准备打扫屋里的卫生。我们志愿者赶忙上去帮忙,老人并未答应或允许我们帮忙,他就站在旁边看着我们不说话,后来是村干部出面解了围,这位老人给我的印象就是一个木讷、沉默寡言的怪老头。接下来我们兵分两路,去给村里的空巢老头(五号户)打扫了屋子的卫生,做好迎接新春佳节的准备,为一些行动不便的老人,烧水洗头、洗衣服。中午我们陪伴老人们聊聊天,还跟着老人们学习了海南的琼剧。我们这一行人,通过自己简简单单的举动,给老人带去温暖,让他们也能感受到有小孩子承欢膝下的快乐。有句俗话说得好"家有一老,如有一宝"。但是这些空巢老人(五保户)多是没有子女陪伴在身边,他们的晚年缺少子女的陪伴,陪伴他们的是孤独寂寞,他们是社会上一个容易受人们忽视的弱势群体。他们生活的环境差,晚年没有孩子陪伴膝下,缺少社会的关怀,该如何度过他们的晚年,这是一个值得人们思考的社会问题。作为青年的我们,应该多多关心呵护自己身边的空巢老人(五保户),献出一份温暖,给他们带去温暖与快乐。

### 传孩子知识,育国家未来

一个个简单的笑脸洋溢在孩子的脸上,我从他们脸上看到希望与未来。2月1日,我与三个同村的大学生志愿者自发组织起来,两个男生负责孩子们的体育课,两个女生负责给孩子们教授英语与语文,去给万宁市和乐镇港北港下村的小孩子授课,讲授岛外的世界,大学的生活如何。我们还与他们做些简单有趣的游戏,如"老鹰抓小鸡、丢手绢"等。这个村的经济来源除了捕鱼外,还有一些年轻人进城打工,是一个典型的中国农村。对外的消息来源渠道不是很畅通,对于孩子们的教育问题存在些许的漏洞。通过此次授课,我了解到孩子们对知识、对外面世界的渴望。由于地理位置的限制,在我们村里,一部分人,从出生至死,都没有出过岛。我们通过讲授自己的大学经历,鼓励孩子们努力读书,使他们在内心种

下一颗梦想的种子,用心呵护培养,等待它的发芽。我作为一个师范类学校的学生,深刻体会到了教师存在的意义:"师者,所以传道受业解惑也。"这个活动也让我多了份实践经验,在学校的我们就更应该努力学习,提高自己的专业技能,能用自己本领为更多的孩子传道授业解惑。一个国家的根本在于教育,我们作为师范生责任重大,肩负着教育国家未来的重任,我们要学为人师,行为示范!

### 除海边垃圾,还美好家园

保护蓝天大海与我们生存的家园,是件长远的事情。我的家乡位于万宁市和乐镇港北港下村,这是个美丽的小渔村,这里有大自然赐予的蔚蓝色的大海、金黄色的海滩、丰富的渔业资源。这里的人们热情好客,是一个值得度假休闲的好去处。但随着经济的发展,越来越多的人,开始来这里旅游,带动了当地经济的发展,同样也带来了环境的破坏。2017年2月2日,村干部组织了30多人包括大学生志愿者、当地渔民与清洁工人进行海边垃圾清理。当我那天到海边时,看到一片金黄色的沙滩上布满了星星点点的白色,那些白色不是贝壳而是我们生活的垃圾,有白色的垃圾袋,玻璃酒瓶、塑料瓶子等垃圾,就好比一块洁白无瑕的美玉,上面布满了瑕疵,给人看了,极不舒服。

我还在沙滩上看到了烧烤用的叉子,设想一个孩子在沙滩上奔跑时,不小心被刺到,那得多疼。为了孩子们不再受伤,为了我们生存的家园,我们和村委会的干部号召当地的渔民,一起为我们生存的家园,搞一次大清洁,清扫海边垃圾。除此之外,我们还进行了环保知识的宣传,提高村民的环保意识。呼吁大家要好好保护自己的家园,爱护卫生,从个人做起,从你我做起。

光阴似箭,岁月如梭,时间溜走的步伐加快了,一个寒假的时间也到了结束的尾声。在今年寒假服务中,我深切地明白了"助人为乐"这四个字。在此次志愿服务中,我收获许多,也成长了不少,结交了不少志同道合的朋友。一开始见面的时候难免会觉得陌生,但经过几次服务之后,大家都成为了好朋友。其实,人在社会中都要融入社会团体中,人与人之间合力去做事,使其做事的过程更加融洽,更事半功倍,别人给你意见你要听取,而且也要耐心虚心地接受,取长补短。

有很多人都会说我们这些做志愿的有什么好处,还有人说这不是明摆着自讨苦吃吗?其实我想说在这些日子里所得到的收获比用这些时间去打寒假工得到的更要多。我想引用一名职员者曾经说过的一句话:"志愿服务给我提供了参加社会实践的机会,也让我学习到了许多人从书本上无法学到的东西,我愿意用我的一生从事志愿服务,向身边需要帮助的人伸出援助之手,向全世界的友人展示我们的热情与友好。"其实,也就是体现了"奉献、友爱、互助、进步"的行为准则。奉献,当仁不让的就是义工与志愿者的最终体现,做志愿者需要一颗友爱之心,与他人相互支持、相互帮助,共同进步为社会奉献自己的力量。参加志愿服务主要看目的和坚持,不管是何种服务,我们共同的目的是为了服务大家,方便大家。

作为大学生的我们,要了解社会,深入基层,深刻学习党和国家的方针与政策。我们作为国家的后继力量,只有懂得全面发展自己,把理论知识与实践相结合,才能更好地投入祖国的建设、家乡的发展中去,才能对得起养育我们、教育我们、影响我们的祖国和家乡,将祖国建设得更加繁荣富强,家乡建设得更加美好。

有一种生活你没有经历过,就不知道其中的艰辛;有一种艰辛你没有经历过,就不知道其中的快乐;有一种快乐你没有经历过,就不知道其中的纯粹。这种就是志愿者的生活,这种就是志愿者的快乐,这种纯粹源于志愿者那颗宁静而又热切的心。其实每个志愿者他们需要牺牲自己个人的时间、精力、劳动与代价,不求回报地服务别人。这些并不是每个人都愿意付出的,而且服务十分劳累,但他们都甘之如饴为大家服务,值得我们敬佩,不忘初心,方得始终!

青春是一笔宝贵的财富,人一生只能拥有一次因而才有了"花有重开日,人无再少年"。你选择怎样的生活,生活就会回赠给你怎样的人生,不必抱怨生活给予太多的磨难,不必抱怨生活给了太多的曲折。即使有百般的不如意,万般的不顺心,你有一千种理由苦闷、埋怨,但却不能有一种理由放弃理想和追求。生活的方式有多种,如何选择有意义的生活,是我们快乐与否、成功与否的关键。我们用爱心奉献,让自己的生活更加丰富和精彩,正所谓"一分耕耘,一分收获"。在这次寒假服务活动中,我们流过汗水、尝过辛酸,但我们深切地体会到家乡的不断发展与进步。回眸来时经过的路,一页页翻开那一路上用满腔热情、欢歌笑语铺就的永不会成为历史的点点滴滴,无一不值得我们去感受、留恋和铭记。


点评:文笔流畅,语言通顺,内容翔实,情感丰富。通过描述清理街道小广告,关爱空巢老人,给闭塞乡下的小孩子传达外面世界的信息,清理海滩上垃圾等志愿活动和自己在活动中的感受,彰显了志愿服务的精神。标题醒目,对内容有很好的提示作用。

# 欢聚今日之光村，服务我镇之践行

陈丽

　　光村镇位于儋州市北部，地理坐标为北纬19°49′、东经109°28′，东与临高县相邻，北面濒临北部湾，海岸线曲折，长30千米。镇区距市政府所在地那大镇40千米，距海南环岛高速公路新盈互通10千米。海南西环高铁贯穿境内，设有银滩站，交通便利。土地面积171平方千米，辖12个村（居）委会、67个自然村、78个村民小组，全镇共有人口3.1万人，而我便是这其中的一个。随着海南国际旅游岛的开展，各个市县的经济文化发展已经成为了主流趋势，生态文明建设也成为了我们国际旅游岛建设的主要内容。为了适应当代的发展潮流，为了能让我们儋州紧跟时代的脚步，让农村与城镇共同发展，加强城乡的教育水平，我们希望通过大学生的力量可以使这一切都实现。另外，尽管现在村里上大学的人多了，但人才流失的现象却是一直存在的。很多人出了村庄后就不愿再回到家乡，不想再回首那曾经贫困的生活，所以我们希望可以通过成立这么一个服务队，把村里流失出去的人才召集在一起，大家一起为养育自己的家乡做贡献，让自己的家乡不再贫困、不再落后，让家乡的亲人从此过上幸福安康的生活。于是我们便成立了光村暖乡大学生志愿服务队。

　　儋州市光村镇暖乡大学生志愿服务队，简称光村暖乡大学生服务队。光村暖乡大学生服务队成立于2014年11月1日，是在儋州暖乡大学生服务队的带领下成立的。（儋州暖乡大学生服务队成立于2013年5月23日，是在海南定安籍热心人士胡诗泽先生组织创立的，海南返乡大学生志愿服务队以及其他市县的服务队带领下成立的。）光村暖乡大学生服务队的目标是希望建立一个团结协作、互助友爱，共同尽心竭力地为家乡服务的志愿团队。我们将会紧跟海南的国际旅游岛建设和儋州的海南西部中心城市建设的发展步伐，为家乡的建设出言献策，重点开展各种公益活动，推进光村百姓文明行动，发展光村镇特色产业，加强社会人文环境建设，为树立光村社会新形象立起一面崭新的旗帜。同时，通过参加返乡活动更能让当代大学生积累社会实践经验，锻炼意志并增强社会阅历，向社会展示了当代大学生甘于奉献、善于创造、勇于创新的精神面貌。服务队的口号是"授人玫瑰本念想,弥留光村遍地香"。光村暖乡大学生服务队遵守《中国青年志愿者协会章程》《中国注册志愿者管理办法》《海南返乡大学生论坛之海南宣言》。本服务队受省市志愿者协会、镇团委和上级服务队的监督。本服务队奉行奉献、团结、友爱、创新、自主、进步的准则;遵守宪法、相关法律法规和国家政策,遵守社会道德风尚。服务队设有四个行政处,而四个处各有两个下属部门分别是组织处——策划部、后勤部;秘书处——办公室、财务部;宣传处——文宣部、网信部;公关处——外联部、纪检部。而服务队现有成员57名,其中男生共有25名,女生共有32名。成员由光村镇在校大学生构成,其中本科生共50人,专科生共7人。各司其职。2017年寒假期间,光村暖乡大学生志愿服务队开展了清洁银滩、春联下乡、交通疏导、敬老院送温暖、中学交流会等活动。而在寒假期间,我也都参与了这些活动,以下便是我的志愿服务活动记录与总结。

## 清洁银滩

光村银滩位于海南省儋州市北部的光村镇境内,濒临北部湾,距粤海铁路儋州火车站40千米,总面积达488公顷。银滩沙质洁白细腻柔软,海水湛蓝清澈,四周树影婆娑,绵延十几千米。每当夜晚降临,漫步于银滩之上,所踩之处,银光闪烁,非常美丽。银滩是我们光村镇的标志,每逢节假日,银滩就开始人山人海,同时垃圾也堆积成山。新年将至,我作为土生土长的大学生,应该想尽一切办法还银滩净、美、洁的风貌,让银滩有个像样的年。本次活动共有15名大学生志愿者,其中男生共8名,女生共7名。此活动由光村暖乡大学生服务队管理层组织,活动所需经费由光村镇政府赞助。参与此活动每个志愿者的服务时长为5小时。

2017年1月21日,早上9点整我们在辉煌超市旁集合完毕后,一同乘坐三轮车前往银滩净滩点。所有大学生志愿者合成一支"净滩大队",兵分两路,中心向两边开花。过程中,我们有说有笑,还有调声、游戏等小插曲,志愿活动更像我们一起欢聚的平台。随着大包小包的垃圾被运到垃圾桶,我们的活动慢慢接近尾声。

我们不畏天气寒冷,海边那山丘就是我们志愿的篇幅,那一片片由黑点变成纯净的模样就是我们正能量的传递,那相互用手搀扶的麻袋一步步走向垃圾箱就是我们志愿者的团结,那垃圾箱逐渐堆满就是我们志愿者贡献的写照。弯一弯腰,动一动手,拾起的是垃圾,留下的是爱心。我们顶着大太阳,一步一个脚印,一手一件垃圾,不嫌脏不喊累,只愿家乡干净美丽。

此次净滩活动,促进了我们光村大学生志愿者的友谊,同时也让银滩恢复了美丽整洁的容貌,让我们的家乡更美丽,也让我有机会为家乡贡献出自己的一份力。

## 春联下乡

春节将至，家家户户都将要贴上新的对联，然而有些五保户和扶贫户却因生活的艰辛而无法购买春联。为了让他们能有个温馨的新年，我们大学生志愿者便开展此次的春联下乡活动。此次活动共有 20 名大学生志愿者参与，其中男生共有 10 名，女生共有 10 名。此活动由光村暖乡大学生服务队管理层和光村镇政府组织。活动所需的笔、墨、纸等材料以及志愿者的午餐由光村镇政府赞助。参加此活动的志愿者共有服务时长 5 小时，服务内容为书法较好的志愿者书写春联，其余志愿者帮忙剪纸以及春联的赠送。赠送春联的对象为光村镇上的五保户、扶贫户以及贫困人家。

一纸春联、温暖我乡。2017 年 1 月 23 日，早上，我们采购所需物资，并将所有采购物资带往光村中学。（光村中学坐落在儋州市北部海岸线上，是光村镇上的一所初级中学，学校校园面积约 3 万平方米，建筑面积 5230.93 平方米，绿化面积约 2586 平方米，现有教学班 24 个，学生两千余人）因为书写春联与发放春联较为占地方，而正值春节前夕，街道上也都比较拥挤。此时也正是放假期间，光村中学里空闲地方较多，可供村民们有秩序地领取春联。下午两点，聚集所有志愿者后，我们便开始展开布置工作，书法家简单培训志愿者裁纸、摆放等后，我们志愿者们有的折春联纸，有的剪，然后书法家便开始书写春联……大家分工明确，我们在光村中学的教室里积极地准备春联下乡活动的工作。从上午到下午，尽管空气炎热，大家的手里都沾满了春联纸上褪下的大红色，同时又忙又累，可是我们都没有放弃。一天的工作之后，看着满屋子的龙飞凤舞又有特色的春联，我们都露出了满意的笑脸。

2017 年 1 月 24 日，在光村中学展开了春联配送活动。先把提前写好的春联送给到场的低保户，如果要求特定的春联诗句，便现场书写居民要求想要的对联，浓浓的大学生与居民的情感慢慢滋长。活动期间有位年半过百的老人，他架着副老花镜，一张饱经风霜的脸，两只深陷的眼睛，深邃明亮，看上去非常有神。他给我们讲解对联的含义，上下联辨读，书法的博大精深。看着村民们都有秩序地等待着我们给他们送对联，心里满满的感动。村民们拿到春联后，还温馨地对着我们微笑，并握着我们的手说感谢，我们的心暖暖的。尽管很累，但是自己很开心。此次活动，自己真的受益匪浅。

在短短的两天活动中，我们深切地体会到志愿者的价值，我为我是志愿者，为自己能为家乡服务而自豪。并且光村人民政府还为我们志愿者提供免费午餐，满满的支持，这让我们更有信心开展志愿活动。

## 交通疏导

春节将至,镇上的人流成倍增多,车流量也成倍加大,村民交通意识较差,因此我们志愿者开展此次交通疏导活动。用自己的知识和力量协助交警的工作,让交通更有秩序,让街道更整洁。此次活动由光村暖乡大学生服务队管理层和光村镇交警队组织,共有20名大学生志愿者参与。其中男生共有8名,女生共有12名。活动的经费由光村镇政府赞助,而且还给志愿者提供免费的午餐以及饮用水。此活动每个志愿者的服务时长为5小时。

在这炎热的天气加之车流高峰期,倘若这时出现交通混乱将会直接影响村民的工作、生活和外出。我们本次活动的主要目的是协助警察对非机动车辆和行人违反交通规则时进行劝说和提示。让车与车之间,车与人之间产生摩擦越来越少,让村民们的安全意识得到大大的提高。此次活动充分发扬了我们大学生志愿者无私奉献和吃苦耐劳的精神。

2017年1月24日,志愿者在光村镇政府集合,在交警的带领和分配下,在交警的简单培训后一同前往车流量最大的两个十字路口。活动期间,我们配合交警的工作,悉心地解说合法合规的放车位置。起初,居民们都不太相信我们是志愿者,对我们不理不睬。但是在我们的坚持和努力之下最终得到了认可,大家互尊互敬,很是配合。

此活动意义重大,不但缓解了光村镇各个街道的交通拥堵现象,同时使各街道卫生得到了良好的改善,培养了村民们的秩序。更重要的是使村民们的遵守交通规则意识和珍惜他人生命意识得到大大的提高。

### 敬老院送温暖活动

距离2017年春节仅有一天时间,今天光村暖乡大学生服务队管理层组织我们25名大学生志愿者一起去探望敬老院的爷爷奶奶。其中男生共有11名,女生共有14名。此次活动的经费由服务队所筹到的资金所出。(暖乡服务队的资金有光村政府的赞助、光村中学老师的赞助以及社会各人士的赞助)刚开始,志愿者们在认真地分配东西。随后,把我们带来的食品分发给了各个老人,爷爷奶奶都很开心。因为快到春节了,爷爷奶奶的房间也该整理整理了。于是我们便开始帮他们打扫里里外外,帮他们叠被子、叠衣服、洗地板、洗碗、洗凳子、洗被套、擦桌子等。在我们志愿者们一起努力打扫后,没过多久就帮爷爷奶奶把他们该洗或该扫的东西一下子就弄干净了。打扫干净后,我们就陪他们聊天,有说有笑的。让我记忆深刻的是陪他们聊天的时候,因为有两位奶奶不能下床活动,也很少能有这么多人陪她们一起聊天,所以她们很开心,交流中得知她们已住在敬老院十多年,年龄已经超过一百岁。聊着聊着,其中一位看起来六十多岁,两鬓斑白、满脸皱纹、穿戴整齐的老奶奶居然流下了眼泪,她说:"我的孙子应该也跟你们一样大了。"随后我们了解到这位奶奶的儿子都在城里住,几乎没来看过她。听着奶奶的话,我的心里顿时酸溜溜的。希望她的儿子孙子能多来看看她。

谁不曾年轻过,谁又能逃过岁月的洗礼。那张皱纹爬满的脸,是时光战胜年轻的战利品,愿我们都能在年轻的时候做些有意义的事情。此次活动不仅给敬老院里因各种问题而失去家庭温暖的老人送去了温暖,同时我在活动中也锻炼了自己,看着爷爷奶奶那落寞的眼神,那被岁月摧折的脊背;那被时光的车轮碾过留下岁月痕迹的脸庞,都激发了我的爱心。作为青年的我们把自己当作爷爷奶奶的亲孙女,与老人闲话家常,为老人捶肩捶腿,尽自己的"孙辈"之孝。

我从此次的敬老院活动中感受到了不一样的人群,不一样的人生,也更加深刻地体会到"老吾老以及人之老,幼吾幼以及人之幼"的重要性。望着那群因种种原因而走到一起的老人们,那群因孤独而走到一起的爷爷奶奶们,那群因孤独而相伴终身的爷爷奶奶们,我们心中都有一个希冀,希望我们能为爷爷奶奶们带去一丝温暖,也希望爷爷奶奶们能够幸福地安度晚年。尊老爱幼是中华民族的传统美德。作为当代大学生,我们应弘扬中华民族尊老、敬老、爱老的传统美德,努力营造社会和谐的良好氛围,让我们以实际行动为老人送温暖、送爱心,为创建全国文明城市献出青春的力量。

## 中学交流会

光村中学(儋州市光村中学坐落在儋州市北部海岸线上,是儋州市一所乡镇初级中学,学校校园面积约 30000 平方米,建筑面积 5230.93 平方米,绿化面积约 2586 平方米,现有教学班 24 个,学生 2000 余人。专任教师 82 人,其中,本科以上学历 64 人,大专学历 17 人,中师学历 1 人。具有副高级职称教师 7 人,中级职称教师 25 人,初级职称教师 50 人)是我们大多数大学生志愿者的母校。因受到校领导和老师们的邀请,给光中的学弟学妹们传授学习方法和经验以及大学生活的美好,所以在他们开学的第一天我们便来到了光村中学,跟学弟学妹们交流关于学习的那些事。此次活动由光村暖乡大学生服务队管理层和光村中学校领导组织。活动经费由光村中学和光村政府联合赞助。活动共有 32 名服务队成员参与。其中男生共有 12 名,女生共有 20 名。每两个人负责一个初中班级。每个志愿者共有服务时长 10 小时。

2017 年 2 月 13 日早上,我们早早地来到了光村中学,在校领导和老师的带领下我们都被带到了已分配好的初中教室。我和一个同伴被分配到了一个初二的重点班。说实话,可能是因为自己初中高中都待在重点班,所以自己也自认为重点班在学习和品德上都是数一数二的,所以自己对此次的交流会自信满满的。之所以会答应来光中和学弟学妹们交流,是因为自己本身在初中时也没有好好努力学习。在光村中学,我们激情地讲述自己的学习方法,传授自己的经验,指导处在初中阶段的同学们明确自己的学习目标,他们说英语很难,于是我便给他们介绍自己学习英语的法器——百词斩。那是一个可以快速记单词的软件,还可以跟同学比赛记单词。最后我们还玩了一个与英语相关的游戏——单词接龙,想以此激发他们对英语的兴趣。相信他们一定能够把英语学好的,相信也希望我们分享的经验对学弟学妹们起到作用,并且激发他们对学习的热情。通过此次活动,我意识到要活到老学到老的重要性,也深深地感受到了学弟学妹们青春的活力和动力。

志愿服务暖家乡,文明旅游美光村。新的一年,让我们携手同行,爱心公益,传递正能量,共创美丽光村、文明光村!

点评:文笔流畅,文字优美,感情丰富真挚,描述详尽,很好地再现了作者春节期间的志愿服务活动,体现了作者的奉献精神和在服务中提升自己的理念,完美地彰显了志愿服务的精神,是一篇优秀的志愿服务报告。报告表达富有感染力,能够给读者心灵上的启发。

# 青春是我们的名片，服务是我们的志愿

祝文汇

　　我是一名来自海南师范大学的大一青年志愿者。在寒假 1 月 13 日至 2 月 15 日期间，我加入了高州市南塘镇旺罗村自发组织的大学生志愿者团队。志愿者团队由大学生志愿者 13 名和村干部志愿者 5 人组成，志愿者团队以大学生为主题，这更有利于发扬大学生志愿服务精神。我们把村委会向家乡的成功人士筹集的资金作为活动的经费，在村干部和以前的志愿者们的带领下，我们陆续参与了一些旺罗村中、南塘镇上甚至高州市的志愿服务活动，次数共达 10 次，总时长为 29 个小时。高州市位于广东省西南部，东近南海，南踞鉴江平原，西连广西，北靠云开大山，南塘镇属于高州市当中的一个小镇，旺罗村属于南塘镇中一个小村庄。我们服务的地点均属于小县城、小村庄，服务设备和环境较大城市落后，且交通并不是十分便利。此外，农村地区封建思想还未清除彻底，虽有许多村干部宣传男女平等和优生优育政策，但村民们还是会有多数重男轻女的想法。因此，在这个寒假我尽自己所能去帮助那些被生活所迫和惨遭不幸的弱势群体。很多时候，我们生活在现代社会总会觉得缺少了爱，缺少了关怀，尤其随着人渐渐长大，人们的思想会渐渐复杂。我们将会觉得这个社会是一个很虚伪的社会，但即使这样，在我们每个人最柔软的内心之中，还是有一种对弱势群体的无名的爱。我相信凭着这一颗爱的种子，从我做起，从我们年轻的一代做起，我们可以让自己、让别人看到这个社会始终是温暖的。

　　在 1 月 13 日至 2 月 15 日期间，我参加了各式各样的服务活动，其中包括看望社会福利院的儿童，看望南塘镇敬老院的老人，慰问人民教师，慰问贫困家庭，活跃村庄气氛以及团结村民等主题。在活动中，我收获到许多。比如，慰问人民教师活动中，我感受到教师这个职业的伟大，学校的老师每天都要比学生们更早地来到学校进行教学准备，下班之后还要做下一次课程的讲义，十分辛苦；看望敬老院的老人们的活动中，我感受到老人们的孤独和晚年的凄凉，他们并不是需要儿女们多么有出息，而是更想过着儿孙绕膝、共享天伦的幸福生活；慰问贫困家庭活动中,我深切地感受到村委员会的干部们对贫困家庭的关心与照顾以及乡邻们之间的团结与互相帮助;清扫村庄主要路段和庙宇门前活动中,我体会到大学生志愿团队中每个人坚持不懈、认真仔细服务的品质,同时还受到路人们的赞扬,心里真是美滋滋的……

10次志愿服务活动之中,最让我印象深刻的有两次活动,一次是以"延伸爱心舞台,携手温情世界"为主题,到高州市社会福利院看望儿童的活动;一次是以"高州市南塘镇旺罗村第六节春节联欢晚会"为主题,活跃村庄气氛、团结村民的晚会志愿活动。

去社会福利院看望孤儿和残障儿童活动中,我们于1月12日在村庄中了解了相关知识和注意事项,并于1月13日上午7点30分在高州大酒店公交站附近集合出发。志愿者们根据自愿原则带上小礼物送给小朋友们,由于我还是个学生,并没有许多钱能够用来买礼物,就只好买些笔、橡皮、尺子以及一箱牛奶表达心意。小朋友们看到许多统一着装的志愿者们给他们送上礼物,一开始表现得有些害怕和害羞,但在我们陪他们玩游戏,看他们上课(也有为他们讲课),照顾他们吃饭之后,他们对我们又变得十分热情。我记得有一位小朋友,当我第一次看到他的时候,他坐在教室的小角落,他的皮肤有些黄,又十分瘦小,但两只眼睛骨碌碌地转却又十分明亮,身上穿着的衣服大概是以前的志愿者们补助的,但也许因为总是只穿那一件衣服,使得衣服也蹭得有些脏。听福利院的老师说,这个孩子大概五六岁的时候就被他们村庄的干部送到了福利院,他的父母由于家庭缘故去了外地打工,父亲因车祸不幸去世,母亲也因没能力抚养将他留在家中之后便去了别的城市,村中干部无法联系到他的母亲和其他亲人,于是将他送往了福利院。这些年他的母亲一次都没有回来看望过孩子,导致他性格比较孤僻,不常与其他小朋友玩。但是我们的志愿者不断地和他说话,逗他开心,他渐渐用点点头或摇摇头开始回答,再到后来也能跟我们志愿者说一些简短的话语。临走时,小朋友们的眼睛里充满了不舍,有些小朋友还会围在我身边让我下次再去看望他们。从福利院出来后,我有些感触,这些孩子有些是不幸遭遇,他们需要来自社会的关怀和外界的帮助,他们与别人的相处也显得小心翼翼。从这次活动中,我体会到帮助别人的快乐,也希望孩子们能够健康快乐地长大。

自2012年春节起,我村就举办春节联欢晚会,至今已是第六届。为了给村庄中有才艺的小伙伴一个才艺展示的机会,我村于1月28日晚8点30分在旺罗庙门口再次举办了晚会,以贺新年。本次晚会由村庄中青年人发起,由中山市山谷环保科技有限公司赞助,由大学生志愿团队以及一些村干部、村庄中妇女共同筹划与准备。我们整理了节目单,了解晚会流程,管理现场秩序,安排演员后场,打扫场地垃圾，分工合作以保证晚会成功举办。参加表演者均为村庄中的志愿者，而到场的村民们，一些是本村的村民，另有一些是外村闻讯而来的村民们，观众们的呼声十分高涨、热情。在结束后，一些村民们看到我们留下打扫卫生，都会跟我们说句"辛苦了!"听到这句话，我们再怎么辛苦都不觉得累了。晚会已是第六届举办，人们已把这项活动当作春节的特殊活动。我是第一次作为志愿者参与其中，觉得这种志愿服务的方式很特别，这项活动更利于促进村民与村民之间的情感，使村庄更加团结与和谐!

活动后，有许多志愿者谈到活动:"带给他们了什么?"他们都会说:"收获到感动!"而我认为志愿活动为我提供了一个接触社会的机会及锻炼自我的机会，我从中学习了不少知识，思想上得到了升华，获得许多社会服务技能，提高了我与人交流能力，学会关爱他人。我认识到许多志同道合的良师益友，他们无论在生活中或学习中都对我有很大的帮助;同时也体会了"奉献、有爱、互助、进步"的志愿者精神，领会到生命的意义。虽说这几次活动令我受益匪浅，但毕竟我也是没有经历过专业培训的志愿者，在这些活动之中，我也有做得不足的地方，例如，在对待调皮的小朋友们时不够细心、耐心。虽然一开始会十分热情地与他们一起玩游戏，但小孩子们的精力是不会枯竭的，渐渐地我也觉得有些疲惫;在面对敬老院的老人们的时候，不懂得该如何开始话题或进行对话，只能听老人们讲述故事，并不能体会到故事中的情感;在开始一次活动之前，没有查找资料了解活动内容，导致不了解活动便开始了活动，行为做法不专业……在活动结束后，我便会对在那次活动之中的不足做出总结，争取在下次活动中，错误不会再重犯。除此之外，大学生服务团队是一个自发组织的团队，它并没有官方注册的名称，其中的成员基本均由大学生组成，因此在志愿服务的时候会有些懒散。我建议团队可以正式建立并形成一套严谨的志愿服务管理体系和制度体系，完善志愿服务的保障机制，对志愿者提前进行专业培训，最好也可以建立激励机制，这样有利于更多的志愿者加入志愿服务的行列之中。志愿服务作为一项社会化活动，光凭志愿者的主观能动性是远远不够的，必须建立健全体制机制来保障志愿精神在社会中薪火相传，生生不息。

正因为我本次寒假参与的志愿活动形式多样，也使我懂得:志愿服务真正含义是指任何人志愿贡献个人的时间及精力，在没有任何物质报酬的情况下，为改善社会服务，促进社会提供的服务。它是当代社会一项十分高尚的事业，体现了中华民族助人为乐、扶贫济困的传统美德，是大有希望的事业。除此之外，帮助别人的方式有很多，并不局限于给予金钱上的补助，更多时候让别人开怀大笑，也是一种美好的帮助。作为志愿者来说，我的这次志愿服务行动根本是微不足道的。

由于各种外部因素,我没办法像他们那样完成什么惊天的举动,但我同样为我是一个小小志愿者而感到骄傲和自豪,因为我知道志愿活动不分大小,关键在于那种乐于奉献的精神!这种精神才是我们每个志愿者应该去重视和学习的。正是由于千千万万个志愿者不断地付出和努力才完成那一幕幕感人的画面。每个人的力量都是渺小的,但是当我们每个人都朝着一个方向去用力的话,那种力量将会是惊人的。人生的意义不在于索取,而在于奉献,在于挺身而出,它融汇和渗透在人们工作和生活中。深入基层,认识国情,了解社会,开阔视野,在实践中受教育、做贡献,尽自己微薄之力帮助更多需要帮助的人,是一件非常有意义的事。能够参加寒假的志愿活动,我感到非常高兴,同时能够为家乡服务感到十分光荣。志愿服务是一项伟大的活动,我希望会有越来越多的人加入服务活动之中,体会到这社会中的善良与美好。

点评:本报告较详细地汇报了自己在寒假期间参与的看望社会福利院的儿童,看望南塘镇敬老院的老人,慰问人民教师,慰问贫困家庭,维持村庄春晚秩序等系列志愿活动,反映了自己在奉献社会的过程中自我提升的经历。在给别人带来帮助的同时自己也得到成长,这是志愿服务的精髓。报告语言通顺,情感真挚,具有感染力。

# 行虽静，心却暖

魏梦华

　　我是一名大学生志愿者，作为一名志愿者，我想爱心奉献，不求回报，讲求付出，从中收获快乐，这应该是我们每一位大学生志愿者共同的理想与心愿吧，这个寒假我一共做了 10 个志愿服务，虽然大部分的志愿服务都是在社区里完成的，但这不影响这些志愿服务对我产生的影响。下面就让我来一一介绍我这次寒假做的志愿服务吧。

### 到养老院陪伴老人

　　2017 年 1 月 7 日下午 1 点，在双福社区居委会的组织下，我们三个人——林芬、翁燕凤、魏梦华来到了我们镇上的山前养老院。养老院里差不多有 70 位老人家，老人们多数是身患疾病、行动不便之人。养老院的院长让我陪老人们唠嗑，拉拉家常，还有就是在护工帮瘫痪老人洗头的时候帮忙递一下东西，在这次的志愿服务活动中，通过与老人的谈话，我重新认识了父母与儿女之间的关系。以前我总认为能够把父母送到养老院来养老而自己不去陪伴他们的，都是一些不孝的人。而从老人们的话中可以得知有些儿女真的是因生活所迫才不得已而为之，所以老人们都能够谅解他们。反而有些儿女是真的不孝，就把他们放在养老院，也不来看他们。无论种种，不可否认的是这些老人们都是孤独的。他们在养老院中最开心的莫过于子女们来看他们的时候。我去做志愿者的时候，刚好有一个老人的儿子来看他，这个老人对着他的儿子好像有说不完的话，可当儿子一走，他的话明显就少了很多。或许是我还年轻，无法理解那已近暮年的孤独感。但我认为陪伴才是最长情的告白。就算迫不得已把老人放在了养老院，也要时不时抽空去看看他们，让他们不会有一种被遗忘的失落感！

### 在幼儿园当助教

　　2017 年 1 月 9 日下午两点，在闽隆幼儿园老师史雪琴的组织下，我们五个人（林芬、潘涛、魏梦华、张佳琪、翁燕芬），来到了我们所居住的县城的隔壁镇——白沙镇的闽隆幼儿园。这所幼儿园有五百多名幼儿，五十几名教职工。因为这所幼儿园的教学、游乐设施都较为齐全,所以白沙镇的小孩大多数都在那儿接受学前教育。幼儿园下午两点半,我准时叫小朋友们起床,帮助他们穿衣服。任何人在睡觉的时候被人吵醒都会感到不开心,小朋友们更是如此。当时间到了小朋友们起床活动的时刻,有些小朋友们就会通过哭闹、不配合穿衣服来表达他们的不开心。这时候就要老师们耐心地哄他们,转移他们的注意力。当小朋友们吵吵闹闹地排好队进行户外游戏的时候,我不得不感叹幼儿园老师们的才智。老师们特意把小朋友们的玩具减少一部分,进而让他们轮流着玩,从而学会分享。让我印象深刻的是给小朋友们上数学课的时候,老师们特地让我去尝试给小朋友们上课,简单的一个"1＋1"的问题在小朋友的眼中竟然有多种答案,令人啼笑皆非。小朋友们天生好动,对什么东西都充满好奇,在他们的观念里面没有对与错,只有好玩与不好玩。这就需要老师、家长去教导他们。而耐心,就是成为一个老师的基本素养。通过这一次的志愿服务活动,我学会了什么叫作真正的耐心与细心。

## 探望贫困户

中国社会存在贫富差距这是不可否认的。2017 年 1 月 13 日早上 9 点,在双福社区居委会的组织下,我一个人在跟随社区的工作人员一起去看望社区里的家庭贫困户的过程中,我更加真实地接触到我们社区确确实实存在的贫困户。这些贫困户的家庭月收入不足千元,再加上他们差不多又都有儿女要抚养,父母要赡养,家里又有身患疾病的人,他们可能不像新闻里阐述的家徒四壁那么凄惨,但是情况也绝对好不到哪里去。而这些人贫穷也大多数是因为疾病。所以在去探望他们的时候,我们大部分时间是在做他们思想上的工作。因为社区的经费不多,所以在去探望他们的时候,带给他们的多是洗洁精、洗衣粉之类的生活用品。但是礼轻情意重呀!毕竟一个人最大的破产是绝望,最大的资产是希望。社区的工作人员送给他们的不是礼物,是对生活的希望,是一种积极向上的精神!

## 清除小广告

张瑞曾经说过:"把一件简单的事做好就是不简单,把一件平凡的事做好就是不平凡。"2017 年 1 月 16 日下午两点,在双福社区的组织下,我们三个人(林芬、翁燕凤、魏梦华),清理社区街道上的各种各样的小广告,这些小广告大都是一些商店的宣传广告和一些诈骗广告,将它们一一铲除是我这次志愿服务的主要内容。这次的志愿服务活动包括我在内一共有三个人,且都是大一的学生。服务时长为三小时,此次的志愿服务是希望能够通过我们的努力还社区一份洁净。刚开始去铲街道墙壁上、电线杆柱子上和公交车站广告牌上的小广告的时候,因为没有经验,就想着拿手抠即可,事实证明是我们想得太天真了,还没抠一会儿指甲就疼得不行,还好后来社区的居民借了我们几把小铲子,虽然一个下午的劳动很累,但是这个过程充满了欢声笑语。三个小时三个小伙伴，我们清理了社区三分之二的小广告，虽然疲惫，但是我享受了劳动的快乐，体验了为大家服务的满足感。毕竟在自己生活的街道上老是看到一些小广告，会让人感到莫名的烦心。所以环境是靠大家来保护的，愿今后街道上的小广告越来越少。

## 整理图书

2017年1月21日下午1点，在新华书店的图书管理员的组织下，我们两个人（张佳琪、魏梦华），来到了我所在镇上的一家新华书店，这是一家国营的书店。书店的中央摆放着历年真题和辅导书籍，以此为圆心展开布局，以字母排序分类经典著作、社会学科等书籍。书店内还设置了小说租赁区、杂志报刊区。而我的主要的服务内容是整理书店内的图书，将读者看过的书一一归置，并且提醒已看完书的读者将书本放归原处。不得不感叹的是世界上绝对没有一份劳动工作是轻松的。以往在我们的认知中，整理图书可能是一件很简单的事情，无非就是把图书从哪儿拿来放回哪儿去。或许是这样，但在书店里，有些书需要侧放，有些书又需要重叠地放。因为这样既能够节省空间，又便于读者找到它们。所以当读者读过某一本书之后但又却不归还原处，那么之后的工作就很麻烦了。工作人员需要根据条形码或者书名一本本地归还原处，而书店又那么大，一本一本地归还着实不容易。所以今后无论是在图书馆还是在书店看书，看完之后都应该随手归置原处。也许我的一个小小的善意举动，就能为他人省去一个大麻烦。

## 红绿灯小卫士

2017年1月22日早上8点，在双福社区居委会的组织下，我们四个人（潘涛、林芬、翁燕凤、魏梦华）参加了红绿灯小卫士的志愿服务活动。红绿灯小卫士的主要工作内容就是在行人过斑马线的时候，若是红灯，提醒他们耐心等待。看到想闯红灯的人，及时阻止他们并告诉他们这样做很危险。而做了一个早上的红绿灯小卫士的我终于真正地见识到了"中国式"过马路——凑够一撮人就可以走了，完全不理会红绿灯。而大家受了法不责众的从众心理影响，完全不顾及交通安全。虽然一个早上我站在街口处，对过马路的行人进行劝告和提醒。并且他们也配合我的工作，也停止了他们想要闯红灯的行为，但我不可能每天都站在街口处，也不可能每天都有人站在那儿去提醒过往的行人。毕竟中国有那么多的红绿灯路口，若是每个红绿灯的斑马线都安排一个人在那里提醒过往的行人，将会是一笔大的投资。而且这都是治标不治本的方法，最好的方法应该是我们每一个人自觉地从内心发出遵守交通规则的强烈意识。不要老是说："我看到他们闯红灯，我才闯的。"应该要变成："我不闯红灯，他们也会跟着不闯的。"要相信你本身好的行为是可以影响他人，让大家一起变好的。

## 社区文娱活动

2017年1月25日晚上6点,在双福社区居委会的组织下,我们九个人(魏梦华、翁燕凤还有社区居委会的工作人员共九个人)参与社区文娱活动的举办。无论何时何地,人们都需要适当的娱乐,不然人的精神就会萎靡。所以我们社区的居委会决定举办一场文娱活动,而我则在这场活动中充当后勤。活动当晚,社区居民欢乐地聚在一起。大爷们下棋,大妈们跳广场舞,怡然自得,乐趣无限。而充当后勤工作人员的我,看着大爷们专注地下棋,好像不怎么需要我。所以我就主动地加入了大妈们的队伍中,帮她们放放音乐,看管她们因舞蹈而不得不放下的随身物品。事情虽小,但正是这种简单的互动才更加打动人心。大妈们的舞步或娴熟,或笨拙,但每个人都在认真地跟上节拍,舞出自己的欢乐,这不由得让我想到什么是幸福。人各有志,所以幸福的含义见仁见智,只是在往后的生活中更应该收集快乐,传递希望与幸福。

## 关爱老人

2017年2月2日早上8点,进行了由本人组织且参与成员只有我一人的志愿服务活动。我家楼上有一对老夫妇,他们的女儿常年不在身边。两位老人家虽然说不愁吃穿,但身体都不是很好,特别是老爷爷前些年还大病过一场。虽说治好了,但还是留下了病根,而老奶奶的腿脚又不好,经常因为天气变化而疼得受不了。老奶奶每次买东西买的量都很少,不是担心吃不完浪费,而是她买多了就提不动,所以只能多次少量地买。我的个人力量有限,所以只有在空暇时候帮他们买买菜,收拾一下屋子,做一些我力所能及的家务活,陪他们聊聊天什么的。但我想,这都治标不治本。应该发动整个社区的人关爱身边的弱势群体,深入他们的生活之中,用爱心与耐心付出。那这对老夫妇以及更多需要帮助的人将生活得更加舒心与欢乐,而有时候爱心的泛滥会导致混乱。所以最好可以形成一个有秩序的组织,轮流去照顾、帮助这些行动不便的老人家们,并把这种风气推广开来,我想这样的帮助才能更加持久、有效。

## 特殊教育之自闭症儿童

2017年2月12日早上8点,在特殊教育机构的组织下,我们三个人(潘涛、翁燕凤、魏梦华)来到了启星特殊教育机构。为什么说是特殊教育呢?因为这里的学生大都是自闭症儿童,而我的主要服务工作就是负责看管、监督自闭症儿童认真听课。自闭症儿童有他们的缺陷。但短短的四个小时相处下来,我觉得他们天真、有爱,而且他们也很努力。而在这个社会上这一类的孩子还有很多很多,他们没有条件和机会去接受一系列的特殊教育与恢复训练。有的会遭受到同龄小朋友的欺负,更有甚者,会遭到遗弃、抛弃,这些都应该引起社会的关注与重视。社会可以更多地培养这一专业方面的特殊教育老师,给这一类特殊儿童提供更多的接受特殊教育的场所与机会,特别是能够让一些贫困家庭的特殊孩子有机会接受训练。

## 绿色环保活动

2017年2月15日下午两点半,在双福社区居委会的组织下,我们六个人(林芬、潘涛、翁燕凤、张佳琪、王慧欣、魏梦华)开展了绿色环保活动。通过这次服务社区的志愿活动,我留意到了社区中人们关注、谈论的有关水资源的一系列问题。比如什么地方的水管容易爆,而且修水管的人往往来得很慢,导致水资源的浪费。特别是,因为此次的志愿服务活动的工作量有点大。所以社区的工作人员给我分派了小伙伴,在开展社区水资源状况的调查以及提出改善建议的过程中。我学会了交往和合作,懂得了理解与尊重,形成团队意识,增强服务意识与责任感。而每个人其实都应该从身边的小事开始,关注周围的事情,来提升自己。

在这次寒假志愿服务过程中,我为幼儿园的小朋友们上过课,陪养老院的老人们聊过天,帮生活不便的老夫妇做过家务,在社区里铲过小广告,给社区居民们宣传了绿色环保的相关知识等一系列志愿服务。作为一名志愿者,在辛苦之余,也有些感慨:乐于奉献、善于关爱、立足身边、尽己所能、不计报酬、帮助他人、服务社会,这不正是志愿者所做的吗?然而每个人之于社会的价值,不仅仅在于创造了多少物质财富,同时也在于为社会创造了多少精神财富。在付出爱心、奉献社会的同时,人生的价值就会得到充分的彰显。每一位志愿者之于社会,无异于沧海一粟,而正是这无数的沧海一粟,构成了川流不息,构成了波澜壮阔。所以尽管在寒假里的志愿服务活动占去了我许多睡大觉的时间,但我不后悔,因为它让我的寒假生活变得更加精彩,为我的人生履历上又增添了一笔色彩。

点评:志愿服务项目(事例)丰富,小标题提示作用明显,重点突出,再现了志愿服务过程,表现了奉献精神,体现了在奉献中成长的原则。

# 07

## 反馈与报道
——倾听建议、改进方法、提高实效

# 期末考查答卷选

本学期的期末考查题为以下5题,形式为开卷(可查阅手机),用两节课当堂完成。

1. 收获最大的一节在线课①(内容、收获)

2. 最有益的一次面授课(含讲授课、讨论课②)(内容、收益)

3. 教学实践项目(撰写社会体验报告、读书心得、拍摄微电影、集体调研)中提高最大的项目(提高的过程、感想)

4. 如何使生活快乐?或如何使人生有意义?或如何处理学习、恋爱、兼职的关系?

5. 改进思想道德修养与法律基础课教育教学的建议。


陈娜娜


1. 收获最大的一节在线课:大学之道。

---

① 本学期我校思想道德修养与法律基础课程使用的在线资源是智慧树。它包括视频课(长约17课时)、在线见面课(2次专题讨论,4次专题讲授,每次2课时),每章都有作业或测试。

② 本学期,我安排的讲授课有8次,分别为"宗教信仰与马克思主义信仰""新时期的爱国主义""快乐人生与有价值的人生""阅读四书,弘扬中华传统美德""恋爱与婚姻中的道德""我国的法治框架与法治体系""社会主义法治思维的特征与养成""法律权利、法律义务与道德责任",每次2课时;讨论课有5次,讨论的话题分别为"友情、恋情、爱情与亲情""大学期间应不应当兼职?""大学生应如何当干部才能在品德修养上进步得更快?""大学生应如何处理课堂学习与团队活动的关系?""选择爱你的人还是你爱的人?"这些话题都是在学生自拟的题目中根据感兴趣同学的多少确定的,每次讨论2课时,每次讨论的话题都要提前2周确定,以便学生准备。讨论分小班进行,每个同学至少要参加两次讨论。每次讨论都有约2/3同学当堂发言(其中约1/3的同学发言2次以上),每次发言都有成绩记载,来不及在课堂上发言的,可将发言提纲发到我创建的本课程QQ群,给予追加分。

答:我收获最大的一节在线课为复旦大学陈果老师讲授的"大学之道"。在这堂课中,老师给我们讲解了大学的独到之处。她给我们讲到在大学期间,我们要打开自己的精神门户,善待一切求知者,保持追求真、善、美的态度。陈果老师的意图就是要让我们充分学习知识,丰富我们的精神世界。

陈果老师还为我们讲解了什么是自由。在很多学生的眼中,大学是非常自由的,可以为所欲为。但正如陈果老师所说,为所欲为不是自由,"欲"即为欲望。如果一直为所欲为,就是一直被欲望控制,单纯地追求物质生活,这只是披着自由的外衣的放纵。真正的自由不是狂热地追求,而是找到一个适合自己生命的节奏。它包括三个方面:清醒的认识、勇敢的选择、坦然的担当。在大学里面,我们应该认清自己喜欢什么,想要什么,向往什么,然后慎重地做出选择。陈果老师说:"好的和不好的东西,根本构不成选择,因为它们区别很明显。痛苦的选择是两者都是你想要的,但必须失去一种。"这样说来,我们就更应该学会慎重选择,学会面对选择的后果,不管它是好是坏。18岁,不仅让我们生理成熟,还让我们精神成熟。即要有思想的自由、人格的独立、责任的担当,让自己做灵魂的卓越者,不势利,把一切强者当朋友来学习,把一切弱者当儿女来爱护。这也许就是我们在大学里面除了学生专业以外的应该学的东西,这就是大学之道。

2. 最有益的一次面授课:"领悟人生真谛,创造人生价值"

答:就我而言,在大学里面,只要你每一堂课都去认真听了,都有收获。但对我感触最深、收获最大的一次面授课是王老师讲授的第三章的内容:"领悟人生真谛,创造人生价值"。在王老师的带领下,我们在这堂课上学习了三个方面的内容:一是树立正确的人生观;二是创造有价值的人生;三是科学对待人生环境。通过这一章的学习,我明白了大学不是一个让我们安然享乐的地方,它是一个社会与自己领域之间的过渡地带。我们拥有机会上大学就应该把握好这次机会,学习自己感兴趣的东西,不断地充实自己。我们应该树立正确的世界观、人生观、价值观,也要认清我们现在所处的环境,不能追求不切实际的东西。要与他人合作,努力学习,创造有价值的人生。

3. 撰写社会体验报告提高自己:家乡介绍

答:本学期我写了社会体验报告即家乡介绍:《那一方净土》。通过写这一篇文章,我觉得我学会了独立思考问题,也证明努力就会有回报,也增强了我对家乡的感情。这也许是我有生以来第一次写这么长的文章。以前只要一提到写文字性的东西,就觉得头疼,不愿动笔。而这次,从构思查阅资料再到坚持写作,再到无数次修改,都进行得那么顺利。虽然过程并不那么美好,但当自己知道作品已经达到优秀时,心里那份感动与自豪是不能用言语来表达的:以前的付出终究还是得到了回报。要把大脑所想的东西变成文字真的很难,但是无论怎样,这次是成功了。这或许是鼓励我继续努力的动力。我们都知道,在社会上不仅要能说,还要能写。因此,在平常生活中,我们应多动笔,把头脑中的东西变成文字。

4. 如何使人生有意义

答:可能在一些人眼中,有意义的人生无非就是有着昂贵的物质生活。但在我看来,人的一生不一定要很有钱,但是得让自己的生活充实,有价值,精神上要得到满足。正处于新时代的我们,为了创造一个有意义的人生,更应该抛下世俗观念,努力学习。我们要在大学四年中把握机会,学好自己的专业知识,树立正确的世界观、人生观、价值观,努力提高自己的思想道德修养与科学文化修养。我们还要勇于面对人生道路上的挫折,乐观地面对生活,用微笑对待身边的每一个人。

5. 改进思想道德修养与法律基础课教育教学的建议

根据这学期的学习情况,我提出以下几点建议。①要让学生明白该门课程的意义,为什么要学习这门课。学生只有了解到这门课程的重要性,才会用心去学,才会对这门课程感兴趣。②加强学生与老师的沟通,老师要把学生当作主体,充分发挥学生的主动性、创造性和积极性。在教学过程中应先询问学生的看法及意见,然后由老师补充和纠正。③多引导学生参与社会实践。实践是我们思想产生的源泉,参与社会实践,让学生更好地了解社会现状,努力提高社会技能,才能在课堂上发挥学生的独到见解。④老师要针对大学生普遍关心的法律法规,进行集中的讲解和介绍,同时可以多分析纷繁复杂的社会现象。⑤鼓励学生学以致用,要求学生在学好本教材的基础上广泛阅读相关文献,扩展学生的知识领域。

## 梁月:最有益的一次面授课是讨论课大学生如何当学生干部才能进步更快

内容:老师给出这个由大家选出的题目。同学们在上课前准备好 PPT 和发言的稿子。课上,同学们积极踊跃。几位同学带着自己的稿子上讲台发表他们自己的看法,并讲述自己的亲身经历,或是所见所闻。讲台上的同学都真真切切地表达了自己的观点,讲台下的同学分别对讲台上的同学进行评价,每个人都参与其中。最后老师进行了总结。

收益:我认为这个讨论课与每个人息息相关。在大学中当一名干部是很有必要的。当一名干部可以锻炼你的人际沟通能力、处理问题的能力,培养耐心。通过这次讨论课我收获到,要当好一名学生干部要"三心、一看",即平衡心、宽容心、平等心,把同学的事看作自己的事。

平衡心。要把握好学习任务与部门工作的关系,即要拥有一颗平衡心。在专业课业与部门或班级任务发生冲突时,应先分清事情的轻重缓急,课业还是我们的根本,不可舍本逐末。

平等心。作为一名学生干部要平等看待同学。切不可把自己看得比同学地位更高。真正有领导能力的人,把自己看得像尘埃一样轻,而他人却把你看得很重。我本身从小学到现在,有过10年当班长的经历,深深知道作为一名班干部,如果你不能把自己的心态端正,对同学颐指气使,那你的工作根本无法顺利进行。在班集体中,无论你处于什么职位,你的本质就是一名学生,和其他同学是一样的。你要有随时成为普通同学的准备。虽然我现在并不是班干部,但是我会积极配合班干部。因为作为"过来人"我知道他们的不容易。

宽容心。作为一名学生干部在与同学们的交往时,可能会遇到同学的质疑和不理解。这时便必须保持一颗包容心,先反思是不是因为自己的原因没把工作做到位,而引起大家的不理解。要通过完善自己来不断得到大家的认可,树立自己的威信。

一看。把同学的事看作自己的事情一样重要。作为一名助理团干事,老师和学长学姐的言行深深感染了我。同学们上交的贫困生材料,需要老师提前整理信息,丹丹老师①会在午休时间争分夺秒地整理出来,并立即发到群里且嘱咐学长学姐。"一定尽快把消息发给各班,给同学们争取更多的准备时间。"学长学姐们也很给力,不到一个小时便弄好了。助理团这个大家庭让我感到作为一名学生干部必须急人所急,要时刻为同学们着想。在后来的工作中,同学们有各种不明白的问题,虽然有些问题已经解释过了。但最终看到大家把材料顺利交上,还是十分欣慰的。

## 樊宇翾:教学实验项目中提高最大的项目是拍摄微电影

提高的过程:在此次活动中,我的各个方面都有大幅度的提高。不管是从写作水平上,还是电脑操作上都有很大的提高。但我觉得最重要的是提高了我的人际交往能力,让我学到了,作为一名小组长,要如何管理和组织我的组员们一起合作学习,能让他们在愉快的氛围中完成任务,不会觉得压抑或者任务重。

---

① 指马克思主义学院的辅导员谢丹。

在写作水平方面,从高中固定思维的八百字作文,变成一个货真价实的剧本。我感觉很有挑战性。首先要让各位演员们看懂剧本、理解剧本,才能演绎出最完美的效果。所以这次微电影剧本,对我的写作水平有很大提高,最突出的就是细节描写。

最后就是电脑操作提高。我学会了视频制作。从零基础开始上手,出现了很多问题,但最后都一一解决了。我终于知道了以前看过的每场电影每个电视剧的幕后制作都是不容易的。

感想:我觉得此次实践项目的学习,在短时间内快速提升了我的领导力、写作能力、电脑操作能力等,令我受益匪浅。我也很珍惜此次实践项目学习。这应该是我在大一第一学期中印象最深、最有意义的一次学习体验,在我的人生道路上有很大的指导作用。

## 唐舒琴:使生活快乐的方法

大家都说生活是一罐调味品,里面有酸甜苦辣,但是我们每个人又都追求快乐的生活。要保持生活的快乐,最重要的就是①心态,要学会调整自己的状态,比如疲惫、倦怠以及快节奏的生活。②学会欣赏生活,都说生活不是缺少美,而是缺少发现美的眼睛。所以欣赏生活、感恩拥有真的很重要。③学会宣泄情绪。每个人都会有负面情绪,必须学会去释放自己,比如做运动、找朋友聊天、写日记,这都是很好的方式,通过调整自己去寻找快乐。④学会接受自己的现状,许多人想要的太多,满足的太少,所以会变得很急躁。要全神贯注地沉浸于现在的状态,不去分析,不去判断,静静地享受当下的自己,活在当下。⑤少点计较,多点平常心。生活当中琐事太多,如果都一一去计较,则会变得不堪重负。提升自己的修养,淡定从容,顺其自然。⑥学会夸奖自己。人要有远大目标,但是也要有切实可行的近期目标,否则会产生倦怠感。每天要为自己小小的进步而高兴,自我祝贺和自我促进很有效。⑦积极处事,避免消极思想。许多悲观者总是担心别人对自己的看法而变得过度焦虑,要让自己有意识地去拥抱快乐。

## 程萍萍:进步最大的实践活动是拍摄微电影

我们的微电影《爱拯救灵魂》获校级评比优秀奖,但拍摄过程并不那么顺利。

第一次尝试拍,有成员觉得自己演不好角色就放弃了,所以我们不得不再另找他人。刚开始大家的积极性并不高,参与热情度很低。有一次,拍摄场地是在操场,那天风很大,天气有点冷,全组人员都在操场,然而拍摄操场那一幕拍了很久,很多次都重拍。接近中午12点时,大家叫了外卖,大家一起坐地板上吃饭,那一刻有剧组的感觉:一起辛苦拍戏,一起吃盒饭。突然发现,这种感觉很奇妙,很美好。

拍最后一幕是在我们女生宿舍,那天我还演了哭戏,印象深刻。终于拍完最后一幕,电影"杀青",大家都欢呼击掌,互相说很棒。我们是一个团队,我们合作,我们快乐。

微电影的后期制作、处理也是我感受很深的一部分。我们的组员连续工作了两个晚上,熬夜的日子里,大家保持QQ、手机在线,有问题随时讨论。那两天里,大家齐心协力,为的是呈现一部更好的作品。

很幸运我们是一个团队,很感激我们的努力得到回报。一次微电影制作,让我感受到"同甘共苦"的合作与团队的伟大。

## 程萍萍:如何使人生有意义

我将"如何使人生有意义"理解成"如何创造人生价值"。

我们要树立正确的人生观。成就什么样的人生,是服务人民、奉献社会、事业有成,还是庸碌无为、贪图私利,在很大程度上取决于人们有什么样的人生观。要树立正确的人生观,我们就要明确人生目的。人生目的是人生观的核心。人生目的决定人生道路、人生态度和人生价值标准。因此,我们应认真学习科学理论,努力提高明辨是非、善恶美丑的能力,自觉追求崇高的人生目的,在服务人民和奉献社会的实践中实现有意义的人生。总之,我们要用科学高尚的人生观指引人生,只有以为人民服务为核心内容的人生观才是科学高尚的人生观,才值得终生尊奉和践行。

## 徐凤欣

1. 收获最大的在线课:幸福的密码

内容:本次见面课由复旦大学陈果、王艳、胡志辉三位老师主讲,讨论了什么是幸福,如何才能幸福,大学生为什么不幸福等问题。

收获:就像陈果老师说的那样"幸福不是和谁攀比,而是对自己的超越"。确实是这样,现实生活中我们为什么不幸福,因为往往有太多太多的诱惑使我们迷失,使我们忘记了自己的初心。我们一直在追求幸福,寻找幸福,说自己不幸福,却往往忽略了其实幸福很简单,它就在我们身边。仔细想想,我有爱我的父母,陪伴我的朋友,敬爱的老师,往大里说,我生在一个和平的年代,我有接受教育的机会……所以,我可以自豪地说:"我太幸福了!"幸福真的很简单,关键看你怎么对待。我们要保持一种平和的心态,善于发现生活中每一个小小的幸福,不要等到失去以后再想珍惜,珍惜现在,学会享受幸福。

2. 最有益的面授课:大学生如何处理课堂学习与团队活动

内容:讨论了如何处理课堂学习与团队活动

收益:让我思考了我们应如何处理课堂学习与团队活动。有人说:大学生毕竟以学习为主,最基本的考试要过,毕业证要拿,参加活动可以锻炼人,但要分清主次;也有人说:学习不能仅仅局限于书本,而是要经过实践,多交朋友,多交流。在我看来,这个问题因人而异,既然我们已经是大学生,已经成年,就已经具备了独立的人格、思想的能力。即你要有自己的思考、判断、分析:哪个更适合你。如果你是学术型的人才,那你就把精力更多地放在学习上,放在对学术问题的研究上;如果你觉得积极参与团队活动让你受益匪浅,那你同样可以选择团队活动。但这有一个前提,就是我刚才提到的你要有自己的思考和判断,不是盲目的,仅是为了参加活动而参加活动,你要有收获,有提高。还有的人常常忽视了学习,过分地强调参与团队活动,还常常拿比尔·盖茨等成功人士举例。但他们却忽视了一点,就是参与团队活动本身就是对书本知识的运用,如果没有常年看书对知识的积累,也是很难办成一件事情的。比尔·盖茨是辍学创业没错,但是他上的大学都是哈佛。其实课堂学习与团队活动本身就不是对立的,它们是相辅相成的存在,课堂学习帮助我们积累知识,团队活动帮助我们运用知识。所以,不要太偏激,非要争个孰轻孰重,而是去思考哪个对你目前的帮助更大,从而对其有所侧重,但也不过分忽视另一个,这不失为一个好的方法。

3. 教学实践项目

其实老实说,一开始让我写家乡时,我的内心是有点抗拒的,因为当时我觉得家乡有什么好写的呢。不是因为它不美不熟悉,而是因为它太熟悉了,想要表达的东西太多,反而不知道从何下笔。但是既然老师分配下来了任务,就一定要完成。抱着这样的心态,我开始了我的文章。在写家乡的过程中,我渐渐明白了老师的用意。以前一提到家乡,虽然也是无比自豪、无比思念,但要我细细叙述很多地方却说得不明不白,甚至自己也不是很清楚。通过这次描写家乡,查阅家乡景色和地方的资料,我对家乡的了解又深了一些。我其实在心里有很多对家人的感激却说不出口,通过这次描写家乡,描写和亲人生活的点滴,我思考了怎么样更好地向亲人表达我心里的真实想法。

4. 如何使生活快乐

勇于追求,不断奋斗,有理想有目标。生活不是盲目地随波逐流,而是有自己奋斗的方向,一个有目标有理想并愿为之不断奋斗的人,我想他一定是个快乐的人。

自我心理调整,能屈能伸。生活不是一帆风顺的,要调整好自己的心态,失败时永不言弃,成功时有一种平和的心态,告诫自己不可骄傲。

学会宽容、理解、善良。我想一个学会宽容、懂得理解别人、善良的人一定会快乐。

热心帮助他人。在我们帮助别人的同时也会获得精神上的快乐。

承认自己的缺点,没有人是完美的,学会去承认自己的缺点,也会少很多负担。

有取舍,敢于放弃。生活中总会有无数选择,学会取舍,勇于放弃不合适的,你会发现,你能快乐很多。

始终保持乐观的心态,懂得幽默。

5. 改进教育教学建议

增加对课本知识讨论

增加师生互动性

积极开展相关实践活动

努力培养学生独立思考能力

## 方小凤

1. 收获最大的一节在线课是陈果老师在第三章第二节中所讲的"如何创造有价值的人生"。她在课中提到成功分为两个方面的成功:一个是物质上的成功。当前我们社会评判成功人士的标准就在于此。在世界上的绝大多数国家和地区物质财富确实是衡量是否成功的主要指标,它既有其合理性,也已然得到了广泛认可。而另一种成功则为精神上的成功。精神上的成功与否将直接决定我们能否充分地实现自我的人生价值。而这种基于精神境界和价格力量而实现的人生价值,它是不会随着时间而消逝的,也不会因为外物而受到动摇。这将是我们生命精彩之处,生命发光之处,动人之处。

成功与实现人生价值并不可以画上等号。但当我们取得物质上的成功与精神上的成功时,即"内外兼修"之时才能实现人生的最大价值。

2. 我认为最有意义的一次面授课是 2016 年 12 月 28 日的讨论课,在课堂中我们就"大学期间应不应该兼职""大学生应如何当学生干部才能在品德修养上进步更快"这两个题目进行了讨论。

其中我对第一个题目感触最深。我在同学与老师的讨论中思考了很多,也收益了很多。对于"大学期间应不应该兼职"的这个论题,我不反对大学期间兼职,但我也不推崇大学生兼职;只是说我们应该要有更好的选择。大学,是我们学习的最好时光。如果你喜欢你的专业,你可以深入了解;如果你不喜欢你的专业,你也可以学习你喜欢的知识,做你真正喜欢的事情;就算没有,你还可以加入社团,结识朋友;随便看一点小说,读一点名著。书能够带你进入另一个奇妙的世界。这才是大学的样子。我们各自为了自己喜欢的事情努力着,认识越来越多志同道合的朋友,从中学到很多技能,有着格外美好的回忆。我们完全可以把自己的爱好做得很好,为什么一定要选择去发传单、端盘子呢?

我想绝大因素是因为钱,如果你是迫于生活的压力,为什么不去进行生源地货款,不更加发奋地学习而获得奖学金,不去申请学校的助学金呢? 还有很多人说:我好想去旅行,去看我喜欢的地方,我有好多好多想要做的事情。可是,我没有钱,所以我兼职。

我认为做一天兼职,得到只是十几块钱不要紧,怕的是一天的光阴就这样失去了。兼职不仅仅是因为钱,更是为了思考。鞭策自己大学四年不要虚度,要为了自己的未来好好努力、好好负责。不在于你做了什么,而在于你经历了什么,思考了什么,学会了什么。兼职点到为止,出去干几次就好,不要让身体的疲惫占领了自己,多多用脑子思考,不要让兼职仅仅是兼职,更是反思。

总而言之,多做一些自己喜欢做的事情吧。自是年少,却韵华倾负,再无少年时。

3. 我在集体调研中收获最多,我与其他四名同学组成了大学消费调查小组。我们建立了一个 QQ 群,在群中一起讨论调查题目、调查方式。

我们进行的大学生消费调查共有 15 题,通过网络的方式发放并收回 213 份。虽然现代网络技术发达,调查统计的数据收集便捷。如果仅仅是一个人进行整个调查研究,可想而知其投入是如此之大,耗费的时间如此之多。但是当我们五个人组成了团队,结果将会大大的不同。所谓"众人拾柴火焰高",我们五个人共同献出自己的智慧,发表自己的看法,集思广益。在较短的时间里完成了大学生消费调查报告的调研,这使我深深地感受到了团队的力量。

4. 如何使人生快乐

(1)心态积极。快乐与不快乐取决于个人心态,若我们对生活充满希望,那我们终将快乐。

(2)爱与奉献。高尔基曾说过"给永远比拿愉快"。

(3)分享。分享一份快乐,就会获得双份的喜悦;分担一份忧伤,能减少一半的痛苦。

(4)有理想有追求。理想和追求如指明灯,让我们在迷茫中可以找到方向,在失落中获得激励,在无为中获得动力,从而使我们拥有快乐。

(5)找到自己喜欢的事情。做自己喜欢的事情本身就是快乐的。当我们在做自己喜欢的事情时不是为了其他的目的,不掺杂私欲,就仅仅只是这件事。

(6)学会舍得。常言道:舍得舍得,有舍才有得。

5. 在这一学期思想道德修养与法律基础的学习中收获了很多,也感悟了很多。非常喜欢讨论课上同学们与老师之间互动讨论,大家积极地发表观点、提出质疑,让我深深地体会到思想火花之间的碰撞与交流,让我收益颇多。

讨论课上的轻松氛围很让人喜欢,希望思想道德修养与法律基础可以多一些讨论课。


# 赖斐翡


1. 收获最大的一节在线课是复旦大学陈果老师讲授的"树立正确的人生观"。该节课主要讲的是"如何保持人生态度之乐观"。陈果老师通过两个学生对古希腊神话传说——西西弗斯的故事的思考将话题引入。其主要观点是,面对痛苦、挫折等,我们要以达观包容的态度来面对,要学会与痛苦相处。通过这节在线课,我也学到了不少:第一,了解到西西弗斯神话故事背后的深意,即面对困难不轻易放弃,学会坦然;第二,清楚了生活中的酸甜苦辣咸都是我们生命中不可或缺的,也是上天给予我们的一种恩赐,我们应该用正确的态度去面对这些,这才会使我们的生命之途更加精彩;第三,认识到那些终会来的痛苦、挫折、磨难,我们是无法躲避的,既然如此何不换种方式学会与它们相处,或许结果并不会像我们想象中的那样糟糕。因此,我们要学会与痛苦相处。

2. 最有益的一次面授课是一节讨论课,讨论的主题是"如何看待友情、亲情、爱情之间的关系"。在那节讨论课上,许多同学就其亲身经历为我们讲述了他们对于"友情、亲情和爱情之间的关系"的看法。从他们的叙述中，我也有所感悟——友情、亲情和爱情几乎是每一个人生命中必然存在的。与我们最密切相关的是亲情，我们从小生活的环境之中洋溢的最多的也是亲情。它是父母对我们的守护和关怀，是祖辈们对我们的关爱，是哥哥姐姐对我们的宠爱。俗话说："在家靠父母，出外靠朋友。"这句话也道出了友情对我们的重要性。我们每个人在自己的一生中都会遇到形形色色的人，也会交到不少朋友。我觉得，友情就像调味品，对于一些人来说可有可无，不放也就是少了几分滋味而已，但对于大部分人来说，都是必需的，生活这道菜就要友情这味调味品的调剂才会更加有滋有味。对于爱情，我们也是不陌生的，但我觉得对于现在的我们来说，有些爱情并非我们想象之中的那样纯真、美好，我们需要保持几分清醒和谨慎。而对于这三者之间的关系，我认为亲情是最重要的，友情和爱情在达到某种程度时，理所应当地就会转化成亲情，一种不具有血缘关系，却有似血缘关系一般浓浓爱的亲情。当然这三者都需要我们呵护与珍惜。

3. 我在教学实践项目中提高最大的项目是撰写社会体验报告，即介绍自己的家乡。最初老师确定大致范围时，我选择的便是介绍家乡，确切来说是介绍老家。老家是满载我童年记忆的地方，现虽已离开，但对它的情感是无法断绝的。最开始动笔时，我就按照记忆中老家的模样，写下了文章初稿，但是老师说写得太美，美得有点儿不切实际，或许是我太想描绘老家，于是就将其美好的事物都堆写在一起了。经过修改后，文章有所完善，加入了一些家乡中发生的人情世故，使文章更有了一丝生活气息。在老师的指导下，不断完善最终完成了这篇文章。我还附上了照片，是老家点滴事物的真实写照。我手机中没有保存老家的照片，这些照片是拜托老家中的大伯拍摄的，文章中的一些故事也是请教爹妈后而写的。通过这次社会体验报告的撰写，我对老家有了更深入的了解，对老家的人和物的情感也更加浓烈，也慢慢体会到了以前未曾有过的思乡之情，思念老家的一山一水、一花一草、一人一事。而且也学到了一些写作技巧，不断地提高自己的写作水平和独立思考的能力。

4. 如何处理学习、恋爱、兼职的关系？

现在的我们作为大学生，学习依旧是我们首要的事但却不是最唯一的事。随着大学生活的深入、个人情感的成长、现实生活的需要等，在我们的大学生活中，恋爱和兼职也成了许多人生活中的一部分。那么如何处理学习、恋爱、兼职的关系，便值得我们思考。我认为，既然我们还是学生，就必须重视学习，不能因为恋爱或兼职就放弃学习。恋爱在大学中已极其普遍，但是，也要理性对待恋爱，不要轻易把整个身心投入其中，而忽略了其他的事情。还有就是兼职。在大学中兼职,有人赞成,有人反对。我赞成在大学兼职,前提是不影响正常学习的进度。兼职一方面可以通过自己的辛苦劳动获得收获,可以用于做自己喜欢的事;另一方面可以尝到赚钱不易的滋味,体谅父母的劳累,回报以感恩,还可以让我们在这个过程中受到磨难,获得经验。总而言之,学习是主要的,恋爱和兼职是次要的。

5. 对于改进思想道德修养与法律基础课教育教学,我有以下几点建议:①适当增加一些事例,虽然此课以理念为主,但是适当增加一些事例可以帮助学生更好地理解;②创新课堂理念;③更加注重学生的自我思考能力的培养。

# 毛苇

1. 收获最大的一节在线课是"科学对待人生环境"中"大学生如何与人交往"这一节。施索华老师讲的内容主要是如何与人交往和感恩。因为刚来大学,从高中到大学需要一个过渡期,而我在这个过渡期中正处于迷茫时期,不知道怎样把学习和人际交往处理好,所以这节在线课给了我很大的感触。谈到人际关系,真的很重要,尤其是在大学时。因为在大学都是自主学习,还有大学也算是个小社会,我们必须得把自己和室友、同学的关系处理好了才能让我们有效地学到更多知识。当我们面对让自己不开心的人和事时,应该不要逃避而是主动去交流沟通解决问题。因为世上没有两片完全相同的叶子,自然就不会有两个完全一模一样的人。我们要允许别人和我们不一样,这就是生活。老师说了一句话,让我很难忘,就是"与其让别人让你不开心,不如说自己修养不够"。仔细想想,的确是这么个道理。当我们和室友因为一些事相处不愉快时,没必要自己一个人憋气、难过。如果是自己的错就主动认错,如果是他人的错就大度地一笑而过。真的没什么大不了。当你把你现在所受的委屈、不开心和无奈写下来,四年后再看看,就会发现一点都不重要。"独学而无友,孤陋则寡闻。"卡耐基曾说在现代社会,一个人的成功15%是靠专业技术与创造,85%是靠人际关系与处事技巧。有很好的朋友会在你遇到困难时伸出援手,难过时安慰你,尤其在现代现实生活中,人际更是一个好与坏的体现。老师教会了我在大学如何与人交往,就是和性格不同的人长期共处要有心理准备,要以真诚的方式让别人感到他(她)很重要,以不卑不亢的态度与不履行自己责任、义务以及不尊重别人权利的人共处,维护自己的权力;注意日常生活的小节(细节决定成败);为人要大度(德厚人和),要严于律己,宽以待人(大事讲原则,小事讲风格);人格平等(博爱、民主),对事不对人。这就是我最大的收益吧,这让我懂得了以后在处理人际关系上应该怎样才能做到更好。

2. 最有益的一次面授课是讨论大学生如何对待亲情、友情和爱情。其中给我感触最深的就是亲情,那天讨论课看见同学们都积极发言,课堂氛围也很活跃。有的同学在讲台上说到自己的亲情、友情或爱情时流下了眼泪。我情不自禁地想到了自己远在他乡的父母,他们真的为我付出了太多太多,尤其是刚来大学时对陌生环境不适应和对学习及人际交往有困惑时,就超级想回家;才会明白在世界上也只有自己的父母对自己才是最好的。由于出生在农村家庭,家里收入不是很高,爸爸妈妈都是农民。我读大学都是自己贷款,所以刚来海师时对环境和消费都不是很了解。再加上物价又贵,不免就会花钱比高中多。可父母并没有抱怨什么,还担心我会不会没穿暖吃饱。就算家里没钱了,爸妈都不会让我每月生活费减少,都会按月打到卡上来。到换季时妈妈也还是像往年一样打电话叮嘱我多穿点,注意保暖别让自己感冒。这些我都懂,但爸妈的爱却来得很真实。以前会觉得唠叨,现在想想真幸福。在大学时固然友情也很重要,但我觉得没必要为了"合群"去迎合别人,这样才是真正的孤独。要知道当我如果为了合群去吃喝玩乐,大把花钱时我会想到父母,父母活了这么多年都没去过 KTV,没喝过奶茶呢? 想想父母还在地里辛苦干农活呢? 想想父母一双穿了又穿的皮鞋,已经漏水了都还舍不得换,宁愿苦着自己也不会苦了我们,我们又还有什么资格去潇洒。就从现在做起吧,学会感恩父母,感恩身边的人,做一个有德的人比什么都重要。

3. 在教学实践项目中写社会体验报告和集体调研让我有很大提高。在写家人介绍时,老师辛苦地给我们批阅,细心地给我们指导,让我们不断提炼出一篇很好的文章。这是我没想到的。因为在大学听学姐学长说,大学老师不会像高中一样指导你、督促你学习,在大学要靠自学。很感谢老师给我们的帮助,也让我更好地从中学到大学有更好的适应期和学习方向。让我懂得在以后写文章方面要将自己的感悟写进去,更多的是切合自身实际与所学知识,语言不需要多华丽浮夸,真实才是最好的。还有在自主学习过程中我们应该主动去查找相关方面资料和文献,这有利于锻炼我们自主学习能力。在小组集体调研过程中我们小组在一起认真交流、讨论与沟通,从意见分歧到统一小组意见和分工合作,不断地提升了我们小组合作能力

4. 如何使生活快乐。作为一个大学生,要想生活快乐,其实很简单。把我们首要任务——学习学好。再交上一两个朋友一起分享开心与难过。在遇到困难时有人为我们分担,自己能找到很好的发泄方式。并且有倾听者,愿意倾听我们的心声提出建议。在别人难过时,懂得安慰关心他人;在别人需要帮助时,及时伸出援助之手。每天保持微笑。做自己喜欢做的事。这样的生活真的很快乐,每天少一点忧愁和烦恼,多把人与事往好的方面想,想做什么就大胆勇敢地去做。这

样你收获更多的是快乐。最重要的是用一颗积极、乐观、向上的心去面对一切吧。

　　5 建议：以前中学政治的理论没有像大学课本这样写得详细，我预习和复习时都觉得全是重点，很难划分重点，感觉知识点太多，好难背下来。希望老师在讲课过程中适当地给我们划分侧重点和给我们更好的学习建议，让我们知道怎么才能把思修这门课学得更加牢固。还有老师您在讲到一些相关知识时可以慢一点，要不我每次笔记都做不完整。希望以后和老师您一起更好地学习。

# 关于微电影的报道

## 曾玲：学生眼中的微电影

微电影制作、展评实践活动在我校已经顺利开展了两年。对于微电影这个实践教学方式，我们的同学有怎样的看法呢？通过采访，我们了解到了同学的心理感受。

一、磨炼了我们的意志力

一部微电影的制作，撇开其他步骤不说，单"正式拍摄"就要耗费掉许多的时间。拍摄过程容易笑场，拍一个镜头可能要好几次；一个小组一般只有一台摄像机，对某些多机位拍摄一次就能拍完的镜头，实际操作中要停下好几次。利用仅有的一台摄像机从不同的机位来拍摄，演员也要重复演几次。烦琐的重复拍摄镜头，无疑增添了拍摄的难度，延长了制作时间。必须克服这些困难，才能制作出一部好的微电影作品。

微电影《改变》剧组的李成梦说道："在拍摄过程中，我们由开始的激情澎湃，准备大干一场，到拍摄过程中的不耐烦、着急，再到最后的为了争取展示成果的机会，挑灯夜战的剪辑。不管是谁，大家都一直坚持着，一直努力着。"谢保林补充道："在这半个月的拍摄过程中，我们一边忙着学习，一边忙着团委学生会的工作，还要抽出时间来拍摄微电影。在这个过程中，大家都很疲惫，但令我惊讶的是没有一个人抱怨，都是很积极地参与其中，一直坚持下去。"

微电影《爱拯救灵魂》制作组成员程萍萍感慨道："我们微电影的拍摄过程并不是特别顺利，第一次试拍，有的同学觉得自己演不好角色就放弃了。记得有一次拍摄是在操场，那天风很大也很冷，全组成员都在操场，然而操场那一幕拍了很久。接近中午12点，拍摄完操场那一幕，大家叫了外卖，一起坐在操场吃饭，那一刻真的很有剧组的感觉：大家一起辛苦拍戏，一起吃盒饭。这种经历实在太独特了!"

二、培养了我们的团队意识

微电影创作,是一个团队的运作:它需要组织者的运筹帷幄,也需要队员的分工协作;它需要队员有铁的纪律和精确的时间观念,也需要队员有强烈的团队意识,顾全大局、牺牲小我、完成大我。接受采访的同学对此深有感慨。

刘婷说道:"在拍摄微电影过程中,给我最大的感受就是同学之间相互合作的快乐。"周莉补充:"为了协调拍摄时间,全剧组成员都牺牲了不少的午休和吃饭的时间,大家只有一个共同的目的:将完美的作品呈现出来。这次拍摄体现了团队合作的精神和意识,队员们相互协作、互相配合,是我们微电影拍摄成功的重要原因。"

朱清宇道出了此次拍摄微电影自己最大的感受:"在拍摄过程中,我懂得了团队合作的重要性。我认识到:一个人精力有限,细碎庞杂的工作需要团队的帮助。'众人拾柴火焰高'。微电影作品的改良需要团队的智慧。"顾娉婷也很认可团队意识对微电影拍摄成功的关键因素,她认为:"没有建立团队意识的组员,无论做什么事情,到什么地方,都是无用的。大家需要有团队合作精神,相互体谅、理解和配合,这样才可以很好地完成工作。"

三、提高了我们的综合能力

微电影剧本首先由学生们创作,再由教师指导修改。同学们在创作过程中要经历确定主题、构思情节、选择场景的过程,拍摄后还要剪辑、配乐、加字幕。在这一过程中,同学们不仅自主学习了很多电影专业知识,培养了创新能力、协作能力,也磨砺了意志,体验了创造的幸福。

此次微电影展评的一等奖作品《手机风云》的负责人樊宇翾说道:"此次微电影拍摄的过程也是我各方面能力提高的过程,不管是写作能力还是电脑操作都有了很大的进步。我认为最重要的是提升了我的人际交往能力和组织领导能力,让我很好地领悟到了担任一名小组长,要如何管理和组织我的组员们一起合作学习,让他们能在愉快的氛围中完成任务。此次微电影拍摄是我在大一期间印象最为深刻的最有意义的一次学习体验,在我以后的人生的道路中有很大的指导作用。"

《强拆血案》的负责人吴晓龙认为:"在拍摄微电影的过程中,我们团队队员之间的关系更加接近了,懂得了团队协作的重要性。在拍摄的过程中,我收获颇丰:不仅对我国当前的时政热点了然于心,同时自己的创新性、创作能力得到提升了!还体验到了付出就会有回报的幸福的感觉。"王赫说:"在这段拍摄微电影过程中,最让我开心的是,我学到了很多课本以外的知识。比如我们应该怎么把演员拍得更漂亮,什么是特写角度,环境与任务的有效配合,后期消音配字幕的工作。除了这些实际的能力的提高之外,我觉得最大的收获就是认识到了团队团结的力量是坚不可摧的。"

### 四、传递了正能量

一部微电影,要表达什么、弘扬什么,是创作者首要考虑的问题。作为思想政治理论课实践教学的一个部分,制作出来的微电影需要具有正确的是非观,具有正面的教育意义,从而实现正能量的传递。

郑洲说:"我们之所以想要拍关于手机的微电影是为了呼吁同学少玩手机,多多关注身边的事物,多抬头看看蓝天白云。现今社会中,手机已经不知不觉地渗透到我们的生活中,在给我们带来便利的同时,也使我们深陷其中,成为'低头族'。微电影的拍摄使我感受到了摆脱手机依赖的重要性,体验到没有手机的生活是更加自由的,我们可以做自己喜欢做的事情。这种经历是难能可贵的,希望每个同学都可以少玩手机,多关注现实生活中的美好事物。"

何婷婷认为:"我们拍摄用朋友之爱拯救了一位游走边缘的灵魂的故事,就是要引导同学们学会管理自己、控制自己,做一个有修养、有道德的人,善于用爱心感化同学。"

### 五、引起了对课堂教学改革的希望

接受采访的同学们也对我校以后的思想政治理论课教学提出了自己的看法与建议。他们认为:第一,在以后的课堂教学中希望老师多结合当前的时政热点问题讲授书本中的知识,这样同学们易于理解书本中比较空洞难理解的知识点;第二,可适当增加师生之间的互动环节,实现教师和学生面对面的思想碰撞和情感交流,特别是教师要用面对面的关爱与身体力行的实践,将理论知识转化为触动学生心灵的精神食粮,实现对学生现实生活的感染;第三,要适当地增加专题讨论课,应组织学生围绕专题成立讨论小组,在讨论中吸收别人的有益成果和改进自己的思维方式,增加学生对这门课程的了解与热爱。

## 邱素云:教师眼中的微电影教学实践

我校已经连续两年举办微电影制作、展评活动了,微电影制作、展评也成为思想政治理论课实践教学成果展示的一种常用形式。那么,老师是如何看待微电影的呢?通过采访,我们了解到了教师的基本看法。

### 一、微电影教学把主动权交给学生,有助于学生自主提升与学习

思想政治理论课的目的在于帮助大学生树立正确的世界观、人生观、价值观、树立科学信仰。

这次微电影展评的组织者、《基础》教研部主任陈连珠老师介绍,微电影教学模式与其他表现方式相比,不仅具有独特的优势——视频简短,对拍摄的工具要求不高、成本小,微电影能实时反映一件事情,满足了当代大学生自我表达欲望。通过制作微电影,学生能够学到在课堂教学上所没有的东西。同学们拍摄作品,有一个自我选择、自我判断、自我引导的过程,也是同学们自我教育、自我提升的过程。

微电影教学是把主动权交给学生,并不意味着要任课老师彻底放手,任课老师要加以指导,这指导的过程正是老师对学生进行价值观的引导过程,也是思政教学的一个方面。马克思主义学院院长王习明老师认为:让学生拍微电影的目的就是,让学生在日常生活中发现有助于自己道德修养和法律素质提高的素材,并通过微电影的手法表现、展示出来,从而弘扬主旋律、传递正能量。学生通过微电影的选题、编剧、拍摄,能身临其境地体验社会主义核心价值观,能够通过警示的手法将道德与法律的理论入脑入心,真正培育和践行社会主义核心价值观。我们是师范类院校,要更加注重学生的道德修养和现代多媒体手段的运用能力。学生在制作微电影的过程中学会了编剧、表演、剪辑,提高了他们的教学技能。此次微电影作品展评,也真实反映出学生思政课程掌握的知识的内化于心、外化于行的程度。

二、线上学习与微电影制作代替不了师生在课堂教学中的互动

为了丰富思想政治理论课的教学方式,改变"满堂灌"的局面,我校还引进了智慧树手机 APP 资源,让学生能听到全国优质的思想政治理论课,能利用零星时间在智慧树手机 APP 上学习。但老师们认为,线上学习和微电影制作代替不了师生面对面的课堂教学。

教务处陈林川老师认为,思想政治教育理论课要有现场互动的思想碰撞和面对面的情感交流,这都需要教师在课堂教学中与学生面对面的及时交流。线上学习特别是看视频课,不能及时地交流思想,无法面对面进行情感互动。微电影拍摄也难以建立系统的知识框架。

三、贯彻落实习总书记讲话精神,进一步推进思政课改革

习总书记在全国高校思想政治工作会议的讲话对如何办好思想政治理论课提出了具体要求。如何把习总书记讲话精神真正贯彻于思政教学课改中,教师们提出自己的观点。

陈连珠老师认为,习总书记在全国高校思想政治工作会议上鼓励老师们把更

多的精力投入教学当中,这是对全国思政课老师的一种鞭策与期望。我们每个教师都要通过实实在在的探索,提高我们的课堂教学效果。

王习明老师认为:要想真正地把习总书记的讲话精神落到实处,思想政治理论课需要遵循以下几个规律:一、勇于创新,既要研究社会最新发展形势,把最新的理论引入课堂,也要研究学生,看学生关注哪些热点问题,看学生喜欢哪些讲课形式;二、充分发挥学生主观能动性,调动学生在思想政治理论课学习过程的主动性,不仅要引导学生在课堂上学习思想政治理论课,而且要引导学生在课外阅读关于思想政治理论课的书籍,还要引导他们去实践。我们设立两个学分的思想政治理论课社会实践课程——志愿服务与国情认识,就是引导学生利用寒暑假回家期间或者是"三下乡"期间来践行社会主义核心价值观,了解国情。

# 附录：自主学习、创新学习与志愿服务作业要求

## 读书心得体会写作要求

所读文献必须是《思想道德修养与法律基础》教材每章所列阅读文献或教师在课堂上推荐的。其中推荐的著作有《学生时代的毛泽东》和《假如给我三天光明》等，电影有《居里夫人》，电视剧有《恰同学少年》和《毛泽东与杨开慧》，还有习近平总书记系列重要讲话。

要对文献的作者、写作历史背景和主要内容进行简介（300字左右）；要突出重点，重点介绍对提高思想道德修养和法律素质有启示作用的内容（最好引用核心观点、经典语录或概述重要情节）（500字左右），并联系实际（个人或身边的事情，如个人经历、所读专业等）谈体会（500字左右），最后要落实到行动上（最好结合自己的大学规划）。

有真情实感，不得抄袭。

## 社会体验报告写作要求

要调查并善于发现日常生活中能感动自己（给自己正能量）的细节，通过描述自己的村庄或家庭或同学或活动，来挖掘能提高思想道德修养和法律素质的题材。

如果介绍家乡，应首先概要介绍家乡的位置及其所在村庄（或社区）：所属省（直辖市或自治区）、县（市或区）、乡镇（街道）、村（居委会），与省城、县城的距离及交通，所在县（市或区）在本省（直辖市或自治区）经济地位、所在乡（街道或镇）在本县（市或区）经济地位、所在村庄（或社区）在本乡（街道或镇）经济地位、经济结构、主要收入来源、人口、住房布局、地貌、出行方式等。其主体应重点描写能使自己产生热爱之情的景物和叙述能使自己感动即能使自己的思想道德修养或法律素质提高的小故事或日常生活细节。

如果介绍自己的家庭或家人，应首先概要介绍自己家庭（含家庭成员、住房、经济收入或社会地位、主要资产等）或家人（含简历、性格、外貌、办事风格等）。其主体应重点描写值得记忆的景物，叙述自己难忘的几件事情，最好有故事情节，有

细节和场景描写。

描写细腻,感情真挚(要在字里行间表达出自己的感激之情或怀念之情或褒贬之意),能给人正能量。

语言简洁流畅,标点正确,格式规范。

如果有照片,必须是自己(含同学或朋友)拍摄的且没有版权之争、不涉及隐私,能配合文字。每张插图都要标号并命名或有简单文字说明(一般超过10字),图号及图名都标在图的下方。

### 微电影制作要求

以"道德与法律"为主题,能给人正能量——能以小见大,从日常生活特别是身边的人或事中发现能提高思想道德修养或法律素质的细节。

3~7人为一组(含编剧、表演、拍摄、剪辑、配音、配字),团队成员要分工协作。

剧情发展符合生活逻辑,能突出人物性格,不存在法律错误,能够培育和践行社会主义核心价值观。

场景设计合理,能突出海南师范大学的地域特色(自然景观)和学生的生活环境(人文景观)。

人物造型(含外貌、衣着、言行等)既具有生活气息,又有一定的戏剧性。

画面清晰,播放流畅,播放时长10~15分钟。

### 调研报告写作要求

选题属于大学生关注的有关其成长的热点问题,选题缘由介绍清楚,要介绍选题的意义,要综述已有的研究成果特别是相关的调研成果,说明本调研的创新之处。在选题时一定要多查阅相关的文献资料,既要借鉴已有的研究成果,又不重复已有研究,能将已有研究推进一步(哪怕是一小步)。

3~5人为一组,第九周前确定分组和选题;第十三周前完成文献资料的查阅和问卷设计;第十四前完成调查;第十五周提交报告;第十六周交流。

调研方法(含调查对象的确定、调研人员的构成、研究工具或方法,最好能定性研究与定量研究相结合)合理,调研方法介绍具体。应介绍问卷设计方法,即所用问卷是自己根据已有的研究成果独立设计的,还是根据某个权威的调研问卷修改而成,或者是请专家设计的,或者是直接采取的某个权威调研;介绍样本(即调查对象)的选择方法(是随机抽样还是随遇抽象,或者分层抽象,或者滚雪球)、数量等,介绍问卷发放的方式,包括是通过网络(什么网络),还是自己面对面的问答,还是邮寄,或者请调研员面对面问答,或者由答题者自己当面填写。在设计问卷或进行调研前,最好看一两本关于社会学研究方法的教材。

要有故事(来自访谈)或数据(来自问卷统计或文献),对故事的解释和数据的分析符合逻辑,对策能针对调查发现的问题。

图表应与文字紧密配合但不重复,并能简化文字叙述。每个图表都应有序号和名称。表序与表名置于表上,用中文居中排写;图序与图名置于图下,用中文居中书写。表(图)序与表(图)名之间空一格。最好能进行分类比较,并且将自己的研究发现与已有的研究结论进行对比。

价值导向正确,能给人正能量。

语言简洁流畅,标点正确,格式规范,字数3000字以上。

### 志愿服务记录与总结写作要求

一、主题健康,能弘扬以奉献、友爱、互助、进步为主要内容的志愿精神,能吸引和感召更多的人加入志愿服务的行列。

二、题目和小标题:题目醒目、恰当,能突出主题,小标题(如果有的话)能起概括或提示作用,小标题间有逻辑联系。

三、开头部分:志愿服务背景(含组织者、服务内容、服务目的、服务团队等)介绍清楚,志愿服务所在地的环境(含地理位置、生活条件等)描写细腻,志愿服务对象的基本情况(含年龄、外貌、性格等)介绍全面且重点突出(即要突出为何需要志愿服务),志愿服务的总体情况能概要介绍。一般不要采用列式或罗列式,应用段落叙述。

四、主体部分:志愿服务过程(包括服务开始时间、结束时间、场景、行动等)描述具体生动,能反映作者与服务对象、团队成员的互动及其在做好事、献爱心过程中体验、体悟和锻炼、提升的过程,突出自己在思想道德修养方面的进步。

五、结尾部分:可以总结自己的思想与技能方面的收获,也可以检讨自己的不足,还可以提希望或建议。但篇幅不能过长,所有的总结、检讨、希望必须建立在自己志愿服务具体事例上,要简洁有力,对人有启发作用。

六、结构与表达方面:结构合理,语言简洁流畅,用字规范,标点正确;引用他人观点与资料(特别是数据)要通过自动生成的页下注(脚注)注明详细出处;总字数(含标点符号)不少于3000字。

七、如果有照片,必须是自己(含同学或朋友)拍摄的且没有版权之争,不涉及隐私,能配合文字并彰显志愿服务的精神或再现志愿服务的情景。每张插图都要标号并命名或有简单文字说明(一般不超过10字),图号及图名都标在图的下方。